Das Glaubensbekenntnis vor den Anfragen der Gegenwart

Ulrich Lüke

# Das Glaubensbekenntnis vor den Anfragen der Gegenwart

FREIBURG · BASEL · WIEN

Gewidmet denen, die ich in Schule und Hochschule unterrichten durfte, für ihr den Glauben belebendes, das Leben beglaubigendes, kritisch-konstruktives Nachdenken.

© Verlag Herder GmbH, Freiburg im Breisgau 2019
Alle Rechte vorbehalten
www.herder.de
Umschlaggestaltung: Verlag Herder
Umschlagmotiv: Die Keck I- und Keck II-Observatorien
auf dem Mauna Kea, Hawaii. Foto: Ethan Tweedie
Satz: Barbara Herrmann, Freiburg
Herstellung: CPI books GmbH, Leck
Printed in Germany
ISBN Print 978-3-451-37798-3
ISBN E-Book (PDF) 978-3-451-83798-2

# Inhalt

| | | |
|---|---|---|
| Vorwort | | 9 |
| 1. | **Vorbemerkungen** | 10 |
| 1.1. | Vorbemerkung geistlicher Art | 10 |
| 1.2. | Vorbemerkung formaler Art | 13 |
| 2. | **Zur Einführung** | 16 |
| 2.1. | Wiederholungszwang oder von Etüden zu Sonaten? | 20 |
| 2.2. | Zur Geschichte der beiden Symbola | 22 |
| | a. Das Apostolikum | 24 |
| | b. Das Nizänokonstantinopolitanum | 26 |
| 2.3. | Was bedeutet glauben? | 27 |
| 3. | **Der Glaube an Gott, den Vater** | 32 |
| 3.1. | Infragestellung des Schöpfergottes aus naturwissenschaftlicher Perspektive | 33 |
| 3.2. | Ich glaube an Gott | 38 |
| 3.3. | Gott als Vater und Allmächtiger | 45 |
| 3.4. | Gott, der Schöpfer | 50 |
| 4. | **Im Fokus: Schöpfung. Zur Vereinbarkeit von Creatio ex nihilo und Creatio continua mit Naturwissenschaft** | 60 |
| 4.1. | Skizze des Problems | 60 |
| | a. Problemlose creatio ex nihilo | 60 |
| | b. Problematische creatio continua | 61 |
| 4.2. | Der Ansatz beim Begriff der Gegenwart | 63 |
| | a. Der Versuch einer neurophysiologischen Fixierung von Gegenwart | 64 |
| | b. Der Versuch einer physikalischen Fixierung von Gegenwart | 65 |
| | c. Die vertikale Dignität der Gegenwart | 66 |
| 4.3. | Creatio continua und strenge Gegenwart | 67 |
| | a. Creatio continua in Gegenwart | 67 |
| | b. Vergangenheit als Gegenstandsbereich der Naturwissenschaft | 70 |
| | c. Die Frage der Zukunftsprognosen | 71 |

| | | |
|---|---|---|
| 4.4. | Die Einheit der creatio | 72 |
| 4.5. | Interventionismus oder Panentheismus? | 75 |
| 4.6. | Fazit: Creatio continua – Eingriff in oder Erstellung von Ordnung? | 78 |
| **5.** | **Die trinitarische Struktur der Glaubensbekenntnisse** | **81** |
| 5.1. | Neutestamentliche und theologiegeschichtliche Anknüpfungspunkte der Trinitätslehre | 82 |
| 5.2. | Das Problem der dogmatischen Formulierungen | 84 |
| 5.3. | Überblick über die trinitätstheologischen Häresien und die kirchliche Antwort | 92 |
| 5.4. | Deutungen des Trinitätsgedankens mit den Mitteln der Analogie | 94 |
| **6.** | **Der Glaube an Jesus Christus, den Sohn Gottes, den Herrn** | **104** |
| 6.1. | Historische Verlässlichkeit? | 105 |
| 6.2. | Jesus, Herr und Christus | 109 |
| 6.3. | Sohn Gottes | 113 |
| 6.4. | Attribute der Göttlichkeit Jesu Christi | 117 |
| 6.5. | Zusammenwirken von Gott und Mensch | 120 |
| 6.6. | Leiden, Kreuzigung, Tod | 128 |
| 6.7. | Reich des Todes? | 133 |
| 6.8. | Auferstehung am dritten Tag | 137 |
| 6.9. | Himmelfahrt Christi | 148 |
| 6.10. | Wiederkunft und Gericht | 155 |
| **7.** | **Im Fokus: Schuld und Sünde des Menschen. Schuld – Merkmal des Menschlichen oder überholte Kategorie?** | **162** |
| 7.1. | Die Problemanzeige | 163 |
| 7.2. | Ein Blick auf die Urstandserzählungen | 166 |
| 7.3. | Erbsünde oder Ur-Sünde | 171 |
| 7.4. | Schuld – Merkmal des Menschlichen? | 177 |
| **8.** | **Im Fokus: Heilsbedeutsamkeit Jesu. Christus als individual- und menschheitsgeschichtlicher Kairos?** | **181** |
| 8.1. | Kosmische Bedeutsamkeit? | 181 |
| 8.2. | Geschichtliche Bedeutsamkeit? | 186 |
| | a. Der Kairos im menschlichen Leben | 186 |
| | b. Die individuelle und soziale Dimension des Kairos | 188 |

8.3. Der Kairos in theologischer Sicht ... 191
    a. Der Kairos im Leben Jesu ... 191
    b. Das Leben Jesu als Kairos ... 193
8.4. Verbindung von persönlichem und christologischem Kairos ... 195

9. **Der Glaube an den Heiligen Geist und sein Wirken** ... 201
9.1. Biblische Hinweise zum Heiligen Geist ... 203
9.2. Dogmengeschichtliche Hinweise zum Heiligen Geist ... 207
9.3. Die Göttlichkeit des Geistes ... 215
9.4. Die Kirche und ihre Attribute ... 217
    a. Heiligkeit und Katholizität der Kirche ... 219
    b. Einheit und Apostolizität der Kirche ... 222
9.5. Heilsgemeinschaft und Sündenvergebung ... 227
9.6. Auferstehung und ewiges Leben ... 232

10. **Im Fokus: Auferstehung. Auferstehung im Tod als Auferstehung am Jüngsten Tag** ... 240
10.1. Schillernde Begriffe ... 240
10.2. Das Vorstellungsmodell von Auferstehung am Jüngsten Tag ... 241
10.3. Die Ganztod-Hypothese ... 246
10.4. Das Vorstellungsmodell von Auferstehung im Tode ... 249
10.5. Der Gestaltbegriff – Vermittlung von Identität und Transformation? ... 255
10.6. Versuch einer Problemlösung ... 258

**Nachwort zum Dank** ... 265

**Abkürzungen** ... 266

**Literaturverzeichnis** ... 267

**Anmerkungen** ... 277

# Vorwort

Wozu braucht man ein Glaubensbekenntnis? – Man braucht es zur Selbst- und Weltdeutung, und die ist unumgänglich und kann theistisch, agnostisch oder atheistisch ausfallen.

Wer in Bezug auf das Glaubensbekenntnis sagt, er habe keines und er brauche keines, der hat nicht etwa keines, sondern vermutlich nur kein formuliertes und leider auch kein reflektiertes. Das Verhältnis mancher Zeitgenossen zu ihrem Glauben ist überdies wie das Verhältnis eines Biedermanns zu seiner Mätresse: Er kann nicht ohne sie leben, will aber mit ihr nicht in der Öffentlichkeit gesehen werden.

Ein Glaubensbekenntnis erfordert und ermöglicht zunächst einmal eine grundlegende Kenntnis, ein intellektuelles Sehvermögen. Es erfordert und ermöglicht dann auch eine fortschreitende Erkenntnis, also ein geduldiges intellektuelles Gehvermögen. Es erfordert und ermöglicht schließlich auch das standhafte Bekenntnis, also ein aufrechtes intellektuelles Stehvermögen.

Immer haben wir nur den Gott oder die Gottlosigkeit unseres jeweiligen intellektuellen Reifungszustandes. Man kann also das Nachdenken über das eigene gottvolle oder gottlose Glaubensbekenntnis prinzipiell nicht weit genug treiben. Und diese gegenwärtige Welt bedarf vielleicht mehr denn je und je neu auch des mit dem christlichen Glaubensbekenntnis verbundenen Seh-, Geh- und Stehvermögens.

Münster, am Fest des Hl. Ulrich von Augsburg, der in seiner Zeit Seh-, Geh- und Stehvermögen bewies, 4. Juli 2019

*Ulrich Lüke*

# 1. Vorbemerkungen

## 1.1. Vorbemerkung geistlicher Art

Auf der Rückfahrt aus meinem Urlaub – ich war zum Wandern und Bergsteigen in Südtirol – kam mir auf der Autobahn in Bayern ein Wegweiser zu Gesicht und mit ihm zwei alte Leute in den Sinn, die nicht weit von meiner Route wohnten. Ich hatte sie buchstäblich Jahrzehnte lang nicht gesehen und beschloss spontan, einen Abstecher zu ihnen zu machen. Der alte Mann war seit Jahren bettlägerig, manchmal auch geistig desorientiert und umfassend pflegebedürftig; die alte Frau, sie war stark sehbehindert, pflegte ihn hingebungsvoll, obschon sie eigentlich völlig überfordert war damit. Sie freuten sich riesig über mein Kommen. Wir erzählten einander, was uns so bewegt. Ich fragte sie, was sie denn in den langen Stunden des Ans-Haus- oder Ans-Bett-Gefesseltseins so machen, da sie doch nicht mehr lesen können. Da erzählten die beiden, dass sie manchmal miteinander singen. Und auf meine weitere Frage, was sie denn sängen, erfuhr ich zu meiner Überraschung, dass sie das Gloria, das Sanctus und Benedictus, das Agnus Dei und das Credo, also lateinische Messgesänge miteinander singen.

Wohlgemerkt, das war kein Altphilologenehepaar mit einer Obsession für Latein und Griechisch. Keiner von ihnen hatte das Gymnasium besucht oder gar studiert. Auf einem Kötterhof lebten sie, haben sie ihre Kinder großgezogen, und er hat als kleiner Angestellter in der Kommunalverwaltung gearbeitet. Mit dem Traktor ist er zu den Bauern getuckert, um amtliche Bescheide u. ä. herumzubringen und zu besprechen. Ich habe begründete Zweifel, ob eine nennenswerte Zahl meiner Studenten das große oder auch nur das kleine Glaubensbekenntnis auswendig und auf Latein singen könnte, aber diese beiden alten Leute, die nie eine Lateinstunde in ihrem Leben besucht haben, können es. Und dann haben wir miteinander das große Credo gesungen.

Dieses große Glaubensbekenntnis ist in Jahrhunderte langem theologischen Ringen und kirchlichen Streiten auf den Konzilien von Nizäa (325) und Konstantinopel (381) entstanden und zu einem wichtigen Dreh- und Angelpunkt der ganzen Christenheitsgeschichte geworden. Es ist bis heute die Grundlage und Ausgangsbasis für alle ökumenischen Gespräche. Zunächst einmal formuliert dieses Credo nur eine theologische Erkenntnis über Gott, die wir im Nachsprechen intellektuell nachvollziehen. Darüber hinaus aber formuliert das Credo ein existentielles Bekenntnis zu Gott, dem wir uns im Leben und Sterben betend anvertrauen. Das Credo ist Erkenntnis und Bekenntnis zugleich.

Ein merkwürdiges Bild: ein alter dementer, schwer pflegebedürftiger Mann und eine schwer sehbehinderte und von vielen Altersgebrechen gezeichnete Frau singen mit ihrem selten daherkommenden Besucher lateinische Messgesänge.

Aber ich merkte, während wir sangen, dass sich ein Raum der Geborgenheit auftat und ein umfassender Sinnhorizont aufspannte hinter all dem unübersehbaren Elend von Krankheit, Pflegebedürftigkeit, Demenz, Hilflosigkeit, Schmerzen und Traurigkeit.

Angesichts der unübersehbaren Hinfälligkeit des eigenen Körpers davon zu singen, dass Gott in unfasslicher Solidarität uns körperlich nah selbst Mensch geworden ist „et incarnatus est … et homo factus est – und er ist Fleisch … und er ist Mensch geworden", das ist gelebte Weihnachtsbotschaft.

Angesichts des eigenen Leidens zu sagen und zu singen „crucifixus etiam pro nobis … passus et sepultus est – gekreuzigt wurde er für uns, hat gelitten und ist begraben worden", das ist das trostvolle Wissen um die Leidens- und Sterbenssolidarität Gottes mit den Menschen. Die Sympathie (wörtlich übersetzt das Mitleiden) Gottes begleitet uns in und trägt uns durch die tiefsten Abgründe menschlicher Existenz, das ist die wohlverstandene Karfreitagsbotschaft.

Angesichts des unübersehbar in die Nähe geratenen Todes die Auferstehung Jesu zu besingen „Et resurrexit tertia die secundum scripturas – Er ist auferstanden am dritten Tag gemäß den Schriften", das ist christliche Osterverkündigung noch vom Sterbebett aus.

Die beiden alten Leute hatten angesichts der Tatsache, dass in diesem Leben nur noch das Ableben bevorsteht, der Hoffnung Ausdruck gegeben, dass sich im Ableben das Aufleben vollzieht. Die alte Frau und der alte Mann, der aus eigener Kraft nicht mehr aufstehen kann, erwarten die Auferstehung und das Leben im Namen und in der Kraft Gottes. „Et expecto resurrectionem mortuorum et vitam venturi saeculi. – Ich erwarte die Auferstehung der Toten und das Leben der kommenden Welt."

Augustinus hat gesagt, dass wir das Credo auf dreifache Weise beten: 1. Ich glaube den Gott, den mich Christus lehrt. Credo Deum: Da steht der inhaltliche Sachbezug im Vordergrund. 2. Ich glaube dem Gott, der mir in Christus als Mensch nahe ist. Credo Deo: Da steht der personale Gottesbezug im Vordergrund. 3. Ich glaube an den Gott, der in Christus lebend und sterbend sein Heil schenkt. Credo in Deum: Da steht die vertrauensvolle existentielle Selbstüberantwortung im Vordergrund. Das und nicht weniger ist es, was die beiden alten Menschen mit Leib und Seele erkannt, was sie mit Leib und Seele bekannt haben.

Das Glaubensbekenntnis enthält und behauptet nicht nur eine Gotteserkenntnis, also eine Theologie, sondern als Rückwirkung daraus auch eine Selbsterkenntnis, also eine Anthropologie. Das christliche Glaubensbekenntnis enthält schon deshalb eine zumindest implizite Anthropologie, weil es als essentielle Kenngröße von Inkarnation handelt, von der Menschwerdung Gottes.

Sloterdijk postuliert eine andere, eine wie er es nennt „progressive Inkarnation", deren Kurzform lautet: „Wo Götter waren, sollen Menschen werden. Wo Menschen sind, nimmt die Künstlichkeit zu."[1], und führt eine degenerativ anmutende Inkarnation ein mit den Stadien: Gott wird Mensch und der Mensch wird Maschine. In Bezug auf Gott ist dieser Mensch nur ein „theopoetisches Tier", ein Lebewesen also, das sich seinen Gott oder seine Götter frei erfindet.[2] Christliche Anthropologie wird nicht bestreiten, dass der Mensch ein Tier ist, aber eines, das seine Götter oder seinen Gott nicht erfindet, sondern findet, ja mehr noch von seinem Gott gefunden wird. Mag dieses Gottfinden auch genau wie die Formulierung eines Glaubensbekenntnisses ein schwieriger und langwieriger Prozess und vielen anthropomorphen Verwerfungen ausgesetzt sein, ein Gotterfinden ist es nicht. Gleichwohl müssen wir auch eingestehen, immer nur den Gott unseres jeweiligen intellektuellen und theologischen Reifungszustandes und also ein defizitäres Gottesbild zu haben. Darum würde ich den Menschen, wenn schon das Tier in seine Definition eingehen soll, nicht als ein „theopoetisches Tier", sondern als ein Tier, genauer und richtiger als „das Säugetier von Gottes Gnaden" zu verstehen versuchen.[3]

Die Geschichte mit den beiden alten Leuten sagt mir: Es sind für das Glaubens-Bekenntnis nicht nur die bekannten Zeugen aus der Vergangenheit wichtig, deren Knochen in Sarkophagen und Reliquiaren ruhen. Es sind auch die ganz unbekannten Zeugen der Gegenwart wichtig, die heute alltäglich ihre Knochen hinhalten. Es sind die unbekannten Zeugen wichtig, die heute für ihren christlichen Glauben Kopf und Kragen riskieren, sich das Fell über die Ohren ziehen lassen oder einander ganz alltäglich tragen und ertragen.

Von Amts wegen war ich der theorieprüfende Lehrmeister meiner Studenten. Hier hatte ich zwei praxiserprobte Lehrmeister für mich selbst gefunden. Ich habe meinen Studierenden seitdem dringend nicht nur nahegelegt, sondern auch auferlegt, das Glaubensbekenntnis auswendig auch in seiner Ursprache beten und auf Lateinisch singen zu lernen, damit man einander die Hoffnungsbotschaft sagen und sie sich selbst gesagt sein lassen und im Leben wie im Sterben die Hoffnungsbotschaft besingen kann.

## 1.2. Vorbemerkung formaler Art

Neben dieser theologisch-geistlichen Vorbemerkung soll auch eine eher formale Vorbemerkung nicht unterschlagen werden, weil hier die eine Botschaft des Glaubens in den beiden Versionen, die uns im Wesentlichen das 4. und 5. Jahrhundert hat zukommen lassen, bedacht werden soll.

Eingeschoben in den interpretierenden Gang durch die Artikel des Glaubensbekenntnisses sind die vier mit „Im Fokus" überschriebenen Kapitel: Schöpfung, Schuld und Sünde, Heilsbedeutung Jesu und Auferstehung. Hier erscheinen mir die „Anfragen der Gegenwart" von besonderem Gewicht und von besonderer Dringlichkeit und daher eine kritische Vertiefung besonders notwendig zu sein.

Der liturgische Sprachgebrauch kennt die Begriffe „Das Große Glaubensbekenntnis" und „Das Kleine Glaubensbekenntnis". Wenn man vom großen Glaubensbekenntnis spricht, legt das den Gedanken nahe, es gäbe auch ein kleines Glaubensbekenntnis, gewissermaßen eine Kurzform für Laien oder Nichttheologen, ein reduziertes Credo mit geringeren intellektuellen Ansprüchen. Rein von der Buchstabenzahl her kann man natürlich ein großes und ein kleines Glaubensbekenntnis unterscheiden. Dabei ist aber das kleine Credo kein Glaubensbekenntnis für intellektuell minderbemittelte oder anspruchslosere Christen und das große keine Akademiker- oder gar

Theologenversion vom Credo. Gewiss enthält das große Glaubensbekenntnis mehr und umfangreichere Glaubensaussagen, gleichwohl gibt es auch im kleinen Glaubensbekenntnis Aussagen, die sich im großen nicht finden. Die Benennung kleines und großes Glaubensbekenntnis ist also ganz sicher keine Qualitätsbezeichnung, und beide zielen überdies auf die Erkenntnis und das Bekenntnis des einen und selben Glaubens.

Der Begriff Credo hat sich, obschon er nur das Anfangswort des sogenannten kleinen Glaubensbekenntnisses ist, als Gattungsbegriff und über die kirchliche Verwendung hinaus verselbständigt. Man spricht daher z. B. landläufig vom betriebswirtschaftlichen oder parteipolitischen Credo. Mit einem religiösen Bekenntnis hat das dann nichts mehr zu tun, wohl aber mit einer bestimmten fachspezifischen Ansicht. Credo heißt „Ich glaube". Das kleine Glaubensbekenntnis ist das Apostolische Glaubensbekenntnis, und das große ist das Glaubensbekenntnis von Nizäa oder Nikaia und Konstantinopel. Und mit diesen Begriffen, bzw. mit Apostolikum und Nizänokonstantinopolitanum, sollen die beiden Versionen des Credo dann auch benannt werden.

Über diese beiden Variationen des einen Glaubensbekenntnisses soll hier nachgedacht werden, und zwar insbesondere im Fragehorizont von an der gegenwärtigen Naturwissenschaft orientierten Zeitgenossen. Die mögen manchmal im Gefolge von Friedrich Nietzsches Satz „Gott ist tot" wort- und variationsreich ein „Nach Gott"[4] ausrufen und behaupten, einen Gott, der sich überlebt habe oder überlebt wurde, intellektuell übergangen, umgangen, hintergangen zu haben; sie verbleiben nolens volens mit ihrem „Nach Gott" noch immer vor Gott als dem noch in der Negation maßgeblich bleibenden Bezugspunkt ihres Denkens.

Wer sich an die Interpretation des Glaubensbekenntnisses heranwagt, könnte an dem Anspruch verzweifeln, damit im kompletter Form eine Gotteslehre, eine Christologie, eine Pneumatologie, eine Eschatologie, eine Ekklesiologie etc. vorhalten zu müssen; denn all das ist ja Teil des Glaubensbekenntnisses. Doch die Interpretation des Glaubensbekenntnisses kann nur ein Überblickswissen vermitteln; sie müsste sonst – ein profunder Größenwahn – das umfassende Kompendium der Theologie, mindestens aber der Dogmatik zu sein beanspruchen.

Karl-Heinz Menke merkt dazu an: „*Wer sich der Wahrheit verpflichtet fühlt, wird niemals behaupten, die Wahrheit zu ‚haben'. Wer sich der Wahrheit verpflichtet fühlt, ist nie am Ziel, sondern stets unterwegs; nie fertig, sondern stets im Aufbruch. Das gilt unbestritten auch von den Interpretationen der Theologie, ja sogar von den Interpretationen des kirchlichen Lehramtes und von den inspirierten Zeugnissen der biblischen Autoren. Die Dogmen der Kirche sind Symbole der Wahrheit, nicht aber die Wahrheit selbst. Auch die Heilige Schrift besteht aus Zeugnissen von Menschen über die Wahrheit. Sie selbst ist nicht die Wahrheit.*"[5]

Die Überlegungen zu einem jeden der hier bedachten Glaubensartikel sind also vertiefungswürdig und vertiefungsbedürftig. Ja mehr noch: Zutiefst bewusst ist mir, dass jeder einzelne der hier bedachten Artikel dieser beiden Glaubensbekenntnisse monographiefähig und eigentlich monographiebedürftig ist, also einer weiter- und tiefergehenden theologischen Befassung bedürfte, als sie hier in dieser Gesamtschau möglich ist. Ein wenig mutet diese Arbeit daher wie die Ouvertüre beispielsweise einer dramatischen Oper an. Sie spielt die großen Themen schon mal ein oder vielleicht auch nur an, die in den folgenden Akten dieser Oper maß- und tonangebend sein werden. Wenn die Ouvertüre so das Interesse und die Freude daran vermittelt, sich immer tiefer hineinzuhören in die Themen der Gesamtkomposition, dann hat sie ihre Aufgabe erfüllt. Wenn diese Arbeit wie eine Ouvertüre dazu führt, sich mit Freude und Interesse einzelnen Themen der Theologie oder dem Auftrag der Theologie als Ganzer vertieft zu widmen, dann hat auch sie ihre Aufgabe erfüllt.

## 2. Zur Einführung

Ein Glaubensbekenntnis ist primär und also noch vor jeder formelhaften Zusammenstellung von Glaubenssätzen ein Bekenntnis, also ein personaler Akt. Es setzt eine oder mehrere Personen voraus, die ihr „Ich glaube" oder „Wir glauben" sprechen. Stellt sich der Gläubige in die Ich-Form des Bekenntnisses, so bringt er seine individuelle Unvertretbarkeit und einzigartige Subjektivität vor Gott und den Menschen zum Ausdruck. Begibt er sich in die Wir-Form des Bekenntnisses, so dokumentiert er damit zugleich auch die soziale Dimension seines individuellen Glaubens, seine persönliche Identifikation mit der, sein Eingebundensein in die, seine Herkünftigkeit aus der Glaubensgemeinschaft. Nun ist uns das Glaubensbekenntnis in der von Konstantinopel erweiterten Fassung in einer lateinischen und einer griechischen Version bekannt, und die beiden unterscheiden sich nicht nur in dem, was sich so übersetzungstechnisch an hermeneutischen Unschärfen zwischen beiden Sprachen ergibt, sondern inhaltlich schon im ersten Wort: „Pisteúomen", wir glauben, heißt es in der griechischen und „Credo", ich glaube, in der lateinischen Version desselben Bekenntnisses. Und im christologischen Teil desselben Bekenntnisses heißt es in der griechischen Version „aus dem Vater gezeugt vor allen Zeiten, Licht aus Licht, wahrer Gott aus wahrem Gott, gezeugt, nicht geschaffen, wesensgleich dem Vater, durch den alles geworden ist." Die lateinische Version hingegen formuliert über Christus, „aus dem Vater geboren vor allen Zeiten, Gott von Gott, Licht vom Lichte, wahrer Gott vom wahren Gott, gezeugt, nicht geschaffen, wesensgleich dem Vater; durch den ist alles geworden."[1] Dass die Intention der Aussagen gleich ist, muss nicht bestritten werden, aber dass die Formulierungen deutlich divergieren, kann nicht bestritten werden. Und dabei ist es unklar, welche Fassung die ursprünglichere und welche die sich daraus ergebende Übersetzung ist. In dieser Arbeit ist diese Frage nicht zu klären; daher wird der Einfachheit und der Verbreitung halber sowohl für das Apostolikum wie auch für das Nizänokonstantinopolitanum der liturgisch gebräuchliche Text, wie er sich autorisiert im Römischen Messbuch oder im Gotteslob, dem derzeit gebräuchlichen katholischen Gebet- und Gesangbuch im deutschen Sprachraum, findet, als Textgrundlage zur Erklärung genutzt.[2]

Sodann aber ist das Glaubensbekenntnis auch die knapp ausformulierte Zusammenfassung der grundlegenden Lehren und Überzeugungen einer Religion, eine Art kurze Dogmatik, in unserem Fall die der christlichen Religion. Solche Kurzformeln des Glaubens können der Selbstvergewisserung nach innen und der Abgrenzung nach außen dienen. Nicht selten markieren sie auch die Grenzen zwischen verschiedenen Konfessionen derselben Religion.[3] Allerdings zeigt ein Vergleich des in der evangelischen Kirche und des in der katholischen Kirche gesprochenen Credo Folgendes: Die konfessionsspezifischen Trennmerkmale sind nur minimal; denn das Kirchentrennende spiegelt sich fast gar nicht in den verschiedenen Credo-Formulierungen, sondern fast ausschließlich in den theologischen Diskursen jenseits von diesen wider. Das jeweilige Amtsverständnis, die jeweilige Abendmahlslehre, die Rechtfertigungslehre, die Sakramentenlehre etc. – nichts von alldem, was zwischen den christlichen Konfessionen bzw. Kirchen lange strittig war bzw. noch ist, steht im Glaubensbekenntnis. Insofern ist es eine nahezu konfliktfrei gestellte Basis, ein guter Sockel der formulierbaren und auch formulierten Gemeinsamkeiten, aber kein Konfliktregelungsinstitut für das, was sich in der Christentumsgeschichte z. B. nach dem Jahr 1054, also der Trennung in Ost- und Westkirche, oder nach 1517, also der beginnenden Trennung in Katholische Kirche und Kirchen der Reformation, an Kirchentrennendem ergeben hat.

Auch Karl Rahner betont die Einzigartigkeit des vorfindlichen Glaubensbekenntnisses und die Unmöglichkeit einer diesem vergleichbaren Neukonstituierung unter heutigen Bedingungen:

*„Kann man damit rechnen, dass für die ganze (wenigstens katholische) Christenheit eine einzige solche Grundformel geschaffen werden könne, ja vielleicht sogar eine solche, die wie das ‚Apostolische Glaubensbekenntnis' einen lehramtlichen Charakter hat und dadurch auch in der religiösen Praxis und in der Liturgie dieses Bekenntnis ablösen könnte? Oder ist so etwas von vornherein nicht mehr denkbar? Ich meine, diese Frage sei im Sinne der zweiten, negativen Alternative zu beantworten. Eine der ganzen Kirche als autoritativ verpflichtend vorgeschriebene Grundformel des christlichen Glaubens als einzige und allgemeine wird es nicht mehr geben. In diesem Sinne wird das ‚Apostolikum' keinen Nachfolger haben und also bleiben."*[4]

Überdies ist Rahner der Meinung, dass der Modus der Klärung von Glaubenswahrheiten, wie schon in den vergangenen Jahrhunderten und umso mehr heute und zukünftig, eher nicht die „via positiva", also die positive Ausformulierung verbindlicher Glaubenssätze sein wird. Stattdessen werde angesichts der schon jetzt bestehenden Vielfalt authentischer Formen und Formulierungen des Christseins weit eher die „via negativa", also der Ausschluss von eindeutig heterodoxen Überzeugungen und Aussagen maßgeblich werden.

Häufig waren und sind die Glaubensbekenntnisse ein wichtiges Element bei der Aufnahme- oder Initiationsfeier einer Religion, aber auch eine Zugehörigkeitsbestätigung des Einzelnen bei der wiederholten öffentlichen und festlichen Bekräftigung des gemeinsamen Glaubens. Damit ist die liturgische Feier vielleicht der wichtigste Ort dieser Kurzformeln des Glaubens. In Zeiten, die für den christlichen bzw. den katholischen Glauben als schwierig empfunden wurden, gab es sogar ganz ausdrücklich den Bekenntnissonntag. Das war z. B. der Sonntag nach Pfingsten, der liturgisch so genannte Dreifaltigkeitssonntag, an dem etwa Jugendverbände mit Prozessionen oder Wallfahrten ein öffentliches Glaubensbekenntnis demonstrierten. Als das die Nationalsozialisten 1935 unterbinden wollten und zu dem Zweck das Reichssportfest auf den Dreifaltigkeitssonntag legten, wurde der erst 1925 von Papst Pius XI. eingesetzte Christkönigssonntag, damals der letzte Sonntag im Oktober, heute der letzte Sonntag des Kirchenjahrs, zum Bekenntnissonntag erhoben. Banner mit dem Christusmonogramm wurden gewissermaßen gegen die dominanten Hakenkreuzfahnen geschwenkt. Am Christkönigssonntag, im Oktober des Jahres 1934 versammelten sich um fünf Uhr in der Morgenfrühe 30.000 Jugendliche aus den katholischen Verbänden am und im Kölner Dom und demonstrierten den christlichen Glauben in Absetzung von der und als Kontrapunkt zu der nationalsozialistischen Ideologie. Hier war das religiöse Glaubensbekenntnis zugleich das Mittel der Selbstbehauptung wie auch der politischen Abgrenzung und Auseinandersetzung.

Man kann mit einer Unterscheidung des großen antiken Theologen und Bischofs Augustinus diese beiden Aspekte, die sich im Glaubensbekenntnis finden lassen, den Glaubensakt und den Glaubensinhalt gut voneinander abgrenzen. Die „fides qua" meint den personalen Glaubensakt, die Glaubenshingabe und den Glaubensvollzug.

Und die „fides quae creditur" meint die Glaubenswahrheit, den Glaubensinhalt und Glaubenssatz.

So ernst wurden Glaubensbekenntnisse genommen, dass heftige persönliche, ja sogar militärische Auseinandersetzungen um einzelne Sätze oder Wortbestandteile (z. B. „filioque") geführt worden sind. Es haben sich Kaiser und Könige (z. B. Konstantin oder Karl der Große) in Sachfragen zur theologischen Entscheidungsinstanz aufgeworfen und die Anerkennung theologischer Sachverhalte nicht selten in Kooperation mit Päpsten und Bischöfen politisch durchgesetzt oder durchzusetzen versucht.

Bei aller historischen Relativität ihrer Formulierung und bei aller Unvollständigkeit ihrer Ausführungen hatten und haben Glaubensbekenntnisse eine kaum zu überschätzende Bedeutung im Leben einer Religion.

Im theologischen Sprachgebrauch wird das Glaubensbekenntnis auch als Credo oder Symbolon (griechische Version) bzw. Symbolum (lateinische Version) bezeichnet. Symbolon stammt vom Griechischen symballein, zusammenwerfen, zusammenlegen. Das erinnert an den antiken Brauch, bei Vertragsabschlüssen, Geschäften, aber auch unter Freunden ein Geldstück, ein Siegel, ein Schrifttäfelchen, einen Ring in zwei Teile zu zerbrechen, die nur miteinander ein Ganzes ergeben und an den Vertragsabschluss, das Geschäft, die Freundschaft erinnern und an die damit eingegangene gegenseitige Verpflichtung. Platon hat diese antike Sitte, die die Bezogenheit aufeinander, die wechselseitige Ergänzungsbedürftigkeit durch einander, die Vollständigkeit erst im Miteinander ausdrücken soll, mit seinem Androgynenmythos im Gastmahl zum Ausdruck gebracht. Der ursprüngliche Mensch war diesem Mythos zufolge androgyn; Gott hat ihn in zwei Teile zerschnitten, die nun angesichts ihrer jeweils schmerzlich empfundenen Begrenztheit, Unvollständigkeit und Verwiesenheit nach wechselseitiger Ergänzung, nach der ersehnten Ganzheit und Vollkommenheit streben.

Das Symbolon ist in seinen einzelnen Sätzen und Teilen auch auf die jeweils anderen Sätze und Teile verwiesen, um das Ganze zu repräsentieren. Aber auch der einzelne Gläubige gibt sich durch das Sprechen seines Glaubensbekenntnisses als Teil der Glaubensgemeinschaft zu erkennen, als jemand, der um seine Bezogenheit auf, seine Verpflichtung für und seine Ergänzungsbedürftigkeit und Vervollkommnung durch die anderen Mitglieder der Glaubensgemeinschaft weiß.[5]

Und sicher sind auch die „fides qua" und die „fides quae" einander ergänzende und aufeinander bezogene Kategorien des Glaubensbekenntnisses.

## 2.1. Wiederholungszwang oder von Etüden zu Sonaten?

Eine fast unübersehbare Bibliothek ist im Laufe der Jahrhunderte allein dadurch entstanden, dass sich Theologen, Priester und Lehrer daran gemacht haben, das eine Glaubensbekenntnis in seinen beiden Varianten auszulegen. Ein Mangel an theologischen Interpretationen liegt also nicht vor, ebenso wenig ein Mangel an kirchenhistorischen Überlegungen zum Apostolischen oder Nizänokonstantinopolitanischen Glaubensbekenntnis.

Wozu also sollte ein weiterer Versuch, das Glaubensbekenntnis theologisch zu bedenken, dann noch führen? Ist nicht sein Wortlaut und also die zentrale Bezugsgröße all dieser Überlegungen stets gleich geblieben? Genügt es nicht, das schon dutzende Male Bedachte zu rekapitulieren und allenfalls eine Synopse der Verständnisweisen zu erstellen?

Nicht anders als wir heute waren auch die Autoren früherer Jahrhunderte Kinder ihrer Zeit und haben bewusst wie unbewusst die Fragen und Überlegungen des geistigen Umfeldes, dem sie entstammen oder in dem sie sich zu behaupten hatten, in ihre Theologie einfließen lassen.

Vielleicht kann daher eine vor Jahrzehnten oder gar Jahrhunderten formulierte Auslegung des Apostolischen oder Nizänokonstantinopolitanischen Glaubensbekenntnisses, so exzellent sie in ihrer Zeit gewesen sein mag, nicht mehr restlos zufrieden stellend oder gar gültig sein.

Daraus aber wäre zu folgern, dass auch unsere Zeit mit ihren Fragen und ihren Überlegungen an diese alten Texte herangehen darf, ja sogar muss; denn unsere Fragen und Überlegungen sind nicht abgegolten durch die Fragen und Überlegungen, mit denen Theologen, Lehrer und Priester vergangener Zeiten an das Apostolische Glaubensbekenntnis herangegangen sind.

Und außerdem sollen diese alten Texte auch für uns als Christen der verschiedensten Konfessionen eine Verbindlichkeit haben. Sie treten also mit einem prüfungsbedürftigen Verbindlichkeitsanspruch an uns heran. Dazu aber ist für unsere Zeit zu klären, was uns mit diesem Text verbindet und womit uns dieser Text verbindet, in welcher Hinsicht die beiden Varianten des Credo also verbindlich sein sollen und können.

Im Alltag wenig reflektiert ist auch der Umstand, dass die unveränderte, gewissermaßen museale oder wie im sprachlichen Hochsicherheitstrakt vorgenommene Aufbewahrung eines Textes nicht das Gleichbleiben seines Inhaltes gewährleistet. Nicht der Text allein und aus sich selbst bewahrt den Inhalt. Der Inhalt wird im kommunikativen Geschehen der sprechenden, lesenden und hörenden Rezipienten dieses Textes je neu dechiffriert. Und damit ist er abhängig vom Driften der Sprache und ihrer Begriffe, und zwar selbst dann, wenn er in einer alten, sich nicht mehr entwickelnden Sprache formuliert wurde.

Zwar mag es sein, dass Texte in alten Sprachen – z. B. Althebräisch, Altaramäisch, Altgriechisch und Latein, um nur einige zu nennen – nicht mehr etwaigen neueren Veränderungen innerhalb dieser alten Sprache ausgeliefert sind, weil es keine lebendig gesprochenen Sprachen mehr sind. Aber sie müssen spätestens im Verkündigungskontext immerhin in lebendige Sprachen übersetzt werden, die eine Sprachgeschichte durchleben, also das Sterben und die Modifikationen alter Begriffe sowie die Etablierung neuer Begriffe kennen.

Weiterhin kam dem Credo in der Vergangenheit und kommt dem Credo auch in der Gegenwart nicht zuletzt die Funktion zu, das absolute Geheimnis Gottes, das mysterium stricte dictum, natürlich nicht in ein definitorisches Wissen zu überführen, wohl aber einem ahnungsvollen Wissen, einem über sich selbst hinausweisenden Wissen näher zu bringen. In diesem Sinne hatte und hat das Credo in seinen beiden Formulierungen eine deiktische, also eine hinweisende, deutende und erklärende Funktion.

Nicht erst in unserer Zeit kann man aber beobachten, dass der ahnungsvolle Hinweis den nach Gott suchenden Menschen ahnungslos belässt oder gar zum Fehlverweis wird, die Deutung selber bedeutungslos oder deutungsbedürftig, die Erklärung selber unerklärlich wird. Dann bedarf die Erklärung selber einer Erklärung, der Hinweis selber eines Hinweises, die Deutung selber einer Deutung. Und auch aus diesem Grunde muss sich jede Zeit auf die Suche nach einer menschlich und theologisch angemessenen Interpretation des Credo machen.

Es bedarf also der je neuen Auseinandersetzung mit den alten griechisch bzw. lateinisch verfassten Texten des Apostolikum bzw. des Nizänokonstantinopolitanum. Es bedarf der je neuen Aneignung dieser Texte, wenn sie nicht an Bedeutung verlieren und schließlich in Vergessenheit geraten sollen.

Diese neue Auseinandersetzung und Aneignung aber sollte mit Nachdenklichkeit das einbeziehen, was frühere Zeiten zu den Glaubensbekenntnissen gedacht haben; denn darin sind auch Überlegungen zu finden, die unsere Zeit aus sich nicht hervorgebracht hätte und nicht hervorbringen würde. Wer also die beiden Varianten des einen Glaubensbekenntnisses heute ernsthaft bedenkt, schlüpft damit nicht intellektuell in Museumsschluffen, um Exponate der Vergangenheit zu betrachten, die ihn aus rein historischer Perspektive interessieren mögen, ansonsten aber existentiell kaltlassen könnten.

Vielleicht darf man sagen: Die zu bedenkenden Interpretationstraditionen zum Glaubensbekenntnis sind wie die Etüden für den Instrumentalisten. Sie sollen und können die Sonate oder Symphonie des eigenen Denkens vorbereiten und damit überhaupt erst möglich machen. Und mögen die Etüden der Tradition noch so kunstvoll sein, wie etwa die Klavier-Etüden von Chopin, ersetzen können sie die Sonate oder Symphonie des eigenen Denkens nicht; aber sie machen immerhin deutlich, welches Niveau dabei angesagt ist.

## 2.2. Zur Geschichte der beiden Symbola

Weitaus ursprünglicher als das Apostolische oder das Nizänokonstantinopolitanische Glaubensbekenntnis sind die formelhaften liturgisch verwendeten Akklamationen, die mit den Titeln „Sohn Gottes", „Christus" etc. die Würde des erhöhten Kyrios preisen. Beispiele dafür sind etwa folgende Textpassagen:

„... *so haben doch wir nur einen Gott, den Vater. Von ihm stammt alles, und wir leben auf ihn hin. Und einer ist der Herr: Jesus Christus. Durch ihn ist alles und wir sind durch ihn.*" (1 Kor 8,6) Oder: „*Keiner kann sagen: Jesus ist der Herr!, wenn er nicht aus dem Heiligen Geist redet.*" (1 Kor 12,3)

Auch der Christushymnus im Philipperbrief, der ganz gewiss gottesdienstliche Funktionen erfüllte, kann als eine Art Vorläufer von

Glaubensbekenntnisformulierungen angesehen werden. *„Er (Christus) war Gott gleich, hielt aber nicht daran fest, wie Gott zu sein, sondern er entäußerte sich und wurde wie ein Sklave und den Menschen gleich. Sein Leben war das eines Menschen; er erniedrigte sich und war gehorsam bis zum Tod, bis zum Tod am Kreuz. Darum hat ihn Gott über alle erhöht und ihm den Namen verliehen, der größer ist als alle Namen, damit alle im Himmel, auf der Erde und unter der Erde ihre Knie beugen vor dem Namen Jesu und jeder Mund bekennt: ‚Jesus Christus ist der Herr', zur Ehre Gottes des Vaters."* (Phil 2,6–11)

In diesem Hymnus und andernorts im Neuen Testament finden sich Elemente, die später Anlass dazu geben, deszendenz- und aszendenzchristologische Aussagen sowie auch Präexistenz- und Erhöhungsaussagen über Jesus Christus zu formulieren.

Auch Auferweckungsformeln wie *„Wenn der Geist dessen in euch wohnt, der Jesus von den Toten auferweckt hat, dann wird er, der Christus Jesus von den Toten auferweckt hat, auch euern sterblichen Leib lebendig machen, durch seinen Geist, der in euch wohnt."* (Röm 8,11) finden sich vielfach im Neuen Testament (Röm 10,9 sowie 2 Kor 4,13f.) und legen den Grundstein für die Auferstehungsformulierungen im späteren Credo. Auch Parusieerwartungen (1 Thess 1,9f.) und der Gedanke vom heilstiftenden stellvertretenden Sühnetod (Röm 8,32; 5,6.8; 2 Kor 5,14; Eph 5,2.25) finden sich im Neuen Testament zur Definition einer christlichen Identität.

Im ersten Johannesbrief dient dann das Bekenntnis auch zur binnenkirchlichen Unterscheidung zwischen Orthodoxie und Heterodoxie (1 Joh 4,15; 5,5).[6]

Man darf wohl auch einigen Textstellen des Alten Testamentes, und zwar im Blick auf Inhalt und Verwendung attestieren, dass sie die Funktionen eines Glaubensbekenntnisses haben, zumindest aber annähernd erfüllen und in gewisser Weise Credo-Vorläufer sind.

Dazu wurde einerseits die „Selbstvorstellungsformel" in Dtn 5,6 gezählt: *„Ich bin Jahwe, dein Gott, der dich herausgeführt hat aus dem Land Ägypten, dem Sklavenhaus."* Diese Einleitung zum deuteronomistischen Dekalog ist so etwas wie die Entfaltung und Konkretisierung des heilsgeschichtlichen Gehalts des Jahwe-Namens.

Dazu wurde auch das kleine „heilsgeschichtliche Credo" aus Dtn 26,1–10 (mit zwei Parallelstellen) gerechnet: *„Mein Vater (Jakob) war ein heimatloser Aramäer. Er zog nach Ägypten, lebte dort als Fremder …*

*und wurde zu einem großen mächtigen und zahlreichen Volk ... Der Herr führte uns mit starker Hand und hoch erhobenem Arm ... und gab uns dieses Land ..."*

Schließlich ist hier auch das *„Höre, Israel! Jahwe, unser Gott, Jahwe ist einzig. Darum sollst du den Herrn, deinen Gott, lieben mit ganzem Herzen, mit ganzer Seele und mit ganzer Kraft ..."* in Dtn 6,4f. zu erwähnen, in dem wie an vielen Stellen des Alten Testaments die Einzigkeit Gottes ausgedrückt, aber zugleich auch die Herz, Verstand, Wille und Kraft umfassende Gottesliebe gefordert wird.

### a. Das Apostolikum

Das uns vorliegende Apostolische Glaubensbekenntnis ist keinesfalls das erste und ursprünglichste Glaubensbekenntnis, auch wenn der Namenszusatz apostolisch auf die Apostel als Urheber hinzuweisen scheint. Es ist nur eine Legende, die seit dem 4. Jahrhundert allgemein verbreitet und im 6. Jahrhundert auch literarisch greifbar ist, die von der Autorenschaft der Apostel erzählt. Danach soll das Apostolische Glaubensbekenntnis von den Aposteln verfasst worden sein, und jeder der zwölf Bekenntnissätze von einem der zwölf Apostel persönlich stammen. Es ist aber keineswegs eindeutig, wie das Glaubensbekenntnis in die angeblich zwölf Glaubenssätze zu zerlegen und welchem der Apostel nun welcher Satz zuzuschreiben ist. Künstlerischen Ausdruck findet diese Legende im Marburger Elisabeth-Schrein (13. Jahrhundert) und auf den 12 Säulen der Trierer Liebfrauenkirche (erbaut 1227–43).[7] Auch in vielen anderen Kirchen gibt es sechs Säulen beiderseits des Mittelgangs, die dann zum Präsentationsort für die Apostelfiguren wurden und die Apostel ikonographisch als die zwölf Säulen von Lehre und Gestalt der Kirche präsentieren.

Der Begriff Symbolum Apostolicum findet sich zuerst in einem Schreiben an Papst Siricius, das auf einer Bischofsversammlung des Jahres 390 um Ambrosius von Mailand verfasst wurde. Dieser Bezeichnung liegt die Auffassung zugrunde, es mit einem in der apostolischen Verkündigung grundgelegten und aus ihr herleitbaren Inhalt zu tun zu haben.

Symbolum bedeutet soviel wie „Erkennungszeichen" für das Bekenntnis zum Glauben oder „Initiationsformel" zur Einführung in den Glauben oder „Zusammenfassung" des wahren Glaubens.

Das Symbolum wird auch Römisches Symbolum (R für Romanum) genannt und liegt in einem Text aus dem 4. Jahrhundert in griechischer Sprache vor. In einem Schreiben an Papst Julius I. aus dem Jahre 340 hatte Bischof Marcellus von Ankyra in Galatien seinen Rechtgläubigkeitsnachweis durch Zitation des päpstlichen Taufbekenntnisses zu erbringen versucht. Da zu diesem Zeitpunkt die Liturgiesprache längst das Lateinische war, nimmt man an, dass der vorliegende Text schon aus der Mitte des 3. Jahrhunderts stammt.

Allerdings ist dieser Text (R) weniger entfaltet als der Text der heute gebräuchlichen Form des Symbolum (T), das im Taufritus eine besondere Rolle spielte. Die Kurzform weist aber die bis heute gültige trinitarische Grundstruktur auf und ist Ausgangspunkt für zahlreiche abendländische Symbola gewesen. Die heutige ausführlichere Form (T) hat sich aber nicht in Rom selbst, sondern im spanisch-gallischen Bereich herausgebildet und ist bei Caesarius von Arles († 542) zu finden.

Karl der Große († 814), der Wert auf eine einheitliche Liturgie legte, setzte bei seiner Liturgiereform das in den westlichen Kirchen schon weit verbreitete Symbolum (T) als Taufbekenntnis im Taufritus durch.

In Rom war zu dieser Zeit nur noch das so genannte Große Glaubensbekenntnis (Nizänokonstantinopolitanum) üblich, das möglicherweise von Epiphanius verfasst und vom Konzil dann nur noch übernommen wurde. Epiphanius jedenfalls zitierte es schon im Jahre 374. Diese ausführlichere Form des Glaubensbekenntnisses bot wegen der antiarianischen Artikel in den Auseinandersetzungen mit dem Arianismus eine größere theologische Trennschärfe als das römische Symbolum einschließlich seiner Erweiterung zur heute üblichen Form.

Über die karolingische Reform ist im Verlauf des 9. und 10. Jahrhunderts schließlich das alte römische Symbolum mit seinen Erweiterungen wieder in Rom angekommen und hat Eingang gefunden in die römische Taufliturgie. Bis heute spielt das Apostolikum verglichen mit dem Nizänokonstantinopolitanum liturgisch die größere Rolle, vermutlich nicht zuletzt wegen der kürzebedingten leichteren liturgischen Einpassbarkeit.

## b. Das Nizänokonstantinopolitanum

Darüber, wie das Nizänokonstantinopolitanum entstanden ist, gibt es keine einheitliche Position unter den Theologen. Vertreten werden und wurden die Ansichten, a) es handle sich um ein originäres Jerusalemer Taufbekenntnis, b) es sei auf der Synode von Antiochia (379) entstanden, um die Positionen der Ost- und Westkirche einander anzunähern, c) es sei von den Konzilsvätern 381 als Vorschlag für ein Symbolum gedacht gewesen, d) es sei eine in pneumatologischer Hinsicht erweiterte Fassung des Symbolum von Nizäa und in Konstantinopel förmlich beschlossen worden.[8]

Tatsächlich gibt es das bereits erwähnte im Jahr 374 verfasste kürzere Bekenntnis des Epiphanius, das dem Nizänokonstantinopolitanum sehr ähnlich ist.[9] Die älteste offizielle Textfassung des letzteren bietet erst das Konzil von Chalkedon (451).

Im Osten wurde das Nizänokonstantinopolitanum im 6. Jahrhundert größtenteils als Taufbekenntnis übernommen. Als Glaubensbekenntnis der Messe wird es 568 von Kaiser Justinos II. fest vorgeschrieben und taucht auch auf der 3. Synode von Toledo (589) auf. Dort enthält es bereits das „Filioque", also die theologische Festlegung, dass der Heilige Geist vom Vater und vom Sohn ausgeht. Die ursprünglichere Version hingegen sprach davon, dass der Heilige Geist vom Vater durch den Sohn ausgeht. Möglicherweise ist das „Filioque" aber auch nach der 3. Synode von Toledo einfach ergänzt worden. Seit dem 8. Jahrhundert gab es wegen dieses Zusatzes heftige Auseinandersetzungen zwischen der Kirche des Westens und der des Ostens.

Karl der Große hatte die Einfügung des „Filioque" nachdrücklich betrieben. Auf der Synode von Aachen (809) wurde Papst Leo III. das Verlangen vorgetragen, er möge die Formulierung ins Bekenntnis aufnehmen und für die ganze Kirche verbindlich machen. Aber der Papst, der theologisch-sachlich nichts gegen die Formulierung einzuwenden hatte, scheute sich doch wohl im Respekt vor der Tradition, das Glaubensbekenntnis eigenmächtig in einem Passus zu verändern bzw. zu erweitern. Kaiser Heinrich II. erwirkte anlässlich seiner Krönung (1014) von Papst Benedikt VIII., dass das „Filioque" im Rom bei der Heiligen Messe gesungen wurde. Bei den ökumenischen Konzilien von Lyon (1274) und Florenz (1439) wurde es sowohl von den Lateinern als auch von den Griechen anerkannt.

Das gelegentlich als antireformatorisch charakterisierte Konzil von Trient betont auf seiner 3. Sitzung 1546 den konfessionsverbindenden Charakter dieses Nizänokonstantinopolitanischen Glaubensbekenntnisses.[10] In der reformatorischen Tradition spielte allerdings das Apostolikum eine größere Rolle.

Die sich heute andeutende Konvergenz mit der Orthodoxie in der „Filioque"-Debatte sieht auf Seiten der Katholiken den Verzicht auf die gottesdienstliche Rezitation dieses Begriffs bei gleichzeitiger Anerkenntnis des pneumatologisch-christologischen Anliegens auf Seiten der Orthodoxie vor. In der katholischen Liturgie kommt das Nizänokonstantinopolitanum heute vor allem bei besonders feierlichen Anlässen (Hochfesten, Ordinationen etc.) zum Einsatz.

**2.3. Was bedeutet glauben?**

Wenn man einen Blick auf die Etymologie des Wortes glauben richtet, wird einem klar, dass glauben nicht eine sachhaft-dingliche, sondern eine personale Kategorie anzielt. Das gotische „galaubeins", das althochdeutsche „giloubo" und das mittelhochdeutsche „g(e)loube" meinen „sich etwas lieb und vertraut machen". Beide Begriffe sind vom Wortstamm her verwandt mit dem Adjektiv „lieb" und dem gotischen Wort „lubo" für Liebe und „lubains" für Hoffnung.[11] Die heutigen deutschen Verben „erlauben", „loben" und „geloben" deuten noch in diese personale Verständnisdimension.

Was also bedeutet es zu glauben? Was ist ein Glaube? Der Glaube wird trotz der in andere Richtung verweisenden Etymologie weithin als defiziente Form des Wissens angesehen, als vages Meinen oder Wähnen, als Vermutungswissen ohne allzu große, oder jedenfalls mit minderer Wahrheitsverbindlichkeit.

Dem Wissen wurde in der Neuzeit und wird trotz aller Wissenschaftskrisen oft immer noch Gewissheit zugeordnet, nicht selten und fälschlicherweise sogar prognostische Gewissheit.

Wissen wird weithin mit Rationalität konnotiert, Glauben mit Emotionalität. Eine der frühesten christlicherseits formulierten Verhältnisbestimmungen zwischen Rationalität und Wissen einerseits sowie Emotionalität und Glauben andererseits findet sich bei Augustinus (354–430):

„*Es ist ausgeschlossen, dass unser Glaube den Verzicht auf vernunftgemäße Erklärung oder vernunftgemäßes Forschen verlange; denn wir könnten auch nicht glauben, wenn wir keine vernunfthafte Seele hätten. Wenn also in manchen Dingen, die zur Heilslehre gehören und die wir mit der Vernunft noch nicht begreifen können, die wir aber später begreifen werden, der Glaube der Vernunft vorausgeht, um das Herz zu läutern, damit es des Lichtes großer Vernunft fähig und empfänglich werde, so entspricht auch das der Vernunft. Deshalb ist es vernünftig, wenn der Prophet sagt: ‚Wenn ihr nicht glaubt, so werdet ihr nicht verstehen.' Er gab, beides unterscheidend den Rat, vorgängig zu glauben, damit wir das, was wir glauben, auch verstehen können. Dass also der Glaube der Vernunft vorausgehen soll, war selber ein vernünftiger Rat … Wenn es also vernünftig ist, dass bei wahrhaftig Großem, das man noch nicht begreifen kann, der Glaube der Vernunft vorausgeht, so geht doch die wenige Vernunft, die uns das lehrt, ihrerseits dem Glauben voraus.*"[12]

Die Vernunft und das ihr zugeordnete Wissen, die nach einer letzten Begründung suchen, so scheint es, enden in der Abgründigkeit des oder eines Glaubens, respektive der Abgründigkeit des oder eines Unglaubens. Der Glaube, der nicht Mythologie oder Fideismus sein oder bleiben will, bedarf natürlich zu seiner Selbstexplikation der Vernunft. Ohne sie verkommt er zur wabernden Gefühligkeit religiöser Kuschelecken oder vertrocknet er zu steif-steriler papierner Satzhaftigkeit. Die Frage, ob der Glaube der Vernunft oder ob die Vernunft dem Glauben vorausgehe, ähnelt in der Struktur der Frage, ob das Huhn oder das Ei eher gewesen sei. Beides wird in den jeweiligen Anfängen nicht das gewesen sein, als was wir es heute differenziert wahrnehmen, sondern in ununterschiedener Einheit verbunden gewesen sein.

Auch wenn das Denken in Glaubensdingen ganz gewiss nicht alles ist, sondern eine Ergänzung durch das Wollen, Fühlen und vor allem durch das alltägliche Tun braucht, darf man vielleicht doch sagen: Man kann das Denken auch in Glaubensdingen prinzipiell nicht weit genug treiben. Die Behauptung einer strikten Trennbarkeit von Wissen und Glauben ist zweifelsohne eine Täuschung. Sie sind vielmehr zwei grundlegende Möglichkeiten des Menschen, sich mit der Wirklichkeit, in der er sich vorfindet, auseinanderzusetzen. Dabei richtet sich das naturwissenschaftliche Wissen mit seiner methodischen Beschränkung auf Quantifizierbares.

Sinn- und Wertfragen hingegen haben eine große Affinität zum Bereich des Glaubens. Sie können von der Naturwissenschaft her nicht beantwortet werden; wohl aber können deren Daten und Fakten von erheblicher Relevanz für Sinn- und Wertentscheidungen sein und sind also zu berücksichtigen. Theodor Schneider trifft folgende Unterscheidung:

*„Wissen ist die wahrnehmende Bejahung der einzelnen untersuchbaren und untersuchten Fakten, ihrer Gesetzmäßigkeiten und Beziehungen; Glauben ist die Bejahung des Ganzen unseres Daseins, seines Sinnes, seiner Zukunft."*[13]

Demnach zielte Wissen auf das endliche isolierbare Faktum und Glauben auf das unumfassbare Ganze, auf den umfassenden Horizont, in dem sich das je Einzelne ereignet und vollzieht.

Fast hat es hier den Eindruck, dass Glauben und Wissen zwar unterschiedliche, aber grundsätzlich doch vergleichbare Objekte anzielten. Das ist allerdings ein Irrtum. Das Wissen bezieht sich auf ein endliches, in den Raum-Zeit-Koordinaten erscheinendes Objekt und versucht ihm eine Definition (finis = die Grenze), eine klare mathematisierbare Form zu geben. Das Wissen lokalisiert, separiert, segmentiert, terminiert, um ein Objekt kenntlich zu machen. Gleichwohl ist es nicht möglich, alle zu einem Objekt gehörigen Bestimmungen exakt zu formulieren, es also restfrei zu etwas Definitem zu machen.

Der Glaube hat es, wo er sich auf Gott bezieht, mit etwas In-Definitem zu tun, mit etwas, was sich jeglicher Quantifizierung, Segmentierung, Separierung und Terminierung prinzipiell entzieht. Gott ist kein Objekt neben anderen, sondern steht jenseits des raum-zeitlich beschreibbaren Horizontes.

Über ihn, den Unendlichen, ist Endgültiges weder beweisend noch widerlegend mit den rationalen und szientistischen Werkzeugen der Endlichkeit zu entscheiden. Allerdings kann für oder gegen ihn argumentiert werden, so dass man von einem mehr oder weniger plausiblen Gottesgedanken sprechen kann. Dabei unterliegt nicht etwa Gott an sich dem beurteilenden Zugriff des Menschen, sondern ein konkretes Gottesbild, das der Mensch sich von ihm gemacht hat. Damit steht nicht Gott, sondern menschliche Theologie und das von ihr entworfene Gottesbild auf dem Prüfstand und kann in der kritischen Prüfung scheitern. Andrzej Anderwald entfaltet für das Verhältnis von Glauben und Wissen kenntnisreich das Bild von einer „polyphonen Korrelation".[14]

Hans Küng bemerkt angesichts dieser argumentativen Situation: *„Insofern ist des Menschen Glaube an Gott weder ein rationales Beweisen noch ein irrationales Fühlen noch ein dezisionistischer Akt des Willens, sondern ein begründetes und in diesem Sinne eben vernünftiges Vertrauen. Dieses vernünftige Vertrauen, das Denken, Fragen und Zweifeln einschließt und das zugleich Sache des Verstandes, des Willens und des Gemütes ist: das heißt im biblischen Sinne ‚Glauben'. Kein bloßes Fürwahrhalten von Sätzen also, sondern ein Sicheinlassen des ganzen Menschen, und zwar nicht primär auf bestimmte Sätze, sondern auf die Wirklichkeit Gottes selbst."*[15]

Jörg Splett hat darauf hingewiesen, dass ein Mensch angesichts seiner unbestreitbaren Bedürftigkeit, Begrenztheit, Schwäche eigentlich nicht fähig ist, ein absolutes und unbedingtes Ja zu Gott oder auch zu einem Menschen zu sprechen. Er kann es nur, wenn er gewissermaßen eine Anleihe beim absoluten Ja des absoluten Gottes nimmt. Der begrenzte und bedingte Mensch kann das unbedingte und grenzenlose Ja des Glaubens nur selber sprechen, wenn er sich selber unbegrenzt und unbedingt geliebt weiß von Gott. *„Das Ja zu einem Menschen ist als unbedingtes ein Mitsprechen von Gottes Ja zu ihm."*[16]

Im Gefolge von Überlegungen, die sich bereits bei Augustinus finden, ist es weithin zu einem Konsens unter Theologen geworden, auch auf die folgende Differenzierung hinzuweisen:

Das Apostolikum und das Nizänokonstantinopolitanum benutzen im Zusammenhang mit dem Glauben eine besondere, keineswegs zufällige Formulierung. Sie sprechen, wo sie von den drei göttlichen Personen handeln, nicht von „credere aliquid" (etwas glauben), auch nicht von „credere alicui" (jemandem glauben), sondern von „credere in aliquem" (an jemanden glauben). Beide Symbola formulieren also konkret „Credo in Deum ... Et in Jesum Christum ... Credo in Spiritum Sanctum ..." bzw. ausführlicher „Credo in unum Deum ... et in unum Dominum Jesum Christum ... Et in Spiritum Sanctum Dominum ..." Das Glauben an den dreifaltigen Gott, den Vater, den Sohn und den Heiligen Geist, hat die Dimension des „Sich-existentiell-Überantwortens".

Auch die Gegenprobe lässt sich machen: Die Präposition „in" fehlt z. B. bei den Wirkungen des Heiligen Geistes, die das Symbolum enthält, bei „sanctam Ecclesiam catholicam, sanctorum communionem, remissionem peccatorum, carnis resurrectionem et vitam aeternam." Die deutsche Übersetzung, die dieser lateinischen Differenzierung in der Formulierung nicht exakt folgen kann, müsste dann lauten: „Ich glaube die katholische Kirche, die Gemeinschaft der Heiligen, die Auferstehung des Fleisches und das ewige Leben." Auch der griechische Text (z. B. „kaì eis tò pneûma tò hágion" und „Eis mían hagían katholikán ... ekklesían") ermöglicht diese Differenzierung im theologischen Ausdruck nicht.

## 3. Der Glaube an Gott, den Vater

> „Ich glaube an Gott, den Vater, den Allmächtigen,
> den Schöpfer des Himmels und der Erde." (A)[1]
> „Wir glauben an den einen Gott, den Vater, den Allmächtigen,
> der alles geschaffen hat, Himmel und Erde, die sichtbare und die unsichtbare Welt."
> (NK)

Der erste Teil des trinitarischen Bekenntnisses unseres Glaubens ist zugleich der kürzeste und allgemeinste. Er ist für sich genommen vielleicht sogar noch ohne eine aufs Christentum zielende Trennschärfe; denn was hier behauptet oder bekannt wird, könnte so oder ganz ähnlich auch von den anderen monotheistischen Religionen gesagt und bekannt werden. Auch der Gott der Muslime und der Gott Israels ist allmächtig, ist der Schöpfer des Himmels und der Erde und wird im Judentum ganz sicher und, soweit man sich nicht ganz streng an ein Bilderverbot gebunden weiß, auch im Islam eher mit dem Bild des Vaters verbunden.

Allen konkreten Aussagen über Gott, also auch oder gerade auch denen, die das Vaterbild bemühen, ist eine ganz wesentliche Einschränkung vorauszustellen. Dionysius Areopagita, der vorgibt, der in Apg 17,34 genannte Dionysios vom Areopag zu sein, den Paulus bei seiner ansonsten erfolglosen Mission auf dem Areopag für Christus gewonnen hat, der in Wirklichkeit aber ein Theologe des ausgehenden 5. und beginnenden 6. Jahrhunderts ist, hat diese Einschränkung schon nachdrücklich formuliert und sich dabei auf die Heilige Schrift (Römerbrief, Buch der Weisheit) berufen: Alle vom Menschen gemachten Aussagen über Gott haben nur eine vage Ähnlichkeit mit dem, was und wer Gott wirklich ist. Es sind analoge Aussagen, die in unzulänglicher Weise vom geschöpflichen Sein auf das Schöpfersein schließen. Aber das scheint der einzig mögliche Weg des Menschen zu sein, etwas über Gott auszusagen.

Das Ausmaß des Problems lässt sich mit fast widersprüchlich erscheinenden Worten des Thomas von Aquin fokussieren:

„*Nam error circa creaturas redundat in falsam de Deo scientiam et abducit mentem hominis ab Deo.*" „Denn ein Irrtum über die Geschöpfe *führt im Überfluss (fließt über) zu einem falschen Wissen über Gott und führt den Verstand des Menschen von Gott weg.*"[2] Das enthält implizit den Auftrag, sich ein möglichst genaues Wissen über die kreatürliche Welt zu verschaffen, weil falsche naturphilosophische oder naturwissenschaftliche Voraussetzungen zu falschen theologischen Schlüssen führen können. Das sogenannte profane Wissen und Erkennen ist also nach Thomas keineswegs irrelevant für das theologische Erkennen und Wissen.

Umgekehrt garantieren richtige naturphilosophische oder naturwissenschaftliche Kenntnisse über die geschöpfliche Welt nicht die Richtigkeit der theologischen Aussagen. Sie sind also allenfalls die notwendige, nicht aber die hinreichende Voraussetzung für die Richtigkeit theologischer Aussagen.

Die naturphilosophisch-naturwissenschaftliche Aussage scheint nur über die via negationis einen Beitrag zur Theologie leisten zu können, d. h. durch die Formulierung dessen, was Gott nicht ist.

„*De deo scire non possumus, quid sit, sed, quid non sit.*" „*Von Gott können wir nicht wissen, was er ist, sondern nur, was er nicht ist.*"[3]

Und selbst diese Aussage radikalisiert Thomas nochmals, wenn er sagt: „*Hoc est ultimum cognitionis humanae de Deo: quod sciat se Deum nescire.*" „*Das ist das Äußerste des menschlichen Nachdenkens über Gott, dass er weiß, dass er von Gott nichts weiß.*"[4]

Auf dem IV. Laterankonzil von 1215 findet diese Einschränkung unserer Aussagemöglichkeiten über Gott ihre klassische Formulierung: „... *inter creatorem et creaturam non potest tanta similitudo notanda, quin inter eos maior sit dissimilitudo notanda.*" „*Zwischen dem Schöpfer und dem Geschöpf kann man keine so große Ähnlichkeit feststellen, dass zwischen ihnen keine noch größere Unähnlichkeit festzustellen wäre.*"[5]

## 3.1. Infragestellung des Schöpfergottes aus naturwissenschaftlicher Perspektive

Die hier darzustellende und prominent von Stephen Hawking vertretene Position kann keineswegs für sich in Anspruch nehmen, die Position der Naturwissenschaftler zu sein in Bezug auf die Frage nach einem Schöpfergott. Eine einheitliche Position zu dieser Frage und aus dieser Perspektive gibt es definitiv nicht. Aber der vermutlich bekannteste Physiker unserer Tage, der Astrophysiker Stephen Hawking (1942–2018) aus Cambridge, hat es durch die Millionenauflagen seiner Bücher geschafft, seine Überlegungen und Ansichten zu dieser Frage derart zu popularisieren, dass sie im allgemeinen Volksbewusstsein schon fast zu „der Position der Naturwissenschaft" hinsichtlich der Frage nach einem Schöpfergott geronnen sind. Und genau deshalb ist an dieser Stelle darüber nachzudenken.

Jahrzehntelang vertrat der durch ein fortschreitendes Nervenleiden schwer behinderte Hawking unverdrossen die Überzeugung, dass es eine alles erklärende Weltformel geben und der forschende Mensch sie auch verstehen könne. In „Einsteins Traum" schreibt er: *„Ich gehöre nicht zu denen, die glauben, das Universum sei und bleibe ein Geheimnis, etwas, das man intuitiv erfassen, aber niemals ganz analysieren und verstehen kann … Das Weltall gibt uns immer noch viele Rätsel auf, aber die großen Fortschritte, die wir besonders in den letzten hundert Jahren erzielt haben, sollten uns in der Überzeugung bestärken, dass ein vollständiges Verständnis im Bereich unserer Möglichkeiten liegt … es ist möglich, dass uns eines Tages der Durchbruch zu einer vollständigen Theorie des Universums gelingt. Dann wären wir wirklich die ‚Masters of the Universe.'"*[6] Dem entsprechend suchte Hawking auch nach einer Kosmologie, die auf einen schöpferischen Gott verzichten kann.[7]

*„Also könnte man Gott als die Verkörperung der Naturgesetze definieren … Ich verwende das Wort ‚Gott' wie Einstein in einem unpersönlichen Sinn für die Naturgesetze. Folglich kennt, wer die Naturgesetze kennt, die Gedanken Gottes. Meine Vorhersage lautet: Wir werden am Ende dieses Jahrhunderts wissen, was Gott denkt. Der letzte verbleibende Bereich, den die Religion noch für sich beanspruchen kann, ist der Ursprung des Universums, aber selbst hier macht die Wissenschaft Fortschritte und dürfte schon bald mit Gewissheit beschreiben können, wie das Universum angefangen hat … Ich denke, das Universum ist spontan aus nichts entstanden, aber ganz in Übereinstimmung mit den Naturgesetzen."* Und an anderer Stelle formuliert er: *„Wenn Sie wollen, können sie die wissenschaftlichen Gesetze ‚Gott' nennen, aber das wäre dann kein persönlicher Gott, dem Sie begegnen und Fragen stellen könnten."*[8]

Religion und Naturwissenschaft werden von Hawking fast durchweg in einem wechselseitigen Verdrängungswettbewerb positioniert, wo der Begriff Naturgesetz als die grundlegende Umdeutung bzw. die mehr oder weniger elegante Verabschiedung des Gottesbegriffs fungiert.

Hawking glaubte, dass sich Elementarteilchen spontan aus dem Vakuum erzeugen lassen, denn dieses Vakuum sei nicht leer, sondern gefüllt mit energetisch relevanten Quantenfluktuationen, die nur im Mittel Null ergeben. Hier würde nun der Philosoph oder Theologe sagen, die Schöpfung aus dem Nichts sei etwas grundlegend anderes als ein Prozess um den noch dazu vom Menschen selbst definierten Nullpunkt eines quantenphysikalischen Fluktuationsgeschehens. Auch eine Quantenfluktuation ist kein Nichts, sondern ein Etwas, ein physikalisch beschreibbares Phänomen, das genau wie die Gesetze, denen es angeblich folgt, einer Verursachungsklärung bedürfte. Wie Hawking diskutieren einige Physiker mehr oder weniger kritisch die Ansicht, man könne eine „Weltformel", eine Theory of Everything (TOE) entwerfen, manche bekennen sich sogar zumindest in der medialen Vermittlung ihrer Gedanken zu dieser Idee. Diese TOE soll u. a. die derzeitigen physikalischen Zentraltheorien, nämlich die Relativitätstheorie und die Quantentheorie, die in bisher ungelöster Spannung zueinander stehen, in einer höheren Synthese zusammenfassen. Hawking meinte sogar in seinem Werk „Eine kurze Geschichte der Zeit": *„Letztlich ist es das Ziel der Wissenschaft, eine einzige Theorie zu finden, die das gesamte Universum beschreibt."*[9] Diese *„vollständige einheitliche Theorie"* würde dann auch ihr Subjekt, den Theoretiker, mitumfassen müssen. *„Deshalb würde die Theorie selbst die Suche nach ihr determinieren."*[10]

Die Theory of Everything, wenn sie denn diesen Namen verdientermaßen beanspruchen könnte, müsste eine Theorie sein, die nicht nur alle denkbaren Inhalte der Naturwissenschaft umfasst, sondern auch den Theoretiker selbst noch zum Inhalt hat, und zwar einschließlich seiner auf die Erstellung dieser Theorie gerichteten kognitiven Bemühungen. Ein solches Theorie-Konstrukt ist allenfalls einer mit göttlichen Attributen ausgestatteten Rationalität zugänglich, jedenfalls nicht menschenmöglich, geschweige denn ein legitimes Kind der Naturwissenschaften. Es tobt sich hier eine Allmachts- und Allwissenheitsphantasie aus, die sich die göttlichen Attribute, die sie mit deren ursprünglichem Träger, nämlich Gott, zu eliminieren sucht, selber zuschreiben möchte. Weniger spektakulär und anmaßend als die TOE ist das, was sich hinter der sogenannten Großen Vereinheitlichten Theorie

(GUT = Grand Unified Theory) verbirgt, weil sie sich gerade anzugeben bemüht, unter welchen Bedingungen sich die vier zentralen, die Physik erst begründenden empirischen Größen, nämlich die gravitative Wechselwirkung, die elektromagnetische Wechselwirkung, die schwache und die starke Wechselwirkung zu einer einzigen Wechselwirkung vereinigen. Bei ca. 100 Milliarden Elektronenvolt gehen, so weiß man, die schwache Wechselwirkung und die elektromagnetische Wechselwirkung in eine einzige, nämlich die elektroschwach genannte Wechselwirkung über. Man könnte sich also durchaus auch Bedingungen vorstellen, bei denen sich die vier Wechselwirkungen zu einer einzigen vereinheitlichen ließen. Das naturwissenschaftliche Terrain der finiten Größen würde damit nicht verlassen. Warum aber, so fragt sich der nachdenkliche Zeitgenosse, sind die vier Grundkräfte ganz präzise so dimensioniert, dass sich schwere Elemente, eine chemische Evolution, eine Kohlenstoffchemie und mit ihr eine biologische Evolution, pflanzliches wie tierisches Leben und schließlich bewusstes menschliches Leben entwickeln konnten? Ist darin eine die unsere weit überragende Intelligenz eines kreativen Gottes zu sehen, der eine Welt macht, die sich selbst macht? Dieses unter dem Stichwort „Anthropisches Prinzip" erstmals von Physikern in dem sechziger und siebziger Jahren des vergangenen Jahrhunderts bedachte Phänomen der außerordentlichen Unwahrscheinlichkeit dieser lebensermöglichenden Anfangsbedingungen ist natürlich eine substantielle Anfrage an das „Spontanitäts- und Zufallsmodell der Weltentstehung". Hawking und andere behaupteten, dieses außerordentlich unwahrscheinliche und hochpräzise Zusammentreffen der vier Grundkräfte, die das Leben erst ermöglichten, sei nichts als Zufall, ohne anzugeben, was das nun wiederum sein soll.[11] Unsere Welt sei nur eine unter unzählig vielen Parallelwelten und daher sei es nicht verwunderlich, sondern erwartbar, dass es eine Welt wie die unsere gäbe. Hier soll durch die spekulative Konstituierung von zahllosen Parallelwelten dem außergewöhnlichen Design unserer Welt der Stachel der Einzigkeit und des möglichen schöpferischen Gewolltseins gezogen werden. Diese Behauptung ist nicht Physik, sondern Metaphysik, nicht Naturwissenschaft, sondern Spekulation; denn vermutlich wird zu keiner dieser forsch bis nassforsch postulierten Parallelwelten von uns aus je ein Zugang möglich sein. Aber selbst wenn die Grand Unified Theory uns bereits bekannt wäre, ist nach Hawking, dem hier auch einmal philosophisch ein Licht aufgeht, ihre Grenze schon jetzt erkennbar. In „Eine kurze Geschichte der Zeit" sagt er: „*Auch wenn nur eine einheitliche Theorie möglich ist, so wäre sie doch nur ein System von Regeln und Gleichungen. Wer bläst den Gleichungen den Odem ein und erschafft ihnen ein Universum, das sie beschreiben können? Die übliche Methode, nach der die Wissenschaft sich ein mathematisches Modell konstruiert, kann die Frage, warum es ein Universum geben muss, welches das Modell beschreibt, nicht beantworten. Warum muss sich das Universum all dem Ungemach der Existenz unterziehen? Ist die einheitliche Theorie so zwingend, dass sie diese Existenz herbeizitiert? Oder braucht das Universum einen Schöpfer, und wenn ja, wirkt er noch in irgendeiner anderen Weise auf das Universum ein? Und wer hat ihn erschaffen?*"[12]

Man könnte einige der von Hawking hier aufgeworfenen Fragen dadurch einer Antwort näher bringen, dass man ihn mit Meister Eckhart (1260–1328) bekannt macht, der in seinen philosophischen Annäherungen an den Begriff Gott die Differenz zwischen Plan des schaffenden Gottes und Wirklichkeit der geschaffenen Welt dadurch zu überwinden sucht, dass er formuliert „Das Sein ist Gott" und zugleich „Gott ist Erkennen". Die Intelligibilität, die Geistigkeit Gottes ist es, die – gewissermaßen als Zusammenfall von Theorie und Praxis – aus sich selbst heraus auch schon schafft, schaffend erkennt und erkennend schafft.

Für die von Hawking avisierte physikalische Beerbung des Schöpfergottes sind, so scheint es, bislang nur auf Wissenschaftshoffnungen hin ausgefertigte, aber intellektuell ungedeckte Schecks ausgestellt worden. Da ist seine religiöse Hypostasierung des Gesetzesbegriffs in den Naturwissenschaften kritisch zu befragen. Da sind die Fragen nach den Bedingungen der Möglichkeit und dem Status von Naturgesetzen, die Fragen nach ihrer „spontanen" oder „zufälligen" Entstehung oder ihrer „gezielten" Verursachung, und die nach dem Woraufhin, also dem möglichen Zielhorizont dieser Naturgesetze. Da geraten die von Hawking philosophisch weitgehend gedankenlos verwendeten Begriffe wie „Spontanität" oder „Zufall" oder auch „Nichts" und erst recht die kombinierende Behauptung einer „zufälligen spontanen Entstehung der Welt aus dem Nichts" zu einem höchst voraussetzungsreichen Konstrukt und muten noch immer an wie ein einziges großes Refugium ignorantiae.

Die Naturwissenschaft verfügt trotz ihres unbestreitbaren immensen Wissenszuwachses nicht einmal für das kleinste der chemischen Elemente, das Wasserstoffatom, über ein umfassendes, d. h. ein seine Genese, seinen exakten Aufbau und seine physikalisch-chemische Potentialität zureichend beschreibendes Wissen. Das schmälert nicht ihre Leistung, sondern fordert lediglich eine aller Allwissenheits- und Allmachtsphantasie abschwörende erkenntnis- und wissenschaftstheoretische Demut ein.

Die Theory of Everything und die Grand Unified Theory sind auf unterschiedliche Weise naturwissenschaftliche Zeugnisse einer Einheitssuche und Einheitssehnsucht, die ihre religiöse Provenienz nur mühsam verbergen kann. Die eine, die Theory of Everything, möchte eingestandener- oder uneingestandenermaßen eine Verabschiedung des Schöpfergottes sein und verabschiedet sich dabei nur selbst mit einer dürftigen Philosophie aus der Naturwissenschaft. Die andere, die Grand Unified Theory, möchte Naturwissenschaft sein und lässt darum klugerweise ihre Weiterungen auf die Gottesfrage hin bleiben. Mit der Theory of Everything kann man wohl gottlos werden, nicht aber Gott loswerden.

## 3.2. Ich glaube an Gott

▌ *"Ich glaube an Gott..."* (A und NK)

Der Glaube an einen Gott oder an mehrere Götter ist nahezu universal, d. h. er ist auch in solchen Ethnien entstanden, die historisch und geographisch abseits des Weltgeschehens lebten und nie mit Vertretern etwa der Hochreligionen im Kontakt standen. In dem Sinn ließe sich sagen: Gott kam lange vor dem Missionar. Dasselbe gilt erst recht für die Götter.

Aus diesem ethnologisch-ethnographischen Befund, dass es kein Volk ohne eine Form von Gottes- oder Götterglauben gibt, hat schon der antike Staatsmann und Philosoph Cicero (106–43 v. Chr.) das klassische Argument für die Existenz Gottes geformt, das so genannte „argumentum e consensu omnium gentium", das Argument für Gott aus dem Konsens aller Völker.

Er sah die Tatsachenvermutung, dass alle Menschen und Völker gleich welchen Zivilisationsgrades irgendwie gläubig seien, als sichersten Beweis dafür an, dass man an die Existenz von Göttern glauben solle:

*„… alle glauben, es gebe eine göttliche Kraft und Natur und dies nicht auf Grund irgendeiner Verabredung oder Abmachung unter den Menschen und nicht, weil es eine durch Sitten und Gesetze vorgeschriebene Meinung wäre; vielmehr muss hier wie in jedem Falle die Einstimmigkeit aller Völker (consensio omnium gentium) als ein Naturgesetz (lex naturae) betrachtet werden …"*[13]

Andere Autoren formulieren diesen Ausgangspunkt für den sogenannten Gottesbeweis noch schärfer: *„Entweder ist die Menschennatur ein durch und durch verkehrtes Wesen und unrettbar dem Irrtum verfallen, oder dem Gottesglauben, welcher aus dieser Natur mit Notwendigkeit hervorgeht, entspricht die Wirklichkeit, d. h. es gibt einen Gott."*[14]

Da, folgt man dieser Position, die ganze Menschheit in der Überzeugung lebt, es gebe ein höchstes Wesen, und man nicht annehmen könne, Gott beließe die ganze Menschheit in einer solch zentralen Frage im Irrtum, sei aus der allgemeinen Überzeugung der Menschheit auch das Dasein Gottes bewiesen. Die Zirkularität dieser Beweisführung wird dabei wohl gesehen, insofern im Beweis selbst die Existenz des erst noch zu beweisenden Gottes bereits als Mittel eingesetzt wird.

Übrig bleibt bei kritischer Betrachtung nur: Erstens der empirische Befund, dass alle bisher wahrgenommenen Völker irgendwelche Gottesvorstellungen haben. Zweitens die Behauptung, diese Gottesvorstellung müsse ein „fundamentum in re" haben. Und drittens, dies gemeinsame „fundamentum in re" sei das, was alle Gott nennen.

Mehr als eine psychologische Unterstützung derer, die glauben, und gegebenenfalls eine neu angeregte Nachdenklichkeit derer, die nicht glauben, ist aus diesem „argumentum e consensu omnium gentium" wohl nicht zu entnehmen.

Man kann nicht ernsthaft deswegen an Gott glauben, weil es angeblich alle Völker tun, wenn es – wie in unserem eigenen Volk – innerhalb dieser Völker eine große und sogar größer werdende Zahl von Menschen gibt, die nicht an Gott glauben, und wenn es unter denen, die an einen Gott glauben, kaum zu überbrückende Differenzen im Gottesbild gibt.

Der erste Satz des Glaubensbekenntnisses legt sich aber auf Gott im Singular, also auf einen dezidierten Monotheismus fest. Weder im Umfeld des Glaubens Israels noch im Umfeld des sich entwickelnden christlichen Glaubens und Glaubensbekenntnisses war aber der Monotheismus eine ausgemachte Sache. Vielmehr war der Polytheismus der altorientalischen Völker und der Polytheismus der griechischen und römischen Antike das Gegebene und Übliche. Was also spricht in einem polytheistischen Umfeld für einen explizit monotheistischen Glauben?

Es gibt so etwas wie eine inhärente Logik, eine Theologik gewissermaßen, die, wenn man den Gottesgedanken streng durchdenkt, vom Polytheismus wegführt hin zu einem Monotheismus. Das lässt sich bereits an den im philosophisch-theologischen Bereich überragenden Gestalten der Antike nachweisen.

Sokrates (469–399 v. Chr.) spricht auch gegen die verbreiteten polytheistischen Plausibilitäten von „dem Gott" oder unpersönlich von „dem Göttlichen" (tò daimónion). Da es Platon (427–347 v. Chr.) ist, der uns den Sokrates literarisch und philosophisch bekannt macht, äußert sich in Sokrates auch das alter Ego Platons.

In dem Maße, als sich die Menschen im philosophisch-theologischen Kontext ihrer eigenen anthropomorphen Zuschreibungen bewusst werden, kommt es zu einer Reduktion des Götterhimmels auf den Gott des Himmels. Wo mit zunehmender logischer Stringenz die Größe und Einzigartigkeit der Götter bedacht wird, gibt es keinen Bedarf und keine Notwendigkeit mehr für Arbeitsteiligkeit und Zuständigkeitssektoren der „Überirdischen", gibt es keinen Bedarf mehr für ihre Vielzahl. Schon der antike Philosoph und Theologe bedarf nicht mehr eines Gottes des Windes, des Meeres, der Liebe, der Wissenschaft, des Krieges etc. Es ist kein Raum mehr für einen göttlichen Familienklüngel, für Hass, Intrige, Seitensprünge, durch die die Weltverhältnisse unter den Menschen nur ins Jenseits projiziert und in unsinniger Weise verdoppelt werden.

Durch den gedanklichen Prozess der Entanthropomorphisierung der Götterwelt kommt mehr und mehr der eine Gott der Welt in den Blick, werden mehr und mehr die Absolutheit und Transzendenz Gottes denkbar.

Im Blick auf diesen einen Gott spricht schon die griechische und römische Antike vom „hén kaì pân", also dem ein und alles Gottes, vom „próton kinoûn akíneton", dem ersten unbewegten Beweger (Aristoteles), vom „ens a se", dem Seienden an sich und aus sich, das dem „ens ab alio", dem bedingten Seienden also, gegenübergestellt wird, vom „summum bonum", dem höchsten Gut, und dem „ens summe perfectum", dem höchst vollkommenen Seienden.

Schon bei Aristoteles (384–322 v. Chr.) ist Gott als Sein, Geist und Leben gedacht. Er ist absolut vollkommen, nur einer und der Welt gegenüber transzendent.[15]

Seit den frühen Anfängen abendländischer Philosophie und bis in unser Jahrhundert hinein gibt es aber neben der philosophischen Erhellung auch die grundsätzliche philosophische Bestreitung und die philosophische Kritik von Gottesbildern.

Bei Xenophanes aus Kolophon in Ionien (ca. 570–475) finden sich neben naiv-volkstümlichen Ansichten auch aufklärerische und religionskritische Gedanken gegenüber der durch und durch anthropomorphen Götterwelt von Homer und Hesiod. Dieses Element des Religionskritischen darf als Indiz für den Übergang vom Mythos zum Logos in der Philosophie angesehen werden.

Xenophanes meint, Rinder, Pferde und Löwen würden, wenn sie denn Hände hätten und malen könnten, ihren Göttern ein Rinder-, Pferde- und Löwenaussehen geben. Damit weist er auf die anthropomorphen Verzeichnungen und Verstellungen des Gottesbegriffs hin. Gegen Homer und Hesiod kritisiert er die negativ-anthropomorphen Zuschreibungen an die Adresse der Götter (Ehebruch, Diebstahl, Betrug etc.) und fordert die Einzigartigkeit eines höchsten und unvergleichlichen Gottes. Dieser Gott soll weder hinsichtlich seiner Gestalt noch hinsichtlich seiner Gedanken den Sterblichen ähnlich sein. Dieser Gott ist durch und durch geistig und wirkt einzig durch seinen Geist.[16]

Wenn Gott aber wenigstens tendenziell als der „ganz Andere", wie man später sagte, konzipiert wird – Max Horkheimer, ein Philosoph der Frankfurter Schule des 20. Jahrhunderts, hatte Gott z. B. als den ganz Anderen bezeichnet –, dann ergibt sich daraus ein erkenntniskritischer Standpunkt. Kein Mensch kann diesen Gott wirklich erkennen, und wenn es ihm gelänge, per Zufall, durch Eingebung oder aus welchen Gründen auch immer, eine vollkommene Aussage über Gott zu machen, so könnte ihm doch aufgrund der wesensmäßigen menschlichen Unvollkommenheit die Qualität seiner Aussage nicht einmal bewusst werden.

Aber mit Nikolaus von Kues könnte man Gott auch als den Nichtanderen („non aliud") bezeichnen. Gedanklich knüpft man dann mit Cusanus für die Entwicklung dieses Gottesnamens bei den Transzendentalien an. Neben den Begriffen unum (ein Eines), bonum (ein Gutes), verum (ein Wahres) steht in der scholastischen Tradition auch noch das aliquid (ein Etwas). Jedes ens ist ein aliquid, d. h. ein „individusum in se" – ein ungeteiltes in sich selbst, eine Ganzheit also – und zugleich ein „divisum ab omni alio" – ein von allem Übrigen getrenntes. Es ist ein „aliud quid", ein anderes Etwas, das nur aufgrund seiner inneren Einheit und aufgrund seines Getrenntseins von allem anderen als es selbst erkennbar wird.

Diese zur Kenntlichkeit des angezielten Erkenntnisgegenstandes führende Separierung, Diskriminierung, Terminierung, Identifizierung im Felde undifferenzierter Vielheit ist eine Leistung des Verstandes (ratio), der in Bezug auf seinen Gegenstand schließlich von einem „aliud", einem anderen sprechen kann. Aber gerade mit diesem Verstandeszugang ist Gott nicht zu erfassen, nicht als ein „aliud" zu identifizieren und zu definieren. So bleibt nur, ihn mittels der Vernunft (intellectus) als das „non aliud", das Nichtandere zu bezeichnen, das nicht ein vom anderen abgegrenztes und begrenztes oder auch nur abgrenzbares Für-Sich ist, sondern unabgegrenzt und unbegrenzt, ja unabgrenzbar in allem gegenwärtig ist.[17]

Gerade im Zuge weiterer Entanthropomorphisierung Gottes ist es in der Neuzeit verbunden mit der Feuerbachschen Projektionsthese zu einer nachdrücklichen Bestreitung Gottes gekommen.

Originell war an den Überlegungen Feuerbachs dies: Gott oder die Götter seien nur die zu göttlichen Gestalten personifizierten (Wunsch-)Projektionen des menschlichen Wesens. So projiziere der endliche, manchmal ohnmächtige Mensch den unendlichen, allmächtigen Gott, der hier oder da raumzeitlich gegenwärtige den Raum und Zeit übergreifend allgegenwärtigen, der dieses oder jenes wissende und oft unwissende den allwissenden Gott auf den Horizont seiner Welt. Richtig daran ist, dass der Wunsch des Menschen oder gar der Menschheit, es möge einen solchen allgegenwärtigen, allgütigen, allwissenden Gott geben, dessen Existenz keineswegs beweist oder sichert.

Umgekehrt aber ist auch der Nachweis, die Existenz Gottes entspreche einem tiefen Wunsch des Menschen oder gar der Menschheit, kein Beleg für die Nichtexistenz Gottes. Wenn Gott oder die Götter Wunschwesen des Menschen sind, sagt das über deren Existenz oder Nichtexistenz rein gar nichts aus.

Wenn ein Mensch sich den Partner für das ganze Leben ersehnt, dann mag es sein, dass es den für diesen Menschen nicht gibt. Es gibt ihn aber nicht deshalb nicht, weil er ihn sich wünscht. Er würde ja auch umgekehrt, wenn er den Partner für das Leben gefunden hat, nicht sagen, den könne es gar nicht geben, weil er ja am Anfang nur ein Wunschwesen war. Allerdings können der Wunsch oder die Sehnsucht zum Movens werden, diesen besonderen Menschen zu suchen und zu finden oder sich von ihm finden zu lassen.

Die Kehrseite solcher Entanthropomorphisierung Gottes, bei der von Gott nichts übrig blieb, weil in ihm nichts als eine menschliche Projektion gesehen wurde, war aber eine Art Divinisierung, eine religiöse Hypostasierung der menschlichen Gattung bei Feuerbach. Solche Divinisierung setzte sich bei Marx fort, der nicht die Gattung Mensch, sondern bestimmte Sozialgebilde, das Proletariat, die Arbeiterklasse mit quasi-religiösen Hypostasierungen ausstattete. In seinem Gefolge haben später Lenin und andere die Kommunistische Partei in den Rang des einzigen weltweit wirksamen, überindividuellen und unfehlbaren Geschichtssubjekts zu erheben versucht.

Aber wenn auch für Gott im öffentlichen Leben kein Raum war, konnte ihm doch im privaten Leben der Raum nie vollständig streitig gemacht werden. Gerade angesichts einer sich selbst verabsolutierenden Staatsmacht leuchtete der Gedanke an Gott, noch im Modus seiner öffentlichen Bestreitung, vielen Menschen auf und ein.

Gelegentlich ist die Meinung vertreten worden, der Theismus, gleich ob als Mono- oder Polytheismus gedacht, und auch dessen Gegenteil, der Atheismus, seien nur vorläufige Denkbewegungen, Übergangsformen des Denkens auf dem Weg in ein reiferes Stadium, das dann nur noch Agnostizismus heißen könne. Die resignative Haltung dessen, der weder für die Bejahung noch für die Verneinung der Frage nach der Existenz Gottes brauchbare Gründe sieht, sei der Endpunkt aller Diskurse zur Gottesfrage, erledige den kämpferischen Atheismus wie den missionarischen Theismus und entschärfe selbst innerhalb des Theismus die Religions- und Konfessionsstreitigkeiten. Der Agnostizismus, dessen Basis das Nicht-Wissen-Können oder die prinzipielle Unentscheidbarkeit ist, wäre das Fundament einer „pax religiosa et interreligiosa et irreligiosa", das Fundament für einen Frieden der Menschen in der Religion und zwischen den Religionen und zu den irreligiösen Menschen. Joseph Ratzinger, darin auf Überlegungen von Josef Pieper zurückgreifend, bemerkt dagegen: *„Die Gottesfrage ist für den Menschen kein theoretisches Problem … die Gottesfrage ist eine eminent* *praktische Angelegenheit, die sich auf alle Bereiche unseres Lebens auswirkt. Wenn ich also in der Theorie den Agnostizismus gelten lasse, muss ich mich in der Praxis doch zwischen zwei Möglichkeiten entscheiden: leben, als ob es Gott nicht gäbe, oder leben, als gäbe es einen Gott und als sei er die maßgebende Wirklichkeit in meinem Leben. Tue ich Ersteres, so habe ich praktisch eine atheistische Position bezogen und eine möglicherweise unwahre Hypothese zur Basis meines ganzen Lebens gemacht. Entscheide ich mich für die zweite Wahl, so bewege ich mich wiederum in einer rein subjektiven Gläubigkeit ... Wie dem auch sei – der Glanz der agnostischen Lösung hält ganz offenkundig näherer Prüfung nicht stand."*[18]

Angesichts einer solchen unaufhebbaren argumentativen Patt-Situation zwischen Theismus und Atheismus verweist er dann auf Pascals Wette, der zufolge dann die schon jetzt lebenspraktisch und die am Ende eschatologisch zu gewärtigenden Konsequenzen von Theismus und Atheismus gegeneinander abzuwägen und zu würdigen sind, um daraus die Lebensentscheidung für eine der beiden Optionen zu treffen. Fraglich erscheint allerdings, auch wenn die Logik überzeugen mag, ob der „landläufige Agnostizismus" tatsächlich derart existentiell angeschärft oder nicht vielmehr ein Agnostizismus der Beliebigkeit, des Desinteresses oder der Ignoranz ist und darum im Allgemeinen auch nicht bis zur Alternative Theismus-Atheismus zurückverfolgt wird.

Der christliche Glaube an Gott muss sich auch im Blick auf Atheismus und Agnostizismus vor zwei Gefahren hüten:

Einerseits darf er sein Gottesbild nicht anthropomorph konzipieren, wenn er Gott nicht mit den Defiziten des Menschen behaften und im Letzten eine bloße Verdoppelung der Menschenwelt produzieren will. Denn mit der anthropomorphen Verzeichnung Gottes riskiert er eine Usurpation des Gottesgedankens durch menschliche, individuell oder sozial konzipierte Gottes-Hypostasierungen. Solche Gottes-Surrogate finden sich in der abendländischen Geistesgeschichte häufig; sie hießen Nation, Partei, Übermensch, Arbeiterklasse etc.

Andererseits darf der christliche Glaube nicht völlig abstrakt, nicht absolut konkretions- und bilder- und analogielos von Gott reden. Ein zum nur noch erfahrungstranszendenten Weltgeist verdünnter Gott ist nicht der Gott der christlichen Tradition. Ein Gott, der nicht irgendwann, irgendwie, irgendwo in die menschliche Erfahrungsdimension hineinragt, kann vielleicht noch als fernes Geheimnis verehrt werden, ein personaler Adressat für menschliche Not, Schuld, Freude, Heilssehnsucht, Hoffnung und Anbetung ist er dann jedenfalls nicht mehr.

Der christliche Glaube muss in seinem Reden über Gott also zwischen zwei Gefährdungen seiner Existenz hindurch: Er muss zwischen der Skylla anthropomorpher Verzeichnung und Überzeichnung und der Charybdis einer völligen Entleerung des Gottesbegriffs durch fortschreitende Abstraktion hindurch.

### 3.3. Gott als Vater und Allmächtiger

„... den Vater, den Allmächtigen ..." (A und NK)

Im ursprünglich lateinischen Text heißt dieser Passus „Credo in Deum Patrem omnipotentem ..." Daraus ist ersichtlich, dass „omnipotens" als Adjektiv zu „Pater" gedacht war. Demnach hieße die ältere Version des ins Deutsche übersetzten Apostolischen Glaubensbekenntnisses: „Ich glaube an Gott, den allmächtigen Vater, Schöpfer des Himmels und der Erde." Im Zuge der Neuformulierung gängiger Gebetstexte und liturgischer Texte (Pater noster; Ave Maria; Credo bzw. Credimus) hat man dann aber griechisch verfasste Versionen in die Überlegungen miteinbezogen.

Die griechischen Versionen der Glaubensbekenntnisse von Nikaia aus dem Jahre 325 und Konstantinopel aus dem Jahre 381 sprechen allerdings von „Pisteúomen eis héna theón, patéra pantokrátora". Übersetzt heißt das: „Wir glauben an den einen Gott, den Vater, den Allmächtigen (bzw. den Vater, den Pantokrator) ..."[19]

So lautet nun heute die liturgisch übliche deutsche Version des ursprünglich lateinisch verfassten Apostolischen Glaubensbekenntnisses unter Einbeziehung dessen, was das Nizänische und das Konstantinopolitanische Glaubensbekenntnis auf Griechisch festhalten: „Ich glaube an Gott, den Vater, den Allmächtigen ..."

Was ist nun der Grund dafür, was mag der Grund dafür sein, dass das Apostolische und das Nizänokonstantinopolitanische Glaubensbekenntnis Gott als Vater titulieren?

Ist das nicht in hohem Maße problematisch, weil mit dem Begriff Vater, ob wir das wollen oder nicht, immer eine geschlechtsspezifische Konnotation mitgegeben ist, also Gottes Männlichkeit impliziert wird? Müsste nicht um Gottes willen das Vatersein Gottes als unangemessener Anthropomorphismus entsorgt werden? Besteht nicht sonst die Gefahr, dass das von seinem Vater missbrauchte oder von Alkohol- und Gewaltexzessen des Vaters gezeichnete Kind nie ein von Gundvertrauen geprägtes Verhältnis zu dem als Vater bezeichneten Gott bekommen kann? Aber wenn man stattdessen von Gott als Mutter rede, ergäbe sich ebenso eine, wenn auch vielleicht eine etwas anders gelagerte anthropologische Problematik. Es ist eben immer problematisch, Begriffe aus der immanent-geschöpflichen Ebene auf die transzendent-schöpferische Ebene Gottes zu übertragen.

Die Bezeichnung Gottes als Vater ist sicher auf das vertrauensvolle Vater-Sohn-Verhältnis Jesu zu seinem Gott zurückzuführen. Dieses Verhältnis findet seinen schon geradezu intimen Ausdruck in dem aramäisch überlieferten neutestamentlichen Wort „Abba", was soviel wie „lieber Vater" oder „Papa" bedeutet. Dieses Wort findet sich im Munde Jesu in der Ölbergszene, also unmittelbar vor seinem Leiden und Sterben. Die Formulierung „Abba", die ein kindersprachliches Diminutiv darstellt, sei in der offiziellen Gebetssprache Israels vielleicht nicht undenkbar, sicher aber höchst ungewöhnlich, meinen zahlreiche Exegeten.

*„Seit dem Exil konnte man zwar auch in Israel Gott in ehrfürchtiger Anrede Vater nennen, ‚mein Vater' (‚Abi') oder ‚unser Vater' (‚Abinu'). ‚Abba' ist das Wort, mit dem ein Kind in aller Familiarität und Vertraulichkeit seinen Vater, seinen Papa, anredete. Die in dieser Anrede sich ausdrückende Vertrautheit mag man als subjektivistische Kuriosität betrachten, aber sie genau ist der Boden, auf dem Jesus steht und von dem aus er redet und handelt. Gott ist Abba, nicht nur der Vater Jesu, sondern auch unser Abba; denn wir haben Jesu Geist empfangen, der auch uns zu Söhnen und Töchtern macht, ‚den Geist, in dem wir rufen: Abba, Vater!' (Röm 8,15, vgl. Gal 4,6)."*[20]

Es ist also festzuhalten, dass schon die frühneutestamentlichen Schriften des Paulus diejenigen, die zum Glauben an Jesus gekommen sind, in Jesu Gottesverhältnis miteinbeziehen, so dass auch sie von Gott als ihrem Vater reden können und dürfen.

Ein anderer Ansatz zur Begründung der Rede vom Vatersein Gottes hat zu tun mit den damaligen biologischen Grundkenntnissen über den Zusammenhang von Lebensentstehung und Zeugung. Es gehört heute zum biologischen Grundwissen, dass zur Entstehung eines neuen Menschen eine Karyogamie, d. h. die Verschmelzung der Zellkerne von Eizelle (Ovum) und Samenzelle (Spermium) erforderlich ist. Diese Kenntnis bahnte sich erst seit der Entdeckung des Säugetiereies im Jahre 1841 (Koelliker) an.[21] Bis dahin schien es selbstverständlich, dass der Mann das Leben weitergibt, dass er der eigentliche Lebensträger ist. Schon der Name Sperma, d. h. Same, deutet darauf hin; denn ein Same ist bei Pflanze und Tier ein Embryo. Vor diesem Hintergrund ist auch die nur scheinbare biologische Wurzel der gesellschaftlichen Subalternität der Frau erkennbar.

Wenn der Beitrag der Frau zur Zeugung ausschließlich darin bestand, wie ein Acker das Saatgut aufzunehmen, zu bewahren und in sich wachsen zu lassen, war das verglichen mit dem, was der Mann tat, nämlich das Leben selber weiterzugeben, zweitrangig. Bei ungewollter Kinderlosigkeit galt daher auch immer die Frau als „Versagerin", weil die Übertragung des Spermas ja erkennbar, dessen Qualität (Fertilität, Motilität etc.) aber ohne qualifizierte Mikroskopie unerkennbar war.

Wenn ausschließlich dem Sperma das menschliche Leben zugeordnet und die Qualität der Lebensweitergabe zugesprochen wurde, war Onanie oder der Coitus interruptus eine nahezu mörderische und also strafwürdige Handlung. Genau dies Verständnis lässt sich z. B. im Alten Testament an der Geschichte von Onan (Gen 38,4–10) belegen, der von Gott wegen seines Tuns mit dem Tod bestraft wird.

Der Begriff Vater ist nach diesem Verständnis der Inbegriff für die Leben schaffende schöpferische Potenz. Die Begriffe Vater und Schöpfer so nah nebeneinanderzustellen, wie es das Glaubensbekenntnis tut, lag also für diesen Verständnishorizont nahe.

Der Begriff Vater ist aber nicht nur mit dem des Schöpfers verbunden, sondern auch mit dem Begriff des Allmächtigen. Der griechische Begriff für den Allmächtigen, Pantokrator, ist die nicht ganz bedeutungsgleiche griechische Version dessen, was im Hebräischen mit Zebaot, Herr der Heerscharen, ausgedrückt werden sollte. Auch hier beim Begriff der Allmacht und des Allmächtigen gilt es, naheliegende Missverständnisse auszuräumen, Missverständnisse, die in ähnlicher Weise auch beim Gottesprädikat Allwissenheit auftreten.

Peter Sloterdijk verschränkt beide Gottesprädikate und limitiert sie damit wechselseitig. Allwissenheit sei erst dann möglich, wenn alles

Mögliche ins Gewesensein überführt sei und also den immer erst ex post möglichen absoluten Durch- und Überblick gestatte. Dann aber sei durch die Allwissenheit die Allmacht limitiert, weil sie dann ja nichts mehr schaffen könne, insofern alles schon ins Gewesensein versunken sein müsste als Bedingung der Möglichkeit von Allwissenheit. Seine Argumentation formuliert er so: „*In ihrem suprematistischen Eifer hatten die religiösen Theologen darauf bestanden, Gott gleichzeitig mit den strahlendsten Attributen zu bekleiden: Allmacht und Allwissenheit. Sie bedachten nicht, dass sie mit der simultanen Proklamation dieser Eigenschaften einen Real-Widerspruch hochexplosiver Natur ins Höchste implantierten: Entweder ist Gott allmächtig, dann bleibt sein schöpferischer Wille in aller Zukunft für Neues frei und kann von seinem Wissen immer nur nachträglich gespiegelt werden; oder er ist allwissend, dann müßte er all seine Schaffensmacht verbraucht haben; nur so dürfte er auf das Universum des Gewesen-Seins in einem ewigen Feierabend zurückschauen.*"[22]

Der Begriff „Feierabend" ist hier verräterisch. So „gemütlich" es Sloterdijk dem schöpferischen Gott auch einrichten möchte, er verzeitlicht und materialisiert ihn wie auch seine Allmacht und Allwissenheit hiermit. Er macht den allmächtigen und allwissenden Gott, insofern dieser mächtig ist, zum Prometheus, und insofern dieser wissend ist, zum Epimetheus, der erst im Nachhinein verstehen und überblicken kann, was er angerichtet hat. Allmacht und Allwissenheit Gottes müssen so gedacht werden, dass sie weder durch die Länge noch durch die Richtung dessen, was Menschen als Zeitpfeil erleben, limitiert werden. Spätestens seit Meister Eckhart (1260–1328) kann man sich auch mit dem Gedanken vertraut machen, dass Gottes Wissen und Gottes Tun keine voneinander zeitlich oder räumlich getrennten und zu trennenden oder gar einander limitierenden Initiativen sind, sondern Ausdruck des einen und selben Seins Gottes. Gottes Allmacht und Allwissenheit ist kein bloßer Komparativ oder Superlativ zu dem, was Menschenmacht und Menschenwissen ist. Allmacht und Allwissenheit Gottes sind jeweils ein Elativ.

Den Begriff der Allmacht Gottes aus dem menschlichen Begriffs- und Verstehenskontext von Macht durch Extrapolation bestimmen zu wollen, führt zu Absurditäten bzw. Selbstwidersprüchlichkeiten. Man könnte dann die Forderung stellen, Gott müsse einen Stein schaffen können, der so schwer sei, dass er ihn selbst nicht heben könne. Könne er den nicht schaffen, sei er nicht allmächtig, weil er überdies den nicht geschaffenen Stein ja dann auch nicht heben könne. Könne er ihn aber schaffen, sei er unfähig, ihn zu heben, also ebenfalls nicht allmächtig.

Auch der Begriff Allwissenheit Gottes führt, wenn er aus dem menschlichen Begriffs- und Verstehenskontext von Wissen extrapoliert werden soll, zu Absurditäten und Selbstwidersprüchlichkeiten. Denn auch hier könnte man fordern, der allwissende Gott müsse Fragen oder Rätsel wissen und formulieren können, deren Antwort oder Auflösung er nicht zu geben imstande sei. Wisse er solche Fragen oder Rätsel nicht, sei er nicht allwissend. Könne er aber solche Fragen oder Rätsel aufgeben, deren Antwort er nicht kenne, sei er ebenfalls nicht allwissend.

Das Irritierende dieser Logik hängt mit dem Satz vom ausgeschlossenen Dritten zusammen: „Tertium non datur." (Ein Drittes ist nicht gegeben.) sagen die Philosophen.

Gottes Allmacht und Gottes Allwissenheit muss nun aber so gedacht werden, dass sie dem Satz vom ausgeschlossenen Dritten nicht unterliegt, sondern selbst die einander ausschließenden Alternativen transzendiert. Vom „Tertium non datur" eingeschlossen zu sein, wäre ja auch eine Einschränkung der Allmacht und Allwissenheit Gottes. Das heißt, Gottes Allmacht und Gottes Allwissenheit sind so groß zu denken, dass sie auch vom den Menschen offenbar bindenden „tertium non datur" nicht begrenzt werden. Das bedeutet aber: Die Alternative, Gott kann den nicht zu hebenden Stein schaffen, oder er kann ihn nicht schaffen, ist für den allmächtigen Gott, für den Pantokrator nicht bindend. Der Wortbestandteil „pân" (Alles) aus dem Begriff „pantokrátor" ist so umfassend zu denken, dass die Macht Gottes schlechthin alles, also auch die einander ausschließenden Alternativen umfasst und aufhebt, oder genauer umfassen und aufheben kann, weil, wenn und wann er will. Gott ist im Sinne der coincidentia oppositorum des Nikolaus von Kues zugleich das Kleinste und Größte, das Größte im Kleinen, das Kleinste im Großen.[23]

Das Bekenntnis zur Allmacht Gottes ist zugleich die definitive Absage an den Allmachtswahn des Menschen, der in allen Jahrhunderten in immer neuem Gewande, als politischer, wirtschaftlicher, militärischer, wissenschaftlicher Allmachtswahn fröhliche Urständ feierte. Und der Begriff Allwissenheit Gottes ist die definitive Absage an Allwissenheitsphantasien des Menschen, die dieser sich über perfektionierte elektronische Datenverarbeitungssysteme zu erschleichen versucht. Konnte man in der Zeit vor der fast ubiquitären Präsenz von Großrechnern noch hören, eine Allwissenheit Gottes sei wegen der unauslotbaren Komplexität und kausalen Vernetzung dieser Welt gar nicht denkbar, so schreibt sich der Mensch wegen der inzwischen erlangten Nutzungsmöglichkeit seines eigenen „Machwerks Rechner" genau das zu, was er zuvor als prinzipiell unmöglich Gott abgesprochen hatte. Das sind die zwei Seiten ein und desselben menschliche Möglichkeiten verabsolutierenden Fehlers.

Es wird erkennbar, dass die auf Gott bezogenen Begriffe Vater, Allmächtiger bzw. Pantokrator und Schöpfer des Himmels nicht nur additiv nebeneinanderstehen, sondern einen wechselseitigen Verweisungskontext bilden. Und eben darum hängt nicht das ganze Schwergewicht eines immer nur ahnungsvoll-hinweisenden und eben nicht neunmalklug-definierenden Nachdenkens über Gott am Notnagel nur eines unzureichenden Begriffs, sondern bedient sich dreier Begriffe.

### 3.4. Gott, der Schöpfer

„... *Schöpfer des Himmels und der Erde* ..." (A)
„... *der alles geschaffen hat, Himmel und Erde, die sichtbare und die unsichtbare Welt.*" (NK)

Die Schwierigkeit einer jeden Schöpfungstheologie scheint darin zu bestehen, dass sie eine Gratwanderung bestehen muss, bei der sie gleichermaßen die Transzendenz und die Immanenz Gottes aufrecht- und im Gleichgewicht erhalten muss. Betont sie nur das radikale Anderssein Gottes und seine absolute Welttranszendenz, dann läuft sie Gefahr, im Deismus oder bei einer Welt zu landen, in der von Gott nicht mehr geredet werden kann. Betont sie nur die Weltimmanenz Gottes, läuft sie Gefahr, einer Vergötzung und Sakralisierung der Welt das Wort zu reden und selber im Pantheismus zu landen.

Der Schöpfergott ist also jenseits der einander scheinbar ausschließenden Alternativen von Transzendenz und Immanenz zu denken. Er ist so zu denken, dass er durch keines begrenzt das Eine auf das Andere hin entgrenzt. In ihm sind Transzendenz und Immanenz im dreifachen Hegelschen Sinne aufgehoben, d. h. beendet, bewahrt, hinaufgehoben. Der transzendente Schöpfergott ist als der inkarnierte Logos weltimmanent, und der weltimmanente Logos ist der welttranszendente Schöpfungsmittler. Die eine Position kann gegen die andere nur zum Schaden des theologischen Ganzen ausgespielt werden.

Mit Gewissheit meint auch das Apostolikum den Schöpfer des Ganzen, wenn es von „Schöpfer des Himmels und der Erde" redet. Aber das Nizänokonstantinopolitanum ist hier expliziter und, wenn man so sagen darf, wahrnehmungskritischer, wenn es betont, das Gott „alles geschaffen hat", dieses Alles mit „Himmel und Erde" konkretisiert und auch noch um die „sichtbare und die unsichtbare Welt" ergänzt. Was immer an Sichtbarem und an Unsichtbarem zukünftig noch in den Fokus unserer Erkenntnis geraten mag, auch das ist etwas von Gott Geschaffenes.

Unser Glaubensbekenntnis beginnt in beiden Versionen wie die Bibel, nämlich mit dem Gedanken der Schöpfung durch den schöpferischen Gott, den Schöpfergott. Denn bevor irgendetwas geschieht mit und auf der Welt, müssen ja der Schauplatz und dann die Akteure des Geschehens auf diesem Schauplatz konstituiert sein. Daher steht Genesis vor Exodus und Deuteronomium, die Protologie vor der Soteriologie. So erscheint es jedenfalls uns sachlogisch folgerichtig. Von der zeitübergreifenden Präsenz bzw. Gegenwärtigkeit Gottes, die dieses Nacheinander sprengt, wird noch die Rede sein.

In Israel ist der Gedanke an Gott den Schöpfer, wie uns die Exegeten belehren, aber keineswegs die primäre theologische Reflexion. Primär ist Jahwe für Israel der, der dem Abraham Nachkommenschaft ermöglicht und damit das Volk Israel begründet. Primär ist Jahwe der Retter aus dem Sklavenhaus Ägypten, derjenige, der Israel durch das Rote Meer und die Wüste führt, ihm den Dekalog als Weisung mitgibt und Israel ins Land der Verheißung führt. Die Entwicklung des Gottesgedankens im Alten Testament beginnt also mit der Soteriologie. Erst danach und wohl in Auseinandersetzung mit den Schöpfungsmythen der anderen Völker seines Lebensraumes reflektiert Israel auch über Gott als den Schöpfer. Schneider stellt daher mit Recht fest:

*„So hat die biblische Schöpfungstheologie und mit ihr christlicher Schöpfungsglaube ihre Wurzel nicht in einer ‚objektiven', quasi-wissenschaftlichen, gar experimentellen Analyse der Welt und ihrer Strukturen, sondern in der Existenz des Menschen, in der Erfahrung von Not und*

*Rettung, von Unheil und Heil, von Tod und Leben. Die darin gewonnene persönliche Gottesbeziehung weitet sich zunehmend aus und bezieht den Kosmos mit ein. Der Kosmos wird erkannt als die dem Menschen ebenfalls von Gott geschenkte Umwelt. Wenn man die Begriffe ‚kosmozentrisch' und ‚anthropozentrisch'... benutzen wollte, könnte man sagen: Der Schöpfungsglaube sei anthropozentrischen Ursprungs. Erschaffung ist die später erkannte notwendige Voraussetzung des zunächst erfahrenen Heils und seine nachträgliche Begründung und Bekräftigung. Auch die Schöpfungstheologie ist also Theologie, Auslegung einer Glaubenserfahrung und nicht einfach ein Stück Naturphilosophie oder gar der Ersatz für Naturwissenschaft.*"[24]

Gleichwohl muss der Schöpfungsglaube, auch wenn er in seinem Ursprung nicht Naturphilosophie und Naturwissenschaft ist, mit beiden in Beziehung gebracht werden, wenn die Theologie weiterhin behaupten will, intellektuell redlich von Schöpfung und Schöpfer reden zu können.

Der Glaube an Gott, den Schöpfer, hängt nicht ab von einem bestimmten Weltmodell, auch wenn er – selbst noch im Glaubensbekenntnis deutlich erkennbar – im Kontext eines solchen formuliert worden ist. Die christliche Schöpfungstheologie wurde vor allem aus Genesis 1,1ff., der priesterschriftlichen Schöpfungserzählung, interpretierend abgeleitet. Und in diesem Kontext erhält der Schöpfergott die wie selbstverständlich übermittelte Zuschreibung der Personalität.

Nach allem, was die Exegese der letzten Jahrzehnte erarbeitet hat, liegt in der priesterschriftlichen Schöpfungsgeschichte keinesfalls ein „archaischer Welt- und Naturentstehungsreport" vor, sondern ein großartiger Schöpfungs- und Schöpferhymnus. Und auch da, wo Elemente eines antiken Weltbildes in diesem Hymnus aufscheinen, liegt doch nirgends die Fixierung auf dieses Weltbild in der Aussageabsicht der biblischen Autoren. Der heutige Theologe kann den Weltbildhorizont, in dem der Schöpfungs- und Schöpferhymnus entstand, erkennen, ohne auf ihn als etwas Normatives festgelegt zu sein.

Die Urgeschichte ist demnach das Ergebnis einer theologischen Auseinandersetzung mit den Nachbarreligionen und ihren Kosmologien (Mesopotamien) unter Benutzung eigener und Umwidmung fremder Erzählungen im Rahmen eines antiken Weltbildes.

Als Glaubensaussagen, die unabhängig vom antiken Weltbild Gültigkeit beanspruchen, wären die folgenden zu nennen: Der eine, einzige Gott (Monotheismus) ist Schöpfer des Alls. Nur er, nichts sonst, ist göttlich. Die Welt ist Gottes gutes Werk und nicht Ausdruck dämonischer Mächte. Der Mensch ist in seiner Zweigeschlechtlichkeit als Bild Gottes geschaffen und trägt nach dessen Vorbild herrscherliche Verantwortung für die Schöpfung. Der Sabbat soll ein Tag heiliger Ruhe sein, ein Tag der Besinnung des Menschen auf seinen Schöpfergott.

Mit diesem schöpfungstheologischen Konzept ergab sich eine Umwälzung des Welt- und Menschenbildes. Die Welt wurde entnumisiert, entdivinisiert und als profane Wirklichkeit, als etwas von Gott Verschiedenes zum möglichen Gegenstand menschlichen Forschens und Bearbeitens. Im Gefolge dieses neuen durchaus auch biblisch begründeten Weltverhältnisses konnten die modernen Naturwissenschaften entstehen. Und man kann feststellen, sie sind auch primär dort entstanden, wo, wie im jüdisch-christlichen Denkhorizont, eine solche Entdivinisierung und Entnumisierung, eine solche Profanisierung stattgefunden hat. Das ist nun keinesfalls ein Freibrief, das naturwissenschaftlich-technisch Machbare besinnungslos, d. h. ohne Besinnung auf den Weltauftrag Gottes für den Menschen, zu exekutieren. Wer hier neben der biblisch begründeten Gestaltungsfreiheit des Menschen in Gottes Schöpfung die ebenfalls biblisch begründete bleibende Rechenschaftspflichtigkeit der Menschen vor Gott übersieht, hat eine tendenziöse, ja falsche Bilanz aufgestellt.[25]

Die ersten Fragen am Beginn der jüdisch-christlichen Heiligen Schrift sind Fragen der Rechenschaftslegung von grundlegender und somit bleibender anthropologischer Dimension. Angesichts seines Verhaltens steht der Mensch rechenschaftspflichtig vor Gott und erkennt seine Nacktheit: „*(Adam,) Wo bist du?*" (Gen 3,9) und „*Was hast du getan?*" (Gen 3,11) Und auch für den Umgang mit dem Mitmenschen gilt die gleiche unabweisbare Rechenschaftspflicht: „*(Kain,) Wo ist dein Bruder Abel?*" Und dieser von Gott herrschaftlich ausgestattete Mensch hat eben keinen „Erlaubnisschein" für beliebige Handlungsmuster je nach momentanem Gusto, vorherrschenden Interessen und selbst kreiertem Rechtsempfinden. Er muss sich trotz aller versuchten Ausflüchte und Schuldverschiebungen, die uns schon Genesis so bildhaft vor Augen führt und die bis heute nichts von ihrer anthropologischen Aktualität verloren haben, dem Urteil Gottes stellen. Letztendlich wird sogar Gott selbst, als der Schöpfer, mit dem

Vorwurf überzogen, die Schuld an dem entstandenen Desaster zu tragen: *„Die Frau, die du mir beigesellt hast ..."* (Gen 3,12), die hat mich verführt. Und auch die Ignoranz: *„Ich weiß es nicht, (wo mein Bruder Abel ist)"*, und die Nichtzuständigkeitsbehauptung eines Kain: *„Bin ich der Hüter meines Bruders?"* (Gen 4,9) haben seit dem Anbeginn einer schuldfähigen Menschheit bis heute hin nichts von ihrer grundlegenden anthropologischen Aktualität verloren.

Insofern der Mensch der Priesterschrift folgend (Gen 1,1 – 2,4a) als Abbild Gottes gesehen und sowohl in der Priesterschrift wie beim Jahwisten mit herrscherlichen Aufgaben über seine Mitgeschöpfe betraut wurde, konnte auch ein Gedanke wie der einer besonderen, den Menschen heraushebenden Würde entstehen. Das Geschöpf Mensch erhält vom Schöpfergott einen treuhänderisch auszuführenden Herrschaftsauftrag, er wird gewissermaßen zum Mitschöpfer geadelt.

Und auch diese Feststellung dürfte von Interesse sein: Die Priesterschrift verwendet, wenn sie vom Erschaffen durch Gott spricht, das Wort ‚bará'. Im ganzen Alten Testament ist dieses Wort ausschließlich dem Schaffen Gottes zugeordnet, nie wird es für das menschliche Schaffen verwendet. Und niemals auch findet sich bei diesem Schaffen im Sinne von ‚bará' irgendeine Angabe von Rohstoff oder Material, aus dem Gott schafft. Damit hebt die Schöpfungsgeschichte schon sprachlich das Schaffen Gottes von allem anderen denkbaren Schaffen ab. Die an das Wort ‚bara' anknüpfende philosophisch-theologisch weitergehende Vorstellung einer Erschaffung aus dem Nichts (creatio ex nihilo) lag aber wohl noch nicht im Horizont des priesterschriftlichen Denkens. Es zielte wohl noch nicht auf den in der griechischen Philosophie und dann in der ganzen Philosophiegeschichte wichtigen Gegensatz von Nichts und Etwas. Eher zielte das Denken der Priesterschrift auf die Gegensatzpaare Chaos und Kosmos sowie Tod und Leben; aus dem lebensfeindlichen Chaos wird durch Gottes schöpferische Initiative der lebensförderliche Kosmos.[26]

Wie sehr es aber in der Logik eines streng aufgefassten Schöpfungsbegriffs liegt, als creatio ex nihilo gelesen und interpretiert zu werden, hat besonders Sander herausgestellt:

*„Schöpfung aus dem Nichts ist strenggenommen tautologisch; denn Schöpfung ist aus dem Nichts oder sie ist keine Schöpfung ... Dieses Nichts hat metaphysische Qualitäten, nicht physische. Es stellt kein verkapptes Etwas dar, sondern ein ‚nihil pure negativum' ... ‚Nichts' ist das*

*substantivierte ‚nicht'; es stellt fest, daß dort kein Sein war, wo etwas aus ihm geschaffen worden ist ... Darum ist das Entscheidende des Ausdrucks ‚ex nihilo' das ‚ex'. Denn es gibt das nicht, woraus in diesem Sinne geschaffen werden konnte. Das ‚ex' weist auf die Unableitbarkeit der Neuheit von der Welt, steht zugleich aber für eine Ableitung. Woraus Gott schafft, ist er selbst. Creatio ex nihilo steht darum im strikten Sinne für Gott als dem einzigartigen wirklichen Akteur des Schöpfungsvorgangs ... Der Sinn des creatio-ex-nihilo-Begriffs besteht darin, daß es nichts Wirkliches gibt, dessen Schöpfung nicht von Gott veranlaßt ist."*[27]

Diese Interpretation, auch wenn sie über den alttestamentlichen Befund hinausgeht, scheint doch auf der Linie dessen zu liegen, was sich unter anderem in der exklusiven Verwendung des ‚bara' nur für Gottes schöpferisches Handeln anzudeuten scheint.

Während lange die priesterschriftliche Schöpfungserzählung in anthropozentrischer Weise interpretiert wurde, etwa derart, dass der Mensch das Woraufhin und der Endzweck dieser Schöpfung sei, haben sich in neuerer Zeit alternative Interpretationen Gehör verschaffen können. So schreibt etwa Jürgen Moltmann:

*„Der Sabbat ist das wahre Erkennungszeichen jeder biblischen, jeder jüdischen und auch jeder christlichen Schöpfungslehre ... Es ist der Sabbat, der die Welt als Schöpfung Gottes segnet, heiligt, offenbart ... Die den Sabbat feiernden Menschen nehmen die Welt als Gottes Schöpfung wahr, denn in der Sabbatstille lassen sie die Welt Gottes Schöpfung sein."*[28]

Und noch deutlicher akzentuiert er seine antianthropozentrische Sicht der Schöpfung dadurch, dass er das wunderbare Bild des Sabbats zur Chiffre für das Woraufhin aller Schöpfung erhebt:

*„Die Welt als Schöpfung Gottes zu verstehen, bedeutet gerade nicht, sie als Welt des Menschen anzusehen und in Besitz zu nehmen. Ist die Welt Gottes Schöpfung, dann bleibt sie sein Eigentum und kann vom Menschen nicht in Besitz genommen, sondern nur als Leihgabe empfangen und treuhänderisch verwaltet werden ... die ‚Krone der Schöpfung' ist nicht der Mensch, sondern der Sabbat."*[29]

Auch heutige schöpfungstheologische Aussagen sind, ganz gleich, ob uns das bewusst ist oder nicht, von den naturwissenschaftlichen und philosophischen Denkmustern unserer Zeit durchsetzt und weltbildhaltig kontextualisiert.

Ob etwa dieses Weltall inflationär ist und immer weiter auseinanderdriftet, oder ob es infolge seiner großen Masse die Galaxienflucht umkehrt und wieder endgültig kollabiert, oder ob es gar in einem ständigen Wechsel zwischen Explosion, Implosion und erneuter Explosion oszilliert, das sind ohne Zweifel hoch interessante wissenschaftliche Fragen, die die Kosmologie zu klären versucht. Aber die Entscheidung über diese Fragen sind im Letzten kein Kriterium stantis et cadentis für das Ob, sondern allenfalls für das Wie der Formulierung einer christlichen Schöpfungslehre. Diese Fragen sind also keineswegs irrelevant für das Wie der jeweils neu zu leistenden Formulierung einer Schöpfungstheologie. Denn jede Schöpfungstheologie bleibt ein Kind ihrer Zeit, ihres Wissensstandes und ihrer Weltsicht. Ihre nur scheinbar „ewigen Wahrheiten" bleiben eingebettet in die Sprech- und Denkmuster ihrer Zeit.

Und wenn dem heutigen Stand biologischer Erkenntnis zufolge nicht mehr nur von einer Darwinistischen oder Neodarwinistischen Evolution, sondern von einer Systemtheorie der Evolution des Bios gesprochen werden muss und nicht mehr nur von einer Lamarckistischen oder Neolamarkistischen Evolution, sondern von einer informationstechnologisch hochgradig beschleunigten Evolution des Logos oder Nous gesprochen werden muss, dann wäre die heutige Schöpfungstheologie so zu formulieren, dass sie dem mit einem Höchstmaß an intellektueller Redlichkeit angemessen Rechnung trägt. Das heißt, sie muss sich dann kritisch mit dieser Erkenntnis auseinandersetzen und sie soweit möglich und nötig in verantwortliche Theologie übersetzen. Schöpfungstheologie, die – und sei es lehramtlich – als fertig deklariert würde, ist nur verantwortungslos, weil sie keine Antwort gibt auf die sich im Fortschreiten der Naturwissenschaft neu und drängend stellenden Fragen. Schöpfungstheologie ist demnach ebenso wenig als fertig anzusehen wie die Schöpfung, auf die sie sich bezieht.

Diese Interdependenz hat schon Thomas in seiner Summa contra gentiles mit Nachdruck vertreten: *„Offenkundig falsch ist die Meinung derer, die behaupten, es sei – im Blick auf die Wahrheit des Glaubens – gleichgültig, was einer über die geschaffene Welt denke, wofern er nur über Gott die rechte Meinung habe. Ein Irrtum nämlich über die Welt wirkt sich aus in einem falschen Denken über Gott."*[30]

Es scheint also so, dass der Weg des Nachdenkens über Gott mit einem Nachdenken über die Welt zu beginnen hat, weil Aussagen über die Schöpfung neben allem, was sie sonst beinhalten, auch einen Verweischarakter auf den Schöpfer haben. Und dieses Nachdenken über die geschaffene Welt bleibt eine Art Korrektiv für das Nachdenken über den schaffenden Gott; denn es kann nicht sein, dass offenkundig falsche Aussagen über die Schöpfung zu richtigen Aussagen über den Schöpfer führen. Die Frage nach dem Schöpfer steht dann allerdings jenseits dieser oder jener naturwissenschaftlich entscheidbaren Alternative; denn sie fragt nicht nach den bedingten, sondern verweist auf die alles bedingenden Voraussetzungen für das, was Naturwissenschaftler mit diesem oder jenem mathematisierten Paradigma beschreiben.

In ähnlicher Weise sieht das der Philosoph Hermann Lübbe. Er setzt sich auseinander mit der Klage von Karl Marx, der Glaube an die Schöpfung ‚sei eine sehr schwer aus dem Volksbewusstsein zu verdrängende Vorstellung'. Der Glaube an die Schöpfung koinzidiere ja aufs beste mit der alltäglichen Erfahrung elementarer Abhängigkeit von nicht-disponiblen Lebensvoraussetzungen einschließlich der Ungefragtheit, mit der wir uns mit unserem Leben in seinem Dasein und Sosein konfrontiert finden. Allerdings bestreitet Lübbe, diesem resistenten Volksbewusstsein könne man oder müsse man gar mit einer autoemanzipativen Großoffensive entgegentreten, um die allgemein menschliche Erfahrung schlechthinniger Abhängigkeit ein für alle Mal zu eliminieren. Und er stellt fest: *„Wenn das allerdings der Bestand ist, in den uns lebenspraktisch der Schöpfungsglaube einweist, so läge es nahe zu vermuten, daß die ‚Schöpfung' anstatt ‚eine sehr schwer aus dem Volksbewußtsein zu verdrängende Vorstellung' zu sein, die religiöse Thematisierung einer schlechterdings unverdrängbaren Daseinserfahrung darstellt, nämlich der Erfahrung unserer schlechthinnigen Abhängigkeit von Daseinsvoraussetzungen, die nicht zur Disposition des Daseins selbst stehen."*[31]

Wie aber lässt sich das absolute und personale Sein Gottes des Schöpfers, das doch auch schon Genesis und bestimmte Lesarten der platonischen Philosophie vorauszusetzen scheinen, heute begründen?

Einen Schritt weiter als nur bis zur Erfahrung schlechthinniger Abhängigkeit von indisponiblen Daseinsvoraussetzungen geht der Biologe und Naturphilosoph Rainer Koltermann, indem er aus der Erfahrung des kontingenten Seins den Verweis auf das absolute Sein ableitet:

*„Es ist unmöglich, daß nur Kontingentes existiert; es muß etwas existieren, das seine Existenz nicht empfangen, sondern sie aufgrund seines Wesens selber hat. Es existiert damit nicht bedingt, sondern bedin-*

*gungslos, absolut. Was aufgrund seines Wesens, unabhängig von anderem existiert, ist das absolute Sein. Dieses absolute Sein ist also die Möglichkeitsbedingung dafür, daß kontingentes Sein überhaupt existieren kann.*"[32]

Das ist ein Gedanke, der sich so oder zumindest sehr ähnlich schon bei Aristoteles und Thomas finden lässt.

Allerdings ist es von der Annahme eines absoluten Seins, das wie ein abstraktes Prinzip erscheint, noch ein weiter Weg, dieses auch als ein personales Sein zu identifizieren. Christliche Schöpfungslehre verlangt aber eben dies, auch die Personalität des Schöpfergottes zur Sprache zu bringen. Die beiden Schöpfungserzählungen in Genesis 1 bis 4 tun sich bei aller Unterschiedenheit, die zwischen ihnen herrscht, mit dieser Personalität leicht. Sie wissen etwas mit ihr anzufangen, weil sie mit ihr anfangen und sie nicht erst ex post am Ende ableiten.

Koltermann argumentiert in diesem Fall mit dem Prinzip des zureichenden Grundes von Leibniz (1646–1716). Demzufolge muss die Ursache zumindest die gleiche Seinshöhe haben wie das von ihr Verursachte, das Bewirkte. Ist aber der Mensch mit seiner personalen Struktur Geschöpf dieses Schöpfers, dann muss auch dem Schöpfer zumindest Personalität zugesprochen werden.

*„Da wir aber auf diese Weise wieder nur zu einer Kette von bedingten Personen kommen, nie aber zur Bedingung selber, ist es erforderlich, daß die Bedingung der Möglichkeit für real existierende kontingente Personen ein Wesen ist, das nicht mehr bedingt, nicht mehr in Abhängigkeit von anderen Personen existiert, sondern absolut, aus sich heraus, kraft des eigenen Wesens. Dieses absolute Sein mit Personalstruktur ist damit nicht eigentlich Ursache, sondern Urheber. Absolutes Sein mit Personalstruktur, das also aus seinem Wesen heraus notwendig existiert und sich daher keinem anderen verdankt, nennt die Religionsphilosophie Gott.*"[33]

Ob es schlüssig ist – je so wie man es gerade braucht –, einerseits via negativa aus der Nicht-Notwendigkeit des menschlichen Seins auf das notwendige Sein Gottes und aus der Bedingtheit des Menschen auf die Unbedingtheit Gottes zu schließen und dann aber andererseits via positiva aus der Personalität des Menschen auf die Personalität Gottes zu schließen, das darf mindestens als fraglich angesehen werden.

Abschließend lässt sich vielleicht sagen: Mit dem Bekenntnis *„Ich glaube an Gott, den Vater, den Allmächtigen, den Schöpfer des Himmels und der Erde."* gewinnt der Mensch eine Art archimedischen Punkt für sein Tun und Lassen, eine Art Ankerpunkt im bewegten Meer der Zeit, oder den absoluten Bezugspunkt für seine Existenz. Erst in der Bindung an das Absolute, in der Bindung an den Absoluten, vermag der Mensch alles andere als nur relativ mächtig, relativ wichtig, relativ bedeutsam etc. einzustufen und in der Endlichkeit der Zeit auf die Unendlichkeit der Ewigkeit Gottes zu hoffen.

## 4. Im Fokus: Schöpfung
### Zur Vereinbarkeit von Creatio ex nihilo und Creatio continua mit Naturwissenschaft

Der erste Glaubensartikel von Gott als dem Schöpfer macht auf ein zentrales Problem aufmerksam, das genau die Schnittstelle von moderner Naturwissenschaft und Theologie betrifft. Wie kann man angesichts der Hauptsätze der Thermodynamik und angesichts von gut begründeten und empirisch belegten Evolutionsszenarien noch von Schöpfung reden? Wie und wo sollte der schöpferische Gott in den „Hochsicherheitstrakt einer naturwissenschaftlich begründeten Alleinzuständigkeit" eindringen und sich in ihm wirksam behaupten können?

### 4.1. Skizze des Problems

Theologen unterscheiden üblicherweise die ursprüngliche Schöpfung, die creatio originalis, die als Schöpfung aus dem Nichts, als creatio ex nihilo gedacht wird, von der fortlaufenden Schöpfung, also der creatio continua.

Wenn man nun die gängigen schöpfungstheologischen Entwürfe durchsieht, so kann man den Eindruck gewinnen, dass sich die Theologen mit der creatio originalis oder creatio ex nihilo eher leicht, mit der creatio continua aber recht schwertun. Erstere verstehen sie dabei eher als Erstellung von Ordnung und letztere als Eingriff in eine schon vorhandene, auch naturwissenschaftlich beschreibbare Ordnung.

#### a. Problemlose creatio ex nihilo

Ein Hauptgrund für die relativ problemlose Behandelbarkeit der creatio ex nihilo liegt unter anderem in folgendem Sachverhalt: Die creatio ex nihilo kann man sozusagen ‚kollisionsfrei vor' das Grunddatum aller Physik und damit ‚vor' den Beginn aller naturwissenschaftlich möglichen Erhellung des Anfangs platzieren.

Damit die Präposition ‚vor' nicht zu zeitlichen und räumlichen Missverständnissen führt – Zeit und Raum entstehen ja als deren Eigenschaften erst mit der Materie –, sollte man vielleicht besser sagen:

Die creatio ex nihilo ist die Bedingung der Möglichkeit dafür, dass es überhaupt etwas, also auch naturwissenschaftlich relevante Phänomene (einschließlich der Naturwissenschaftler und Theologen sowie ihrer Fachdisziplinen) gibt. Die creatio originalis, verstanden als creatio ex nihilo, setzt den Anfang, den absoluten Anfang, aus dem sich alle sonstigen sekundären und relativen Anfänge erst herleiten.

Der theologische Begriff des Nichts ist dabei streng aufzufassen und nicht identisch mit der Quantenfluktuation oder dem, was physikalisch sonst dem Nichts am nächsten kommen und von der Physik als solches deklariert werden mag. Es gibt also in diesem Punkt keine gemeinsame Schnittmenge zwischen Theologie und Naturwissenschaft. Die creatio ex nihilo wäre als Bedingung der Möglichkeit für die Singularität des sogenannten Urknalls und der sich aus ihm erst noch ergebenden vier grundlegenden Wechselwirkungskräfte zu verstehen, also der starken Kernkraft, der schwachen Kernkraft, der elektromagnetischen Kraft und der Gravitationskraft.

Bei der creatio continua hingegen sind die Verhältnisse insofern schwieriger, als hier Gottes schöpferisches Wirken und Kontinuität von Zeit zusammenzudenken sind. Hier scheint eine derartige ‚Separierungstechnik' wie dort bei der creatio ex nihilo nicht möglich zu sein. Ähnlich sieht es Stephen Hawking, der allenfalls noch eine creatio originalis, nicht aber eine creatio continua für denkmöglich hält: *„Die Gesetze mögen von Gott erlassen worden sein oder nicht, aber er kann nicht eingreifen, um die Gesetze zu brechen, andernfalls wären es keine Gesetze. Das lässt Gott immer noch die Freiheit, den Ausgangszustand des Universums zu wählen, aber selbst zu diesem Zeitpunkt scheint es Gesetze geben zu können. Und damit hätte Gott überhaupt keine Freiheit mehr."*[1]

### b. Problematische creatio continua

Die Singularität des Urknalls ist ein auch physikalisch nicht zureichend beschreibbares Grunddatum. Hinsichtlich des Grades der Annäherung an dieses Grunddatum gehen die Ansichten allerdings sehr stark auseinander; von Annäherungen bis zu $10^{-43}$ Sekunden ist bei den einen Physikern die Rede,[2] andere gehen davon aus, die Physik könne erst $10^{-12}$ Sekunden nach der Singularität beginnen, weil erst dann die vier Grundkräfte gegeben seien.[3]

Nur unzureichend beschreibbar ist dies Grunddatum (und bleibt es wohl auch) deshalb, weil die zu seiner Beschreibung erforderlichen Parameter (z. B. Naturkonstanten) erst aus dieser Singularität hervorgehen und sie somit in ihrem Entstehungsvorgang zugleich Beschreibungsobjekt und Beschreibungsparameter zu sein hätten.

Die Lehre von der creatio continua hätte für jeden Zeitpunkt nach diesem Grunddatum eine gedankliche Zuständigkeit, sowohl für die physikalisch beschreibbare Entstehung der Elemente als auch für die weitere chemische und biologische Evolution.

Die Lehre von der creatio continua erhielte also unter anderem eine interpretatorische Zuständigkeit für das Auftreten von lebendigen Strukturen und Systemen und das Auftreten des Menschen und hätte in all dem göttliches Wirken aufzuzeigen oder zumindest glaubwürdig zu behaupten.

Zugleich würde sie aber auch vor die keineswegs neue, sondern altbekannte und kaum irgendwo zufriedenstellend angegangene Schwierigkeit gestellt, erklären zu müssen, wie das zeitlose Sein und Wirken Gottes des Schöpfers sich in das zeithafte Sein und Wirken seiner Schöpfung hinein entäußern kann.

So kann es geschehen, dass ein Theologe zu der Ansicht gelangt:
*„Wo in der Evolution neue Seinsformen oder Arten auftreten, besonders etwa beim Entstehen des Lebendigen, bei der Hominisation oder beim Entstehen des Einzelmenschen muss der göttliche Schöpfungsakt berufen werden."*[4]

Gott müsste in diesem Fall in einen Bereich hineinwirken, den die Physik mit den einschlägigen Sätzen der Thermodynamik (1. und 2. Hauptsatz) und den die Biologie mit ihren Evolutionstheorien auf je ihre Weise für sich reklamieren.

Bedeutet creatio continua, dass der den Anfang setzende und damit alle Ordnung, auch die sich später entwickelnde Ordnung, erst grundlegende Gott immer wieder stabilisierend oder korrigierend in diese Ordnung eingreifen muss? Ist creatio continua sozusagen die Wahrnehmung eines Nachbesserungsauftrags, den der große Konstrukteur, der Schöpfer aus dem Nichts, sich selbst erteilt? Ist creatio continua sozusagen der Wartungsvertrag, der bei der Produktauslieferung, der creatio originalis, und im Wissen um deren Qualität gleich mitabgeschlossen werden musste?

Wenn es um die creatio continua so stünde wie hier skizziert, dann müsste man feststellen:

a) Gottes creatio continua widerspricht auf dem Gebiet der Physik im Bereich der Thermodynamik der Ordnung, die sich im Energieerhaltungssatz niederschlägt.

b) Sie drängt sich auf dem Gebiet der Biologie in den Bereich des Evolutionstheorie genannten Ordnungssystems, wo man zwar manchen Erklärungsnotstand kennt, aber keinen, der nur mit dem Gedanken an Gott zu beheben wäre.

c) Ein solches Konzept von creatio continua lebt auf dem Gebiet der Theologie von einer defizitär konzipierten creatio ex nihilo und unterstellt dem unendlichen und ewigen Gott die Attribute der Endlichkeit und Zeitlichkeit. Der Einwand gilt auch dann, wenn ersteres als Erschaffung von Sein und letzteres als Erhaltung im Sein verstanden wird.

## 4.2. Der Ansatz beim Begriff der Gegenwart

Hier soll es nicht um die bloße Wiederholung der bekannten Behauptung Rahners gehen, *„Theologie und Naturwissenschaft können grundsätzlich nicht in einen Widerspruch untereinander geraten, weil beide sich von vornherein in ihrem Gegenstandsbereich und ihrer Methode unterscheiden."*[5]

Statt des „transzendentalen Je-Schon" soll das „kategoriale Jetzt" Ausgangspunkt der geforderten Verhältnisbestimmung von Naturwissenschaft und Theologie werden. Der von Rahner gerade nicht eingeschlagene, die Naturwissenschaft wirklich kontaktierende Weg ist der hier gewählte Weg.

Das bedeutet nicht, dass der Naturwissenschaft hiermit eine Allzuständigkeit eingeräumt, sondern nur, dass auch von den Naturwissenschaften her ein Zugang freigeräumt wird. Die creatio continua ist ausgehend von einer naturwissenschaftlichen Empirie zwar nicht erreichbar, ist aber von einer naturwissenschaftlichen Rationalität ausgehend sehr wohl akzeptierbar und einsichtig zu machen.

Auf einem nur scheinbaren Umweg möchte ich darum die hier angeschnittenen Probleme, indem ich bei einer solchen naturwissenschaftlichen Rationalität ansetze, einer Lösung näherbringen: Ich frage nach dem Begriff der Gegenwart. Was ist Gegenwart? Ist von irgendeiner praktisch möglichen und theoretisch denkbaren Quantelung der Zeit eine Fixierung dessen zu erwarten, was wir im strengen Sinne Gegenwart nennen könnten?

### a. Der Versuch einer neurophysiologischen Fixierung von Gegenwart

Geht man diese Frage unter biologisch-neurophysiologischem Gesichtspunkt an, so stößt man schnell an die Grenzen dieses Gegenwartsbegriffes.

Die geläufige menschliche Vorstellung geht entsprechend dem menschlichen Selbsterleben davon aus, dass Zeit kontinuierlich ist. Hirnforscher allerdings sagen aufgrund experimenteller Befunde, dass Menschen nur unfähig sind, die nachweisbaren Diskontinuitäten im subjektiven Zeiterleben zu identifizieren.

*„Wir können deshalb annehmen, daß die subjektive Zeit diskontinuierlich abläuft, daß der Ablauf unseres Erlebens und Verhaltens zerhackt ist in Zeitquanten. Wir können nicht ‚immer' reagieren. Die Funktionsweise unseres Gehirns definiert formale Randbedingungen für den zeitlichen Ablauf, die uns aufgezwungen sind."*[6]

Andernorts finden sich etwas, aber nicht grundlegend andere Werte als bei Pöppel für diesen auch Zeitschwelle genannten kleinsten zeitlichen *„Abstand zwischen zwei Reizen, der es gerade noch erlaubt, diese als zwei unverschmolzene Reize wahrzunehmen; bei akustischen Reizen etwa 0,002 Sekunden, bei optischen Reizen etwa 0,01–0,04 Sekunden."*[7] Aber von welcher Art sind diese sogenannten Zeitquanten?

Das akustische Gleichzeitigkeitsfenster des Menschen, d. h. das Verschmelzen zweier akustischer Stimuli zu einem, liegt bei etwa 0,004 Sekunden und ist damit deutlich kleiner als das optische (etwa 0,02 Sekunden) und das taktile (etwa 0,01 Sekunde). Um eine Folge von Ereignissen als solche zu konstatieren, müssen wenigstens 0,03 Sekunden zwischen den Ereignissen liegen, ein Wert, der für Sehen, Hören und Tasten in etwa gleich ist.

Letztendlich ist im Zeitbedarf der neurophysiologischen Vorgänge (afferente und efferente Reizleitungs- und zentralnervöse Kodierungs- und Dekodierungsgeschwindigkeit) der limitierende Faktor für das, was als Gegenwart empfunden wird, zu sehen.

Biologisch-neurophysiologisch ist Gegenwart nicht zu fixieren; stets landet man nur beim subjektiven Zeitquant, einer Größe, die überdies bei verschiedenen Tierarten noch sehr verschieden ist, wie man aus der Kenntnis von Zeitraffer- und Zeitlupentieren weiß. Vierundzwanzig Bilder pro Sekunde verschmelzen in unserer optischen Wahrnehmung zu einem Film. Eine Biene ist aber durchaus in der Lage dreihundert Bilder pro Sekunde als distinkte Bilder wahrzunehmen. Was für uns Menschen ein Film ist, ist also für eine Biene ein „lahmer Dia-Vortrag".

Benötigt wird aber nicht ein subjektives, sondern ein objektives Zeitquant, um Gegenwart ‚dingfest' zu machen. Ein solches objektives Zeitquant sollte eine kleinste, nicht mehr teilbare Zeiteinheit sein.

### b. Der Versuch einer physikalischen Fixierung von Gegenwart

Man kann nun die Physik befragen, was Gegenwart ist und ob es ein objektives Zeitquant gibt. Der Physiker könnte etwa das aus einer Düse mit hohem Druck heraustiebende Wasser optisch analysieren. Dabei findet sich auf der Photoplatte selbst bei Belichtungszeiten von nur einigen Milliardstel Sekunden das Protokoll eines hochkomplexen Ereignisses, das nochmals in tausend Zeitphasen zu zerlegen wäre, wollte man dem Ziel, das ‚absolute Jetzt' des Wasseraustritts aus der Düse optisch zu dokumentieren, auch nur nahekommen.

Um das ‚Jetzt' exakt zu bezeichnen, könnte man es an die über astronomische Messungen zu ermittelnde Rotation der Erde als Zeitmaßgeber binden; dabei wären Genauigkeiten von $10^{-7}$ Sekunden zu erzielen.

Einen deutlichen Schritt zu noch größerer Genauigkeit stellt die Atomuhr dar, durch die eine atomare Frequenz, das heißt die Energiedifferenz zwischen zwei quanten-mechanischen Zuständen, zum Zeitnormal erklärt wird. Dieses Zeitnormal hätte dem Vernehmen nach den Vorteil, an jedem Ort im Weltall reproduzierbar zu sein. Die hierbei zu erzielenden Genauigkeiten werden unter Zugrundelegung der atomaren Chronometrie des Wasserstoffatoms (Frequenz 1420 MHz) mit $10^{-13}$ Sekunden angegeben.

Andernorts werden noch größere Genauigkeiten angegeben. Danach soll die Elementarteilchen-Uhr mit Einheiten von $10^{-24}$ Sekunden und die Atomuhr mit Einheiten von $10^{-16}$ Sekunden messen. Für das Jetzt, den Augenblick, die Gegenwart, die uns so wichtig sind, weil wir in ihnen das Leben erleben, gilt, sofern nicht irgendwann doch ein physikalisches Zeitquant ‚dingfest' gemacht werden kann:

*„Auf einer objektiven Zeitskala ist dieses – auch für den Physiker, der ein Experiment durchführt – lebendige Bewusstsein des gegenwärtigen Momentes lediglich ein mathematischer Trennpunkt ohne Dauer zwischen Vergangenheit und Zukunft."*[8]

Die Überlegungen zum physikalischen Zugriffsversuch legen nahe: Die Gegenwart ist, und zwar auch mit physikalischen Prozeduren, deren Messgenauigkeit um mehrere Zehnerpotenzen über der mit dem subjektiven Zeitquant beschriebenen Systemträgheit liegt, in ihr selbst nicht erfassbar und nicht beeinflussbar.

### c. Die vertikale Dignität der Gegenwart

Nach dieser (gewiss auch noch in mancher Hinsicht auszuweitenden) ergebnislosen Suche nach dem objektiven Zeitquant im Bereich der Neurophysiologie und der Physik nehmen wir einmal an, dass es kein objektives Zeitquant gibt und dass daher der Gegenwart keine gewissermaßen horizontale Erstreckung zugesprochen werden kann. In einen solchen Zusammenhang gehört – theologischerseits – die These: Es gibt *„eine wahre Gegenwart in der Welt ... nur in einem Jenseits dieser Gegenwart"*[9]. Ähnliches erwägen offenbar auch einige Philosophen, wenn sie sagen, dass *„die Gegenwart ... in der Tiefe anderes als Zeit zu sein"*[10] scheint und *„der Augenblick im ‚Hier und Jetzt' ... Gewicht und Leben ... aus der Vertikal-Dimension"*[11] erhält. Ich möchte diesen Gedanken aufgreifen und versuchsweise von der vertikalen Dignität der Gegenwart sprechen.

Wenn wir die Zeit nicht mehr teilen, d. h. nicht mehr in immer kleinere Zeiteinheiten zerlegen könnten, dann wäre das kleinste Zeitquant und damit eine gewissermaßen horizontal qualifizierbare Gegenwart erreichbar geworden. Die Konsequenz daraus, sofern es nur diesen zeitlichen Anweg geben sollte, könnte gleichbedeutend sein mit der Unerreichbarkeit von Ewigkeit.

Alles, was erfahrbar wäre, wäre nichts als ein Vielfaches jenes unteilbaren Zeitquants, das die Ewigkeit, als das Andere der Zeit, verstellt. Das unhintergehbare Zeitquant wäre für uns gleich unanschaulich wie die beiden anderen Grenzgrößen unserer Welt, die unüberbietbare Lichtgeschwindigkeit (c) und das kleinste ununterbietbare Plancksche Wirkungsquantum (h).

Wenn wir aber gewissermaßen in der Mitte dessen, was wir Zeit nennen und als Vergangenheit, Gegenwart und Zukunft ausfalten, die

Ausdehnungs- und Prozesslosigkeit des Augenblicks und damit aller Zeithaftigkeit zum Trotz sozusagen ein „nunc stans" erahnen, dann könnte sich nach meiner Vorstellung eben hier das Einfallstor der Ewigkeit in die Zeit öffnen.

Ich möchte, um diesen Begriff von Gegenwart gegen alles das, was neurophysiologisch oder physikalisch in unzureichender Weise Gegenwart genannt werden könnte, abzugrenzen, von strenger Gegenwart sprechen. Diese strenge Gegenwart kann mit den Mitteln der Physik deshalb nicht erreicht werden, weil auch die schnellste uns zur Verfügung stehende Signalgeschwindigkeit, nämlich die Lichtgeschwindigkeit mit 300.000 Kilometern pro Sekunde, eine endliche Größe ist. Sie erreicht das, was wir strenge Gegenwart nennen, nicht, oder genauer immer erst als bereits zur früheren oder späteren Vergangenheit geronnene. Die strenge Gegenwart wäre damit das Medium, in dem das Andere der Zeit mitten im scheinbar Greifbarsten der Zeit nicht nur anwesend, sondern auch wirksam ist oder wenigstens sein könnte. Schon Augustinus regt in seinen Confessiones zu diesem Gedanken an: *„Die Gegenwart hinwieder, wenn sie stetsfort Gegenwart wäre und nicht in Vergangenheit überginge, wäre nicht mehr Zeit, sondern Ewigkeit."*[12]

### 4.3. Creatio continua und strenge Gegenwart

Es wäre zumindest denkbar, dass sich in der nicht-dimensionalen und nicht-prozessionalen strengen Gegenwart die creatio continua ausdrückt, dass die Zeitlosigkeit Gottes inmitten der fließenden Zeit steht und gerade so die sich bewegende prägt.

### a. Creatio continua in Gegenwart

Das im Folgenden verwendete Bild ist zugegebenermaßen nicht ganz zureichend und nur begrenzt verwertbar, insbesondere deshalb, weil es die Einheit der creatio, das Zusammen von creatio ex nihilo und creatio continua, auf die noch einzugehen ist, nicht auszudrücken vermag. Gleichwohl soll es im begrenzten Rahmen seiner Leistungsfähigkeit benutzt werden.

Man könnte sich an einem ganz gleichmäßig und makroskopisch mit nahezu glatt und unbewegt erscheinender Wasseroberfläche dahinfließenden Fluss den ‚Einfluss' der creatio continua illustrieren. Dabei soll die makroskopische Unstrukturiertheit des Flussoberlaufes bildlich für die Unerkennbarkeit der Zukunft figurieren.

Erst an der Stelle, an der der starr von oben in den Fluss hineinragende Ast eines überhängenden Baumes das glatte und ruhige Fließen unterbricht – er sei als wegen seiner Räumlichkeit unzureichendes Bild für die strenge Gegenwart einmal hingenommen –, erst dort treten makroskopisch erkennbare Wellenstrukturen auf. Und diese erst im Unterlauf, aber gerade im eng zu fassenden Entstehungsmoment noch nicht analysierbaren Strukturen (z. B. Frequenzen, Amplituden und Interferenzen der entstehenden Wellen) können Gegenstand der auf Strukturen angewiesenen naturwissenschaftlichen Betrachtung sein.

Man kann bei der Verwendung dieses Bildes den Eindruck gewinnen, es gäbe überhaupt nur die Verursachungsbeziehung der strengen Gegenwart und also nirgends eine naturwissenschaftliche Zuständigkeit, wenn diese denn in die strenge Gegenwart nicht hineinreicht. Das wäre wohl doch ein schwerwiegender Einwand gegen die Verwendbarkeit dieses Bildes, der allerdings auszuräumen ist.

Bestimmte Turbulenzen und die Interferenzen, also die Überlagerungen von Wellensystemen nach dem ‚störenden Ereignis' der strengen Gegenwart, d. h. also sämtliche Einzelereignisse und das gesamte Geschehen im Unterlauf des Flusses, wären dann eine Bebilderung der kategorialen Kausalität, also einer sich in den diversen naturwissenschaftlich zugänglichen Vergangenheiten abspielenden Verursachungsbeziehung.

In ihrem letzten Grund verdankte sich die kategoriale Kausalität aber einem Ereignis der strengen Gegenwart, das heißt einem Ereignis aus dem Bereich der Nichtzuständigkeit der Naturwissenschaft, gewissermaßen also einer „transzendentalen Kausalität".

Die Bewegung der Zeit wäre immer nur erkennbar durch den Bezug zur über die strenge Gegenwart in sie hineinragenden Ewigkeit; die Wandlung der Zeit wäre immer nur eine sich im Kontakt mit der wandlungslos seienden Ewigkeit gestaltende Wandlung.

Wenn man es so betrachtet, ist es nicht die Gegenwart, die wandert, sondern im Medium Gegenwart, das wir hinsichtlich der Zeitdimension nicht dingfest machen können, ereignet sich das der Materie eigene raumzeithafte Strömen als Kontaktieren mit der und das Strukturiertwerden durch die Ewigkeit.

Die Zeit wäre nur das, als was sie sich im Gegenüber zur Ewigkeit entpuppt. Gottes Wirksamkeit in der Zeit nur auf die Seele zu beschränken, verschiebt das Problem einer Erdung der göttlichen creatio meines Erachtens nur auf das Problem Seele, löst es aber nicht wirklich. Entweder man findet Gottes unmittelbare Wirksamkeit zumindest mittelbar überall, oder man findet sie auch in der Seele nicht. Hier darf man mutiger sein. Gott wirkt meines Erachtens in der strengen Gegenwart umfassend und unmittelbar und nicht nur durch die reservatartig anmutende sektorale Begrenzung einer „anima quasi-separata" in die Zeit hinein.

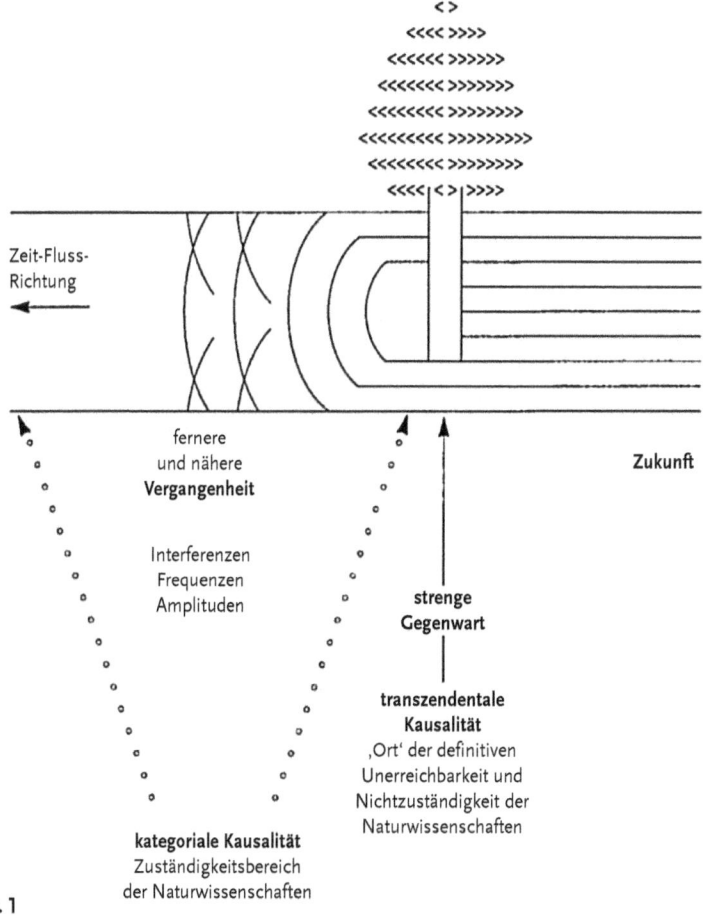

Abb. 1

## b. Vergangenheit als Gegenstandsbereich der Naturwissenschaft

Was aber misst oder was konstatiert dann die Naturwissenschaft, wenn sie zum Beispiel im evolutiven Prozess Veränderungen feststellt? Sie vergleicht die unterschiedlichen jeweils konstatierten Vergangenheiten, im Bild sind das die im Unterlauf des Flusses beobachtbaren Turbulenzen und Wellenstrukturen; nie misst oder erfasst sie die Gegenwart als solche.

Sie vergleicht nie die wirkliche strenge Gegenwart mit der Vergangenheit, weil sie diese Gegenwart nicht hat und ihrer auch nicht habhaft werden kann, außer als einer gerade gewesenen, die damit aber allenfalls jüngste Vergangenheit ist. Sie vergleicht die gerade konstituierte Vergangenheit mit der vor kürzerer oder längerer Zeit gerade konstituierten Vergangenheit.

Eine creatio continua, die sich zeitlos in der Vertikalität der Gegenwart ereignet, kann daher nie Gegenstand der sich auf die zeithafte Horizontalität einer ferneren und näheren Vergangenheit beziehenden Naturwissenschaft sein, und zwar genauso wenig wie die creatio originalis deren Gegenstand sein kann, da diese ja als creatio ex nihilo vor aller auf Materialität angewiesenen Physik rangiert.

Wenn nun gesagt wird, Gott wirkt in der Gegenwart, so ist dieses Wirken Gottes wegen der bleibenden Nichtzuständigkeit der Naturwissenschaft für diese strenge Gegenwart oder wegen der prinzipiellen Unerreichbarkeit der Gegenwart durch Naturwissenschaft auf naturwissenschaftlichem Wege jedenfalls nicht dingfest zu machen.

Wenn diese Überlegungen richtig sind, ist Gegenwart kein transzendentales Einschlupfloch in die sich um hermetische Abschließbarkeit ihrer Immanenz bemühende Naturwissenschaft, die auch das Loch schon noch stopfen wird, sondern der Ort der prinzipiellen Nichtzuständigkeit und Nichterreichbarkeit für Naturwissenschaft. Der „deus absconditus", der verborgene Gott degeneriert nicht unter der Hand zum naturwissenschaftlich erklärbaren oder simulierbaren „deus ex machina", zum Gott aus der Maschine.

Es ließe sich allerdings auch jetzt noch der zeitlose Handlungs(spiel)raum Gottes bestreiten, allerdings nur unter Bestreitung der Existenz dessen, was wir strenge Gegenwart nennen. Wird die Existenz dieser Gegenwart, was immer sie sein mag, nicht bestritten, ist auch Gottes Handlungsmöglichkeit nicht prinzipiell bestreitbar.

## c. Die Frage der Zukunftsprognosen

Wie aber steht es um die in wissenschaftlicher Verkleidung einhergehenden Prognosen für die Zukunft? Sie sind strenggenommen lediglich Hochrechnungen aus den verschiedenen miteinander verglichenen ferneren oder näheren Vergangenheiten, und sie sind nicht zuletzt deshalb so ungenau, weil was immer zeitlos die streng gefasste Gegenwart bestimmt, nie in der Naturwissenschaft vorkommt und nie in ihr vorkommen kann.

Auf die Frage, ob die Naturwissenschaft nicht das zeitliche ‚Nichts', was wir Gegenwart nennen, grandios überschreitet, indem sie Zukunft erforscht, ist mit einem klaren Nein zu antworten. Wenn sie nämlich Aussagen über die Zukunft macht, kann sie das nur so, dass sie aus dem Vergleich der ihr auch nur eingeschränkt zugänglichen Vergangenheiten extrapoliert.

Der Unsicherheitsfaktor ist groß, wie man aus Zukunftsprognosen aller Art weiß, und er resultiert einerseits aus der nur relativen Zugänglichkeit und Erschlossenheit der zugrunde gelegten Vergangenheiten. Auch ein zur Simulation von Zukunftsszenarien benutzter Großrechner mit fünfzehn Stellen hinter dem Komma rundet bei der sechzehnten Stelle und trägt damit insbesondere bei iterativen Berechnungsvorgängen einen winzigen Unsicherheitsfaktor in den zu simulierenden Vorgang ein, der wie der sogenannte Schmetterlingseffekt der Chaostheorie ungeahnte Konsequenzen und Konsequenzen ungeahnten Ausmaßes haben kann.

Andererseits resultiert der Unsicherheitsfaktor aus der Voraussetzung, die in der Vergangenheit ermittelten Parameter seien trotz Überspringens dessen, was sich in der Gegenwart ereignet, relevant und signifikant auch für die zu ermittelnde Zukunft.

Die Anfrage, ob es nicht doch Phänomene mit größter prognostischer Gewissheit gibt, die (sicherer als das Amen in der Kirche) eine zukünftige Situation voraussagen lassen, wird häufig mit dem Hinweis auf Halbwertszeiten, der Zeit also, nach der die Hälfte einer Anzahl radioaktiver Atome zerfallen ist, begründet.

Halbwertszeiten haben gewiss eine kaum zu überschätzende Bedeutung und eine relativ hohe Gewissheit bei der Datierung fossiler Funde. Aber es handelt sich hier, und darüber darf man sich nicht täuschen, um eine stochastische und retrognostische und nicht um eine exakte und prognostische Genauigkeit.

Und selbst wenn man den Aspekt des Stochastischen bei der Beurteilung vernachlässigen könnte, bliebe der Unterschied zwischen Prognose und Retrognose essentiell, da sich im Rückblick auch solche Einflussgrößen und Störfaktoren für die Messung von Zerfallsprozessen abbilden lassen, die im Vorhinein, unsere Kenntnis einmal vorausgesetzt, für die damalige Zukunft nicht prognostizierbar waren und die auch jetzt für die derzeitig ausstehende Zukunft nicht prognostizierbar sind.

Es bleibt wohl bei dem Tatbestand: Wir haben, was wir subjektiv erlebt und physikalisch objektiviert unsere Gegenwart nennen, immer nur als jüngere oder jüngste Vergangenheit; damit entzieht sich uns der mögliche zeitlose Zugriff Gottes auf die strenge Gegenwart. Was wir unsere Zukunft oder gar wissenschaftliche Zukunftsforschung nennen, ist und bleibt das prognostisch fragwürdige Resultat unserer Hochrechnung aus partiellen retrognostischen Gewissheiten.

### 4.4. Die Einheit der creatio

Hier soll nun der Versuch unternommen werden, im Rückgriff auf das zum Thema Gegenwart, genauer strenge Gegenwart Ausgeführte creatio continua und creatio ex nihilo miteinander in Einklang zu bringen.

Es hat verschiedene Versuche gegeben, die creatio ex nihilo als die Erschaffung von Sein, die creatio continua als die Erhaltung im Sein und den concursus divinus als göttliches Mitwirken in den Seienden zu begreifen. Diese Arbeitsteilung trägt aber implizit einen Zeitfaktor in das zeitlose göttliche Wirken ein, insofern sie es, wie eingangs dargelegt, in zwei sukzessive Initiativen Gottes untergliedert. Denn bevor etwas als das erhalten werden kann, was es ist, muss es das geworden sein, als was es erhalten wird.

Es ergibt sich der nicht sehr überzeugende Eindruck, Gottes creatio sei organisiert nach dem Muster von einmaliger voraufgehender Herstellung eines Produkts und mehrmaligem anschließendem Wartungsdienst, oder nach dem Muster von primärer Materialbereitstellung und sekundärer Bearbeitung.

So aufgetrennt wären beide göttlichen Kreationen für sich betrachtet defiziente und aufeinander angewiesene Formen, und es müsste nicht nur erläutert werden, wie das zeitlose Wirken Gottes und das zeithafte Wirken seiner Geschöpfe als creatio continua aufeinander zu beziehen wären, sondern auch, wie im zeitlosen Wirken Gottes selbst ein Früher und ein Später zustande kommen sollten.

Überdies verlangt der für das Wirken der Geschöpfe postulierte concursus divinus, also das göttliche Mitwirken in und mit den Geschöpfen seinerseits auch eine ständige wechselseitige ‚Nichtzuständigkeits- und Abtretungserklärung' zwischen der Zeitlosigkeit des Schöpfers einerseits und der Zeitlichkeit seiner Geschöpfe andererseits.

Splett scheint ebenfalls unzufrieden mit der dem Schöpfer unterstellten, zwei Initiativen umfassenden Arbeitsteiligkeit im Schöpfungsvorgang, wenn er feststellt:

*„Positiv gesprochen verleiht Gott so nicht bloß ein bestimmtes So-Sein (indem er Stoff in Form brächte), auch nicht bloß (den Beginn) von Daß-Sein, Existenz (eines bestimmten Geformten), sondern Sein einfachhin – in der umfassenden Bedeutung, daß diesem (nicht einmal – wie dem Wirklichsein – pure Möglichkeit, sondern) rein nichts entgegensteht. Darum heißt diese Teilgabe unter der Zeithinsicht ‚ständige Schöpfung'. Bloßen Anfang kann man hinter sich lassen, ja hat es stets schon – anders wäre er nicht Anfang; nicht so den Ursprung. Aus dem geht nur hervor, was in ihm steht (wie eine Pflanze im Boden): in bleibender Abkünftigkeit."*[13]

Insofern der Ursprung bleibt und insofern das Dass-Sein, welches ja oft als Produkt der creatio ex nihilo zugeordnet wurde, und das So-Sein, welches oft unglücklicherweise zur Manipulationsmasse der creatio continua gerechnet wurde, nicht getrennt werden können, sondern das eine von Gott geschaffene Sein darstellen, ist auch Gottes creatio nur eine. Dies Zwischenergebnis erscheint durchaus wichtig.

Was aber nun die „Zeithinsicht" angeht, so bleibt die Position von Splett unbestimmt. Wie und wo diese eine zeitlose göttliche creatio gewissermaßen zeitseitig geerdet ist, müsste gesagt oder wenigstens angedeutet werden können, wenn nicht Schöpfer und Geschöpf himmelweit getrennt bleiben sollen.

Gottes creatio muss also als eine einzige gedacht werden, wenn sie nicht gedanklich in Gestalt von creatio originalis und creatio continua zu zwei disparaten, für sich allein defizienten und einander sukzessiv erst noch komplettierenden Kreationsformen verkommen und als solche mit der Schöpferwürde nicht mehr vereinbar erscheinen soll.

Wenn creatio continua als zeitlos inmitten der Zeit stehende, also ohne eigenen Zeitvermerk gedacht werden könnte, würde die göttliche creatio nicht mehr in zwei miteinander unvermittelbare Initiativen Gottes auseinanderfallen, von denen die erste als zeitlos vor aller Zeit und die zweite notgedrungen als zeithaft in aller Zeit konzipiert wäre.

Die göttliche creatio wäre nur noch eine, und zwar ein und dieselbe zeitlose vor der Zeit, wenn man das so sagen dürfte, die sie somit ganz umfängt, und ein und dieselbe zeitlose in der Zeit, die sie somit ganz durchdringt.

Die Problematik dieser Formulierungen liegt dabei in der Benutzung der Präpositionen „vor" und „in", die wiederum einen Zeitraum oder eine Raumzeit zu eröffnen scheinen, der oder die allerdings nicht gemeint, zur Formulierung der Vorstellungshilfe aber unhintergehbar ist. Damit wäre die Vorstellung von der jeweils wechselseitigen Ergänzungsbedürftigkeit zweier für sich defizitärer schöpferischer Teilinitiativen Gottes ausgeräumt.

Wenn creatio ex nihilo und creatio continua so ineinander integriert gedacht werden, dann entfällt das Missverständnis, sie seien so etwas wie die Bereitstellung von Rohmaterial und die anschließende Bearbeitung desselben, oder die Fertigstellung eines Produkts und der sich notwendig anschließende Wartungs-, Reparatur- und Änderungsdienst.

Gottes creatio ist demnach nur eine, und lediglich die zeithafte Geschöpfesperspektive suggeriert das Nacheinander von für sich defizitären Teilinitiativen und projiziert es auf den Schöpfergott. Gottes creatio ist nur eine, und sie differenziert sich nur nach den Seins- und Wahrnehmungsdimensionen des kontingenten Seienden. Diese aber nun wiederum auf Gott zu übertragen ist, wenngleich verständlich, doch nur ein Artefakt aus der Geschöpfesperspektive des Menschen.

Vielleicht ist die strenge Gegenwart der creatio continua in ihrer vertikalen Dignität als das Andere einer sich horizontal erstreckenden Zeit identisch mit jenem zeitlosen Schöpfungsmorgen der creatio originalis oder creatio ex nihilo.

Creatio continua und creatio ex nihilo wären dann nur zwei Namen für ein und dieselbe, selbst zeitlose und gleichwohl zeitsetzende Schöpfertätigkeit des ewigen Gottes. Und diese eine und selbe Schöpfertätigkeit Gottes läge nicht jenseits einer Jahrmilliarden fernen Singularität, sondern wäre uns in strenger Gegenwart zwar unverfügbar, doch näher als wir uns selbst.

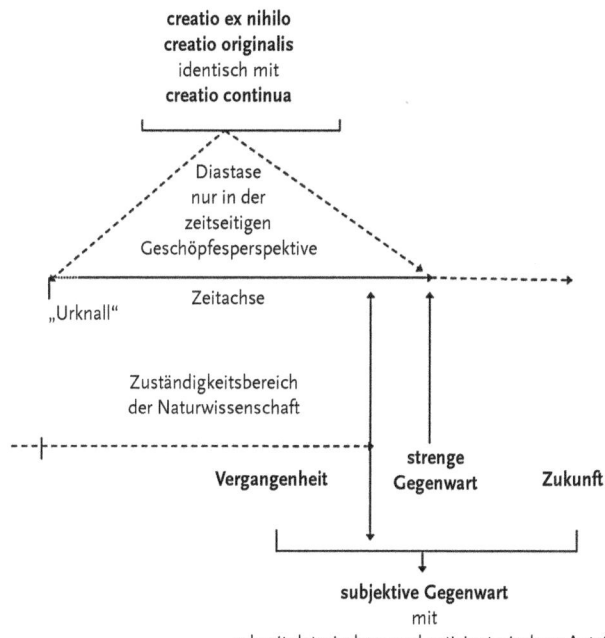

Abb. 2

## 4.5. Interventionismus oder Panentheismus?

Wie ist nun das hier vorgelegte Konzept der strengen Gegenwart philosophisch-theologisch einzuordnen, pantheistisch, interventionistisch oder panentheistisch? Der Begriff Pantheismus wurde, auch wenn diese Position der Sache nach bereits weit früher (Stoa und Neuplatonismus Plotins) gedanklich im Umlauf war, erst im frühen 18. Jahrhundert geprägt *„und dient seitdem als Bezeichnung für religiöse und philosophische Vorstellungen, die das Problem des Gott-Welt-Verhältnisses auf dem Weg einer Identifizierung (z. B. Wesensgleichheit) der Gesamtheit der Dinge (Natur, Kosmos) mit Gott oder mit einer als göttlich verstandenen All-Einheit zu lösen suchen. Wesentlich ist die Ablehnung eines personalen, oft auch eines transmundanen Gottesbegriffs, womit sich der Pantheismus gegen den Theismus wendet ... Pantheismus als naturalistischer Pankosmismus (die Welt ist göttlich) tendiert zum Atheismus und Materialismus, Pantheismus als spiritualistischer Akosmismus (Alles ist Gott ...) zum Gnostizismus."*[14]

An dieser Stelle ist in Bezug auf das Konzept der strengen Gegenwart schnell Klarheit zu schaffen: Gott ist – ohne pejorativen Nebensinn – nicht die Welt! Ein Gott, der als personal gedachtes Subjekt an der Welt und zugleich in der Welt und zugleich durch die Welt handelt, ist immer auch, wenn auch nicht nur, ihr Gegenüber, also in keinem Fall mit ihr zu identifizieren. Das Konzept der strengen Gegenwart und ein Pantheismus, welcher Spielart auch immer, schließen sich aus.

In der gegenwärtigen theologischen Diskussion scheint es, wenn man den Pantheismus als heterodoxe gedankliche Variante[15] unberücksichtigt lässt, nur zwei Grundmodelle zu geben, die Anforderungen, die sich mit der Frage einer Creatio continua stellen, denkerisch zu bewältigen. Da ist zunächst der Interventionismus, der ein unmittelbares Eingreifen Gottes in das Naturgeschehen annimmt, und sodann der Panentheismus, die All-in-Gott-Lehre, die *„den Selbstand der empirischen Realität mit der Immanenz der Welt in Gott bzw. göttlichen Welttranszendenz mit Geschichte vermitteln will."*[16]

Zwischen beiden Positionen gibt es Übergangsphänomene; denn der Panentheismus ist nicht selten als letzter Ausweg aus den durchaus zahlreichen interventionistischen Aporien gewählt worden. Die jeweiligen interventionistischen Ansätze, die wegen mehr oder weniger berechtigter naturwissenschaftlicher Einsprüche zurückgenommen wurden oder auch werden mussten, beförderten das Problem der Wohnungslosigkeit und Handlungsunfähigkeit Gottes in dieser Welt. Denn wenn wegen der mit physikalischen Argumenten (actio gleich reactio; Hauptsätze der Thermodynamik etc.) angeblich hermetisch abgeriegelten Welt Gott keinen „Zugang" zur Welt und keine Handlungsmöglichkeit in der Welt erhält, wenn also Gott nicht in die Welt hineinkommt, kann doch umgekehrt die Welt in Gott hineinverlegt werden. Und Gott wirkt, so dachte es der evangelische Theologe Pannenberg, wie ein Kraftfeld auf all das, was in ihm geschieht. Dann geschieht in dieser Welt nichts ohne ihn und alles in ihm. Wenn die Welt als Ganze nun im Göttlichen existiert, muss doch Gott mehr sein als die Summe der Teile dieses Weltganzen, sonst gäbe es keinen Unterschied zwischen Pantheismus und Panentheismus. Nach Clayton unterscheidet sich die panentheistische Sicht auf die Natur in vier Hinsichten vom Naturalismus[17] eines Pantheismus und vom traditionellen Theismus: *„1. Ihr liegt die streng dialektische Auffassung zugrun-*

*de, dass Handlungen in der Welt sowohl endlichen Vertretern als auch Gott zugeschrieben werden ... 2. Die moralische Vollkommenheit Gottes wird nicht als Forderung an ihn verstanden, sich von der Unvollkommenheit zu distanzieren; diese ist vielmehr Bestandteil der göttlichen Liebe. 3. Aus dieser Sicht agiert Gott nur in und mittels endlicher Vertreter ... 4. Daraus folgt, dass göttliche Handlung zeitlich unbegrenzt und teilnehmend ist.*"[18]

Warum Gott immer nur in endlichen Vertretern und mittels endlicher Vertreter handeln können soll, ist nicht einzusehen, wenn Gott mehr ist als die Summe der endlichen Teile dieses Weltganzen. Dann müsste er, dem die kirchliche Dogmatik ja auch Allgegenwärtigkeit und Allmächtigkeit zuspricht, auch Handlungsoptionen haben und realisieren können, die jenseits dessen liegen, was endlichen Vertretern zugetraut werden soll und kann. Wolfes ergänzt die von Clayton vorgenommene Abgrenzung des Panentheismus gegen Theismus und Pantheismus so: „*Nach panentheistischer Auffassung lässt sich das Verhältnis von Gott und Welt als ein ‚Alles-in-Gott'-Sein, d. h. als vollständige Integration der Gesamtheit des Existenten in Gott beschreiben. Von theistischen Konzeptionen grenzt der Panentheismus sich durch eine ontologisch unlösbare Zuordnung von Gott und Welt, von pantheistischen Entwürfen ... durch die Unterscheidung von Gott und Welt über ein Gott zukommendes personales Selbstbewusstsein ab.*"[19]

Ist nun das Konzept der strengen Gegenwart eher als ein interventionistisches oder eher als ein panentheistisches Konzept zu lesen und zu verstehen? Die Entscheidung darüber hängt davon ab, ob das, was sich in der strengen Gegenwart ereignet, als zum Weltganzen gehörig betrachtet werden kann, oder ob es, weil es im naturwissenschaftlich prinzipiell Unerreichbaren liegt, als eine naturwissenschaftliche Möglichkeiten umfassende und diese erst konstituierende Voraussetzung erachtet wird. Im ersten Fall wäre das Konzept der strengen Gegenwart als interventionistisch anzusehen, wiewohl wir diese mögliche Intervention Gottes aus den dargelegten Gründen nicht dingfest machen können. Im zweiten Fall und unter der Voraussetzung von Freiheitsgraden im Handeln Gottes, die über die bloße Summierung endlicher Geschöpfesaktivitäten hinausgehen, wäre es eher als panentheistisch anzusehen. In diesem Fall wäre ja der als allumfassend, allgegenwärtig und allmächtig gedachte Gott je schon am Werke. Vielleicht ist das Konzept der strengen Gegenwart das Konzept, das zwischen einem Interventionismus und einem Panentheismus vermitteln kann. Es beschreibt nämlich die strenge Gegenwart mit ihrer vertikalen Dignität als den göttlichen Raum, in dem sich alles, was war, ist und sein wird, panentheistisch ereignet. Und es beschreibt, und zwar mit naturwissenschaftlichen Mitteln, einen Raum der prinzipiellen Nichterreichbarkeit und Nichtzuständigkeit von Naturwissenschaft, in dem Gott, auch wenn wir es ihm aus den genannten Gründen naturwissenschaftlich nicht nachweisen können, prinzipiell intervenieren könnte. Ich sehe im Konzept der strengen Gegenwart eher eine Brücke zwischen Interventionismus und Panentheismus, die, ganz gleich, von welchem definitorischen Ufer man schaut, den Weg hinüber und herüber ermöglichen könnte.

### 4.6. Fazit: Creatio continua – Eingriff in oder Erstellung von Ordnung?

Ich komme zum Ergebnis meiner Überlegungen zu dieser Frage nach der Vereinbarkeit von physikalischer und evolutionsbiologischer Wahrnehmung der Welt und theologischer Interpretation als Schöpfung:

Die Physik mit ihrer in diesem Fall interessierenden Thermodynamik und die Biologie mit ihrer in diesem Fall interessierenden Evolutionstheorie beschreiben mit unterschiedlicher Präzision und Skalierung und auf je ihre Weise Ordnungsgefüge bzw. als geordnet anzusehende Prozesse.

Und auch die Zunahme der Entropie weist insofern eine Ordnungsstruktur auf, als sie letztlich zu einer Gleichverteilung von Gasmolekülen oder von Energie im zur Verfügung stehenden Raum führt. Die stochastische Beschreibbarkeit dieses Vorgangs einer Zunahme an Unordnung, ist m. E. ein sicheres Indiz sowohl für die vorrangig gegebene Ordnung als auch für die ‚Ordentlichkeit dieser Unordnungszunahme'.

In diesen und in Beschreibungen ähnlicher Art kann und darf Gott naturwissenschaftsseitig betrachtet nicht vorkommen, solange eine naturwissenschaftsimmanente intellektuelle Redlichkeit in Geltung bleibt; denn Naturwissenschaft kommt jedenfalls bezogen auf die strenge Gegenwart gewissermaßen immer zu spät. Und theologieseitig betrachtet kann und darf sie dort nicht vorkommen, solange

Gottes Schöpfertätigkeit nicht wieder in zwei defizitäre Teilinitiativen zerlegt bzw. zerdehnt wird.

Diese doppelseitige Redlichkeit führt zu der Einsicht oder geht von der Einsicht aus, dass naturwissenschaftliches Tun es mit den diversen Vergangenheiten zu tun hat und die strenge Gegenwart in ihr nicht vorkommt bzw. den raumzeitlosen Bereich ihrer Nichtzuständigkeit bildet. Ebendiese strenge Gegenwart aber ist die dimensionslose ‚Zeit' und der dimensionslose ‚Ort' Gottes, die raumzeitlose Wirkung Gottes, die wir in raumzeithafter und der Raumzeit verhafteter Geschöpfesperspektive creatio continua nennen.

Dass etwas überhaupt beschreibbar ist, resultiert aus einer vorhandenen, zunehmenden oder abnehmenden, jedenfalls zumindest marginal gegebenen Ordnung. Die naturwissenschaftliche Beschreibung selber beschäftigt sich nun aber mit Phänomenen jüngster, näherer oder fernerer und entferntester Vergangenheit. Sie kann einen Eingriff Gottes zwar nicht definitiv ausschließen, weil sie die ihr vorgegebene Ordnung und deren Veränderungen nie in Totalität begreifen, geschweige denn beschreiben kann. Sie kann einen Eingriff Gottes aber definitiv auch nicht feststellen, solange er sich nicht in der zeitlichen Horizontalität der ihr zugänglichen Vergangenheiten äußert, sondern sich – ihrem Zugriff je schon voraus – in der Vertikalität der strengen Gegenwart ereignet.

In diesem Fall können wir in Bezug auf die creatio continua nicht mehr von einem Eingriff in (schon bestehende und gar schon beschriebene) Ordnung sprechen; denn sie macht der Thermodynamik und der Evolutionstheorie weder den Platz und Maßstab ihrer Weltbeschreibung streitig, noch ändert sie in deren spezifischem Beobachtungsraum die von diesen beschriebene oder zu beschreibende Ordnung; vielmehr schafft sie solche Ordnung in der aller naturwissenschaftlichen Vergangenheitsbewältigung auf zeitlose Weise vorausgehenden strengen Gegenwart.

Wenn man unter Berücksichtigung der Identität von creatio continua und creatio ex nihilo dennoch bei der eingebürgerten Zweiheit der Begriffe bleiben will, dann ist zu sagen: Die creatio continua ist wie die creatio ex nihilo eben wegen der Identität beider die unvordenkliche Bedingung der Möglichkeit für jede zwangsläufig an bereits konstituierter Ordnung orientierte nachdenkliche Naturwissenschaft. Sie ist nicht ein naturwissenschaftlich zu rechtfertigender und zu belegender Eingriff in Ordnung, sondern die naturwissenschaftlich nicht einholbare Bedingung für diese Ordnung und also auch die Bedingung der Möglichkeit jeglicher Beschreibung dieser Ordnung, wie sie von Physik, Chemie und Biologie betrieben wird.

Hält man sich an die alternativ angebotenen Begriffe „Eingriff in Ordnung" oder „Erstellung von Ordnung", dann kann man creatio continua (genau wie creatio ex nihilo) allenfalls dem zweiten, der „Erstellung von Ordnung", zuordnen, sofern damit nicht das zeitlich beschreibbare Hantieren mit bereits vorhandenem ungeordnetem Material, sondern die sich zeitlos in der strengen Gegenwart ereignende umfassende Konstituierung eines Etwas einschließlich seiner Ordnungsstruktur gemeint ist.

Von Carl Friedrich von Weizsäcker stammt das schöne Wort: *„Die Grenze zwischen Diesseits und Jenseits wird wieder durchlässig."*[20] Vielleicht ermöglicht der Begriff der strengen Gegenwart eine diesem Wort angemessene ‚Ortsangabe'.

## 5. Die trinitarische Struktur der Glaubensbekenntnisse

Im Apostolischen und im Nizänokonstantinopolitanischen Glaubensbekenntnis spiegeln sich inhaltlich und strukturell die Zentraldogmen des christlichen Glaubens wider: Trinität, Schöpfung und Inkarnation. Über Schöpfung haben wir bereits etwas nachgedacht, über Inkarnation ist das an der jeweils einschlägigen Textstelle der beiden Bekenntnisse zu tun. Ein kurzer Blick auf die Trinität bietet sich daher, bevor über die zweite und dann die dritte göttliche Person nachgedacht wird, an dieser Stelle an. Beide Glaubensbekenntnisse haben, wie bereits angemerkt, eine trinitarische Struktur, die sich festmachen lässt am dreifachen „In": „Credo in unum Deum" „credo in unum dominum Jesum Christum" und „credo in spiritum sanctum dominum et vivificantem". Ich glaube an den einen Gott, an den einen Herrn Jesus Christus, an den Heiligen Geist, den Herrn und Lebensspender.

Gisbert Greshake setzt seinem Werk *„Der dreieine Gott"* vier Zitate voraus, die er aus allen vier christlichen Epochen, aus der Antike, dem Mittelalter, der Neuzeit und der Gegenwart gewählt hat. Damit will er die absolute Zentralität der Trinitätslehre, ihre durch nichts zu bestreitende oder ersetzende Bedeutung in unseren Glaubensgrundlagen, im depositum fidei verdeutlichen:

*„Fides omnium christianorum in Trinitate consistit."* (Caesarius von Arles) Der Glaube aller Christen besteht in der Trinität. – *„Fides autem christiana principaliter consistit in confessione sanctae Trinitatis."* (Thomas von Aquin) Der christliche Glaube aber besteht hauptsächlich im Bekenntnis der heiligen Trinität. – *„Wer von Gott nicht weiß, dass er dreieinig ist, der weiß nichts vom Christentum."* (Georg Wilhelm Friedrich Hegel) – *„Der Trinitätstheologie wird die Zukunft gehören müssen."* (L. A. Smits)[1]

Gleichwohl vermutete Karl Rahner, dass der derzeitige faktische und gelebte christliche Glaube sich kaum oder gar nicht ändern würde, wenn das Trinitätsdogma sich als hinfällig und falsch erweisen sollte. Der gegenwärtig gelebte faktische christliche Glaube sei üblicherweise indifferent zur Trinitätslehre und – damit steht ein gewichtiger Vorwurf im Raum – somit eigentlich selber häretisch. Vielleicht ist es aber auch nur eine fundamentale theologische Ratlosigkeit, die die

Christen daran hindert, sich der Frage nach der Trinität zuzuwenden. Das ließe dann eher auf ein fundamentales theologisches Vermittlungsproblem seitens der Theologie schließen und nicht auf eine grundsätzliche Indifferenz bei den Christen im Allgemeinen.

Natürlich wäre das Thema Trinität eine eigene Monographie wert, zumindest gebührte ihm im Kontext der Gotteslehre ein höchst gewichtiges Kapitel. Ein sicher viel zu kurzer, eher andeutender als deutender oder gar bedeutender Blick auf das Bild der Trinität soll hier gleichwohl gewagt werden.

Die früheste Bezeugung des Begriffs Trinität bzw. lateinisch trinitas gebildet aus tri-unitas, zu Deutsch Dreieinigkeit, findet sich bei Theodot kurz nach 150 und dann bei Tertullian um 200. Bei ihm findet sich auch schon die Unterschiedenheit der konkreten Gestalt im Begriff „personae" und die Einheit im göttlichen Wesen im Begriff „substantia".[2] Auf dieser Basis hat frühchristliche Theologie schließlich zu der Formulierung gefunden „una substantia tres personae", eine Substanz in drei Personen. Von Tertullian stammt auch die daran anknüpfende theologisch-tiefsinnige Sentenz: „Diese drei sind eins, nicht einer."[3]

### 5.1. Neutestamentliche und theologiegeschichtliche Anknüpfungspunkte der Trinitätslehre

Das Neue Testament kennt noch keine ausgearbeitete Trinitätslehre. Diese ist erst das Ergebnis späterer theologischer Auseinandersetzungen, die sich im griechisch-philosophischen Sprach- und Denkhorizont des 2.–4. Jahrhunderts vollzogen. Wohl aber liefert das Neue Testament mit seinen durchaus zahlreichen Grundaussagen über Gott den Vater, über Jesus den Christus und Sohn Gottes und über den Heiligen Geist die theologischen Vorgaben für die spätere philosophisch-theologische Durchdringung und Formulierung der Trinitätslehre.

Das Neue Testament weiß um die enge heilsbedeutende Verbindung zwischen Gott, dem Vater, und Jesus, dem von Gott Gesandten, dem Messias bzw. Christus und Sohn. Es stellt – besonders deutlich bei Johannes, aber nicht nur dort – Vater und Sohn in einen nicht aufzulösenden wechselseitigen Verweisungszusammenhang: *„Wer mich sieht, sieht den Vater."* (Joh 14,9, ähnlich Joh 12,45) *„Ich und der Vater sind* *eins."* (Joh 10,30) *„Niemand kennt den Sohn, nur der Vater, und niemand kennt den Vater, nur der Sohn und der, dem es der Sohn offenbaren will."* (Mt 11,27) Der Vater wird im Sohn erkennbar, der Sohn offenbart den Vater, der Vater offenbart den Sohn und er offenbart ihn durch den Geist (z. B. in der Taufe Jesu). Über die Vater-Sohn-Beziehung hinaus, die in Jesu Rede zu Gott und an Gott als „Abba" besonderen Ausdruck findet, sieht das Neue Testament Jesus vor allem als Geistträger und Geistmittler schlechthin. Besonders bei Paulus findet sich die heilsvermittelnde Einheit von Kyrios und Pneuma. Und im Johannesevangelium ist der Geist, den Gott im Namen Jesu sendet bzw. den Jesus sendet, der Tröster und Beistand der Menschen, der Exeget und Interpret Gottes bei den Menschen, der intimste Ausdruck göttlicher Gegenwart bei den Menschen. So ist Jesus durch seine Vaterbeziehung und durch seine Geistmittlerschaft der Dreh- und Angelpunkt für eine zunächst noch vordogmatische theologische Aussage, die aber gewissermaßen implizit schon auf trinitarische Vorüberlegungen zielt.

Trinitarische Formeln finden sich im Neuen Testament aber auch schon, z. B. im Missions- und Taufauftrag in Mt 28,19f.: *„Darum geht zu allen Völkern, und macht alle Menschen zu meinen Jüngern; tauft sie auf den Namen des Vaters, des Sohnes und des Heiligen Geistes, und lehrt sie alles zu befolgen, was ich euch geboten habe. Seid gewiss, ich bin bei euch alle Tage bis zum Ende der Welt."*

Im Allgemeinen werden diese trinitarischen Formeln nicht als ausgearbeitete trinitätstheologische Aussage, sondern als *„anspruchsvolle Relationsbestimmungen zwischen dem Vater, dem Sohn und dem Geist"*[4] verstanden. Gleichwohl fordert der neutestamentliche Befund eine systematisch-theologische Auseinandersetzung und Weiterentwicklung heraus.

*„Die neutestamentliche Theologie redet in so eminenter und elaborierter Weise vom Vater, Sohn und Heiligem Geist, dass der christologische und pneumatologische ‚Aufwand', den die alte Kirche mit der Trinitätstheologie trieb, zwingend geboten schien, sofern in der neuen Sprache hellenistischer Ontologie das biblisch-theologische, heilsgeschichtlich orientierte Zeugnis eingeholt werden sollte. Die neutestamentliche Basis schützt vor der Versuchung des Tritheismus wie eines undialektischen Nebeneinanders der drei ‚Personen'. Sie stellt die Theozentrik der Christologie und Pneumatologie entschieden hervor, um freilich in gleicher Weise die uneingeschränkte Partizipation des Sohnes am Gottsein des Vaters*

*und nicht nur die Kraft, sondern auch ... die Personalität des Geistes (z. B. als Paraklet) in der Beziehung zwischen dem Vater und dem Sohn begründet zu sehen.*"⁵

In diesem überblicksartigen systematisch-theologischen Kontext kann die neutestamentliche Textbasis für die impliziten und expliziten trinitätstheologischen Aussagen im Credo verständlicherweise nur unzulänglich und in Andeutungen zur Sprache gebracht werden.

Eine zentrale Frage ist nun, wie und mit welchem Recht die triadische Aussage des Neuen Testaments, wie also der biblische Befund, in die trinitarische Aussage der Dogmatik und systematischen Theologie überführt werden kann und darf.

Historisch gesehen spielten vor allem in der Tauftheologie (*„Ich taufe dich im Namen des Vaters, des Sohnes und des Heiligen Geistes."*) und in der Doxologie (*„Ehre sei dem Vater und dem Sohn und dem Heiligen Geist."* bzw. *„Ehre sei dem Vater durch den Sohn mit dem Heiligen Geist."* oder: *„Ehre sei dem Vater mit dem Sohn durch den Heiligen Geist."*) trinitarische Formulierungen schon früh eine wichtige Rolle in der Liturgie und Sakramentenspendung der Kirche.

In der Reihenfolge der Nennung der göttlichen Personen steckt kein impliziter Abstieg, keine implizite Reduktion des Göttlichen hin zum nur noch Menschlich-Geschöpflichen. Vielmehr gilt: *„Sohn und Heiliger Geist sind also schon vor der Schöpfung bzw. immer schon beim Vater; sie sind nicht ‚Objekte' bzw. nur Instrumente, sondern (Mit-)Subjekte und (Mit-)Ursache allen göttlichen Handelns."*⁶

### 5.2. Das Problem der dogmatischen Formulierungen

Quasi in einem Nebensatz hatte das IV. Laterankonzil von 1215, das sich mit den Irrtümern in der Trinitätslehre des bereits 1202 verstorbenen Zisterzienserabtes Joachim von Fiore beschäftigte, eine bemerkenswerte und theologiegeschichtlich folgenreiche Festlegung getroffen: *„Zwischen dem Schöpfer und dem Geschöpf kann man keine so große Ähnlichkeit feststellen, dass zwischen ihnen keine noch größere Unähnlichkeit festzustellen wäre."*⁷

Mit Walter Kasper kann man festhalten: Eine solche Aussage relativiert – das ist das erste Strukturelement des Dogmas – alle menschlichen Aussagen über Gott und also auch alle dogmatischen Aussagen als analoge Aussagen. Von diesem gedanklichen Ausgangspunkt kommt er zu dem Schluss: „*dann kann das Dogma im Sinne des mittelalterlichen articulus fidei als ein Satz verstanden werden, der so an der von ihm ausgesagten Wahrheit partizipiert, daß er zugleich über sich selbst hinaus und in das Geheimnis Gottes hinein weist. ‚Actus autem credentis non terminatur ad enuntiabile sed ad rem.' (Thomas von Aquin, S. th. II/II q. i a. 2 ad 2)*"⁸

Das Dogma – und das ist das zweite Strukturelement – ist und bleibt auf das Heil, auf die Heilswahrheit bezogen. Und dieser Heilsbezug hat für das Dogmenverständnis drei Konsequenzen:

Erstens muss sich das Dogma an der ergangenen Offenbarung orientieren. Es interpretiert die Schrift und muss seinerseits von der Schrift her interpretiert werden. Ihm können keine anderen denn biblisch vertretbare Sinndeutungen beigemessen oder unterstellt werden. Das Dogma sagt zweitens nicht nur etwas über das Heil aus, sondern macht die Heilszusage, wie es Aufgabe aller Verkündigung ist, auch gegenwärtig. Es vermittelt die bleibende Heilszusage je neu in die heutige Zeit hinein. Kasper formuliert das so: „*Es ist verbum efficax, das im Glauben das gibt, was es sagt und fordert. Darum ist sein Glaubensinhalt (fides quae) mit seinem Glaubensakt (fides qua) sowie mit dem Glaubenslicht und dem Glaubenssinn verbunden.*"⁹ Das heißt aber drittens, dass das Dogma, wenn es wirklich die bleibende Heilszusage in die sich beständig wandelnde Zeit hinein aussagen soll, selber eine Entwicklung durchlaufen muss. Das Dogma hat damit den Charakter des zugleich Endgültigen und Noch-nicht-Vollendeten, den Charakter des Schon und Noch-Nicht, d. h. es macht eine Aussage, hinter die man nicht zurück kann, die ihrerseits aber unabgeschlossen, also nach vorn hin offen ist. Demnach könnte man das Dogma eine Formulierung nennen, hinter die man nicht zurück kann, die aber zugleich überwunden werden muss. Und das steht in direktem Zusammenhang mit der Analogie-Aussage des IV. Laterankonzils über die alle Ähnlichkeit übersteigende je größere Unähnlichkeit aller Aussagen mit dem Ausgesagten bzw. Auszusagenden. Das Dogma ist eine proleptische Aussage, es hat antizipativen Charakter, insofern es auf das eschatologisch Verheißene ausgreift, es in gewissem Sinne vorwegnimmt. Kasper sagt in diesem Sinne über das Dogma: „*Es hat wie alle Glaubenserkenntnis Stückwerkcharakter (vgl. 1 Kor 13,9). Positiv formuliert: Es ist eine Aussage von bleibender Zukunft.*"¹⁰

Das dritte Strukturmoment des Dogmas ist schließlich seine Beheimatung in der Kommunikationsgemeinschaft der Kirche. In ihr ist es eine Selbstvergewisserung, ein Erkennungszeichen des gemeinsamen, des rechten Glaubens; nach außen hin ist es Abgrenzung gegen andere als heterodox qualifizierte Glaubensaussagen. Es mag heikel sein, das zu sagen, liegt aber in der Konsequenz einer Situierung des Dogmas in der Kommunikationsgemeinschaft der Kirche und muss schlichtweg aus Gründen der historischen Redlichkeit und aus Gründen der kirchlichen Selbstverpflichtung auf die Wahrheit gesagt werden: Insofern diese Kirche, deren Selbstäußerung sich eben auch in den Dogmen vollzieht, ihrerseits eine Kirche der Sünder ist, ist auch die mit bestimmten Dogmen vollzogene, die sich auf bestimmte Dogmen berufende Abgrenzung und Ausgrenzung der Kirche nicht frei von Schuld und Sünde.

In der Theologie hat sich eine doppelte Perspektive auf das Geheimnis der Trinität durchgesetzt, die heilsökonomische und die immanente Trinitätslehre. Die heilsökonomische oder kurz die ökonomische Trinitätslehre betrachtet das im menschgewordenen Logos und im Heiligen Geist je unterschiedliche Handeln Gottes, das aber immer gleichbleibend das Heil des Menschen und der Schöpfung intendiert. Hier geht es also um den protologischen, soteriologischen und eschatologischen Kontext, um Gottes Dasein für die Menschen und die Schöpfung.

Bei der immanenten Trinitätslehre geht es um Gottes An-sich-Sein, nicht primär um Gottes Für-uns-Sein. Die innertrinitarischen Relationen stehen dabei im Blickpunkt der philosophisch-theologischen Spekulationen. Beide Denkrichtungen hatten sich abzusetzen gegen den in vielen Spielarten auftretenden Subordinatianismus, der Sohn und Geist in unterschiedlichen Varianten zu Geschöpfen des einen Schöpfers degradiert.

Beide hatten sich durchzusetzen gegen einen latenten Tritheismus, der in Vater, Sohn und Geist drei unterschiedliche und wenn überhaupt gleichsinnig, dann bestenfalls arbeitsteilig wirksame Gottheiten zu sehen vermochte.

Beide hatten sich auch abzusetzen gegen den Modalismus, der Gott zu einem sich ändernden Rollenspieler degradierte, der sich in den Wandlungen eines geschichtlichen Nacheinanders erst als Sohn und dann als Geist dem Menschen offenbart.

In der Entwicklungsgeschichte der christlichen Theologie hat sich die Rede von den drei göttlichen Personen herausgebildet und durchgesetzt. Dabei scheint landläufig die Meinung zu herrschen, dass der Vater und der Sohn als Personen bezeichnet werden, sei unproblematisch; denn dass Väter und Söhne, Mütter und Töchter etc. als Personen zu gelten hätten, sei doch wohl unstrittig. Problematisch hingegen sei es, den Heiligen Geist als Person zu bezeichnen. Hinter dieser Annahme steckt allerdings eine doppelte Verkennung des Problems:

Einerseits ist dann, wenn die drei göttlichen Personen im Kontext unseres gängigen Personenbegriffs als distinkte Subjekte mit je eigener Freiheit und je eigenem Bewusstsein aufgefasst werden, nicht mehr nachzuvollziehen, warum wir überhaupt noch von Trinität und nicht ausschließlich von Tritheismus reden. Schließlich kennzeichnet gerade das den modernen Personenbegriff, dass er Bewusstsein, Subjektivität und Freiheit einem konkreten Individuum zuordnet. Wäre also dieser Personbegriff auf die Trinität anwendbar, dann hätten wir einen Gott mit drei distinkten oder sogar disparaten Bewusstseinen und Subjektivitäten, so getrennt wie die eines x-beliebigen Vaters und seines Sohnes. Für die christliche Gottesvorstellung ist das ein tritheistisches Unding, das allen kritischen Einwürfen seitens des Islam und des Judentums, der Monotheismus werde im Christentum geopfert, Recht gäbe.

Andererseits liegt der dogmatischen Formulierung ein Personbegriff zugrunde, der nur durch eine zu ihm nachträgliche und außerhalb der Theologie vollzogene Begriffsgeschichte theologisch verunklart worden ist. Das Driften der Begriffe hinter dem beibehaltenen Wort Person hat also das Verständnisproblem hervorgerufen, vor dem insbesondere die heutigen Menschen stehen. Zunächst sind also die theologischen Begriffe zu klären. In der Theologiegeschichte ist von einem Gott in drei Personen (una substantia tres personae) die Rede. Die Konzilien von Nizäa (325), Konstantinopel (381), Toledo (675), das IV. Laterankonzil (1215), das II. Konzil von Lyon (1274) und das Konzil von Florenz (1439–45) haben an der weiteren Spezifizierung dieser theologischen Formulierung gearbeitet. Näherhin spricht die Theologie, um die Einheit zu bezeichnen, von einer göttlichen Natur (griechisch: phýsis) oder von einem göttlichen Wesen (griechisch: ousía) oder von einer göttlichen Substanz (lateinisch: substantia).

Um die Dreiheit zu bezeichnen, sprechen die lehramtlichen Definitionen von drei Hypostasen (hypóstasis) oder von drei Personen. Der

Begriff Person wird entweder vom Griechischen prósopon hergeleitet, was soviel bedeutet wie die sichtbare Gestalt, das Antlitz und in der stoischen Philosophie auch das Individuum, oder vom Lateinischen persona, was soviel wie die Maske auf dem Theater bedeutet, durch die die Stimme des hinter der Maske unsichtbaren Akteurs hindurchtönt (personare). Auch von drei Subsistenzweisen ist in lehramtlichen Verlautbarungen die Rede, wobei subsistentia als Parallelbegriff zu hypostasis aufzufassen ist.

Karl Rahner schlägt wegen der permanenten Missverstehensgefahr vor, statt des Begriffs Person nur noch den der Hypostase oder der Subsistenzweise zu verwenden.[11] Beide sind sicher theologiegeschichtlich durchaus richtig und zugleich schon wegen ihrer heutigen Fremdheit von keinem zeitgenössisch bedingten Missverstehen getrübt, allerdings zugleich von keinem auch nur vagen Verstehen geklärt.

Walter Kasper hält dagegen den Begriff Person für unaufgebbar, da er im Gegensatz zu den Begriffen Hypostasis oder Subsistenz nicht zu einem abstrakten Seinsbegriff geworden sei.

„*Statt der konkreten Freiheit in der Liebe wird ein abstrakter Seinsbegriff zum Letzten und Höchsten erklärt, während es doch gerade der Sinn der Trinitätslehre ist zu sagen, daß die Wirklichkeit als ganze zutiefst personal bzw. interpersonal strukturiert ist.*"[12]

Beide Anliegen sind wichtig und richtig, einerseits philosophie- und theologiegeschichtlich korrekte Begriffe zu verwenden, und andererseits deutlich zu machen, dass es auch in der Trinitätslehre um ein Gott und Mensch verbindendes Beziehungsgeschehen geht und nicht nur um abstrakte Philosophie. Rahner, Kasper und auch von Balthasar sind wohl darin einig, dass die heilsökonomische Trinität zugleich die immanente Trinität ist.

„*Der sich selbst offenbarende und mitteilende Gott ist in der oikonomía seiner Selbst-Mitteilung kein anderer als der, der er in sich ist. In der Heils-Geschichte begegnet er als die menschgewordene Heilswahrheit des Logos und als die Macht göttlicher Liebe, die die Menschen zu ihrem Heil zuinnerst dieser Wahrheit zuwendet. Darin entspricht Gott sich selbst ... Gott ist in sich, was er eben deshalb in seinem erlösenden Weltverhältnis ist: radikale liebende Selbstentäußerung.*"[13]

Der monotheistisch-trinitarische Gott ist also nicht ein nur spekulativ erreichbares, geschichtsloses Abstraktum, sondern der Gott der konkreten Heilsgeschichte, der Gott bei uns, mit uns und für uns Menschen. Er ist in sich, was er außer sich ist; er ist an und für sich, was er in und für uns ist.

Rahner versucht deutlich zu machen, dass der eine und selbe unbegreifliche Gott geschichtlich im Menschen Jesus Christus gegenwärtig ist, der als endgültige unüberholbare Selbstzusage und Selbstaussage Gottes in der Geschichte zu verstehen ist. Aber der eine und selbe unbegreifliche Gott teilt sich als Heiliger Geist auch inmitten aller menschlichen Existenz zum Heil und zur Vollendung des Menschen mit. Darum ist von zwei Daseinsweisen des einen und selben Gottes in dieser Welt zu reden. In ihnen vermittelt sich Gott selbst; sie sind keine geschaffenen Wesen, nicht bloße Götterboten oder göttliche Vermittlungsinstanzen, das wäre Mythologie bzw. je nachdem eine Häresie, die dem Subordinatianismus (z. B. bei Arius) oder dem Modalismus nahekäme. In Sohn und Geist teilt sich Gott als er selbst mit, und zwar in der konkreten Geschichte durch Jesus Christus und in der zeitübergreifenden existentiellen Offenheit menschlicher Existenz durch den Heiligen Geist. Demnach sind der Sohn und der Geist zwei Daseinsweisen des einen und selben Gottes in der Welt.

Der eine und selbe Gott teilt sich durch Jesus Christus in der Geschichte und durch den Heiligen Geist in der Transzendentalität des Menschen über die konkrete Lebenszeit Jesu hinaus mit. Es gibt also eine doppelte Selbstmitteilung Gottes an die Welt. Wenn aber im strengen Sinne von Selbstmitteilung gesprochen werden soll, dann muss sich Gott als er selbst mitteilen.

Irenäus von Lyon († 202) wollte diese beiden unterscheidbaren Seins- und Wirkweisen und die gleichzeitige Identität des einen und einzigen Gottes in der Welt dadurch zum Ausdruck bringen, dass er sagte, der Heilige Geist und Jesus Christus seien Gottes Arme in der Welt. Durch diese zwei Arme und in diesen zwei Armen ist der eine und selbe Gott im Menschen und in der Geschichte am Werke. Der Sohn und der Geist bilden die beiden Arme bzw. Hände, mit denen uns der Vater anrührt, umarmt und nach seinem Bilde umgestaltet.

Der Hervorgang des Sohnes aus der Substanz (aus dem Wesen oder der Natur) des Vaters wird in den einschlägigen Glaubensdokumenten Zeugung genannt. Der Hervorgang des Heiligen Geistes aus dem Vater und dem Sohn oder aus dem Vater durch den Sohn wird in den lehramtlichen Dokumenten im Unterschied dazu zumeist Hauchung genannt. Dabei werden weder Zeugung noch Hauchung genau definiert oder als etwas Unterschiedliches gegeneinander abgegrenzt. Man darf wohl annehmen, dass die Wortwahl zur Bezeichnung des jeweiligen Hervorgangs wesentlich von dem aus dem Vater Hervorgegangenen abgeleitet ist. Damit passen die Begriffe Sohn und Zeugung zueinander, und damit passen, nicht zuletzt auch wegen der biblischen Textbezüge, die Begriffe Geist und Hauchung zusammen. Aber es sind auch noch andere Bezüge hergestellt worden. Der Vater spricht das ewige Wort und indem er es spricht, haucht er auch den lebenspendenden Geist. Zugleich ist Vorsicht geboten vor der Äquivokation, die uns eben nicht dazu berechtigt, das aus menschlichen Kontexten mehr oder weniger Bekannte, etwa Sprechen, Hauchen oder Zeugen, einfach auf die uns theologisch interessierenden göttlichen Personen zu extrapolieren.

Rahner stellt in Bezug auf die Dreiheit und Einheit Gottes in der Trinität fest, dass in Gott keine drei gleichen Personen sind, *„... weil in dem, worin Vater, Logos und Geist gleich sind, sie schlechthin identisch sind, so daß dieses Gleiche streng nur einmal gegeben ist, und weil in dem, worin sie sich unterscheiden, sie sich nur unterscheiden und darum nicht eigentlich durch eine Zahl zusammengezählt werden können."*[14]

Traditionellerweise wird die Einheit und Gemeinschaft in Gott auch durch die Perichoreselehre verständlich gemacht, die Johannes von Damaskus († 750) gedanklich vorbereitet hat. Die drei göttlichen Personen sind durch ein wechselseitiges Umgreifen, ein wechselseitiges Durchdringen und ein wechselseitiges Innewohnen in der oder in den jeweils anderen Personen zur Einheit verbunden. Bildlich und für religionspädagogische Zwecke vielleicht brauchbar ist das durch die drei Flammen symbolisiert worden, die sich durchdringen und zu einer einzigen werden, wenn man sie nahe genug zueinander bringt. Die klassische Formulierung für die Perichorese hat das Konzil von Florenz im Jahre 1442 gefunden:

*„Wegen dieser Einheit ist der Vater ganz im Sohn, ganz im Heiligen Geist; der Sohn ist ganz im Vater, ganz im Heiligen Geist; der Heilige Geist ist ganz im Vater, ganz im Sohn. Keiner geht dem anderen an Ewigkeit voran, überragt (ihn) an Größe oder übertrifft (ihn) an Macht. Denn ewig und ohne Anfang ist, daß der Sohn aus dem Vater entstand; und ewig und ohne Anfang ist, daß der Heilige Geist vom Vater und vom Sohn hervorgeht. Alles, was der Vater ist oder hat, hat er nicht von einem*

*anderen, sondern aus sich, und er ist Ursprung ohne Ursprung. Alles, was der Sohn ist oder hat, hat er vom Vater, und er ist Ursprung vom Ursprung. Alles, was der Heilige Geist ist oder hat, hat er zugleich vom Vater und vom Sohn. Aber der Vater und der Sohn sind nicht zwei Ursprünge des Heiligen Geistes, sondern ein Ursprung, so wie der Vater und der Sohn und der Heilige Geist nicht drei Ursprünge der Schöpfung sind, sondern ein Ursprung.*"[15]

Hier ist also deutlich zu machen und zu sagen, dass Vater, Sohn und Geist nicht dieselben sind, denn sie sind unterschieden in den Personen (persona) oder Hypostasen (hypóstasis) oder Subsistenzweisen (subsistentia), wohl aber dasselbe sind, nämlich die eine Substanz (substantia) oder Seinsweise (ousía) oder Natur (phýsis oder natura) Gottes.[16]

„*Una substantia in tribus cohaerentibus personis.*" Eine Substanz in drei zusammenhängenden Personen war nach der theologischen Begriffsklärung die übliche Sprachregelung. Aber man muss sich darüber im Klaren sein, dass wir es dabei eher mit einer unklaren Andeutung als mit einer klaren Deutung, eher mit einem sich öffnenden Ausgreifen als mit einem umschließenden Begreifen zu tun haben.

Die spezifischen Probleme, die die Theologie des Ostens und die Theologie des Westens mit dem Geheimnis der Trinität hatten und noch haben, sind in etwas vergröberter Darstellung als konträr zu bezeichnen. Tendenziell geht die Theologie des Ostens eher von einem kommunitären oder koinonialen Denkmodell und von der immanenten Trinität aus. Gott, der Vater, handelt durch den Sohn im Heiligen Geist – in des Wortes ursprünglicher Bedeutung mon-archisch – also als eine Einheit, nicht als kollektive Wesensgemeinschaft. Das zu lösende Problem ist dabei primär die Unterscheidung der drei Personen in der einen Gottheit, die ja auch vor aller Zeit schon gegeben sein muss.

Tendenziell geht die Theologie des Westens eher von einem relationalen Modell aus, also von den drei Personen, die in je ihrer unterschiedenen und heilsökonomisch unterscheidbaren Initiative das vom einen und einzigen Gott intendierte endgültige Heil realisieren. Das zu lösende Problem ist dabei primär, die Einheit Gottes ausgehend von den und in den drei Personen zu denken.

Die Bedeutung des Trinitätsdogmas und die beiden divergentkonvergenten Denkrichtungen zusammenfassend formuliert Kasper in schon fast klassischer Weise:

„*Das trinitarische Bekenntnis ist … ‚die' Kurzformel des christlichen Glaubens und die entscheidende Aussage des christlichen Gottesverständnisses. Es bestimmt den Gottesbegriff durch die Geschichte der Offenbarung, und es begründet diese Geschichte in Gottes Wesen … Inhaltlich besagt das Trinitätsbekenntnis, daß Gott sich in Jesus Christus als sich selbst mitteilende Liebe erwiesen hat und dass er als solche im Heiligen Geist bleibend unter uns gegenwärtig ist.*"[17]

Der Gottesbegriff wird durch die Geschichte der Offenbarung bestimmt und die Geschichte der Offenbarung wird im Wesen Gottes begründet. Natürlich ist eine gewisse Zirkularität dieses Gedankens nicht zu übersehen: Heilgeschichte ereignet sich, weil Gott Liebe ist, also das Heil will. Und dass Gott Liebe ist, wird nicht überzeitlich philosophisch spekulativ erdacht, sondern wird nur in der konkreten Heilsgeschichte erfahren.

### 5.3. Überblick über die trinitätstheologischen Häresien und die kirchliche Antwort

Ein kurzer Überblick über die trinitätstheologischen Häresien und die kirchlichen Antworten darauf vermag einen Eindruck vom theologischen Klärungsbedarf in der Alten Kirche zu vermitteln und zu erklären, warum manche Klärungen bis zum Konzil von Chalkedon im Jahr 451 brauchten. Auch darüber hinaus geht man wohl nicht fehl mit der jedem Dorfpastor geläufigen theologischen Diagnose, dass im praktisch gelebten Glauben der Christen und allen theologischen Klärungen zum Trotz sämtliche hier als häretisch vorgestellten Positionen bis heute noch immer ihren Platz in der Kirche haben und halten.

| Bezeichnung | Vertreter | Thesen | Kirchliche Lehre |
|---|---|---|---|
| Gnosis 2.–3. Jh. | Basilides Valeminus Markion Mani | Zweiteilung der Wirklichkeit in Gut und Minderwertig. Scheinbare Menschwerdung des Mittlerwesens Jesus | *Ein* Schöpfer und *ein* Erlöser aller. Wahre Menschwerdung Jesu, des Gottessohnes |
| Dynamistischer Monarchianismus Adoptianismus 2.–3. Jh. | Theodot der Gerber Paul von Samosata | Jesus als bloßer Mensch mit göttlicher Kraft begabt und (oder) nachträglich an Sohnes statt von Gott angenommen | Jesus als Gottes Sohn von Ewigkeit und der Natur nach |
| Modalistischer Monarchianismus 2.–4. Jh. | Noetus Praxeas Sabellius | Vater, Sohn und Geist als Erscheinungsweisen ein und desselben Gottes | Vater, Sohn und Geist als real unterschiedene Hypostasen oder Personen |
| Subordinatianismus 3.–4. Jh. | Arius von Alexandrien | Der weltenthobene Gott und Jesus, sein vornehmstes Geschöpf | Jesus, der dem göttlichen Vater wesensgleiche Sohn (homousios) |
| Pneumatomachen 4. Jh. | Makedomus von Konstantinopel | Der Heilige Geist als engelgleiches Geschöpf des Vaters | Der Heilige Geist, Herr und Lebensspender, zugleich mit Vater und Sohn angebetet und verherrlicht |
| Tritheismus 7./13./19. Jh. | Johannes Philoponus Joachim von Fiore Anton Günther | Vater, Sohn und Geist sind drei Gottheiten oder drei Substanzen | Es gibt nur *eine* höchste Wirklichkeit, die Trinität – nicht drei Götter und auch keinen dreifachen Gott |

**Abb. 3: Trinitarische Häresien und die kirchliche Antwort nach Stubenrauch**[18]

Siebzig Jahre nach dem Konzil von Konstantinopel hat schließlich das Konzil von Chalkedon (451) eine die Trinitätstheologie und die Christologie betreffende und also eine für das Symbolum insgesamt grundlegende Klärung vorgenommen. Darauf soll hier schon im Kontext der trinitätstheologischen Erwägungen und im Vorgriff auf die noch ausstehenden christologischen Erwägungen hingewiesen werden:

„*In der Nachfolge der heiligen Väter also lehren wir alle übereinstimmend, unsern Herrn Jesus Christus als ein und denselben Sohn zu bekennen: derselbe ist vollkommen in der Gottheit und derselbe ist vollkommen in der Menschheit; derselbe ist wahrhaft Gott und wahrhaft*

*Mensch aus venunftbegabter Seele und Leib; derselbe ist der Gottheit nach dem Vater wesensgleich und der Menschheit nach uns wesensgleich, in allem uns gleich außer der Sünde (vgl. Hebr. 4,15); derselbe wurde einerseits der Gottheit nach vor den Zeiten aus dem Vater gezeugt, andererseits der Menschheit nach in den letzten Tagen unseretwegen und um unseres Heiles willen aus Maria, der Jungfrau (und) Gottesgebärerin, geboren; ein und derselbe ist Christus, der einziggezeugte Sohn und Herr, der in zwei Naturen unvermischt, unveränderlich, ungetrennt und unteilbar erkannt wird, wobei nirgends wegen der Einung der Unterschied der Naturen aufgehoben ist, vielmehr die Eigentümlichkeit jeder der beiden Naturen gewahrt bleibt und sich in einer Person und einer Hypostase vereinigt; der einziggeborene Sohn, Gott, das Wort, der Herr Jesus Christus, ist nicht in zwei Personen geteilt oder getrennt, sondern ist ein und derselbe, wie es früher die Propheten über ihn und Jesus Christus selbst es uns gelehrt und das Bekenntnis der Väter es uns überliefert hat."*[19]

### 5.4. Deutungen des Trinitätsgedankens mit den Mitteln der Analogie

Deutung und Bedeutung der Trinität versucht die Theologie seit jeher im Modus der Analogie auszudenken und auszusprechen. Einige dieser Analogien sollen mit ihren Stärken und Schwächen hier vorgestellt werden:

Die herkömmliche Logik sagt: Eins und eins und eins ist drei! Eins und eins und eins gleich eins? Wer soll das verstehen? Das kann man nicht nachvollziehen; das ist gegen den gesunden Menschenverstand, gegen alle Logik. Unter der Voraussetzung, dass Addition überhaupt eine angemessene Herangehensweise an das Verständnis des dreieinen Gottes ist, ergibt sich natürlich ein klarer Widerspruch. Und der Hinweis, es handle sich halt um ein Geheimnis, und darum müsse das mathematisch Falsche als das theologisch Richtige angenommen werden, man müsse an dieser Stelle eben das „sacrificium intellectus", ein Opfer des Intellekts, erbringen, dieser Hinweis erregt mit (un-)ziemlicher Sicherheit nur Widerwillen und Widerspruch.

Was aber ist, wenn man sagt, auch das natürlich unter dem Vorbehalt, dass Multiplikation ein angemessenes Verständnismedium ist: „Ein mal eins mal eins gleich eins.", oder dasselbe mit Exponent formuliert, wenn man sagt „Eins hoch drei."? Dann stimmt plötzlich die mathematische Logik wieder. Entsprechend dieser Multiplikations-Logik hat der Schriftsteller C. S. Lewis für die Trinität die Analogie des einen Würfels mit seinen drei gleichen Raumdimensionen benutzt. Wie auch immer der eine Würfel rollt, seine Kanten zeigen immer in die drei unterschiedlichen, nicht miteinander zu identifizierenden Raumdimensionen als Bild für die Unterschiedenheit der Personen und sind doch integraler Bestandteil des einen und selben Würfels als Bild für die Einheit im Wesen. Die Raumdimensionen symbolisieren die Unterschiedlichkeit in der Einheit und der Würfel die Einheit in der Unterschiedlichkeit seiner Dimensionen.

Die Frage aber, die dabei nicht gestellt wurde, lautet: Kann, und zwar ganz gleich welche, überhaupt irgendeine mathematische Distinktion oder Transaktion eine angemessene Bebilderung des Geheimnisses Gottes sein? Oder ist nicht vielmehr gerade die mathematische Nachvollziehbarkeit und Richtigkeit ein Indiz für die Inadäquatheit seiner Anwendung auf Gott? Wir dürfen wohl zu Recht vermuten, dass ein in sich rundes und abgeschlossen erscheinendes Verständnis Gottes sicher ein falsches Verständnis ist, und wir wissen zugleich, dass ein jedes unabgeschlossenes Verständnis Gottes kein richtiges Verständnis sein kann. Vielleicht muss man mit Augustinus sagen, dass es besser sei, Gott im Nichtverstehen zu verstehen, als im Verstehen nicht zu verstehen, besser ihn im Nichtfinden zu finden als im Finden nicht zu finden.[20] Vielleicht ist auch das in dieselbe Richtung weisende Wort des Nikolaus von Kues hier angemessen:

*„Da nun ... unser Verlangen nach Wissen nicht sinnlos ist, so wünschen wir uns unter den angegebenen Umständen ein Wissen um unser Nichtwissen ... Auch der Lernbegierigste wird in der Wissenschaft nichts Vollkommeneres erreichen, als im Nichtwissen, das ihm seinsgemäß ist, für belehrt befunden zu werden. Es wird einer umso gelehrter sein, je mehr er um sein Nichtwissen weiß."*[21]

Nach Nikolaus bliebe nur ein nichtergreifendes Erkennen, also ein Erkennen, das das Erkannte nicht total ergreift und vollständig umgreift, sondern ein ahnungsvolles, nur verweisendes und hinweisendes Erkennen, ein nicht definierendes, also begrenzendes, sondern ein „exfinierendes", ein entgrenzendes Erkennen. Das bleibende Geheimnis des dreieinen Gottes konzediert nicht eine sich mit der Unerkennbarkeit Gottes herausredende Interessen- und Gedankenlosigkeit; es konstatiert nicht die statisch bleibende Begrenzung der

Vernunft, sondern evoziert die dynamische Entgrenzung der Vernunft. Freilich bleibt bei allem theologisch redlich zu verantwortenden Nachdenken über und Sprechen von Trinität als Ausdrucksmodus kaum anderes als die Analogie mit ihren Grenzen.

Eine weitere gelegentlich benutzte Analogie ist die des Wassers. Wasser ist chemisch gesehen $H_2O$. Es ist und bleibt als Eis in seiner festen Form Wasser, es ist und bleibt in seiner flüssigen Form zwischen 0 und 100° C Wasser und ist und bleibt in seiner gasförmigen Gestalt jenseits der 100° C Wasser. Die drei Personen in Gott hatte man dann durch die drei ganz unterschiedlichen Aggregatzustände des einen und selben Wassers interpretierend bebildert. Und die wesenhafte Einheit Gottes sollte dabei bildhaft symbolisiert werden durch das Gleichbleiben der chemischen Zusammensetzung des Wassers in seinen völlig disparat erscheinenden Aggregatzuständen. Zwar ist in dieser Analogie das eine und selbe göttliche Wesen in seinen drei Gegebenheitsweisen abgebildet, Gott der raum- und zeitübergreifende Schöpfer, Gott der in Jesus Christus Menschgewordene, in Zeit und Geschichte wirkende, und Gott der im Menschen und durch die Menschen wirkende Geist. Aber auch bei dieser Analogie ist bei allem Vergleichbaren das Nichtvergleichbare evident. Ein und dasselbe Wasser ist nicht auf einmal und zugleich in allen drei Aggregatzuständen gegeben. Das heißt, die drei Personen in Gott sind bei aller göttlichen Wesensgleichheit nicht nachträglich ineinander konvertierbar, wie das Wasser in Eis oder der Dampf in Wasser etc. Allerdings gibt es für Wasser bei 0,01° C und ca. 6 Millibar den sogenannten Triplepunkt, an dem Wasser zugleich gasförmig, flüssig und fest vorliegt. Hier könnte die Analogie weiter tragen.

Seit Augustinus und bis hin zu Hegel gibt es zum besseren Verständnis dessen, wie das eine Wesen in den drei Personen aufzufassen sein könnte, das Vorstellungsmodell der drei Dimensionen des einen menschlichen Bewusstseins. Erstens ist dieses Bewusstsein dem Menschen zunächst einmal vorgegeben; denn er greift immer auf etwas schon Gegebenes, modern gesprochen auf Gedächtnisinhalte oder Erkenntniskategorien zurück, gleich ob sie stammesgeschichtlich (phylogenetisch) oder individualgeschichtlich (ontogenetisch) und kulturgeschichtlich auf ihn gekommen sind. Zweitens kann dieses eine menschliche Bewusstsein sich von sich selbst unterscheiden, in Distanz und Differenz zu sich selber gehen, ohne dass es die Einheit seiner selbst verlieren müsste. Es kann sich selbst zum Dialogpartner eines inneren

Dialogs werden. Und drittens schließlich ist und bleibt dieses eine menschliche Bewusstsein wollend und erkennend immer auf sich selbst als eine Einheit bezogen. Es beurteilt also von einer Einheitsinstanz aus sein Vorgegeben-Sein und sein In-Differenz-zu-sich-Treten. Wenn man diese Analogie von Bewusstsein und Trinität gelten lässt, kann man festhalten: Es gibt also schon im endlichen menschlichen Geist so etwas wie Wesensrelationen, die als geschöpfliche Abbildungen von Gottes vollkommenem Geist und seinen Wesensrelationen verstanden und als vestigia trinitatis gedeutet werden können. Ein erster Versuch einer Bedeutungszuweisung und einer sich aus anthropologischen Quellen speisenden Deutung des Geheimnisses der Trinität ist also schon mit den auf das Bewusstsein bezogenen Begriffen Vorgegeben-Sein, In-Differenz-zu-sich-Treten und Einheit angedeutet.

Der Physiker Bernhard Philberth stellt eine Verbindung her zwischen dem dreieinen Gott und einer ternären oder triadischen Struktur des Seins: *„Gott ist der Dreieine. Aus dieser Dreiheit des Ewigen entspringt die gewaltige dreiheitliche Mächtigkeit des endlichen Seins ... Dem Sein ist die Dreiheit eigen; in Wirklich-sein, Selbst-sein, Erkanntsein. Dem gehört die Dreiheit der Maßstäbe des Schönen, Guten und Wahren zu ... Der Wissenschaft ist die Dreiheit eigen; in Naturwissenschaft, Gesellschaftswissenschaft, Geisteswissenschaft. Dazu gehört die Dreiheit der Maßstäbe als sach-, lebens- und wesensgemäß."*[22]

Die durchgängige Dreiheitlichkeit des Seins wird hier zum Kronzeugen für die Dreieinigkeit Gottes genommen. Was etwas an sich ist (Wirklichsein), was es in oder für sich ist (Selbstsein), was es für andere ist (Erkanntsein), mag als plausible, vielleicht gar zwangsläufige Dreiheit erscheinen. Die Dreiheit der Beurteilungsmaßstäbe des Schönen, Guten, Wahren spiegeln Ästhetik, Ethik und Erkenntnis wider und erscheinen vielleicht nicht mehr so zwangsläufig. Die Dreiheit der Wissenschaften als Natur-, Gesellschafts- und Geisteswissenschaften ist nicht von so zwingender Evidenz. Hier ist nicht weniger häufig auch nur von einer Dualität der Wissenschaftsregionen in Geistes- und Naturwissenschaften die Rede. Für die Begründung einer Vestigia-Dei-Lehre und für einen Rückverweis aus dem triadisch geordneten geschöpflichen Sein auf das trinitarische Sein des Schöpfers sind all diese Analogien zu vage.

Soll oder kann dann auch die Hegelsche Dreiheit von These, Antithese und Synthese ein Verweis auf das Sein und Wesen des dreifaltigen oder dreieinigen Gottes sein? Soll und kann dann auch das Unendlich-Große und das Unendlich-Kleine und die Koinzidenz derselben, die Nikolaus von Kues so eindrucksvoll beschrieben hat, ein Verweis auf das Sein und Wesen des dreifaltigen bzw. dreieinen Gottes sein? Kann man wirklich unter Wahrung der intellektuellen Redlichkeit derartige „Indizienbeweise" für die Trinität Gottes führen, ihn gar seiner trinitarischen Struktur überführen? Gibt es nicht auch zahlreiche binarische bzw. binäre und tetradische Strukturen in der Wirklichkeit, etwa die Natur des Lichtes als Welle und Korpuskel, oder die vier physikalischen Grundkräfte, die schwache und die starke Kernkraft, die elektromagnetische Wechselwirkung und die Gravitationskraft. Diese müssten doch dann auf eine Zwei- oder Viereinigkeit als Begründungsprinzip verweisen.

Auch wenn sich gegenüber binarischen bzw. binären und tetradischen Strukturierungen eine ternäre oder triadische Strukturierung als häufiger herausstellen sollte, könnte das auch auf anthropologisch verursachte Denkvorlieben und Erfahrungskontexte hinweisen und müsste nicht zwangsläufig eine trinitätstheologische Relevanz haben.

Nicht selten ist die Ich-, die Du- und die Wir-Dimension menschlicher Existenz als Hinweis auf und als Verstehenskontext von Trinität bedacht worden. Jeder Mensch lebt in der Dreiheit der Ich-, der Du- und der Wir-Dimension. Zum Ich wird der Mensch am Du des Anderen, also in der Wahrnehmung der Differenz zu diesem. Und mit dem Du, also in der Einheit mit dem Anderen, macht es die anfanghafte Erfahrung mit dem Wir. Die vollständige Wir-Erfahrung ergibt sich aber erst dadurch, dass die Ich-Du-Beziehung sich nicht abschließt, sondern über sich hinausweist, sich als offen erweist für den personalen Ausdruck dieser Beziehung. Die lateinische Spruchweisheit hält das fest mit ihrem „Tres faciunt collegium." Greshake spezifiziert die Ich-Du-Wir-Dimension und -Relation auf die Familie hin, die damit zum Analogon von Trinität wird:

*„In der Familie wird jeder einzelne in und trotz seiner spezifischen Rolle durch die jeweils anderen Personen (nicht nur im biologischen, sondern auch im umfassenden geistigen Sinn) vermittelt: Der Vater ist Vater, weil ihn Mutter und Kind dazu konstituieren; die Mutter ist Mutter, weil Vater und Kind sie dazu ‚machen'; das Kind ist Kind, weil und insofern es die beiden Eltern gibt. So ist in der Tat – wie bei von Balthasar bemerkt – die Familie ‚trotz allen klaren Verschiedenheiten die sprechendste, den Geschöpfen eingestiftete imago trinitatis'."*[23]

Natürlich wäre es theologisch völlig abwegig und fiele auch aus dem Rahmen dessen heraus, was dieses Bild leisten kann, wenn man noch wie in der Familie möglich eine geschlechtsspezifische Zuordnung und eine Ursprünglichkeitshierarchie oder Altersabstufung vornehmen wollte. Die Einheit in Gott ist bei dieser Analogie durch die Einheit der Familie symbolisiert, in der niemand verzichtbar ist, ohne dass das Ganze aufs Spiel gesetzt würde. Die bleibende Differenz der Personen und ihre essentielle Bezogenheit aufeinander, ihre Relationalität also, ist symbolisiert durch die unaufhebbare Differenz der Personen, die die Familie bilden, und in der jede zur Bestimmung der jeweils anderen unabdingbar ist. Inwieweit das auch in Zeiten von Regenbogenfamilien etc. eine tragfähige Vorstellungshilfe ist, wird sich noch zeigen müssen.

Eine aus einem historisch-gesellschaftlichen bzw. soziokulturellen Kontext stammende Kritik an einem trinitätsvergessenen Glauben formuliert der brasilianische Theologe und ehemalige Franziskaner Leonardo Boff. Er weist darauf hin, dass sich jede Gesellschaftsform die ihr entsprechende Darstellung von Religion erschafft. Das ist dann eben die Religion der herrschenden Gruppe, die ihre Gottesbilder in Abhängigkeit von den soziokulturellen Rahmenbedingungen formuliert. Aber auch die Kirche selbst, die geprägt ist von monarchischen Organisationsmustern, zeigt seines Erachtens kein wirklich trinitarisches, sondern weithin ein atrinitarisches oder prätrinitarisches Denken. Wo der Gedanke der Dreieinigkeit aufgelöst wird hin zur Überbetonung oder gar alleinigen Betonung einer der drei göttlichen Personen, ergeben sich nach Leonardo Boff je spezifische Gefährdungen des kirchlichen Lebens:

Die konkrete Gefährdung einer Theologie, die allein oder stark überwiegend den Vatergott betont, neigt leicht zu einem Patriarchalismus in der kirchlichen Verkündigung und Lehre mit Verunmündigungstendenzen oder Entmündigungstendenzen im Volke Gottes. Als konkrete Gefährdung einer Theologie, die allein oder stark überwiegend den Sohn betont, ergibt sich leicht ein Avantgardismus. Jesus ist dann nur noch Genosse, Bruder, Gefährte und Mitstreiter, aber nicht mehr die geheimnisvolle Anwesenheit Gottes im Menschen Jesus Christus. Die konkrete Gefährdung einer Theologie, die allein oder ganz überwiegend den Heiligen Geist betont, liegt in einem Subjektivismus und Spiritualismus oder in einer spezifischen Esoterik. Aus der in drei Richtungen verweisenden menschlichen Beziehungserfahrung leitet Boff ein Verständnis des Trinitätsgedankens her:

*„Ein Mensch, der ganz und gar menschlich sein will, muss Beziehungen pflegen in drei Richtungen: nach oben, nach den Seiten und nach innen. So kommt uns die Dreifaltigkeit entgegen: Der Vater ist das unendliche ‚nach oben‘, der Sohn das radikale ‚nach den Seiten‘ und der Heilige Geist das totale ‚nach innen‘."*[24]

Die Auflösung des Trinitätsgedankens oder eine Über- bzw. Unterakzentuierung eines Aspektes hätte dann aber, wenn es wirklich eine solche theologisch-anthropologische Entsprechung gibt, nicht nur die bereits kurz dargestellten negativen gesellschaftlichen und ekklesialen, sondern auch negative anthropologische Konsequenzen. Der Trinitätsglaube hat zugleich eine Sozial- und eine Individualrelevanz für den Menschen, ist also keine für den Lebenskontext belanglose intellektuelle Zutat.

Die zentrale These in Boffs Trinitätslehre ist: Gott ist Gemeinschaft! Im Ursprung alles Bestehenden herrscht ein ewiger Prozess von Leben und Liebesentäußerung. Alles Geschaffene ist Entfaltung von Leben und Gemeinschaft der drei göttlichen Personen.[25]

*„An Gott glauben macht uns mehr zu uns selbst, es potenziert unser Menschsein ... Wir glauben, daß Gott nicht Einsamkeit, sondern Gemeinschaft ist. Nicht die Eins ist das erste, sondern die Drei. Zuerst kommt die Drei. Erst dann, aufgrund der engen Beziehung zwischen den Dreien kommt die Eins – als Ausdruck der Einheit der Drei. An die Dreifaltigkeit glauben heißt davon überzeugt sein, daß im Ursprung alles Bestehenden und Existierenden Bewegung herrscht und ein ewiger Prozeß von Leben und Liebesentäußerung in Gang ist."*

Man wird über diese kühn behauptete Abfolge sicher theologisch diskutieren und streiten müssen. Das Verdienst von Boff ist aber wohl dies: Er macht darauf aufmerksam, dass das Trinitätsverständnis nicht einfach eine abseitige Spekulation ist, die ansonsten mit dem alltäglichen Lauf der Welt nichts zu tun hat. Vielmehr zeigt er die einem bestimmten Trinitätsverständnis jeweils zugeordneten soziopolitischen und anthropologischen Konsequenzen auf. Nicht selten haben sich aus einem prä- oder atrinitarischen Gottesbild gravierende Konsequenzen für Mensch und Gesellschaft ergeben: ein politischer Totalitarismus, der nur einem das Sagen zubilligt und ihn für nichts und vor niemandem rechenschaftspflichtig macht;

ein religiöser Autoritarismus, der nur eine Religions- oder Konfessionsform und ein einziges Oberhaupt zulässt; ein gesellschaftlicher Paternalismus, der in Gott als dem Übervater sein Begründungsmuster sieht; ein Machismus, der beim Gott unterstellten Mannsein ansetzt und dem Mann die erste Würde zubilligt unter Degradierung der Würde der Frauen.

Neben dem bei Boff zu findenden anthropologischen Anknüpfungspunkt für die Trinitätslehre oder diesem trinitätstheologischen Anknüpfungspunkt für die Anthropologie, der bei den existentiellen Dimensionen des einzelnen Menschen ansetzt, gibt es noch einen Vergleichbares leistenden Ansatz, der das Liebes- oder Beziehungsgeschehen als Verständnishintergrund für die Trinitätstheologie heranzieht.

Richard von St. Victor (ein Augustinerchorherr † 1173) hat diesen relationalen Ansatz herausgestellt und viele andere Theologen haben verdeutlicht und präzisiert, *„daß (Liebes-)Beziehungen trinitarisch, nicht binarisch sind: Liebe bedarf nicht nur des diligens und des dilectus, sondern auch des condilectus, durch den Ich und Du sich erst zum gemeinsamen Wir zusammenschließen ... Doch gilt diese Vermittlung beider Pole in reiner Form nur für das trinitarische Leben Gottes. Menschliches Personsein kann nicht allein in und aus der Beziehung zu anderen konstituiert werden. Es erfordert, daß die reziproke Konstituierung von Ich, Du und Wir in einem transzendenten Apriori, in Gott, gründet, welcher die drei Momente und deren Relationen allererst setzt und umfängt. Denn die Grundrelation geschöpflichen Seins ist die Beziehung zu Gott und nicht zum Mitgeschöpf.“*[26]

Das Modell mit den Konstituenten diligens, dilectus und condilectus kann man auch als eine Variante der Familienanalogie oder der Ich-Du-Wir-Analogie lesen und verstehen.

Nikolaus von Kues bringt im Bild des Künstlers oder Handwerkers (Glasbläsers) eine weitere Analogie für die Trinität.

*„Aber, weil dem allmächtigen Gott alles notwendig gehorcht, deshalb braucht der Wille Gottes keinen anderen Vollstrecker. Denn Wollen und Vollstrecken fallen in der Allmacht zusammen. Das ist so, wie wenn ein Glasbläser ein Glas macht. Denn er bläst den Hauch hinein, der seinen Willen ausführt. In diesem Hauch ist das Wort oder der Entwurf und das Vermögen. Wenn nämlich der Entwurf oder das Vermögen des Glasbläsers nicht in dem Hauch wären, den er ausschickt, würde ein solches Glas nicht entstehen. Stelle dir also die absolute für sich bestehende*

*Schöpfungskunst so vor, dass die Kunst der Künstler ist und die Meisterschaft der Meister. Diese Kunst enthält in ihrem Wesen notwendig die Allmacht, so dass ihr nichts widerstehen kann, die Weisheit, so dass sie weiß, was sie tun soll, und die Verknüpfung der Allmacht mit der Weisheit, so dass das, was sie will, geschieht. Jene Verknüpfung, die Weisheit und Allmacht in sich enthält, ist der Geist, gleichsam Wille oder Begehren ... So ist im vollkommensten Willen Weisheit und Allmacht enthalten, und von einer gewissen Ähnlichkeit her wird er Hauch genannt, deshalb weil es Bewegung ohne Hauch nicht gibt, so dass wir auch das, was beim Wind und überall sonst Bewegung bewirkt, Hauch nennen. Durch Bewegung aber bringen alle Künstler hervor, was sie wollen. Deswegen bringt die Kraft der Schöpfungskunst, welche die absolute und unendliche Kunst oder Gott, der Hochgelobte, ist, alles in dem Geist oder Willen hervor, in dem die Weisheit des Sohnes und die Allmacht des Vaters ist, so dass ihr Werk das der einen ungeteilten Dreieinigkeit ist."*[27]

Als Koinzidenz von Intention oder Wollen, Information oder Wissen, und Potenz oder Können könnte man im Blick auf das Schöpfungswerk Gottes den trinitarischen Schöpfer umschreiben, oder als Dreieinigkeit von Weisheit, Wollen und Wirken.

Man kann all diese Denkansätze, die das Trinitätsverständnis ermöglichen sollen, sehr grundsätzlich kritisieren. Sowohl bei einer existentiell-triadischen Verfasstheit des Menschen (Vertikal-, Horizontal- und Innendimension) als auch bei einer triadischen Relationalität (diligens, dilectus, condilectus bzw. Ich, Du, Wir etc.) als auch bei der erkenntnistheoretischen Triade (Vorgegebensein, Differenz, Einheit des Bewusstseins) lässt sich derselbe Generalvorwurf erheben: Man kann behaupten, all diese Modelle transponierten oder projizierten die in menschlich-individueller oder in menschlich-sozialer Hinsicht erfahrbaren Triaden auf Trinität, behaupteten aber, der Mensch in seiner existentiell-triadischen Verfasstheit und in seiner relational-triadischen Verfasstheit bilde nur nach, was die Trinität als Urbild vorgebe. Letztlich heißt das, hier würden Ursache und Wirkung vertauscht.

Darüber hinaus könnte man behaupten: Der theologietreibende Mensch habe bei der trinitätstheologischen Antwort auf die Gottesfrage einen unerschwinglichen intellektuellen Kredit aufgenommen, den er nun mühsam und mit Zwischenfinanzierungen durch Analogien abzustottern versuche. Wie auch immer man diese Kritik beurteilen mag, fest steht, dass der Mensch in allem, was er über Gott und über sich selber denkt und sagt, zwar seinen intellektuellen menschlichen Horizont weiten, aber letztlich diesem ureigenen Verständnishorizont eben nicht entfliehen kann. Aber dann läuft der Vorwurf darauf hinaus, dass der Mensch auch über Gott nicht anders denn als Mensch denken und sprechen kann. Aber das ist eine Banalität und kein stichhaltiges Argument gegen diese Art von Theologie, nicht zuletzt deshalb, weil es ja für die Kritik und ihren Herkunfts- bzw. Zielhorizont selber auch gilt.

Der Gott, der mit den Mitteln und Ausdrucksweisen unseres Denkens umfassend zu bewältigen wäre, der wäre schon deshalb zu klein, um von uns als Gott angebetet zu werden. Aber der anbetungswürdige Gott übersteigt die Mittel und Ausdrucksformen all unseres Denkens. Mit ihm sind und werden wir nicht fertig; vor ihm sind und bleiben wir, und genau das ehrt uns, Anfänger.

## 6. Der Glaube an Jesus Christus, den Sohn Gottes, den Herrn

Weit mehr als die Hälfte des Apostolischen Glaubensbekenntnisses ist dem Bekenntnis zu Jesus Christus gewidmet. Von den im Deutschen (einschließlich des ‚Amen' am Schluss) 103 Worten des Glaubensbekenntnisses entfallen allein 64 Worte auf die Gestalt Jesu Christi und verdeutlichen schon rein quantitativ seine besondere Bedeutung.

Im lateinischen Urtext umfasst das Apostolische Glaubensbekenntnis 77 Worte, von denen allein 51 Worte, also 66 Prozent, Jesus Christus gewidmet sind. Im Großen Glaubensbekenntnis sind die Verhältnisse ähnlich; es umfasst in seiner lateinischen Version 163 Worte und wendet 101 Worte davon für den christologischen Teil auf. 177 Worte sind es in der griechischen Fassung insgesamt und für den christologischen Teil 111 Worte. 207 Worte umfasst die liturgisch verwendete deutsche Übersetzung, und davon sind 121 Worte zur Christologie. In allen Übersetzungsvariationen (griechisch, lateinisch, deutsch) sind also zwischen 58 und 65 Prozent der Christologie gewidmet. Die für sich genommen natürlich blassen Zahlenspielereien sind also ein kleines quantitatives Indiz für die Bedeutsamkeit des historischen Jesus und des Christus des Glaubens im Kontext der Glaubensbekenntnisse.

Durch Jesus Christus und durch niemanden sonst wird dem Glaubenden der authentische und unmittelbare Zugang zur Wirklichkeit Gottes eröffnet. Alle anderen Zugänge sind vermittelte Zugänge, die zugleich erhellen und verstellen. Mag auch Jesus selbst tief im alttestamentlich-jüdischen Glauben verwurzelt gewesen und ohne diese Verwurzelung gar nicht zu verstehen sein, so erschließt sich doch erst durch ihn die im Judentum nicht zu findende trinitarische Struktur Gottes. Mag auch im Judentum von Gott, dem Vater, und vom Geist Gottes schon die Rede sein, so ist doch die Inkarnation, die Menschwerdung Gottes, dort kein Thema.

In Jesus Christus sieht der christliche Glaube den endgültigen Exegeten und Eisegeten Gottes, durch ihn erschließt sich dem Menschen auf menschliche Weise die Wirklichkeit Gottes. Pannenberg stellt in eben diesem Sinne fest: *„Nur durch Jesus von Nazareth ist der Gott des ersten Artikels zugänglich, ist er offenbar. Insofern bildet der zweite Artikel auch sachlich das Zentrum des ganzen Bekenntnisses."*[1]

Im Apostolischen und im Nizänokonstantinopolitanischen Glaubensbekenntnis spiegeln sich überdies inhaltlich und strukturell die Zentraldogmen des christlichen Glaubens wider: Trinität (Dreieinigkeit bzw. Dreifaltigkeit), Protologie (Schöpfung), Inkarnation (Menschwerdung), Pneumatologie (Lehre vom Heiligen Geist) und Eschatologie (Lehre von den letzten Dingen). Über Schöpfung und Trinität haben wir bereits etwas nachgedacht, über Inkarnation ist das an der jeweils einschlägigen Textstelle der beiden Bekenntnisse zu tun.

Diese Zentralaussagen unseres Glaubens, Trinität, Schöpfung und Inkarnation, stehen, wie sich bereits angedeutet hat, nicht einfach additiv, ohne einen inneren Bezug und unvermittelt nebeneinander. Als zweite Person der trinitarischen Gottheit, als Schöpfungsmittler und als Mensch gewordener Gott steht Jesus Christus im Zentrum der genannten Zentraldogmen unseres Glaubens. Den umfassenden Zusammenhang zwischen Schöpfung und Inkarnation haben im Verlauf der Theologiegeschichte von Duns Scotus bis Karl Rahner viele Denker herzustellen versucht. Letzterer skizziert den Zusammenhang so:

*„... wir dürfen ruhig das, was wir Schöpfung nennen, als ein Teilmoment an jener Weltwerdung Gottes auffassen, in der faktisch, wenn auch frei, Gott sich selbst aussagt in seinem welt- und materiegewordenen Logos; wir haben durchaus das Recht, Schöpfung und Menschwerdung nicht als zwei disparat nebeneinander liegende Taten Gottes ‚nach außen' zu denken, die in der faktischen Welt zwei einfach getrennten Initiativen Gottes entspringen, sondern in der wirklichen Welt als zwei Momente und Phasen eines einen, wenn auch innerlich differenzierten, Vorgangs der Selbstentäußerung und Selbstäußerung Gottes in das andere von sich hinein."*[2]

Demnach wären Schöpfung und Inkarnation zwei Ausdrucksformen des einen und selben umfassenden Selbstmitteilungswillens Gottes. Um sich überhaupt im Horizont der heilsbedürftigen und sich nach Heil sehnenden Menschheit mitteilen zu können, muss Gottes Selbstäußerung zur Selbstentäußerung werden. Erst so wird sie zur verstehbaren Botschaft für die Menschen. Und so auch wird erst verstehbar, dass Gott nicht irgendetwas über sich, sondern sich selbst mitteilt. Nicht nur der Mensch streckt sich in den Ausdrucks- und Handlungsformen der ihm jeweils eigenen Religion nach Gott aus, sondern auch Gott streckt sich, folgt man dem christlichen Glauben, nach dem Menschen aus, erweist sich als ein greifbarer, ja angreifbarer, menschlich entgegenkommender Gott in Jesus Christus.

Sloterdijk formuliert es so: *„Ein kommunikatives Absolutes könnte dem menschlichen Begegnungsversuch zuvorgekommen sein. Solches Zuvorkommen heißt im Sprachraum der okzidentalen Ökumene ‚Christus'. Seine Liebe wäre das Unverdiente, das durch noch so große Bemühungen nicht zu erzwingen ist."*³

Schon hier kann auf zwei divergierende Gesamtdeutungsmuster von Inkarnation hingewiesen werden: 1. Inkarnation als zweite, als durch die Schuld des Menschen notwendig gewordene Krisenintervention seitens des schöpferischen Gottes zum Heil des Menschen (Anselm von Canterbury, Bonaventura etc.). 2. Inkarnation als Fortschreibung des schon in der Schöpfung intendierten und angelegten kommunikativen Geschehens von Schöpfer und Geschöpf (Duns Scotus, Karl Rahner etc.).

### 6.1. Historische Verlässlichkeit?

Wenn sich der Zugang des Menschen zu Gott und sich die Zugänglichkeit Gottes für den Menschen in Jesus von Nazareth, dem Christus, d. h. dem Gesalbten Gottes, ereignet, dann hat das eine konkrete raumzeitlich-historische Dimension. Wie aber steht es, wenn die Person Jesus Christus von derart zentraler Bedeutung ist, um die historische Verlässlichkeit der biblischen Zeugnisse über ihn? Bei der neutestamentlichen Briefliteratur ist es unmittelbar evident, dass hier das im weiteren Sinne theologische Interesse gegenüber allem bloß historisch-protokollarischen Interesse an der Person Jesu deutlich überwiegt. Natürlich müssen sich auch die neutestamentlichen Episteln immer wieder auch auf historische Fakten beziehen und berufen, um überhaupt sagen zu können, was sie sagen wollen. Dabei ist aber der Verwendungskontext von erster Glaubensvermittlung, weiterer Glaubensfestigung und Gestaltung einer aus dem Glauben erwachsenden Lebenspraxis in der neutestamentlichen Briefliteratur so evident wie dominant. Hier geht es um Pastoral und um Theologie, um Pastoral-Theologie im missionarischen Kontext.

Anders scheint es sich mit der Apostelgeschichte zu verhalten. Sie stammt vom selben Autor wie das Lukasevangelium. Auf den ersten Blick erscheint sie wie ein historischer Bericht über das missionarische Wirken der Apostel, insbesondere das des Paulus, über den Aufbau neuer Gemeinden und die Ausbreitung der jungen Kirche. In gewisser Hinsicht ist sie auch ein historischer Bericht, aber sie ist nicht nur das. Denn sie berichtet nicht nur über das Missionieren, sondern sie will auch missionieren. Sie ist mit ihren historischen, homiletischen und paränetischen Ausführungen nicht nur Bericht über Mission, sondern auch Mittel zur Mission. Sie würde im Kern nicht verstanden, würde sie nur als historischer Bericht verstanden. Sie berichtet nicht nur über die Mission, sie erfüllt selber eine Mission.

Wie steht es nun mit der historischen „Zurechnungsfähigkeit" der Evangelien? Hinter, zwischen und in allen historisch prinzipiell verifizierbaren oder falsifizierbaren Sätzen der Evangelien müssen wir theologische Aussageintentionen und Deutungsabsichten der Evangelisten gewärtigen. Wenn wir das nicht tun, bleiben die Evangelien im Wesentlichen unerschlossen. Denn die wollen und sollen nicht einfach nur Geschichte erzählen, sondern Heilsgeschichte in Geschichte, oder Geschichte als Heilsgeschichte. Das deutungslos aufs ausschließlich Historische reduzierte Evangelium wäre wie eine Filmkulisse, wie ein Filmschwenk über eine Filmlandschaft unter Verzicht auf die Erzählung des Films. Es wäre also die eigentliche Essenz abhandengekommen. Andererseits ist der heilsgeschichtliche Film gerade kein konkretionsloses Abstraktum und ohne die geschichtliche Kulisse, ohne die Filmlandschaft, d. h. ohne die historischen Rahmen- und Randbedingungen überhaupt nicht verstehbar. Die Geschichte ist der Anhaltspunkt und der Anknüpfungspunkt der Heilsgeschichte. Sie ist damit der konkrete Verweis auf Heilsgeschichte, aber die Heilsgeschichte geht nicht in Geschichte auf, ist nicht auf sie reduzierbar.

Das Heil hat eine geschichtliche und eine übergeschichtliche Dimension. Und wenn Heilsgeschichte eine die konkrete Geschichtszeit übergreifende Dimension haben, wenn sie also universal sein soll, dann ist die Geschichte zwischen Nazareth, dem See Genezareth und Jerusalem um die Zeitenwende nicht der Terminus ad quem, sondern der Terminus a quo von Heilsgeschichte. Dann wären vielleicht zahllose, sich fortsetzende geschichtliche Variationen des einen heilsgeschichtlichen Themas denkbar.

Anders gefragt: Steht die Wahrheit und damit auch die Glaubwürdigkeit von Evangelien, Apostelgeschichte und Briefliteratur auf dem Spiel, wenn eindeutige und klare historische Differenzen in ihnen selbst und zwischen ihnen auszumachen sind? Ist also der heilsgeschichtliche Film ganz oder teilweise indifferent gegenüber seiner geschichtlichen Filmlandschaft bzw. seiner Filmkulisse. Ist also Heilsgeschichte gegenüber seinen geschichtlichen Rahmen- und Randbedingungen ganz oder teilweise indifferent?

Und wenn man die Apostelgeschichte und die Briefe wegen ihrer eindeutig anderen, von einer Jesus-Biographie verschiedenen Ausrichtung einmal beiseitelässt und nur die Evangelien in Betracht zieht, dann wäre doch nachdrücklich zu fragen: Ist dem einen Evangelium mehr zu trauen als dem anderen? Sind die Synoptiker gegeneinander oder ist das Gemeinsame der Synoptiker gegen das Johannesevangelium auszuspielen? Ist aus allen vier Evangelien im Subtraktionsverfahren zunächst das in ihm selbst Widersprüchliche und dann das mit anderen Evangelien Widersprüchliche zu entfernen? Kann man so zum kleinsten gemeinsamen Nenner und zu einem wahren Urevangelium oder gar zum einzig wahren Evangelium kommen? Oder bleibt dann nur noch ein der Verdachtshermeneutik[4] geschuldetes, völlig totes und also nichtssagendes Gerippe von den Evangelien, eine konkretionslose Abstraktion, an der eine aus historischen Rahmenbedingungen eingefärbte konkrete Hoffnung keinen Anhalt finden kann?

Zunächst einmal darf und muss man festhalten, dass samt und sonders alle historischen Darstellungen, auch die profanhistorischen, nie nur die reine wertungsfreie Deskription von Vorgängen und Zuständen, sondern immer auch Mutmaßungen, Interpretationen und Konstruktionen der Historiker sind. Das gilt umso mehr für die Evangelien, die sich alle vier ihres wenn auch sehr unterschiedlichen, so doch deutlich über reine Historie hinausgehenden Auftrags bewusst sind. Das Verhältnis von historischer Rekonstruktion, die immer auch eine Konstruktion ist, und theologischer Interpretation lässt sich vielleicht mit folgendem Bild verdeutlichen:

Die Evangelien sind keine Photographien ein und desselben Objekts, dem sie sich nur aus unterschiedlichen historischen Perspektiven in ansonsten aber gleicher, nämlich objektivierender Absicht näherten. Die Evangelien sind vielmehr wie die Werke von vier Portraitmalern, die sich alle mit der malerischen Erfassung ein und derselben Person beschäftigen. Und teils portraitieren sie, das ist die Situation bei Matthäus und Lukas, unter gleichzeitiger Betrachtung von schon erstellten oder skizzierten Portraits. So haben die Synoptiker Vorlagen, das Markusevangelium und die Quelle Q, die sie teils kopieren, teils um- und ausgestalten unter Maßgabe der je eigenen regulativen Idee. Sie verwenden ganz unterschiedliche Portraittechniken, je nach Vorliebe und Fähigkeit. Was wird das Ergebnis sein? Wir werden mit Sicherheit vier ganz unterschiedliche Portraits erhalten, deren jedes aber zweifelsfrei die eine und selbe, auch von allen anderen porträtierte Person erkennen lässt. Es wird Gemeinsamkeiten geben und Unterschiede, die aber die Identität des Portraitierten nicht unkenntlich machen. Es ist mit Idealisierungen und Typisierungen zu rechnen, die einen bestimmten Habitus herausstellen. Es kann sogar karikaturhafte Über- oder Unterzeichnungen bestimmter Merkmale und Ausdrucksformen geben, die gleichwohl etwas Wesentliches über den Portraitierten aussagen können, ohne ihn der Lächerlichkeit preiszugeben.

Mir scheint, das ist die Situation und die Leistung der Evangelisten bei der Abfassung ihrer Evangelien. Sie beziehen sich wie die Portraitmaler auf ein und denselben wirklichen historisch konkreten Menschen Jesus, erhalten von ihm jeweils einen ganz unterschiedlichen Eindruck und vermitteln diesen mit ihrem eigenen ganz spezifischen Ausdruck weiter. Photographisch genau ist kein einziges Portrait, wahr aber kann jedes von ihnen sein. Wahr ist an den Portraits nicht nur das exakt Konvergierende, sondern auch das Divergierende, und zwar dann, wenn man es nicht einfach nur als konträr, sondern – soweit möglich – als komplementär auffassen kann.

## 6.2. Jesus, Herr und Christus

*"... und an Jesus Christus ... unsern Herrn ..." (A)*
*"... und an den einen Herrn, Jesus Christus ..." (NK)*

Die Formulierung Jesus Christus klingt theologisch unbedarften Gemütern wie der Vor- und Zuname eines Menschen. Und auch der Zusatz im Nizänokonstantinopolitanum an den „Herrn Jesus Christus" wird noch in naiver Normalität als geschlechtsspezifischer Hinweis darauf gelesen, dass es sich eben nicht um eine Frau handelt. Übersetzt man „... und an Jesus, den Christus ...", dann wird deutlicher, dass der Begriff Christus primär eine Funktion und keinen Namenszusatz meint.

Die Bezeichnung Jesu als des Christus stellt einen urchristlichen Hoheitstitel dar. Das Wort Christus stammt aus dem Griechischen vom Verb chrío, was soviel heißt wie salben. Christus bedeutet dann übersetzt der Gesalbte. Dem griechischen Hoheitstitel vorausgehend war aller Wahrscheinlichkeit nach der hebräische Hoheitstitel Messias, der inhaltlich dasselbe besagt, nämlich der Gesalbte. Christus wäre demnach die Gräzisierung des Hebräischen Messias.

Jesus selber hat den Titel eines Christus, mit dem sich ursprünglich die altisraelitischen Könige schmückten, höchstwahrscheinlich abgelehnt, um nicht zum bloßen politischen Heilsbringer umgedeutet zu werden. Davon wissen Mk 8,27–33 und die Parallelstellen Mt 16,13–20, Lk 9,18–21 zu berichten, die das Petrusbekenntnis zu Jesus als dem Christus überliefern. Er wollte wohl keine politischen Heilsutopien schüren, sondern im Gegenteil das Ende aller innerweltlichen Heilserwartung durch die hereinbrechende Gottesherrschaft zum Ausdruck bringen.

Aber noch und gerade der Kreuzestitulus, Jesus von Nazareth König der Juden (Mk 15,26), deutet darauf hin, dass er gerade für das, was er zeitlebens abgelehnt, was man ihm aber fälschlich doch beigelegt hat, nämlich ein Politmessias zu sein, hingerichtet worden ist.

Gerade die von jüdischer Seite vorgetragene Denuntiation Jesu als Politmessias verfing bei den römischen Besatzern, die sich selber auch allein zur Durchführung der Todesstrafe ermächtigt hatten. Nur die fälschlich unterstellte politische Ambition konnte Jesus als gefährlichen Aufrührer, als politischen Volksverführer und also exekutionswürdig erscheinen lassen.

In der johanneischen Passion fragt Pilatus Jesus: *„Bist du der König der Juden?"* (Joh 18,33) Jesus antwortet mit einer Gegenfrage: *„Sagst du das von dir aus, oder haben es dir andere über mich gesagt?"* Jesus sagt schließlich: *„Mein Königtum ist nicht von dieser Welt. Wenn es von dieser Welt wäre, würden meine Leute für mich kämpfen, damit ich den Juden nicht ausgeliefert würde. Aber mein Königtum ist nicht von hier."* (Joh 18,36) Pilatus setzt schließlich noch einmal nach mit der Frage. *„Also bist du doch ein König?"* Und darauf antwortet Jesus. *„Du sagst es."* (Joh 18,37) Heißt das: Ja, ich bin ein König? Oder: Das habe nicht ich, das hast du gesagt? Nach Johannes erscheint dem Pilatus dieses Bekenntnis zu einem merkwürdig depotenzierten, sich offenbar nur auf die Wahrheit beziehenden Königtum nicht strafwürdig; denn er gibt direkt anschließend vor der jüdischen Öffentlichkeit eine Unbedenklichkeitserklärung über die Person Jesu ab. Wenn das Bekenntnis Jesu zu seinem Königtum nur johanneisches Darstellungsmittel zur Unterstreichung der besonderen Würde Jesu sein sollte, dann ist es für die Rekonstruktion der historischen Prozesslogik ohnehin irrelevant. Dann war es ja nie anklagewürdiger Tatbestand zum Prozesszeitpunkt, sondern literarisch-theologisches Stilmittel eines Textes sechzig Jahre nach dem Prozess.

Der andere Titel, der im Apostolikum etwas nachgestellt, im Nizänokonstantinopolitanum aber im direkten Zusammenhang mit der Nennung des Jesus Christus auftaucht, ist der des Herrn. Die Verwendung des Begriffs Herr vor oder nach dem Namen Jesus Christus ist nicht von derselben inhaltsarmen Anspruchslosigkeit wie in der Variante Herr Müller, Meier, Schulze oder Schmitz. Das uns harmlos erscheinende Herr ist die Übersetzung des Griechischen Kyrios. Das aber meint den Herrn der Welt, den Herrn über Leben und Tod, den Herrn über die Zeit. So schreibt Paulus: *„Leben wir, so leben wir dem Herrn, sterben wir, so sterben wir dem Herrn. Ob wir leben oder ob wir sterben, wir gehören dem Herrn. Denn Christus ist gestorben und lebendig geworden, um Herr zu sein über Tote und Lebende"* (Röm 14,7–9). Man kann bei dieser Interpretation des Kyrios-Titels an die mittelalterlichen Darstellungen vom wiederkehrenden Christus denken, dem Pantokrator, der in der Einheit mit Gott dem Vater handelt. Die Septuaginta nimmt den Kyrios-Titel sogar, um damit Jahwe zu bezeichnen. Doch dieser Herr ist bei all seiner Macht nicht ein herrischer oder herrschsüchtiger und anherrschender Herr; er ist ein dienender Herr, wie es die Fußwaschungsszene im Abendmahlssaal verdeutlicht: *„Ihr sagt zu mir Meister und Herr, und ihr nennt mich mit Recht so; denn ich bin es. Wenn nun ich, der Meister und Herr, euch die Füße gewaschen habe, dann müsst auch ihr einander die Füße waschen. Ich habe euch ein Beispiel gegeben, damit auch ihr so handelt, wie ich an euch gehandelt habe."* (Joh 13,13–15)

So liegt auch in dem Jesus zugeeigneten Kyrios-Titel die seltsame Spannung von umfassender hoheitlicher Macht und unterfassendem niedrigsten Dienst. Beides muss mitgedacht werden sowohl im Apostolikum als auch im Nizänokonstantinopolitanum.

Jesus selbst nennt sich – und das stets in der dritten, nie in der ersten Person – „Menschensohn". Dieser alttestamentliche Titel findet sich in Ezechiel (35) und Daniel (7), also relativ jungen Schriften des Alten Testaments. Dieser Menschensohn-Titel bezeichnet die endzeitliche Rettergestalt in der Apokalyptik, ein himmlisches Wesen, das bei

Gott beheimatet ist und schon vor der Weltschöpfung bei ihm existiert.[5] Aber bei Jesus wird der Menschensohn zum irdischen leidenden Menschensohn, zum Diener des Volkes und Gottesknecht umgedeutet und zugleich in seinem geheimnishaften Charakter bewahrt.[6]

Wie konnte es nun geschehen, dass der Titel, den Jesus für sich abgelehnt hatte und der ihm gleichwohl, wie wenn er ihn beansprucht hätte, durch seine Gegner zum Verhängnis wurde, dass genau dieser Titel ihm später von seinen Freunden beigelegt wurde?

Zu verstehen ist diese Zueignung des Messias- oder Christustitels an die Person Jesu nur aus der nachösterlichen Perspektive. Am gekreuzigten Jesus wurde auf widersinnige Weise die Hinfälligkeit von Politmessianismus und politischen Heilsutopien demonstriert, die er nie hatte wecken wollen. Am auferstandenen oder auferweckten Jesus hingegen wurde die religiöse Dimension seines Messianismus, der Anbruch der Gottesherrschaft demonstriert. Der Begriff Messias unterlag nachösterlich keiner politischen Missdeutungsgefahr mehr; das gilt insbesondere für die Zeit nach der Zerstörung des jüdischen Tempels und der jüdischen Volksgemeinschaft durch die Römer im Jahre 70.

Darum erschien den frühen Christen die nachösterliche Titulatur Jesu als des Messias bzw. Christus möglich. Zur Bekundung dessen, dass die Messiaserwartung Israels in Jesus an ihr Ziel gekommen ist, erschien ihnen die Beibehaltung des Messias- bzw. des Christustitels aber wohl auch nötig. So bewahrt der nachösterliche Messias-(Christus-)Titel in sich die geschichtliche Korrektur der heilsgeschichtlichen Kontinuität.

In der Auferstehung oder Auferweckung erfährt Jesus als der Gesalbte Gottes eine selbst den Tod überwindende Bestätigung seiner Sendung, eine Bestätigung des Anbruchs der von ihm verkündeten Gottesherrschaft. Noch im innerweltlich betrachtet katastrophalen Scheitern am Kreuz bleibt die Verbundenheit Jesu mit seinem Gott, die Geborgenheit in seinem Gott bestehen.

Das Bekenntnis zu Jesus Christus, zu Jesus als dem Christus, erlaubt es nicht mehr, sich am Jesus der Geschichte vorbeizudrücken und bloß den Christus des Kerygmas zu feiern. Und umgekehrt erlaubt dieses Bekenntnis es auch nicht, sich mit dem bloß historischen Jesus als einem besonderen Menschen zufriedenzugeben und seine österliche Bestätigung als Messias, Christus, Gesalbter Gottes unberücksichtigt zu lassen.

Ostern ist dann der Sieg des Lebens durch Gott, mit Gott und bei Gott, der Sieg, der Jesus als den Messias, den Christus, d. h. den Gesalbten Gottes und damit seine Heilsbedeutsamkeit für uns Menschen endgültig bestätigt. Zugleich ist mit Verweyen darauf hinzuweisen, dass die Offenbarung Gottes in Jesus Christus nicht rein „osterlastig" verstanden werden darf: *„Wenn Gott erst nach dem Tode Jesu den entscheidenden Offenbarungsakt gesetzt hat, dann wird der Glaube an die Inkarnation unterhöhlt."*[7] Und an anderer Stelle hält er fest, *„daß bereits der irdische Jesus während dieses seines Erdenlebens Gottes Leben so in sich trug, daß der Tod keine Macht über ihn hatte."*[8] Schließlich ist das ganze Leben Jesu als des Herrn, sind Inkarnation und Auferstehung, Ausdruck der einen umfassenden Selbstmitteilung Gottes in Jesus Christus.

## 6.3. Sohn Gottes

*„... seinen (Gottes) eingeborenen Sohn, unsern Herrn ..."* (A)
*„... und an den einen Herr, Jesus Christus, Gottes eingeborenen Sohn ..."* (NK)

Die gläubige Annahme, Jesus sei Gottes Sohn, stößt in der heutigen pluralen Gesellschaft weithin auf Verständnisprobleme oder gar deutliche Ablehnung, nicht selten auch bei Christen. Ein Problem dabei ist das religiös-mythologische Missverständnis. Es nimmt nicht selten seinen Ausgangspunkt bei Vorstellungen vor- und außerchristlicher Religionen, die vielfach Göttersöhne aus einer Mesalliance zwischen Göttern und Menschen hervorgehen lassen. Soll Jesus Christus das Ergebnis solch einer Mesalliance sein, wie Achill, der griechische Held vor Troja, der angeblich von der Meeresgöttin Thetis und dem König Peleus gezeugt wurde? Ist hier nicht die Behauptung einer teils göttlichen Herkunft der mythologische Erklärungsversuch für übermenschlich erscheinende Leistungen? Seine schwer erklärlichen Wundertaten wären einem solchen Verständnis zufolge der göttlichen und sein Leiden etwa der menschlichen Provenienz zuzuschreiben.

Ein zweites Problem ist das biologistische Missverständnis, das das Genom, also die 46 Chromosomen Jesu, zu je 23 auf die menschliche Frau Maria und den göttlichen Heiligen Geist zurückzuführen versucht. Erscheint nicht für dieses Verständnis von Gottessohnschaft die Rede von der Jungfrauengeburt gerade passend und angemessen? Aber, so wäre weiter zu fragen, würde Jesus Christus dadurch nicht zu einem gottmenschlichen Hybridwesen, zu einem Halbgott? Das wäre eine Anschauung, die mit den dogmatischen Formulierungen über Jesus als „wahrer Gott und wahrer Mensch", die also mit der Zwei-Naturen-Lehre zu Jesus, dem Christus, definitiv nicht vereinbar wäre. Und würde nicht mit einer solchen Annahme auch der Heilige Geist, das im Griechischen neutral begriffene pneúma hágion, plötzlich nicht nur wie im Lateinischen spiritus sanctus männlich, sondern geradezu zum zeugenden Mann sexualisiert?

Wenn man diese Anfragen aber umgeht oder diese Überlegungen ablehnt und die Leiblichkeit und Menschlichkeit Jesu biologisch allein auf Maria zurückführt, dann wäre zunächst die biologische Erklärung für die Parthenogenese oder gar Klonung zu liefern. Zusätzlich wäre zu erklären, warum Jesus männlichen Geschlechts ist, da aus der Parthenogenese wegen der zwei X-Chromosomen Marias nur ein Nachkomme weiblichen Geschlechts (flapsig formuliert: „eine Christa anstelle eines Christus") zu erwarten wäre. In eher fundamentalistischen Kreisen wird bei solchen Anfragen das Ultima-ratio-Argument benutzt: Bei Gott ist kein Ding unmöglich. Das ist sicher zutreffend, verhindert aber nicht die Frage, warum Gott „unmögliche Dinge" möglich machen soll, solange wir zu deren Identifizierung unsere intellektuellen Denk- und Deutungsmöglichkeiten keineswegs ausgeschöpft haben. Es verhindert auch nicht die Frage, ob es nicht ein Indiz für menschliche Imaginationsunfähigkeit oder gar Denkfaulheit ist, zur Vermeidung eigener Rechtfertigungs- und Begründungslasten das von uns nicht Durchschaute zur geheimnisvoll undurchschaubaren „Chefsache" zu erklären.

Wie kommt es nun zur Annahme der Gottessohnschaft Jesu, und was ist mit ihr gemeint? Zunächst einmal ist wieder auf die Gebetspraxis Jesu zu verweisen, der, wie schon dargelegt, von Gott als „Abba", als seinem Vater gesprochen hat. Und aus dieser vertrauten Anrede ergab sich mit einer gewissen, wenn auch nicht zwingenden Logik im Umkehrschluss der Gedanke der Sohnschaft.

Weitere biblische Anhaltspunkte für den Gedanken der Gottessohnschaft finden sich im Alten Testament in den Psalmen. Nach dortigem Verständnis wird der König Israels durch die Thronbesteigung als Sohn Gottes proklamiert. Davon gibt das Krönungszeremoniell, das sich in Ps 2,7 ausmachen lässt, deutliche Kenntnis. Dort heißt es: *„Mein Sohn bist du, heute habe ich dich gezeugt."* Bei diesem Begriff von Gottessohnschaft geht es nicht um eine biologische Herkunft, sondern um die Einsetzung in eine bestimmte Funktion, um einen Adoptionsakt, das heißt um eine bestimmte Beauftragung durch Gott.

Auch der neutestamentliche Befund verweist uns keineswegs eindeutig in einen biologischen Verständniskontext. Die Uneinheitlichkeit des Verständnisses belegt vielmehr eindeutig, dass der theologische Durchdringungsprozess bezüglich des Christus-Ereignisses im neutestamentlichen Schrifttum eben noch nicht abgeschlossen ist. Insgesamt lässt sich dabei tendenziell eine Rückdatierung des Beginns der Gottessohnschaft ausmachen, der zufolge in den älteren Schriften der spätere, in den jüngeren Schriften ein früherer Termin genannt ist bis hin zur Annahme der Gottessohnschaft vor aller Zeit.[9]

In Röm 1,3f., einem der frühesten neutestamentlichen Schriftzeugnisse heißt es: *„... der dem Fleisch nach geboren ist als Nachkomme Davids, der dem Geist der Heiligkeit nach eingesetzt ist als Sohn Gottes in Macht seit der Auferstehung von den Toten."* Auch hier ist der Gedanke eines Adoptionsaktes gegeben, der sich mit der Auferstehung vollzieht. Bei Markus, dem mit großer Wahrscheinlichkeit ältesten Evangelium, das aber ca. zwanzig Jahre nach dem frühen paulinischen Schrifttum entstand, wird dieser Adoptionsakt unter ausdrücklicher Zitation des Ps 2,7 bei der Taufe Jesu durch die Himmelstimme vollzogen. Hier ist die Einsetzung zum Sohn Gottes also schon auf den Beginn des öffentlichen Wirkens Jesu datiert und nicht erst mit der Auferstehung verknüpft. Noch einen Schritt weiter in der Rückdatierung der Einsetzung zum Gottessohn geht Lukas (Lk 1,30ff.), der eine ausdrückliche Beziehung zwischen der jungfräulichen Geburt durch Maria und der Gottessohnschaft Jesu konstituiert. Am konsequentesten ist schließlich das jüngste Evangelium, das Johannesevangelium. *„Im Anfang war das Wort, und das Wort war bei Gott, und das Wort war Gott. Im Anfang war es bei Gott. Alles ist durch das Wort geworden, und ohne das Wort wurde nichts, was geworden ist."* (Joh 1,1–3) Im Johannesprolog wird in deutlicher Weise der Präexistenzgedanke auf Jesus angewendet. Damit wird aber die Vorstellung eines Adoptionsaktes innerhalb des Lebens Jesu überwunden und eine zeitenthobene oder überzeitliche Wesensaussage formuliert. Und mit dem Präexistenzgedanken wird der Gedanke der uranfänglichen Schöpfungsmittlerschaft Jesu verbunden. Von hier aus ergeben sich dann die Präexistenzaussagen über Jesus Christus als den Sohn Gottes, wie sie sich im Apostolischen Glaubensbekenntnis finden.

Man muss allerdings auch feststellen, dass sich auch in frühen paulinischen Schriften neben dem Adoptionsgedanken der Präexistenzgedanke findet, etwa in Röm 8,3 *„Weil das Gesetz, ohnmächtig durch das Fleisch, nichts vermochte, sandte Gott seinen Sohn in der Gestalt des Fleisches ..."* Ähnliches ist auch von Gal 4,4 zu sagen: *„Als aber die Zeit erfüllt war, sandte Gott seinen Sohn, geboren von einer Frau und dem Gesetz unterstellt, damit er die freikaufe, die unter dem Gesetz stehen, und damit wir die Sohnschaft erlangen."*

Hans Küng resümiert: *„Was also ist ursprünglich jüdisch und so auch neutestamentlich mit der Gottessohnschaft gemeint? Was immer später von hellenistischen Konzilien mit hellenistischen Begriffen in dieser Sache definiert wurde: Im Neuen Testament ist ohne Frage nicht eine Abkunft, sondern die Einsetzung in eine Rechts- und Machtstellung im hebräisch-alttestamentlichen Sinne gemeint. Nicht eine physische Gottessohnschaft, wie in den hellenistischen Mythen und wie von Juden und Muslimen bis heute oft angenommen und zu Recht verworfen, sondern eine Erwählung und Bevollmächtigung Jesu durch Gott, ganz im Sinne der hebräischen Bibel, wo bisweilen auch das Volk Israel kollektiv ‚Sohn Gottes' genannt werden kann. Gegen ein solches Verständnis von Gottessohnschaft war vom jüdischen Ein-Gott-Glauben her kaum Grundsätzliches einzuwenden."*[10]

Mir scheint, dass Küng die auch schon im neutestamentlichen Ursprung vorhandenen hellenistisch beeinflussten Präexistenz- und Wesensaussagen zur Gottessohnschaft, und zwar um einer Kompatibilität zum Judentum und zum Islam willen, nicht hinreichend berücksichtigt. Ich glaube nicht, dass das Neue Testament als eine ursprünglich von hellenistischen Denkmustern freie Schrift gelesen werden kann, die nur durch eine nachträgliche Dogmatik in einen hellenistischen Denkkontext überführt, hellenistisch überfremdet oder gar kontaminiert worden sei. Backhaus stellt bei seiner Analyse des Hebräerbriefes fest: *„Bei der Präexistenz geht es, biblisch betrachtet, nicht um die Göttlichkeit eines Menschen, sondern um die Menschlichkeit Gottes – jenes Gottes, der ... dem Volk Brot und Fische reicht."*[11]

Natürlich hat sich hellenistisches Denken in dogmatischer Interpretationsabsicht des neutestamentlichen Schrifttums angenommen.

Aber es ist deutlich, dass schon in den jüngsten alttestamentlichen und auch in den neutestamentlichen Schriften selbst hellenistische Sprach- und Denkmuster auftauchen. Auch das Judentum hat seinen Glauben griechisch weitergedacht, ohne ihn theologisch unstatthaft zu überfremden oder gar zu zerstören. Zumindest in dieser Hinsicht kann eine das neutestamentliche Schrifttum bedenkende „hellenistische Dogmatik" nicht grundsätzlich als Verfremdung angesehen werden. Sie knüpft vielmehr an Begriffe und Denkstrukturen an, die bereits im Text selber auftauchen und im damaligen Denkhorizont angesagt waren. Aber die einmal getroffenen dogmatischen Formulierungen sind nicht einfach ein unüberholbarer Terminus ad quem, also ein Endpunkt des Nachdenkens, sondern für jede Zeit auch ein Terminus a quo, ein Ausgangspunkt für weiteres Nachdenken. Diese Nachdenken über Gott kann prinzipiell nicht weit genug getrieben werden.

Das Apostolische Glaubensbekenntnis hat also in der Heiligen Schrift eine unaufgelöste Ambivalenz zwischen einem Sohn-Gottes-Verständnis nach Art jüdischer Adoptionsvorstellungen und nach Art griechischer Wesensvorstellungen zur Grundlage. Es entscheidet sich aber selbst, und das ist zeitlich ca. 250 bis 300 Jahre nach Abfassung der neutestamentlichen Schrifttexte, für die griechische Wesensaussagen implizierende Variante. In diesem Sinne ist Pannenberg gegen Küng zuzustimmen: *„Auch das apostolische Bekenntnis versteht den Ausdruck ‚Sohn Gottes' zweifellos in dieser Weise: als ein präexistentes, d. h. schon in der Ewigkeit Gottes vor Jesu irdischer Geburt existierendes Gottwesen, das bei Jesu Geburt menschliche Gestalt und menschliches Wesen angenommen hat."*[12]

### 6.4. Attribute der Göttlichkeit Jesu Christi

> *„… aus dem Vater geboren vor aller Zeit: Gott von Gott, Licht vom Lichte, wahrer Gott vom wahren Gott, gezeugt, nicht geschaffen, eines Wesens mit dem Vater; durch ihn ist alles geschaffen."* (nur NK)

Es fällt auf, dass das Nizänokonstantinopolitanum in manchen Punkten theologisch differenzierter formuliert als das Apostolikum. Und gerade da, wo es differenzierter und ausführlicher ist, wird es zum Denkmal und zum Zeugnis für die Auseinandersetzung mit den theologischen Positionen des alexandrinischen Presbyters Arius und seiner Anhänger; es ging um die trinitätstheologische Frage der Subordination des Sohnes unter den Vater, eine heftig geführte Debatte, die vor allem zwischen den Jahren 318 und 381 stattgefunden hat.[13] Das Nizänokonstantinopolitanum trägt noch gewissermaßen die Narben der Auseinandersetzung an oder in sich. Dogmengeschichtlich ist dieser Abschnitt die direkte und vierfache theologische Entgegnung auf die Position des Arius bezüglich der Präexistenz und Göttlichkeit des Logos.

1. Arius hatte die Position vertreten: „Es gab einmal eine Zeit, als er (sc. der Logos Christus) nicht war." Wohl meinte Arius auch, dass der Logos zwar einerseits als Schöpfungsmittler vor der übrigen Schöpfung aus Gott geboren wurde, aber dass er andererseits nur ein erstes Geschöpf und nicht der dem Vater gleichursprüngliche Schöpfer ist. Das nachdrückliche „vor allen Zeiten" oder „vor aller Zeit", wie es die bei uns gebräuchliche Form des Bekenntnisses ausdrückt, setzt dem zeitlich gewendeten Arianischen Subordinatianismus das Veto entgegen. Es gab keine Zeit, in der er nicht war, wird damit gesagt. Die Präexistenz des Logos ist keine relative, sondern eine absolute.

2. Ergänzend und nachdrücklich wird sodann die Göttlichkeit des Logos unterstrichen. Die lateinische Urfassung kennt im Unterschied zur griechischen noch das „Gott von Gott", das auch Einzug in das heute liturgisch übliche Glaubensbekenntnis gefunden hat. Sie fährt dann ähnlich wie die griechische fort mit „Licht vom Lichte, wahrer Gott vom wahren Gott". Dreifach in der lateinischen und zweifach in der griechischen Urversion wird damit die Göttlichkeit des Herrn Jesus Christus unterstrichen. Die Formulierung „Licht vom Licht" besagt, dass der irdisch erschienene Jesus Christus nicht nur der indirekte Widerschein, nicht nur der geschöpfliche Reflex auf das göttliche Licht ist, sondern eben dieses göttliche Licht selbst.

3. Die Formulierung „gezeugt, nicht geschaffen" ist für uns heutige in biologischen Kategorien denkende Hörer des Nizänokonstantinopolitanum nicht unmittelbar verständlich. „Nicht geschaffen" ist der nochmalige Hinweis darauf, dass der Logos kein Geschöpf ist. Mit „gezeugt" hingegen ist kein biologischer Zeugungsakt eines Mannes gemeint, der dann post factum zum Vater wird, oder

eben auch nicht. Dann hätte man ja genau das, was man nicht haben wollte, nämlich einen subordinatianistisch herabgestuften Sohn, und Gott hätte man obendrein zum Mann gemacht. Gemeint ist keine biologische, sondern eine ontologische Kategorie: Der Vater wird zum Vater in der Zeugung des Sohnes. Aber dieser Zeugung genannte Hervorgang ist das uranfängliche, von Ewigkeit her vollzogene Geschehen in Gott. Es ist nicht die Idee eines zeitlich und männlich gedachten Gottes, die er dann, wenn ihm danach ist, in irgendeiner lauen Maiennacht in die Realität umsetzt. Wenn Sohn und Vater gleichursprünglich sind, dann ist damit das antike griechische Gottesbild revolutioniert. Dann ist Gott Gemeinschaft und Kommunikation. *„Damit ist der griechische Gottesbegriff von der arché, die unberührbar, unbefleckt von der Welt, völlig identisch, unbeweglich in sich steht, korrigiert. Die Kommunikation in Gott selbst wird bejaht, weil nur dadurch Gott als jener denkbar wird, der seinen eigenen Lógos dieser Welt mitteilen kann.“*[14] Vollständig wird diese Aussage, Gott ist Einheit in Gemeinschaft, Gott ist Kommunikation, allerdings erst, nachdem über Nizäa hinausgehend in Konstantinopel der Artikel über das Pneuma, über Gott als Heiligen Geist beigefügt wird.

4. Der vierte antiarianische Aspekt im Nizänokonstantinopolitanum ist schließlich der hart umkämpfte Begriff „eines Wesens mit dem Vater" – griechisch: „homooúsion tô patrí". Arius hatte in seiner Schrift „Thalia" gelehrt: „Er (der Logos) ist dem Vater nicht ebenbürtig, also auch nicht homooúsios". Sein wohl im Interesse der Einzigkeit des Vaters formulierter Gedanke vom minderen Wesen des Sohnes setzt aber letztlich den Gedanken der Erlösung aufs Spiel. Problematisch an der Formulierung „homooúsios" war der damit noch nicht ausgeschlossene Gedanke, *„dass Vater und Sohn als trennbare Mengen einer konkreten Substanz zu betrachten seien."*[15] Klar aber war dadurch doch, dass der Logos dem Vater nicht nur wesensähnlich, also nicht „homoioúsios tô patrí", sondern wesensgleich, „homooúsios tô patrí" zu denken sei. Dieses „homooúsios" ist allerdings nicht als eine abseitige theologisch-philosophische Spekulation zu verstehen, die man auch unterlassen könnte oder sogar besser unterlassen sollte; es ist vielmehr ein in soteriologischem Interesse gewählter, den Erlösungsgedanken wahrender Topos. Die nachgestellte Formulierung „durch ihn ist alles geschaf-

fen" betont, wenn sie sich auf den Sohn bezieht, dessen Schöpfungsmittlerschaft und weist den in der Theologiegeschichte des öfteren vorgestellten Gedanken einer „Arbeitsteiligkeit" ab, der zufolge Gott der Vater nur erschaffe und Gott der Sohn nur erlöse.

Was wir heute in dieser hier nur angedeuteten Differenziertheit vielleicht als abseitige theologische Spekulation ansehen mögen, hat in der Alten Kirche einen Jahrhundertkampf quer durch alle Gesellschaftsschichten ausgelöst, in den auch die z. T. konträren politischen Interessen diverser Kaiser wie Konstantin, Konstantius, Julian Apostata u. a. zur inneren Festigung und Einigung des Reiches eingingen; denn sie sahen sich selbst auch als Sachwalter in religiösen Dingen.

Auch wenn es die theologischen Grabenkämpfe der Vergangenheit, die sich in den antiarianischen Artikeln widerspiegeln, und ihre religionspolitische Instrumentalisierung heute nicht mehr gibt, so kann doch ein an Arius erinnernder Subordinatianismus in der christologischen Debatte keineswegs als überwunden angesehen werden. Der Subordinatianismus ist auch heute, wie christologische Gesprächskreise im Gemeindealltag zeigen, eine permanente, zumeist latente, aber immer wieder einmal virulente Gefährdung von Christologie und Gotteslehre.

### 6.5. Zusammenwirken von Gott und Mensch

> *„... empfangen durch den Heiligen Geist, geboren von der Jungfrau Maria ..."* (A)
> *„... Für uns Menschen und zu unserm Heil ist er vom Himmel gekommen, hat Fleisch angenommen durch den Heiligen Geist von der Jungfrau Maria und ist Mensch geworden."* (NK)

Wie sehr gerade bei diesem Artikel des Glaubensbekenntnisses aufgrund divergenter, teils wenig reflektierter hermeneutischer Vorentscheidungen die Deutungen auseinanderdriften, sei mit Peter Sloterdijk belegt. Dieser spricht in Bezug auf die Herkunft Jesu von einer genealogischen Anomalie, die Jesus selbst, insbesondere aber die frühe Kirche mit Legendenbildungen und subtilen theologischen Konstrukten zu verdecken trachteten. Die Stammbäume Jesu, die nicht identisch seien, landeten von Adam oder von David ausgehend stets bei Josef, der aber nicht sein Vater sei. Somit sei ein im Judentum sonst üblicher Bedeutsamkeitsbeleg für Jesus durch die Davidische Genealogie gescheitert. Daher rekurriere Jesus direkt auf Gott als seinen Vater und generiere damit einen durch nichts mehr zu toppenden Bedeutsamkeitsnachweis. Sloterdijk erwähnt in diesem Zusammenhang „Legenden" aus dem 2. Jahrhundert, *„denen zufolge ein in Israel stationierter römischer Soldat namens Panthera der Erzeuger Jesu gewesen sei – eine Unterstellung, die aus der Mutter eine Kollaborateurin, ja eine Soldatenhure machte. Sie steigern sich auf der theologischen Seite bis in die Ungeheuerlichkeiten der trinitarischen Beziehungen zwischen Gott Vater und Gott Sohn und ihrer gemeinsam gehauchten Emanation, dem Heiligen Geist."*[16] Gegen derartige, wenn auch „nur legendäre" Verunglimpfungen muss dann wohl auch die Mutter, diesmal durch die Legende von ihrer Jungfräulichkeit geschützt werden. Sloterdijk sieht die Vaterlosigkeit Jesu also als Ausgangspunkt der heftigen, gegen die Schriftgelehrten und Pharisäer gerichteten antipatriarchalischen Aktivitäten Jesu und als Ausgangspunkt diverser Christusprädikationen, insbesondere der des Gottessohns, ja sogar als Ausgangspunkt der Trinitätslehre. Damit stammen die von Jesus eher nicht, wohl aber von der frühen Kirche behauptete Gottessohnschaft Jesu und die Trinitätsspekulationen aus einem in der Vaterlosigkeit begründeten „Psychoknacks" Jesu, den die frühe Kirche mit theologischen Konstrukten weiter zu vertuschen bzw. mit Gott als Vater und der jungfräulichen Mutter zu überhöhen trachtete. Der Begriff Mythopoiese, den Sloterdijk gern auf biblische Texte und deren theologische Deutung anwendet, scheint wohl eher für seine eigenen Überlegungen diagnostisch richtig gewählt.

Die zu Sloterdijk genau gegenteilige Position scheint Menke einzunehmen, wenn er bemerkt: *„Schon die ältesten Credo-Formeln aber bezeugten ganz eindeutig den wörtlichen Sinn des Dogmas von der jungfräulichen Empfängnis. Denn dieses geschichtliche Faktum bedeutet die Unfähigkeit der Schöpfung (genauerhin eines von Joseph gezeugten und von Maria geborenen Sohnes), so mit Gott Vater in Beziehung zu treten, dass man im Ergebnis von einer hypostatischen Union zwischen dem innertrinitarischen Sohn und dem Geschöpf Jesus sprechen könnte."*[17]

Hier wird die Richtigkeit des dogmatischen Satzes von der hypostatischen Union voraussetzend die mögliche Vaterschaft Josephs bestritten und Jesu Geburt aus der biologischen Jungfrau Maria postuliert. Bei Sloterdijk ist der Satz von der Jungfrauengeburt das Mythologem, um die durch und durch biologische Herkunft Jesu zu verschleiern und ihn zum Gottessohn zu erhöhen. In beiden Fällen wird, und das von zwei Denkern, wie sie unterschiedlicher kaum sein könnten, die Gottessohnschaft mit der Jungfrauengeburt verbunden.

Wenn man allerdings für den Begriff Jungfrau die Begriffsgeschichte vom Hebräischen über das Griechische und Lateinische bis ins Deutsche rekonstruiert, die uns diese einerseits hyperorthodoxe und andererseits unorthodoxe „Lösung des Problems" beschert hat, dann bekommt man im einen wie im anderen Fall Zweifel an deren theologischer Tragfähigkeit. Ausgangspunkt für diese Jungfrauenspekulation ist Jes 7,14: *„Deshalb wird mein Herr selbst dir ein Zeichen senden: Siehe, die junge Frau wird schwanger und gebiert einen Sohn, und sie wird ihn Immanuel nennen."*

Bei Jes 7,14 steht im Hebräischen nicht das Wort „Betula", das Jungfrau, sondern das Wort „Alma", das eine junge, aber keineswegs eine unberührte Frau meint. Die von da ausgehende Übersetzung ins Griechische der Septuaginta mit dem Wort „Parthenos" meint aber dann schon nicht mehr die junge, sondern die unberührte Frau, die auch biologische Jungfrau. Für die Übersetzung von Alma ins Griechische hätte aber auch der wahrscheinlich treffendere Begriff „Core" zur Verfügung gestanden und gewählt werden können, der eben die junge Frau und nicht die Jungfrau meint. Mt 1,23 zitiert dann etwas frei aus der Septuaginta-Version von Jes 7,14: *„Siehe, die Jungfrau wird schwanger sein und einen Sohn gebären, und sie werden seinen Namen Emmanuel nennen, was übersetzt ist: Gott mit uns."* Dass die Begriffs- und Übersetzungsgeschichte dann im weltkirchlich und theologisch maßgeblichen Latein beim Begriff „Virgo" landet und in dessen Folge beim Deutschen „Jungfrau" ist logisch nachvollziehbar. Dieser Begriffsentwicklungsprozess ist natürlich nicht rückabwickelbar, wohl aber interpretationsbedürftig und interpretationsfähig und muss einer theologischen und kirchlichen Lehrentwicklung gedanklich nicht für alle Zeiten die Hände binden.[18]

Immer wieder ist die Gottessohnschaft Jesu in der Theologiegeschichte und Verkündigung so interpretiert worden, als sei sie begründet in der jungfräulichen Geburt aus Maria und in der damit implizierten Ablehnung einer menschlich-irdischen Vaterschaft, die dann als durch den Heiligen Geist substituiert gedacht wird. Aber das ist unter der Annahme, die Gottessohnschaft sei eine Wesensaussage und verweise letztlich auf die Präexistenz des Sohnes vor dem historischen Jesus, keine schlüssige Interpretation. Wenn nämlich die Gottessohnschaft biologisch begründet wäre, hätte sie implizit die Bestreitung der Präexistenzaussage zur Folge; denn die biologischen Daten sind Daten in der Zeit, haben also allesamt einen Zeitvermerk. So sieht es auch Joseph Ratzinger in seiner „Einführung ins Christentum", die er auch als Papst Benedikt XVI. wieder aufgelegt hat, wenn er schreibt:

*„Die Gottessohnschaft Jesu beruht nach dem kirchlichen Glauben nicht darauf, daß Jesus keinen menschlichen Vater hatte; die Lehre vom Gottsein Jesu würde nicht angetastet, wenn Jesus aus einer normalen menschlichen Ehe hervorgegangen wäre. Denn die Gottessohnschaft, von der der Glaube spricht, ist kein biologisches, sondern ein ontologisches Faktum; kein Vorgang in der Zeit, sondern in Gottes Ewigkeit: Gott ist immer Vater, Sohn und Geist."*[19]

Höchst missverständlich ist es aber, wenn er schreibt: *„Die Empfängnis Jesu ist Neuschöpfung, nicht Zeugung durch Gott. Gott wird nicht etwa zum biologischen Vater Jesu."*[20]

Eine solche Äußerung scheint der ausdrücklichen Formulierung des Nizänokonstantinopolitanum zu widersprechen, wo es heißt: „Gezeugt, nicht geschaffen, eines Wesens mit dem Vater." Hier wird nochmals eine terminologische Schwierigkeit deutlich. Wenn die kirchliche Dogmatik in Bezug auf den Sohn von „gezeugt" spricht, meint sie keinen biologischen Vorgang. Der wäre im Übrigen auch völlig unverständlich angesichts anderer Formulierungen desselben Bekenntnisses wie z. B. „aus dem Vater geboren vor aller Zeit". Eine biologisch zu verstehende Zeugung vor aller Zeit annehmen zu wollen, ist deshalb absurd, weil alles Biologische ein Vorgang in der Zeit und auf die mit dieser Zeit konjugierten Größen Raum und Materie angewiesen ist.

Der Begriff „gezeugt" meint den innertrinitarischen Hervorgang des Sohnes aus dem Vater, keine biologische Kategorie. Angesichts des allgemein gegebenen Vorverständnisses eines Begriffs wie „gezeugt" wäre es wahrscheinlich sinnvoller, für den Hervorgang des Sohnes aus dem Vater einen anderen Begriff zu finden als gerade diesen missverständlichen Begriff der Zeugung. Aber angesichts des Driftens menschlicher Sprache ist keinesfalls eine überzeitlich gültig bleibende Formulierung denkbar. Damit die theologischen Inhalte bleiben können, was sie sollen, muss die Sprache sie je neu ausformulieren.

Hinzu kommt, dass der theologische Begriff der „physischen Gottessohnschaft" ebenfalls höchst missverständlich ist. Er greift zurück auf den alten griechischen Begriff von Physis, der zwar auch Geburt und Herkunft bedeutet, in diesem theologischen Kontext aber soviel wie Natur und Wesen meint. Damit meint die physische Gottessohnschaft eben dies, dass der Gottessohn göttlicher Natur, göttlichen Wesens ist, und nicht, dass er, was die heutige Verwendung des Begriffs Physis nahelegt, in biologischer Weise von Gott gezeugt sei.

Auch Karl Rahner differenziert zwischen Aussagen über die Gottessohnschaft Jesu und Aussagen von der Jungfrauengeburt und stellt ihre zwangläufige Verbindung in Abrede:

„*Es ist deutlich zu sagen – vielleicht eine Binsenwahrheit, die aber sachlich und apologetisch von großer Bedeutung ist –, daß der formale und abstrakte Begriff der hypostatischen Union (der Einheit von Gott und Mensch in der Person des göttlichen Sohnes) die Jungfrauengeburt nicht fordert. Die hypostatische Union als solche könnte auch eine menschliche Wirklichkeit zu der des Logos machen, die durch die Tat von Frau und Mann entsteht. Man kann also nicht sagen, wenn man die Jungfrauengeburt leugnen würde, dann wäre die wahre, substantielle Gottessohnschaft des Menschen Jesus nicht mehr aufrechtzuerhalten, da diese jene impliziere.*"[21]

Die theologische Vorstellung von der Jungfrauengeburt ist nicht die Bedingung der Möglichkeit für eine biologische Vaterschaft Gottes. Diese Überlegung würde möglicherweise aus Jesus einen für christliche Theologie unhaltbaren Halbgott machen. Und ganz im Sinne von Rahner und Ratzinger formuliert darum auch Theodor Schneider:

„*Für das gläubige Bekenntnis der wahren Gottessohnschaft Jesu ist die Annahme einer biologisch-physiologisch verstandenen jungfräulichen Empfängnis (= das Fehlen des männlichen Samens) keineswegs notwendige Voraussetzung (Conditio sine qua non).*"[22]

Weder Ratzinger, noch Rahner, noch Schneider bestreiten oder behaupten damit die Aussage, dass Maria in einem biologischen Sinne Jungfrau war. Von welcher Basis aus sollten sie das auch tun können? Alle drei aber machen deutlich, dass das Dogma von der Jungfrauengeburt dogmatisch keineswegs von derselben Dignität ist wie das Dogma von der Gottessohnschaft Jesu und Letzteres also nicht mit Ersterem steht und fällt.

Die Überlieferung von der jungfräulichen Geburt findet sich nur bei Matthäus und Lukas. Dass ein volles Bekenntnis zu Jesus als dem Christus, als dem Sohn Gottes möglich ist, ohne auch nur andeutungsweise von Jungfrauengeburt zu sprechen, das zeigen also mit hinreichender Deutlichkeit auch die neutestamentlichen Texte selbst; denn weder Paulus noch Johannes sprechen irgendwo von der jungfräulichen Mutterschaft Mariens und sind deshalb keineswegs von minderer Bedeutung als Matthäus und Lukas.

Das Ökumenismusdekret des Zweiten Vatikanischen Konzils spricht von der Hierarchie der Wahrheiten.[23] Danach stehen, und das hatte die Theologie schon lange vorher zum Ausdruck gebracht, nicht alle lehramtlichen Aussagen, auch nicht alle Dogmen auf derselben Bedeutungsebene. Es gibt vorrangige und zentrale Dogmen und nachrangige, verdeutlichende Dogmen.

Nimmt man das als Ausgangspunkt, dann ist etwa hinsichtlich der Mariendogmen zu sagen: Der Titel „Immerwährende Jungfrau" (lateinisch: „Semper Virgo", griechisch: „Aeiparthénos") ist weniger bedeutsam als der Titel der „Gottesmutter" („Theótokos", „Deigenitrix", „Deipara", „Mater Dei"). Auch der Titel „Gottesmutter" hat aber einen verdeutlichenden und hinweisenden Charakter. Es geht ihm um die für den christlichen Glauben zentrale Aussage, dass Gott Mensch wurde; es geht um das Zentraldogma der Inkarnation. Ohne diese zentrale Glaubensaussage der Menschwerdung Gottes wäre auch die Aussage von der Gottesmutterschaft Mariens substanzlos und ohne jede theologische Relevanz.

Eine zeitgemäße Glaubensverkündigung wird gut daran tun, diese Bedeutungshierarchien im Glaubensgut zu berücksichtigen und sich nicht unter Vernachlässigung der Zentralaussagen in theologisch zweitrangigen Aussagen oder gar in völlig nebensächlichen Quisquilien zu ergehen.

Manche ehemals für wichtig erachteten Glaubensaussagen haben ihre ursprüngliche Bedeutung verloren und sind durch die weitere Formulierung von Lehrsätzen – man denke an die stillschweigende Verabschiedung der Lehre vom „Limbus puerorum" im II. Vatikanum – oder durch fehlende Kenntnisnahme und faktische Nichtbeachtung zu allenfalls theologiegeschichtlich interessanten Belanglosigkeiten heruntergekommen.

Ratzingers abschließende Deutung des Theologumenons von der Jungfrauengeburt kann vielleicht eine Hilfe zum Verständnis sein: *„Das Heil der Welt kommt nicht vom Menschen und von dessen eigener Macht; der Mensch muß es sich schenken lassen, und nur als reines Geschenk kann er es empfangen. Die Jungfrauengeburt bedeutet weder ein*

*Kapitel Askese noch gehört sie unmittelbar der Lehre von der Gottessohnschaft Jesu zu; sie ist zuerst und zuletzt Gnadentheologie, Botschaft davon, wie uns das Heil zukommt: in der Einfalt des Empfangens, als unerzwingbares Geschenk der Liebe, die die Welt erlöst."*[24]

Zurück zum Credo bzw. Credimus: Der soteriologische Gedanke, das „um uns Menschen und um unseres Heiles willen", ist dem Nizänokonstantinopolitanum zufolge das göttliche Motiv für die Inkarnation. Das nimmt sich aus wie ein Heilsratschluss Gottes und dessen Umsetzung im inkarnatorischen Geschehen.

In manchen neutestamentlichen Texten und bei einigen frühchristlichen. vor allem judenchristlichen Autoren fanden sich Formen einer ausschließlichen Aszendenz-Christologie, z. B. im Adoptianismus. Demnach wird der Mensch Jesus als der Gesalbte, d. h. der Christus, zum Sohn Gottes erhöht. Die Erzählungen von der Taufe Jesu, der Verklärung Jesu oder auch der Auffahrt in den Himmel könnte man unter Auslassung anderer Perspektiven in diesem Sinne deuten. Dagegen wird im Nizänokonstantinopolitanum in Übereinstimmung mit den zuvor getroffenen Präexistenzaussagen im „herabgestiegen ... Fleisch geworden ... Mensch geworden ..." mit dreifacher Nachdrücklichkeit auf eine Deszendenz-Aszendenz-Christologie gesetzt. Gegen eine bloße, seines Erachtens verkürzende und gnosisgefährdete Aszendenzchristologie hält Menke fest:

*„Wenn wir fragen, wie der den Gesetzen der Zeit unterworfene Mensch Jesus die Beziehung des ewigen Sohnes bzw. Logos zum ewigen Vater offenbart, fällt zuerst und zunächst auf: ... Seine Beziehung zum Vater ist Konkretion, ist Inkarnation, ist Kenosis und Fußwaschung ... Als Herabsteigender ist er eins mit dem Vater – so und nur so. Als Herabsteigender ist er der Weg, die Wahrheit und das Leben. Die Gnostiker aller Schattierungen und Zeiten haben Jesus Christus zu einer Idee erklärt, deren äußere Schale, der Leib, das Menschsein, das In-der-Welt-Sein ist. Sie haben das wahre, das eigentliche Christentum als Loslösung von dieser Schale, als Loslösung von allem Irdischen und Konkreten, als Weg in die reine Geistigkeit beschrieben."*[25]

Der präexistente Logos erniedrigt sich bis hinein ins sterbliche menschliche Dasein und kehrt durch Tod und Auferstehung hindurch wieder heim zu Gott. Zugleich wird in diesem gedanklichen Duktus aber auch noch das antike Weltbild in seiner Dreistöckigkeit präsentiert, das den Himmel oben, die Erde in der Mitte und die

Unterwelt oder Scheol oder Hel unten wähnte. Die gedankliche Einbettung einer als zeitübergreifend-verbindlich gedachten theologischen Festlegung in das zeitbedingte antike Weltbild macht damit aber noch lange nicht das Weltbild theologisch verbindlich. Und die Ablösung eines überholten Weltbilds zerstört nicht zwangsläufig die darin eingebettete theologische Festlegung.

Das hier vorgelegte Schema zeigt die ungefähre zeitliche Einordnung von Christologien mit und ohne Präexistenzvorstellungen. Es macht deutlich, dass Präexistenzchristologien keine Zutat oder gar Zumutung aus später einsetzender hellenistischer Überfremdung sind, sondern neben anderen divergierenden Ansätzen schon von Anfang an zum Spektrum theologischer Denkmöglichkeiten gehörten. Zugleich wird deutlich, welche Denkwege zurückgelegt und welche Schriften systematisch-theologisch erkenntnisleitend sowie letztlich dogmatisch denkstilprägend wurden.

|     | Christologien ohne Präexistenz | Präexistenzchristologien |
|-----|--------------------------------|--------------------------|
| 100 |                                |                          |
|     |                                | Johannesevangelium       |
| 90  |                                |                          |
|     | Lukasevangelium   Sohnschaft   | Joh 1,1–16               |
|     | Matthäusevangelium   durch Geistzeugung | |
| 80  |                                |                          |
|     | Apg 2,32–36; 5,30f.; 10,42; 13,32f. |                      |
|     | Markusevangelium               | Hebr 1,2f.               |
| 70  | (Sohnschaft durch Geisterfüllung) | 1 Tim 3,16            |
|     |                                |                          |
|     |                                | Kol 1,15–20              |
| 60  | Logienquelle (Jesus = Bote der präexistenten Weisheit) | |
|     |                                | Phil 2,6–11              |
| 50  | Röm 1,3f.                      | 1 Kor 8,6                |
|     |                                | Röm 8,3                  |
|     |                                | *vorpaulinisch*          |
| 40  | Beginn der Missionstätigkeit   |                          |
|     | Ostererfahrung der Jünger      |                          |
|     | **Tod Jesu**                   |                          |
| 30  |                                |                          |

Abb. 4: Christologien ohne Präexistenz und Präexistenzchristologien verändert nach Laufen[26]

## 6.6. Leiden, Kreuzigung, Tod

„... gelitten unter Pontius Pilatus, gekreuzigt, gestorben und begraben ..." (A)
„Er wurde für uns gekreuzigt unter Pontius Pilatus, hat gelitten und ist begraben worden ..." (NK)

Außer der Erwähnung des Namens Maria, der ja nun einen unmittelbaren und positiven Zusammenhang zu den Wahrheiten des christlichen Glaubens hat, findet sich nur noch ein weiterer Eigenname im Apostolischen Glaubensbekenntnis: Pontius Pilatus.

Wer war Pontius Pilatus und warum steht dieser Name dort, wenn doch ein positiver Zusammenhang mit den Glaubensaussagen nicht so ohne weiteres erkennbar ist? Pontius Pilatus entstammt dem samnitisch-römischen Pontius-Geschlecht und war Statthalter (lateinisch: praefectus, griechisch: parchos) der kaiserlichen Provinz Judäa. Er war der fünfte Präfekt und wirkte hier von 26–36 oder von 27–37 n. Chr.[27]

Möglicherweise deutet der Name Pilatus auf seine Herkunft hin; dann wäre Pilatus ein mit dem Pileus, dem Hut, Ausgezeichneter, also ein Freigelassener. Das aber ist unsicher. Mit Sicherheit war er ein Mitglied des römischen Standes der Ritter, gehörte also zum ritterlichen Amtsadel. Üblicherweise erhielt jemand das Präfektenamt als kaiserlichen Gunsterweis, z. B. nach seiner militärischen Karriere. In dem Sinne war wohl auch Pontius Pilatus ein „Freund des Kaisers" (vgl. Joh 19,12) Tiberius, von dessen Gunst er abhing. Auch haben die römischen Kaiser bevorzugt militärisch erfahrene Statthalter mit der Verwaltung politisch unruhiger oder instabiler Provinzen betraut, wie es Judäa war. Und wenn die Ruhe in der Provinz nicht mehr gesichert war, dann konnte das einem kaiserlichen Günstling zum Schaden gereichen. Und genau hier war Pontius Pilatus angreifbar, worauf der Hinweis der Juden anspielt, wenn er, Pilatus, Jesus freiließe, sei er kein Freund des Kaisers mehr (vgl. Joh 19,38–42).

Das allgemeine historische Urteil über Pilatus ist keineswegs so negativ, wie eine jüdische Rezeptionsgeschichte es gelegentlich glauben machen möchte, oder wie es den Christen aufgrund des verheerenden Prozesses gegen Jesus scheinen mag: *„Seine Handlungsanweisungen in konkreten Situationen ... erweisen Pilatus hinter aller Polemik und Apologetik und in Anbetracht der den politischen Umständen entsprechenden Zwänge als wachen, entscheidungsfreudigen Beamten."*[28]

Für unseren Kontext ist das Entscheidende dies: Mit der Nennung des Namens Pontius Pilatus knüpfen das Apostolische und das Nizänokonstantinopolitanische Glaubensbekenntnis einerseits an das Evangelium an, das im Zusammenhang des öffentlichen Wirkens Johannes des Täufers und der Leidensgeschichte Jesu (Mk 15,9; Lk 3,1; Lk 23,22) diesen Namen erwähnt. Andererseits knüpfen sie an den historisch überprüfbaren Kontext der politischen Profangeschichte an, verzahnen also Profan- und Heilsgeschichte durch die Nennung eines der, wenn auch negativ wirksamen, Akteure im heilsgeschichtlichen Drama.

Zugleich leuchtet etwas von der weltgeschichtlichen Bedeutsamkeit Jesu auf, wenn er mit dem höchsten Repräsentanten weltlicher Macht in Judäa, mit dem regionalen Vertreter des römischen Kaisers, in Zusammenhang gebracht wird. Das Apostolische wie auch das Nizänokonstantinopolitanische Glaubensbekenntnis erhalten damit gewissermaßen als Konkretisierung des inkarnatorischen Prinzips eine historische Signatur.

Das Nizänokonstantinopolitanum spricht vom Sterben Jesu nicht ausdrücklich, sondern setzt es als zwangsläufiges Ergebnis dieser brutalen Bestrafung und dieser sich raffiniert über Stunden hinziehenden Quälerei der Kreuzigung voraus. Nur noch vom Begräbnis ist dann die Rede.

Sehr nüchtern und sehr nachdrücklich wird dagegen im Apostolikum mit den vier Verben „gelitten … gekreuzigt, gestorben und begraben" jeder Zweifel an der Tatsächlichkeit des Todes Jesu ausgeräumt. Die Begriffe „gekreuzigt, gestorben und begraben" geben nicht nur eine Chronologie wieder, sondern eines ist die Konsequenz aus dem anderen; und der Begriff „begraben" besiegelt und dokumentiert die unbestreitbare Tatsächlichkeit des Todes.

Nur so, im Insistieren auf der Tatsächlichkeit des Todes, ist auch dem möglichen Zweifel an der Tatsächlichkeit der Auferstehung beizukommen; denn wenn der Tod nur ein scheinbarer wäre, dann wäre in der Tat auch die Auferstehung nur eine scheinbare.

Das Große Glaubensbekenntnis gibt mit seinem „für uns" in der lateinischen wie der griechischen Version eine Begründung der Leidensgeschichte. Jesus der Christus erträgt das Leiden „hypér hämôn" bzw. „pro nobis" an unserer Stelle oder um unseretwillen. Das Apostolische Glaubensbekenntnis hält nur das Faktum des Todes fest und liefert keine theologische Interpretation, schon gar keine nach Art der Satisfaktionslehre des Anselm von Canterbury. Inwiefern das Leiden eines Menschen vor zweitausend Jahren und an einem weltgeschichtlich abseitigen Ort etwas zu unserer heutigen Heilsbefindlichkeit beiträgt oder beitragen kann, das wird unter dem Stichwort vom „Kairos in Christus" thematisiert.[29]

Aber das Bild des Gekreuzigten spricht ganz ohne Erklärungen doch eine eindringliche Sprache. Der Sohn Gottes lässt nicht leiden, er leidet selbst; er lässt nicht sterben, er stirbt selbst; er opfert nicht anderes oder andere, sondern nur sich selbst.

Auch das Kreuz, an dem er stirbt, spricht für sich und für den, der an ihm stirbt. Man könnte das zur Annagelung des Delinquenten auf den Boden gelegte Kreuz deuten als Wegweiser in alle vier Himmelsrichtungen und als Hinweis auf die alles verbindende und allumfassende Bedeutung des Kreuzesgeschehens.

Aufgerichtet weist das Kreuz eine Vertikale auf, und mit ihr verbindet es das Oben und das Unten, verbindet es im übertragenen Sinne Himmel und Erde, Gott und Mensch, Transzendenz und Immanenz miteinander. Die Vertikale verbindet das Höchste und das Niedrigste, den Höchsten und den Niedrigsten miteinander. Die Vertikale holt den Himmel auf die Erde herab und hebt die Erde zum Himmel empor.

Die Horizontale verbindet rechts und links, verbindet die divergierenden Lebens- und Himmelsrichtungen miteinander, verbindet die Opponenten im politischen Spektrum, Rechte und Linke, Konservative und Progressive miteinander. Der Gekreuzigte öffnet die Arme für alle und reicht den Fernstehenden, den am Rande Stehenden die Hand.

Im Kreuzungspunkt von Vertikaler und Horizontaler, oder noch konkreter gesprochen im Kreuzigungspunkt auf Golgotha vollzieht sich in letzter inkarnatorischer Konsequenz der Brückenschlag zwischen Gott und Mensch und der Brückenschlag zwischen Mensch und Mensch. Hier konkretisiert sich die Einheit von Gottes- und Nächstenliebe.

Die Vertikale, der Bezug zu Gott, wird von der Horizontalen, dem Bezug zum Mitmenschen, durchkreuzt, d. h. es gibt keine wirkliche und wirksame Gottesliebe ohne Nächstenliebe; es gibt keinen Bezug zu Gott, der die Beziehungslosigkeit zum Menschen tolerierte. Darin konkretisiert sich das Wort aus der großen Gerichtsrede: *„Was ihr dem Geringsten meiner Brüder getan habt, das habt ihr mir getan …*

*Was ihr ihm nicht getan habt, das habt ihr auch mir nicht getan."* (Mt 25,40 und 45) Die Nächstenliebe, und das manifestiert sich in besonderer Weise am Kreuz, ist das entscheidende Indiz für die Gottesliebe. Und die Horizontale wird von der Vertikalen durchkreuzt, d. h. es gibt keine wirkliche Liebe zum Menschen, keine wirkliche Mitmenschlichkeit, die den Gottesbezug ausschließt. Wo der Mensch um Gott betrogen wird, wird er um das betrogen, was unabdingbar zu seinem Wesen gehört und seine Würde begründet.

Das letzte Jahrhundert war über weite Strecken und in vielen Ländern dieser Erde der großangelegte Versuch, in der bloßen Horizontalen, d. h. mit wissenschaftlichen, politischen, wirtschaftlichen und militärischen Mitteln, die Erfüllung und endgültige Selbstverwirklichung des Menschen zu erwirken. Und in seinem Ergebnis war es weithin die Zerstörung der Umwelt, der Mitwelt und der Menschenwürde.

Die Biologie sieht im Menschen nur den speziellen Säuger und Primaten, sieht nur die Spezifika seiner Artentstehung und seines biologischen Leistungsvermögens. Die Theologie sieht nicht nur den biologischen Status quo und das evolutive Von-Woher, sondern auch das existentielle Woraufhin. Und von ihm her, von dem her, was den Menschen angeht und was der Mensch angeht, ergibt sich seine spezifische menschliche Würde und Größe. Und der, der zwischen Vertikaler und Horizontaler eingespannt stirbt, ist ein Pontifex, ein Brückenbauer, in diesem doppelten Sinne. Der Sohn Gottes, der von erbarmungslosen Menschen entwürdigt zwischen Horizontaler und Vertikaler stirbt, würdigt seinerseits den Menschen des Erbarmens Gottes und schenkt ihm menschliche Würde.

Der Gedanke vom Tode Gottes diente nicht erst seit Nietzsche als Vehikel zur Bestreitung der Gegenwart Gottes in Raum und Zeit und Erfahrung. Wenn Gott, wie das Apostolische Glaubensbekenntnis so schlicht wie nachdrücklich betont, stirbt, dann ist er dieser Welt gestorben, dann ist er für diese Welt gestorben und der völligen Entmachtung durch den Tod erlegen. Dann ist er – in räumlicher wie zeitlicher Hinsicht ohne Gegenwart – in die absolute Absenz entsunken und allenfalls ein Deismus möglich.

Aber Christen weisen in ihrem Glaubensbekenntnis gerade auf etwas ganz Anderes hin: Erst der Gedanke vom Tode Gottes gibt nun auch dem Gedanken von der Allgegenwart Gottes eine völlig neue, ungeahnte, fast unglaubliche Tiefendimension. Jahrhundertelang hatte der alttestamentliche Mensch geglaubt, er sinke im Tod in die totale Beziehungslosigkeit zu Gott, gehe dorthin, wo Gott nicht gegenwärtig sei. Der Verstorbene galt, wenn er auch nicht als total ausgelöscht gesehen wurde, doch als des Lobes Gottes und also der Gottesbeziehung nicht mehr fähig.

Und nun behauptet das Glaubensbekenntnis dies: Gott begibt sich im Tode Jesu in den Raum der totalen Entmächtigung, in den Raum der Ohnmacht des Todes, in den Raum der angeblich totalen Beziehungslosigkeit zu Gott. Und gerade in diesen Raum hinein, gerade hierhin trägt er die Beziehung zwischen den toten Geschöpfen und ihrem lebenden Schöpfer.

Gott geht nicht in Grabesgrund zugrunde, er geht dem Grabesgrund auf den Grund. Er gibt den Grund, auf den das Leben baut, den Grund, aus dem das Leben dem Tod entsteigt. Sein Tod untergräbt die angebliche Bodenlosigkeit des Todes und bedeutet das Ende der Endlichkeit; sein Ende ist nicht bloßes Beenden oder gar Verenden, sondern in seinem Innern zugleich Vollenden.

Eberhard Jüngel formuliert im Anschluss an Hegel diesen Gedanken so: *„Durch die Bezeichnung des Gefühls ‚Gott selbst ist todt' als Moment der höchsten Idee gewinnt die Rede vom Tode Gottes nun allerdings eine zweifache Bedeutung. Zunächst drückt sich in der Rede vom Tode Gottes die Situation verabsolutierter Endlichkeit aus, der die abstrakte Unendlichkeit als leere Negativität korrespondiert. Ist jenes Gefühl aber erst einmal als Moment der höchsten Idee begriffen, dann ist der Tod Gottes als Ereignis der Selbstnegation Gottes verstanden, der selbst nicht nur ‚an sich' sein will und der die Welt nicht ihrer Endlichkeit überlassen will. Oder muß man gar sagen: der selbst nicht nur für sich sein und der die Welt nicht ihrer Endlichkeit überlassen kann?"*[30]

Der in Jesus Christus am Kreuz sterbende Gott der Ewigkeit umfasst, ja untergräbt in seinem Tod die tödliche, menschliche Endlichkeit und entgrenzt und entfristet sie auf Ewigkeit hin. Jüngel formuliert Ähnliches: *„Und es sollte damit im Gottesbegriff das göttliche Sein als eine Geschehensfolge begriffen werden, in der die Ewigkeit göttlichen Lebens die Endlichkeit bis in die Härte des Todes als des Endes der Endlichkeit hinein auf sich nimmt und erträgt, um gerade so Gottes Sein als Geschichte der Freiheit des Geistes endlich denkbar und wirklich werden zu lassen."*[31]

## 6.7. Reich des Todes?

> „... hinabgestiegen in das Reich des Todes ..." (nur A)

An dieser Stelle und mit dem „Höllenabstieg" geht das kürzere Apostolikum über das Große Glaubensbekenntnis hinaus. Von dem beschönigungslos nüchternen, ja geradezu drastischen „gekreuzigt, gestorben und begraben" ergibt sich nun der weitere, für uns oft noch schwerer verständliche Gedanke des „descendit ad inferos", der Gedanke des „hinabgestiegen in das Reich des Todes." Die vorkonziliare Übersetzung dieser Stelle des Credo lautete noch problematischer für unser heutiges Verständnis: „abgestiegen zu der Hölle".

Auf den ersten Blick könnte es scheinen, als sei in einem nassforschen und traditionsvergessenen Akt nachkonziliarer Dreistigkeit das Credo nach Wortlaut und Inhalt kurzerhand geändert worden. Schließlich sei das Reich des Todes ja etwas anderes als die Hölle. Die Hölle sei im Unterschied zum Reich des Todes Inbegriff ewiger Strafe, sei Ausdruck einer definitiven Verworfenheit, Ausdruck der endgültig-unwiderruflichen Gottesferne. Das Reich des Todes sei etwas ganz anderes als die von eigener Schuld generierte definitive Gottesferne.

Es ist also zu fragen, was das Apostolikum mit dem „Descensus ad inferos", mit dem „Reich des Todes" bzw. der „Hölle" meint. Zunächst einmal korrespondiert dies „Abgestiegen zu der Hölle" oder „Hinabgestiegen in das Reich des Todes" mit dem „Aufgefahren in den Himmel". Damit wird wieder das dem Glaubensbekenntnis zugrunde liegende dreistöckige Weltbild erkennbar: Der Himmel war demzufolge oben, das Reich des Todes unten und die Welt der Lebenden dazwischen.

Diese dem Menschen der Antike noch einleuchtende Vorstellung von einer Dreischichtigkeit der Welt kann natürlich, wie schon gesagt, nicht beanspruchen, auch für heutige Menschen ein essentieller Gegenstand des Glaubens zu sein. Deutlich wird daraus dies: Auch die Verfasser der diversen kirchlichen Glaubensbekenntnisse waren „Kinder ihrer Zeit" und behaftet mit deren Weltbildvorstellungen. Wenn die Menschen der Antike das Reich des Todes und der Toten meinten, sprachen sie im Hebräischen von „Scheol" und im Griechischen von „Hades". Sie bezeichneten damit ein vages Schattendasein in Passivität, mehr Nichtsein als Sein, fern vom Leben und Handeln, fern von

Gott und doch nicht einfach Nichts.[32] Diese neuere deutsche Übersetzung mit „Reich des Todes" scheint eher und besser diese in der Tat ja gemeinte Hades- oder Scheol-Vorstellung widerzuspiegeln, als es vormals der Begriff „Hölle" tat.

Der Ort der Nicht-Seligen hieß im Hebräischen dagegen „Gehenna" und im Lateinischen „Infernum". Der Lateinische Text des Apostolikum benutzt aber nun den Begriff Infernum und legt damit eher die deutsche Übersetzung Hölle nahe.[33] Es bleibt daher also, wenn man vom Lateinischen ausgeht, unklar, welche der beiden deutschen Übersetzungen die bessere oder richtigere ist. Überdies bleiben im Deutschen ja auch die Begriffe Reich des Todes und Hölle uneindeutig.

Wenn das „Hinabgestiegen in das Reich des Todes" nichts anderes meint als dies, Christus sei ebenso wie alle Toten an diesen allgemeinen Ort einer posthumen depotenzierten Existenz gelangt, dann ist zu fragen: Meint diese Formulierung nur die nochmalige Bekräftigung der Tatsächlichkeit des Todes Jesu? Dann aber wäre sie nur Bekräftigung dessen, was auch ohne sie schon gesagt ist; sie wäre für den Glauben letztlich überflüssig.

Oder soll uns hiermit die Übernahme eines antiken Vorstellungsmodells zur postmortalen Existenz, eine Hades- oder Scheol-Vorstellung, aufgenötigt werden? Dann aber werden sich viele Menschen unserer Zeit nicht ernst genommen fühlen; die Formulierung wäre dann für den Glauben eher hinderlich.

Der Blick auf die beiden dem Nizänokonstantinopolitanum vorausgehenden Bekenntnisschriften, das Bekenntnis von Nikaia bzw. Nizäa, das Konzil fand vom 19. Juni bis 25. August 325 statt, und das Bekenntnis von Konstantinopel, dies Konzil begann im Mai und dauerte bis 30. Juli 381, kennen den Abstieg in das Reich des Todes oder in die Hölle nicht. Hier führt der Gedankengang direkt vom Tod zur Auferstehung Jesu Christi.[34]

Das könnte bedeuten, dass es sich bei diesem Artikel nicht um etwas handelt, das von gleicher Bedeutung ist wie etwa die Aussage über den Tod Jesu und über seine Auferstehung. Ist der Artikel vom „descendit ad inferos" also überflüssig? Wenn ja, warum steht er dann im Apostolikum und wird seit Jahrhunderten tradiert? Denkbar wäre immerhin, dass er vielleicht eine vertiefende und interpretatorische Bedeutung für andere Artikel im Apostolikum hat.

Der zentrale Begriff der Hoffnungsbotschaft Jesu war das Reich Gottes. Der Begriff Reich des Todes könnte als Parallele, als negierend-korrespondierende Vorstellung zum Reich Gottes interpretiert werden. Wenn aber nun das Reich des Todes der Widerpart zum Reich Gottes wäre, dann gäbe es einen Herrschaftsbereich, der dem Gott des Lebens entzogen und in dem nur der Tod maßgeblich wäre. Und genau das, so scheint mir, will dieser Glaubensartikel bestreiten. Im Übrigen ist diese göttliche Macht über das Reich des Todes auch schon in einem konsequent verstandenen Begriff des Pantokrator, des wirklichen Herrn der Welt, impliziert.

Und noch ein Gedanke deutet sich hier an, der allerdings unseren Vorstellungen von einer Kausalität widerspricht, die nur der Richtung des Zeitpfeils folgen kann. Und auch dieser Gedanke passt gut zum Begriff Pantokrator, zum allmächtigen Herrscher.

Menschliche Macht kann die Gegenwart gestalten und in Grenzen die Zukunft planen; ganz gewiss aber ist sie der Vergangenheit gegenüber völlig ohnmächtig. Und genau zu denen, die von keiner menschlichen Macht mehr zu erreichen, geschweige denn zu retten sind, zu den namenlosen Toten einer längst versunkenen Geschichte wendet sich Christus. Abstieg in das Reich des Todes meint die Einbeziehung der Menschheit von Adam an in den Erlösungs- und Heilswillen Gottes. Gottes Macht scheitert nicht an der für uns unübersteigbaren Grenze zur Vergangenheit.

Wenn die Scheol- bzw. Hades-Vorstellung, wenn das Reich des Todes auch das Abgeschnittensein von allen menschlichen Lebensbezügen meint, so ist es doch nicht ein vom Gott des Lebens abgeschnittenes Dasein. Dieser Gott des Lebens vollzieht durch seinen „Höllenabstieg", durch seinen Abstieg in das Reich des Todes die bis zum Äußersten gehende Solidarität mit den sterblichen Menschen, auch und gerade mit denen, an die niemand mehr denkt.

Der Abstieg in das Reich des Todes ist sodann als Einbeziehung auch der vorchristlichen und zumindest in diesem Sinne also nichtchristlichen Menschheit in das Heilswerk Jesu Christi zu verstehen. In der alten christlichen, vor allem ostkirchlichen Ikonographie wird Christus gezeigt, wie er tief hinabsteigt in das Innere der Erde, hinab zu den tief in die Zeit und ins Vergessen gesunkenen Vätern und Müttern der Heils- und Unheilsgeschichte. Sie sind wie lebendig begraben unter dem Deckgebirge der Hoffnungslosigkeit und abgeschnitten von allem Leben.

Und da reicht nun auf den alten Ikonen von der „Höllenfahrt" Christus dem Adam die Hand und reißt ihn heraus aus dem Reich des Todes. Der zweite, der neue Adam, der göttliche Urheber des Lebens, gibt dem ersten, dem alten Adam, dem menschlichen Beender des Lebens, die Hand. So führt er ihn und mit ihm all seine Nachkommen aus dem Reich des Todes in das Reich des Lebens und des lebendigen Gottes. Im Sterben Christi beendet der lebendige Gott die Endlichkeit und Endgültigkeit des Todes und wandelt das Verenden ins Vollenden.

Es gibt kein Reich des Todes mehr, das dem Gott des Lebens nicht zugänglich wäre, dem er machtlos gegenüberstünde. Das Schweigen des Karsamstags wird immer wieder mit diesem Glaubensartikel in Beziehung gebracht. Das Letzte ist am Karfreitag gesagt: *„Mein Gott, mein Gott, warum hast du mich verlassen?"* (Mt 27,46//Mk 15,34// Ps 22,2), *„Vater in deine Hände empfehle ich meinen Geist"* (Lk 23,45// Ps 31,6) und *„Es ist vollbracht"* (Joh 19,28). Das lastende Schweigen angesichts des Toten und der Toten muss am Karsamstag ausgehalten werden.

Das erste Wort an Ostern, das *„Fürchtet euch nicht!"* (Mt 28,10) und *„Ich gehe hinauf zu meinem Vater und zu eurem Vater, zu meinem Gott und zu eurem Gott."* (Joh 20,19) ist noch nicht gesprochen und ebenso noch nicht die gläubige Antwort des Zweifelnden *„Mein Herr und mein Gott"* (Joh 20,28).

Der Glaubensartikel vom Descensus ad inferos und seine ikonographische Darstellung formuliert also eine generationen- und menschheitsübergreifende Hoffnung: In welcher tödlichen Lebens-, in welcher höllischen Gottferne wir auch sein mögen, der, der hinabgestiegen ist in das Reich des Todes, bringt uns den Gott des Lebens nahe. Selbst wenn es uns bis auf Grabesgrund reinreißt, da ist einer, der uns wieder rausreißt, der uns die Hand reicht vom Tod zum Leben. In beispielloser Solidarität durchschreitet der Gott des Lebens selbst das Reich des Todes und macht daraus den Durchgang zum Reich Gottes. Das „Hinabgestiegen in das Reich des Todes" ist daher auch als Bebilderung für eine selbst noch die Richtung von Zeit und Kausalität umkehrende und überwindende Form von Allgegenwart und Allmacht Gottes zu verstehen.

## 6.8. Auferstehung am dritten Tag

> *„… am dritten Tage auferstanden von den Toten …"* (A)
> *„… ist am dritten Tag auferstanden nach der Schrift …"* (NK)

Die Auferstehung Jesu ist die zentrale Botschaft des christlichen Glaubens. Der Glaube steht und fällt mit der Wahrheit und Glaubwürdigkeit dessen, was Auferstehung meint.

Schneider formuliert das sehr pointiert so: *„Der Auferstehungsglaube ist der Nagel, an dem alle anderen Sätze des Credo hängen, er ist die innere Klammer, die alles andere zusammenhält."*[35] Bei diesem Artikel des Glaubensbekenntnisses, der von der Auferstehung Jesu handelt, geht es also um die „Nagelprobe" unseres Glaubens.

Nach Karl Barth ist die Auferstehung der Toten „Sinn und Nerv" der gesamten christlichen Verkündigung und seine Bestreitung *„ein Angriff auf das, was das Christentum zum Christentum macht."*[36] Und darum kann er an anderer Stelle formulieren: *„Wenn es ein christlich-theologisches Axiom gibt, so ist es dieses: Jesus Christus ist auferstanden, er ist wahrhaft auferstanden!"*[37]

Und bei Karl Rahner ist die Auferstehung Jesu eine Art Präfiguration dessen, worauf die Heilsgeschichte in ihrer Vollendung abzielt, *„das zentrale Thema des Glaubens", „insofern sie die Vollendung des Heilshandelns Gottes an der Welt und am Menschen ist, in der er sich … der Welt unwiderruflich mitteilt und darum die Welt in eschatologischer Endgültigkeit zum Heil annimmt, so daß alles noch Ausständige nur eine Durchführung und Enthüllung des in der Auferstehung Jesu Geschehenen ist."*[38]

Je nachdem, ob die ursprünglich gewählte oder bevorzugte Christologie inkarnations- oder eschatologieorientiert ist, wird auch die Deutung und Bedeutung von Auferstehung und Ostern variieren. In inkarnationsorientierten Christologien wird die Auferstehung zur Krönung der Menschwerdung, wird die Auferstehung zur zweiten Geburt und wird Ostern gewissermaßen auf die Bestätigung von Weihnachten reduziert. In eschatologieorientierten Christologien wird das in der historischen Person Jesu Christi gegebene Offenbarungsgeschehen aus der Geschichte hinaus in den „unbeaufsichtigten" transgeschichtlichen Raum des Auferstehungsgeschehens verlagert. Als nur noch transgeschichtliches Ereignis verliert das Offenbarungsgeschehen dann aber seine geschichtliche Greif- und Angreifbarkeit, seinen Ärgernis- und Widerständigkeitscharakter. Theologisch wichtig aber wäre es, dass von der Menschwerdung her die Auferstehung und von der Auferstehung her die Menschwerdung bedacht und belichtet wird, dass wechselseitig Weihnachten Ostern und dass Ostern Weihnachten illuminiert.

Das Apostolische Glaubensbekenntnis spricht nur von Auferstehung, die biblischen Bezugstexte aber sprechen häufig, im Corpus Paulinum sogar überwiegend von Auferweckung. Auch wenn die beiden Begriffe ohne Zweifel dasselbe Ereignis meinen, so betont der Begriff Auferweckung doch eher das Handeln Gottes an Jesus Christus, wohingegen der Begriff Auferstehung dieses Ereignis eher als die machtvolle Tat Jesu Christi selbst in den Blick rückt.

Es hat seit der Zeit Jesu und der Apostel zahllose Versuche gegeben, die Tatsächlichkeit der Auferstehung auf verschiedene Weise in Zweifel zu ziehen. Der angebliche Betrug durch die Jünger, die den Toten verschleppen, um durch das Fehlen des Leichnams hernach den Gedanken der Auferstehung plausibel erscheinen zu lassen, ist nur die erste schon neutestamentlich bezeugte Variante.

Nach Mt 27,62–66 wollen die Hohenpriester und die Pharisäer diesem möglichen absichtsvollen Betrug durch die Jünger zuvorkommen, indem sie die Bewachung des Grabes von Pilatus fordern und zugestanden bekommen. Und nach Mt 28,11–15 werden die, die einen Betrug verhindern wollen, selber zu Betrügern, indem sie die Wachen bestechen, angesichts des unerklärlichen Verschwindens des Leichnams Jesu die Betrugsvariante einer absichtsvollen Leichenverschleppung zu bezeugen.

Zahllos und nahezu zweitausendjährig sind auch die Spielarten der Behauptung, der Gekreuzigte Jesus sei nicht wirklich tot, sondern nur scheintot gewesen. Er habe sich aus eigener Kraft oder unter Mithilfe seiner Jünger, auf jeden Fall aber in natürlicher und nicht in übernatürlicher Weise aus dem Grab erheben, den Jüngern und den Frauen zeigen und dann auf Nimmerwiedersehen davonmachen können. Und so sei die Auferstehungsmär in die Welt gekommen.

Problematisch ist aber nicht nur die Bestreitung einer Auferstehung durch die Gegner. Problematisch erscheint vielen auch die Überakzentuierung der nachösterlichen Leiblichkeit durch die Verfechter des Auferstehungsglaubens. Und auch hier wird schon ein Schrifttext als Beleg herangezogen. Nach der im Zwielicht des Osterabends und erzählerisch in der Schwebe gehaltenen Erfahrung des Auferstandenen durch die Emmausjünger folgt in Lk 24,36–53 die Erscheinung des Auferstandenen in Jerusalem. Und hier wird eine verdinglichte diesseitig-materialisierte Form von Auferstehung nahegelegt. Der Auferstandene fordert auf, ihn anzusehen und anzufassen; er verweist auf die natürliche Konsistenz seines Leibes mit Fleisch und Knochen (Lk 24,39) und isst gebratenen Fisch vor ihren Augen.

Es scheint fast so, dass die Befürworter und die Bestreiter einer Auferstehung auf dieselben Texte verweisen und sie mit je eigener Interpretation als Beleg für ihre völlig divergierenden Positionen heranziehen können.

Neben der naturalistischen Bestreitung und der materialistisch-überbetonten Behauptung der Auferstehung gibt es zahllose Versuche, sich der scheinbar irrationalen Zumutung, die vom Auferstehungsglauben ausgeht, zu entziehen.

Da wird einerseits als Auferstehungssurrogat das Weiterleben in den eigenen Kindern propagiert und darauf verwiesen, dass bei vielen Naturvölkern und auch beim Volk Israel die Kinderlosigkeit deshalb als besonderer Fluch galt, weil sie den Kinderlosen von der scheinbar einzigen Möglichkeit eines Weiterlebens über den Tod hinaus abschnitt.

Da wird andererseits als Auferstehungssurrogat das postmortale Weiterleben in den eigenen Werken propagiert, das Überleben in den literarischen, künstlerischen, militärischen, politischen oder wissenschaftlichen Leistungen. Aber was ist das für eine Auferstehung, die einen Menschen schließlich doch nur als Marmorbüste in der Walhalla weiterleben lässt?

Beide Varianten, das Weiterleben in den Nachkommen und das Weiterleben in den Werken, sind nur der unterschiedliche Ausdruck ein und derselben Überlebens- und Weiterlebenssehnsucht. Und der Zumutung an die Ratio, die uns der Auferstehungsglaube abzuverlangen scheint, begegnen beide Varianten nur mit kurzatmigen, einem naturalistischen Denken unanstößig erscheinenden Deutungsmustern. Aber die Irrationalität, die in der Überlebens- und Weiterlebenssehnsucht selber steckt, die bleibt unbefragt bestehen. Hier wäre zu fragen, warum diese Sehnsucht offenbar unkorrigierbar im Menschen steckt, gegen alle rationalen Bestreitungen resistent immer neu ihren Ausdruck sucht und zum Wesen des Menschen zu gehören scheint.

Und dann gibt es schließlich die theologischen Deutungen von Auferstehung, die auch um eine intellektuell ärgernislose Unanstößigkeit bemüht sind, aber eine Anstößigkeit in anderer Hinsicht erregen. Da ist z. B. Bultmanns These, Jesus sei nur ins „Kerygma hinein" auferstanden, d. h. er lebe ausschließlich in der Verkündigung seiner Jünger fort.

*„Das Osterereignis, sofern es als historisches Ereignis neben dem Kreuz genannt werden kann, ist ja nichts anderes als die Entstehung des Glaubens an den Auferstandenen, in dem die Verkündigung ihren Ursprung hat. Das Osterereignis als die Auferstehung Christi ist kein historisches Ereignis; als historisches Ereignis ist nur der Glaube der ersten Jünger faßbar. Der Historiker kann seine Entstehung bis zu einem gewissen Grade begreiflich machen durch Reflexion auf die ehemalige persönliche Verbundenheit der Jünger mit Jesus; für ihn reduziert sich das Osterereignis auf ihre visionären Erlebnisse."*[39]

Dass Jesus im Kerygma weiterlebt und über visionäre Erlebnisse der Jünger zum Bestandteil des Kerygmas geworden ist, ist sicher und unbestreitbar richtig; denn anders als über diese Verkündigung wäre der Glaube nicht auf uns gekommen. Wenn damit allerdings eine Exklusivität des Inhalts behauptet werden soll, er sei nur ins Kerygma hinein auferstanden, der formulierte Auferstehungsglaube („Er ist auferstanden.") sei nur ein „Interpretament" (Marxen), auf das es im Letzten nicht einmal ankomme, der Auferstehungsglaube sei nichts als eine mythologische Chiffre für die Überzeugung, die Sache Jesu gehe weiter, dann ist einer solchen Behauptung aus mehreren Gründen zu widersprechen. Es wäre zu fragen, worin denn die sachliche inhaltliche Substanz, der Gehalt des Kerygmas bestehen sollte und was genau und realiter mit „die Sache Jesu" gemeint ist, die da weitergehen soll. Wenn das nicht anzugeben ist, besteht die Gefahr, dass „Kerygma" und „Sache Jesu" zu inhaltsleeren Floskeln und zu substanzlosen Worthülsen degenerieren.

Die biblischen Texte um das Thema Auferstehung sprechen trotz all ihrer Unterschiedlichkeit doch ganz eindeutig und nachdrücklich die nachösterlichen Erfahrungen mit der Person des Auferstandenen aus. Erst aus der personalen Erfahrung der Gegenwart des Auferstandenen wächst auch die Zuversicht, dass es mit seiner Sache weitergeht. Und es mutet wie eine Verkehrung der Texte an, sie so zu lesen, als sei aus der Zuversicht, die Sache Jesu gehe weiter, die nachgereichte, ausschmückende Behauptung erwachsen, man habe ihn als Lebenden erfahren.

Woher, so wäre zu fragen, sollte denn die Zuversicht der Jünger stammen, mit der sie sich erkühnt hätten, zur bekräftigenden Ausschmückung ihrer Zuversicht die dann ja offenbar tatsachenwidrigen Behauptungen über Begegnungen mit dem Auferstandenen zu erzählen? Die biblischen Texte sprechen im Kontext der Osterereignisse zunächst von Angst, Zweifel, Unverständnis, Verzagtheit und Unglauben der Jünger. Erst die personale Erfahrung mit dem Auferstandenen, auch wenn sie literarisch recht unterschiedlichen Ausdruck gefunden hat – man vergleiche etwa die im Johannesevangelium erzählte Erfahrung der Maria von Magdala (Joh 20,1–18) und die von ihm selbst brieflich mitgeteilte Erfahrung des Paulus (1 Kor 15,1–8) –, befähigt die Jünger und die Apostel zum Zeugnis für Auferstehung und neues Leben.

Mag auch dieses oder jenes Element an den neutestamentlich mitgeteilten Ostererfahrungen dem Erzählungsmodus von Visionen oder Epiphanien ähneln, der Sache nach handelt es sich allerdings weniger um bloß innersubjektive Wahrnehmungen, sondern vielmehr um die konkreten auch intersubjektiv vermittelten Erfahrungen von Begegnungen mit dem Auferweckten bzw. dem Auferstandenen.

Eine Rekonstruktion des Wie der Auferstehung bzw. Auferweckung Jesu ist aus den neutestamentlichen Texten nicht zu erheben; es gibt keinen unmittelbaren Tat- oder Ereigniszeugen für die Auferstehung oder Auferweckung Jesu, der einen Tatsachenbericht vorlegen könnte. Es lässt sich auch keine fahrplanmäßig nachvollziehbare Vorstellung vom Ablauf der Ostererscheinungen rekonstruieren. Hinsichtlich des Wie gibt es also eine nicht hintergehbare Dürftigkeit der Quellen.

Dagegen hält Kessler aber andererseits das Dass und das Was der Erscheinungen fest:

*„Das Daß und Was der Erscheinungen aber tritt mit umso größerer Klarheit hervor. Das vom Historiker postulierte, den Osterglauben mit seiner ganzen Dynamik auslösende, rätselhafte ‚Etwas' ist nach den als glaubwürdig erwiesenen neutestamentlichen Zeugnissen das gegenüber Leben und Sterben Jesu neue ganz außergewöhnliche Erlebnis der Begegnung und Selbstbekundung des Auferweckten selber."*[40]

Ein empirisch-historisches ‚Packende' des sich in diesen Erscheinungen bekundenden, aber doch unfassbar bleibenden Ereignisses ist nur indirekt in den tiefgreifenden und folgenreichen Auswirkungen im

Leben der Jünger und Apostel zu sehen. Hier sind beide Ebenen, die subjektiv-existentielle und die objektiv-historische Ebene betroffen.

Ein traditionalistisch-fundamentalistischer Objektivismus, der ein supranaturales Mirakel verdinglichen und ins Historisch-Faktische verlegen möchte, bietet gerade keine Gewähr für die Bewahrung des theologischen Kerns von Ostern, sondern setzt ihn aufs Spiel. Dieser auferweckende Gott soll objektiv in der Geschichte ankommen und zugleich ohne das Subjektive des Menschen auskommen. Das ist wohl kaum möglich.

Mit anderem Vorzeichen versucht ein modernistisch-psychologisierender Subjektivismus die Anstößigkeit des Osterereignisses dadurch zu entschärfen, dass er es zu einem rein innerpsychischen Befreiungs- und Verlebendigungserlebnis ohne Bezug zur Geschichte degradiert.

Ein solcher ‚Psycho-Gott' ohne Geschichtsrelevanz erleichtert allenfalls dem einen oder anderen Menschen und das auch nur zeitweilig das Lebensschicksal, er enthebt die Toten der Geschichte aber nicht ihres Todesschicksals, sondern belässt sie im Tod. Die Anstößigkeit des Osterglaubens wird dadurch behoben, dass dieser mit Ausnahme der psychologischen jeglicher Wirklichkeitsannahme enthoben und damit entleert wird.

Der Gedanke an die seit jeher mit dem Auferstehungsglauben verbundene ausgleichende Gerechtigkeit bleibt auf der Strecke, wenn man den Gott der Geschichte zum Gott mit bloß innerpsychischer Zuständigkeit degradiert. Wenn Gott kein Gott der Geschichte ist, ist auch Geschichte nicht mehr als Heilsgeschichte zu interpretieren.

Ist die Auferstehung Jesu ein äußeres historisches Faktum und also gänzlich unserer Raum-Zeit zuzuordnen, oder ist sie ein innerpsychisch-existentielles Geschehen mit allenfalls indirekten Auswirkungen auf die Geschichte? Plakativ gefragt: Ist das Grab faktisch leer, oder erscheint es den Osterzeugen nur wie leer?

Auch wenn die Geschichten um das leere Grab im Detail voneinander abweichen, so ist doch das einhellige Zeugnis der Heiligen Schrift darüber, dass das Grab leer gewesen sei, zunächst einmal zur Kenntnis zu nehmen und zu respektieren. Aber damit ist die Historizität der Auferstehung oder gar die Verlagerung des Auferstehungsgeschehens als Ganzes in ein pures historisches Diesseits nicht belegt.

Die sich gerade des historisch so hart erscheinenden Faktums des leeren Grabes bedienenden Gegner des Auferstehungsglaubens knüpfen nämlich genau daran ihre Thesen von Jüngerbetrug, Leichenverschleppung oder Leichenverwechslung und Scheintod des nur angeblich am Kreuz Gestorbenen. Die Scheintodhypothese, die durch die Jahrhunderte hin bis heute, zuletzt vom Frankfurter Mediävisten Johannes Fried,[41] immer neu aufgetischt wird, hantiert im Wesentlichen mit zwei den biblischen Texten ausdrücklich wichtigen Fakten: Der, der gekreuzigt worden war, ist beigesetzt worden. Und er, der gekreuzigt worden war, wurde nach Ostern als Lebender erfahren. Das dritte Faktum, das allen biblischen Texten, die das Osterereignis bezeugen, nicht minder wichtig ist, das lassen sie mehr oder weniger gut, manchmal gar wissenschaftlich kaschiert weg oder lassen es auffällig unterbelichtet: den Tod. Er, der begraben wurde, war definitiv tot. Und er, der definitiv tot war, wurde als Lebender erfahren.

Das leere Grab sagt zunächst einmal nur, was der junge Mann bei Markus, die zwei Männer bei Lukas oder der Engel bei Matthäus bzw. die Engel den Frauen am Ostermorgen sagen: „Er ist nicht hier." Aber diese Mitteilung ist ergänzungsbedürftig um den wesentlicheren Teil, der sich nicht aus der puren Beobachtung ergibt: „Er ist auferstanden." (Mk 16,6//Mt 28,6 und Lk 24,6)

Es ist also zu konstatieren: Das Faktum des leeren Grabes, das überdies mit literarischen Ausschmückungen versehen ist, kann aus sich selbst heraus keine Osterbotschaft sein, sondern bleibt auf diese Osterbotschaft hin deutungsbedürftig.

Eine Deutung der Auferstehung bzw. Auferweckung Jesu, die dieses Geschehen als Ganzes ins bloß Historisch-Faktische verlegt, macht Ostern nach dem Modell der Erweckung des Lazarus oder des Jünglings von Nain oder der Tochter des Jaïrus zur bloßen Reanimations- und Lebensverlängerungsmaßnahme mit bleibendem Todesvermerk und einer nur auf Widerruf gestundeten Zeit. Ostern meint aber nicht den befristeten Nachschlag auf diesseitig-endliches Leben, sondern den Eingang ins fristlose oder unbefristete, ins jenseitig-unendliche Leben.

Geht man der Frage nach, auf welcher Ebene der Wirklichkeitserfahrung das Ostergeschehen anzusiedeln ist, dann wird man wohl auf die Schnittstelle von innerpsychisch-existentieller und historisch-faktischer Wirklichkeitserfahrung verwiesen. Denn die Wirklichkeit, die mit Ostern eröffnet wird, sprengt die bloß historizistische Objektivität und die bloß psychologistische Subjektivität.

Karl Lehmann formuliert seine Antwort auf die Frage nach der Historizität der Auferstehung so:

„*Wenn die Auferstehung Christi nicht ein anderes Ereignis nach seinem Leiden und nach seinem Tod ist, sondern die ‚Erscheinung' dessen, was im Tode Jesu geschehen ist, dann ist auch das uns zugängliche Ereignis der Auferweckung Jesu in menschlicher Sprache nur an der Grenze von Zeitlichkeit und Ewigkeit sagbar. Die theologische Deutung und Kennzeichnung muß zeitbezogen sein, weil Jesu Tod einfach in der Geschichte geschehen ist; wenn aber Tod und Auferstehung nicht einfach als zwei sukzessive Ereignisse gedacht werden dürfen, partizipiert auch noch die Auferstehungsaussage an der Bestimmung des Todes Jesu. Das Ereignis der Auferstehung ... markiert den Übergang zwischen einem raumzeitlich bezogenen Ausgangspunkt und der Unmöglichkeit, dieses Ereignis in Raum und Zeit hinein fortzusetzen und zu sagen. Es ist für dieses Ereignis in einer eigenartigen Gleichursprünglichkeit seiner Bestimmungen wesentlich, daß es in der Geschichte gründet, diese in allen Dimensionen tangiert und zugleich überschreitet.*"[42]

Wenn der Auferstehungsglaube, so wie Lehmann ihn sieht, angemessen in Worte gefasst werden soll, dann mutet er uns Aussagen zu, die sich im Grenzbereich dessen bewegen, was noch als historisch aussagbar gelten kann. Denn das Auferstehungsereignis selber, für das es keine Zeugen gibt, und die Erfahrung des Auferstandenen, für die es zahlreiche Zeugen gibt, ragen gewissermaßen in unsere durch Raum-Zeit-Vorstellungen geprägten und mit Zeitworten agierenden Beschreibungsmodi hinein und zugleich ragen sie ins Unbeschreibbare darüber hinaus. Sie sind gewissermaßen an der Nahtstelle von Zeit und Ewigkeit.

Anders als Rudolf Bultmann und die an seinen Überlegungen orientierten Theologen und anders als Karl Lehmann öffnet Wolfhart Pannenberg gewissermaßen die zu eng gesteckten Grenzen dessen, was man landläufig als Wirklichkeit versteht, und hält aus dieser Perspektive den Historizitätsanspruch aufrecht.

„*Die Sache ist nicht im dem Sinne historisch entschieden oder entscheidbar, daß alle weitere Diskussion darüber sich erübrigte. Aber auch angesichts sorgfältiger Prüfung der urchristlichen Überlieferungen läßt sich doch die Behauptung rechtfertigen, daß Jesus auferstanden sei. Dabei impliziert ... ein solcher Satz immer schon einen historischen Anspruch, weil er ein bestimmtes vergangenes Geschehen behauptet und sich mit solcher Behauptung historischer Nachfrage und Prüfung aussetzt. Er läßt sich aber auch in dem Sinne als ein historischer Satz bezeichnen, daß er angesichts einer solchen Prüfung aufrechterhalten werden kann. Eine endgültige und unwidersprechliche Entscheidung des Sachverhaltes ist damit allerdings nicht verbunden. Das ist aber auch sonst bei historischen Urteilen nicht immer möglich. Immerhin bleibt die Behauptung, daß Jesus von den Toten auferstanden sei, in besonderem Maße strittig, weil sie so tief in fundamentale Fragen des Wirklichkeitsverständnisses eingreift. Solche fortdauernde Strittigkeit der Auferstehung Jesu braucht den Christen nicht zu beunruhigen. Er sollte sich nicht einmal darüber wundern ... Könnten keine Argumente für sie angeführt werden, die sie als glaubwürdig erscheinen lassen, dann wäre die Behauptung, daß Jesus auferstanden sei, Ausdruck eines unverantwortlichen Subjektivismus oder eines blinden Autoritätsglaubens. Doch auf so schwachen Füßen steht die Sache des christlichen Glaubens nicht. Vielmehr ist der historische Anspruch, der schon in der Behauptung, daß Jesus auferstanden sei, beschlossen ist, auch im Zusammenhang gegenwärtiger Wirklichkeitserfahrung bei unvoreingenommener Prüfung vertretbar."*[43]

Pannenbergs Plädoyer für die Historizität der Auferstehung richtet sich gegen den Vorwurf eines blanken Subjektivismus und gegen die Eindimensionalisierung des Wirklichkeitsverständnisses und postuliert eine nicht nur, aber eine auch historische Dimension von Auferstehung.

Damit liegen drei Positionen zur Frage der Historizität der Auferstehung vor, die unter der Voraussetzung, dass man überhaupt an Auferstehung glaubt, das gesamte Spektrum abdecken:
1. Die historische Ortlosigkeit oder Unverortbarkeit des Auferstehungsereignisses und die ausschließliche Erreichbarkeit eines subjektiv veranlassten Osterglaubens in den Verkündigern.
2. Die partielle historische Verortbarkeit und zugleich die bleibende historische Entzogenheit und Uneinholbarkeit des einen Heilsereignisses von Tod und Auferstehung als eines Ereignisses an der Grenze von Transzendenz und Immanenz.
3. Die Behauptung der Historizität von Auferstehung angesichts eines durchaus unter Berufung auf die Naturwissenschaften erheblich geweiteten Wirklichkeitsverständnisses.

Fragt man danach, wie Jesus erfahren wurde von den Osterzeugen, so heißt es bei Paulus (1 Kor 15,5–8): Oóphthä. Das kann entweder passivisch verstanden werden und hieße dann: Er wurde gesehen. Es kann aber auch als passivum divinum interpretiert werden und hieße dann: Er wurde von Gott sichtbar gemacht. Es kann schließlich deponential verstanden werden und hieße dann im Deutschen etwa: Er erschien. Er ließ sich sehen. Er begab sich in die Grenzen unseres Erkenntnisvermögens. Der Kontext vieler Ostergeschichten legt die dritte Deutung nahe. Der Auferstandene zeigt sich von sich aus, er bringt sich selbst in Erscheinung, wird nicht ertappt, entdeckt oder beobachtet. Er selbst ist der Herr im Prozess des Wahrnehmens durch die Auferstehungszeugen, und die Wahrnehmung durch die Zeugen des Auferstandenen ist selbst ein Geschenk seiner Gnade.

Die Begegnungen des Auferstandenen mit seinen Jüngerinnen, Jüngern und Aposteln werden allerdings keineswegs in einer einheitlichen und typisierbaren Weise geschildert, sondern zumeist so, dass sie in einer eigenartigen Schwebe zwischen real und irreal, zwischen historisch-faktisch und visionär, zwischen äußerer Tatsache und innerem Erlebnis bleiben.

Heinrich Schlier hat für diese Art von Erfahrung ein Kunstwort geprägt, die Begegnis. Er bringt darin zum Ausdruck, dass die Wahrnehmung des Auferstandenen wie ein personenunabhängiges äußeres Faktum, also ein Ereignis ist. Mit einem solchen ereignishaften äußeren Rand wird ja zum Beispiel auch die Berufungsgeschichte des Paulus in der Apostelgeschichte beschrieben. Und zugleich ist diese Wahrnehmung des Auferstandenen über das Ereignishafte hinaus eine personale innere Erfahrung, also eine Begegnung. Diese Wahr-nehmung des Auferstandenen, die zugleich Ereignis und Begegnung ist, nennt Schlier also Begegnis. Diese Begegnis ist Wahr-nehmung in strenger Wortbestandteilsbedeutung. Das, was sich von sich aus als Wahres zeigt, wird persönlich angenommen. Erst der, dem ein solches äußeres Ereignis, dem eine solche innere Begegnung widerfuhr, erst der, der also ein solches Begegnis hatte, kann wie die Elf in Jerusalem gegenüber den Emmaus-Jüngern (Lk 24,34) sagen: „óntos ägärtä ho kýrios. – Der Herr ist (wirklich) wahrhaftig auferstanden."

Streng genommen ist jede intensiv-wechselseitige Wahrnehmung zwischen zwei Menschen mehr als nur ein äußeres analysierbares Ereignis. Sie ist immer auch eine innere personale Begegnung. Sie hat damit auch etwas von dem, was Schlier ein Begegnis nennt, sie hat etwas Geheimnishaftes und letztlich Unaufklärbares an sich. Vielleicht ist die Ostererfahrung, so verstanden, also gar kein gänzlich inkommensurables Begegnis sui generis?

Nun ist die Auferstehung in beiden Glaubensbekenntnissen mit einer Zeitbestimmung versehen: *„Am dritten Tage auferstanden von den Toten ..."* Wie ist das zu verstehen?

Rein naturalistisch betrachtet könnte man das interpretieren als Ausdruck der irreversiblen Definitivität des Todes; denn bei den klimatischen Verhältnissen des Orients setzt bis zum dritten Tag schon deutlich wahrnehmbar der Verwesungsprozess ein. Eine solche Wahrnehmung, von der allerdings die neutestamentlichen Schriften nichts berichten, schlösse die Scheintod-Hypothese nachdrücklich aus. Auch die Bewachung des Grabes durch die Römer, von der Mt 27,64 berichtet, ist bis zum dritten Tag terminiert.

Andere Deutungen legen der Zeitangabe „am dritten Tag" eher einen symbolischen Sinn bei. Demnach wäre der erste Tag, der Karfreitag, der Schritt in Leid und Tod hinein; der zweite Tag, der Karsamstag, stünde für das Aushalten des Leides und Todes; der dritte Tag, Ostern, stünde für die Überwindung des Leides und Todes, die Erlösung aus Leid und Tod. Der Einbruch der Ewigkeit in die Zeit würde damit zeithaft ausgefaltet, ohne dass darin ein zeitlicher Drei-Tage-Prozess behauptet werden sollte. Die Angabe „am dritten Tage" wäre nur der Tribut an die der Zeit verhafteten, an die in Zeithaft verbleibenden Denk- und Sprachformen, die der Mensch auch bei der Bildung einer Ewigkeitsvorstellung nicht zu überwinden in der Lage ist. Karl Lehmann formuliert das so: *„In der Bestimmung der ‚drei Tage' wird für die menschliche Erfahrung ein transzendentes Ereignis ‚zeitlich' in ‚sukzessive' Akte zerdehnt, ohne damit eine chronologische Folge zu beinhalten."*[44] Demnach widerspräche diese Zeitangabe, wenn sie symbolisch zu verstehen ist, nicht der Annahme einer Auferstehung im Tod. Die möglicherweise in der Tat erst am dritten Tag erfolgte Entdeckung des leeren Grabes und die sich daran anschließende Begegnung mit dem Auferstandenen hängt mit den Zeitvorgaben zusammen, die nach jüdischer Sitte zu respektieren waren. Die Beisetzung musste wegen des Sabbats am ersten Tag, unserem Karfreitag, erfolgen. Am Sabbat selbst, unserem Karsamstag, war die Feiertagsruhe einzuhalten. So konnten die Einbalsamierung des Toten und die Grabpflege und damit die Konfrontation mit dem leeren Grab erst am dritten Tag, unserem Ostersonntag, erfolgen.

Vielleicht darf man im Blick auf die drei Heilstage und im Blick auf ihre Heilsbedeutung für uns Menschen ganz allgemein sagen: Es fürchte niemand, seine Existenz als einen verfinsterten ewig grauenvollen Karfreitag verbringen zu müssen. Es erwarte niemand, dass alles in der Grabesstille eines ewigen und ewig gleichgültigen Karsamstags versinken und sein Bewenden haben möge. Das wäre noch der letzte Triumph des Mörders über das schuldlose Opfer.

Das Bekenntnis zur Auferstehung Jesu und die Anerkenntnis seiner Heilsbedeutung auch für uns besagt stattdessen: Es fürchte ein jeder die richtende Auferstehung mit ihrer ausgleichenden Gerechtigkeit; es hoffe ein jeder auf die rettende Auferstehung zum vollendeten Leben. Es wird, mit Günter Andres gesprochen, nach dem Tode „Nichts-als-Nichts" sein, sagen die, die an Auferstehung nicht glauben. Gegen das Nichts-als-Nichts setzt der Glaubende das hoffnungsvolle Mehr-als-Alles.

### 6.9. Himmelfahrt Christi

> „... aufgefahren in den Himmel; er sitzt zur Rechten Gottes des allmächtigen Vaters;" (A)
> „... aufgefahren in den Himmel. Er sitzt zur Rechten des Vaters..." (NK)

Ähnlich dem schon bedachten Wort „hinabgestiegen in das Reich des Todes" spiegelt sich auch in dem nun zu bedenkenden „aufgefahren in den Himmel" das antike, dreischichtige Weltmodell wider.

Dies dreischichtige Weltmodell mit Himmel, Erde und Unterwelt ist von einem geographischen oder astronomischen Gesichtspunkt aus betrachtet nicht mehr nachvollziehbar. Ja mehr noch, es ist auch kein absolutes Oben und Unten in diesem Kosmos auszumachen, sondern nur ein relatives. Es ist relativ zum Betrachter, der sich aber damit nicht als Mitte der Welt verstehen darf, die ebenfalls nicht absolut, sondern nur relativ zu bestimmen ist. Andererseits ist aber auch, wenn sich die Dinge so verhalten, niemandem definitiv diese zentrale Stellung zu bestreiten.

Die Interpretation von Christi Himmelfahrt im Sinne einer Art von erster bemannter Raumfahrt ist nicht nur aus physikalisch-kosmologischen, sondern auch aus theologischen Überlegungen absurd. Im Englischen gibt es eine sprachliche Unterscheidung beim Begriff Himmel, die uns im Deutschen fehlt: Sky meint den Raum der Flugzeuge und Raketen. Heaven meint den Bereich der bleibenden und vollendeten Geborgenheit bei Gott. Der Bekenntnissatz „Aufgefahren in den Himmel" meint in diesem Sinne heaven und nicht sky.

Auch wenn physikalisch-kosmologische Kenntnisse uns also eines anderen belehren, ist aber dennoch mit Schneider daran festzuhalten, dass die konstitutive menschliche Raumerfahrung ein gutes bildhaftes Vorstellungsmodell für das ist, was theologisch gesagt werden soll.

*„Das schließt nicht aus, daß wir gut daran tun, behutsam und ohne Überheblichkeit umzugehen mit Begriffen wie ‚Höhe' und ‚Tiefe'. Redewendungen wie ‚ganz oben auf sein, nicht auf der Höhe sein, von unten einfach nicht hochkommen, tief im Loch stecken' machen deutlich, daß sich hier unüberholbare menschliche Grunderfahrungen ins Wort bringen, indem sie sich scheinbar örtlich-räumlicher Begriffe bedienen, die aber, weil sie von der existentiellen Bewältigung unserer Welt reden, sich auf einer ganz anderen Ebene bewegen als die Kategorien der Geographie oder Astronomie."*[45]

Ratzinger deutet die drei physischen Raumdimensionen in drei „metaphysische Dimensionen" zur Veranschaulichung der *„Gesamtdimension des menschlichen Daseins"*[46] um. Während er Hölle als Selbstverweigerung des Menschen, als Selbstversperrung ins nur Eigene deutet, in die hinein ihm Gott („abgestiegen zu der Hölle") in Christus nachgeht, deutet er die sogenannte Himmelfahrt Jesu als Eröffnung einer vollendeten Existenz, die der Mensch sich nicht selbst erarbeiten, sondern nur als ungeschuldetes Geschenk dankbar empfangen kann. So hält er fest: *„Der Himmel ist zu definieren als das Sichberühren des Wesens Mensch mit dem Wesen Gott; dieses Ineinstreten von Gott und Mensch ist in Christus mit seinem Übertritt über den Bios durch den Tod hindurch zum neuen Leben endgültig geschehen."*[47]

Aber man wird wohl einwenden müssen, dass sich die bildhafte Himmelfahrtserzählung nur schwer in quasi-definitorische Theologumena ummünzen lässt. Und so bleibt denn auch Ratzingers definitorische Äußerung selber unscharf und etwas blumig.

Wenn auch das Neue Testament von Höllenfahrt nichts berichtet, so spricht es im Lukanischen Doppelwerk (Lukas-Evangelium und Apostelgeschichte) aber doch von Himmelfahrt. Und seit dem 2. Jahrhundert berichtet auch das Markus-Evangelium, dessen abruptes Ende mit der Furcht der ersten Auferstehungszeugen man wohl nicht mehr gut ausgehalten hat, in seinem um diese Zeit angefügten Markus-Schluss (Mk 16,9–20) von einer Entrückung des Auferstandenen.

Dabei bedienen sich die Texte eines in damaliger Zeit gängigen und in vielen Heldengeschichten vorkommenden Vorstellungsmusters. Es findet sich bei Elija und Henoch in der Bibel, aber auch bei Herakles, Empedokles, Romulus, Alexander dem Großen und Apollonius von Tyana in der antiken Mythologie.

Lukas gibt dabei mit seiner Himmelfahrtsgeschichte auf die berechtigte Frage eine Antwort, wo denn der Auferstandene jetzt sei. Schließlich war er den Jüngern an und nach Ostern unmittelbar erfahrbar. Die Annahme, er sei ein zweites Mal gestorben, hätte seine Auferstehung zu einer bloßen zweiten Lazarus-Geschichte gemacht und verbot sich daher. Wo also ist der Auferstandene und Lebende jetzt, der von allen späteren Christengenerationen nicht mehr so „leibhaftig", sondern nur so indirekt und vermittelt erfahren werden kann?

Die meisten Exegeten sind sich darin einig, dass die Erhöhung Jesu Christi, die sich in der Himmelfahrtserzählung ausdrückt, nicht ein zur Auferstehung nachträgliches Ereignis meint. Vielmehr gehen sie von der Erhöhung in der Auferweckung, ja von ihrer Identität aus; die Auferweckung ist die Erhöhung.

Nur bei Lukas werden Osterereignis und Himmelfahrt, also Auferstehung und Erhöhung, wie zwei voneinander getrennte und einander erst noch komplettierende Heilsereignisse dargestellt. Dazwischen schiebt er – und das ist bis heute liturgisch maßgeblich geblieben für die Festtagsplatzierung – die Zahl von 40 Tagen.

Mit der Zahl 40 nimmt er aber keine chronologische Einordnung von Festtagen vor. Er nimmt die Zahl aus der biblischen Tradition, wo sie für einen Zeitraum der Hinführung und Reifung steht. 40 Jahre zieht das Volk Israel durch die Wüste, bis es in das gelobte Land findet. 40 Tage fastet Elija im Alten Testament, 40 Tage und Nächte wandert er bis zum Gottesberg Horeb. 40 Tage fastet Jesus in der Wüste zu Beginn seines öffentlichen Wirkens nach dem Neuen Testament (Lk 4,1–13//Mk 1,12f.//Mt 4,1–11). In beiden Fällen, bei Elija und bei Jesus, ist es eine Vorbereitung auf eine wichtige neue Aufgabe.

Die Liturgie hat diese Zeitspanne von 40 Tagen (Quadragesima) auch immer wieder nachgebildet. Die österliche Bußzeit oder Fastenzeit dauert 40 Tage, die Sonntage als fastenfreie Tage sind dabei nicht mitgezählt. Und auch die adventliche Vorbereitungszeit betrug ehemals und bis ins 19. Jahrhundert hinein 40 Tage.

In diesem Sinne ist auch die Zeit von 40 Tagen zwischen Ostern und Christi Himmelfahrt als eine Lehrzeit für die Apostel (Apg 1,1–3) zu interpretieren, als eine Zeit der Hinführung und Reifung zu verstehen. Und diese Lehrzeit mündet dann auch ganz folgerichtig in einen neuen Auftrag, nämlich den Missionsauftrag an die Jünger und Apostel.

Das Wort aus der Apostelgeschichte *„Ihr Männer von Galiläa, was steht ihr da und schaut zum Himmel empor? Dieser Jesu, der von euch ging und in den Himmel aufgenommen wurde, wird ebenso wiederkommen, wie ihr ihn habt zum Himmel hingehen sehen."* (Apg 1,11) findet sich als Festtagslesung an Christi Himmelfahrt. Dieses Wort ist vielfach als vorsichtige lukanische Korrektur an der Naherwartung interpretiert worden. Diese Naherwartung, für die es Anhaltspunkte auch in der Verkündigung Jesu gab, mochte wohl das gespannte und staunende Warten auf die Wiederkunft Christi nahelegen, enthielt aber auch die Gefahr der Untätigkeit in dieser Weltzeit.

Dagegen stellt Lukas klar: Der erhöhte Herr ist der Herr, der die Seinen in die Welt mit ihren Aufgaben verweist, damit sie so von ihm Zeugnis geben und nicht zu lebensflüchtigen und untätigen Naherwartungsträumern werden. Das gebannte Warten in einer nicht nur als vorläufig, sondern sogar als vorläufig und kurzfristig angesehenen Welt hätte zumindest die längerfristige soziale und missionarische Dynamik im Kern getroffen und vielleicht zerstört.

Erst nach den 40 Tagen der Lehr- und Lernzeit für die Jünger, erst nach dieser Einweisung in die österliche Lebenshoffnung, wird in der lukanischen „Chronologie" die Himmelfahrt Jesu, seine Erhöhung zum Vater erzählt. Was theologisch im Ostergeschehen als Einheit impliziert ist, nämlich die Auferweckung oder Auferstehung einerseits und die Erhöhung zum Vater andererseits, gestaltet Lukas in Vermittlungsabsicht chronologisch als Zweiheit aus. Auferweckung respektive Auferstehung einerseits und Erhöhung andererseits sind damit die zwei Seiten ein und derselben Medaille, die Ostern heißt.

Auch Paulus war von der Naherwartung geprägt und hat ihr in 1 Thess 4,15–17 Ausdruck verliehen: *„Wir, die Lebenden, die noch übrig sind, wenn der Herr kommt, werden den Verstorbenen nichts voraus-*

*haben ... Dann werden wir immer beim Herrn sein."* Zugleich ist Paulus mit seiner rastlosen Missionstätigkeit aber auch ein Beleg dafür, dass die Naherwartung nicht zwangsläufig zur Untätigkeit führen muss.

Im Zusammenhang mit der Frage nach Ehe und Jungfräulichkeit legt Paulus der Gemeinde in Korinth zusammen mit seiner Empfehlung der Jungfräulichkeit auch das kurze Manifest einer vorbehaltlichen und vorläufigen Existenz vor: *„Denn ich sage euch, Brüder: Die Zeit ist kurz. Daher soll, wer eine Frau hat, sich in Zukunft so verhalten, als habe er keine, wer weint, als weine er nicht, wer sich freut, als freue er sich nicht, wer kauft, als würde er nicht Eigentümer, wer sich die Welt zunutze macht, als nutze er sie nicht; denn die Gestalt dieser Welt vergeht."* (1 Kor 7,29–31)

Es scheint allerdings auch so, dass Paulus bestimmte Auswüchse des Naherwartungsgedankens kritisiert, die Erwartungshysterie einerseits und den Quietismus andererseits. Und offenbar hat er auch die eigene Naherwartung gegen Ende seines Lebens modifiziert. Im Philipperbrief (Phil 1,21–23) scheint er nicht mehr zu seinen Lebzeiten mit der Wiederkunft Christi zu rechnen, sondern deutet bereits sein eigenes Sterben als die endzeitliche Begegnung mit Christus.

Nach Auskunft vieler Exegeten verband sich mit der Parusieverzögerung eine Krise des Naherwartungsgedankens, die leicht zu einer Krise des Glaubens überhaupt werden konnte. Ist die Naherwartung aus unserer 2000-jährigen Geschichtsperspektive betrachtet als irrige theologische Ansicht der frühen Kirche zu klassifizieren und für uns heutige Menschen irrelevant? Ist die Naherwartung nicht schon längst in eine Stetserwartung umgemünzt, wie Metz kritisch anmerkt, und ihr Dringlichkeitsaspekt mit endlosen historischen Belanglosigkeiten verdünnt worden? Ist es überhaupt möglich, lebenslänglich mit einem existentiellen Vollalarm zu leben, der nur durch zwischenzeitliche Entwarnungen gemildert wird, wenn sich wieder einmal ein angeblich apokalyptisches Zeichen als etwas anderes entpuppt?

Die Naherwartung ist auch für uns heute nicht überholt. Wir tun gut daran, den wiederkehrenden Christus als sehr nah zu wähnen, insofern wir ihm alle in unserem Tod begegnen. Und von dieser Begegnung sind wir nur einen Atemzug weit, unseren letzten nämlich, entfernt. Und unsere individuelle Parusieerfahrung ist eingebettet in das noch ausstehende umfassende kosmische Parusiegeschehen.

Gewissermaßen als Bestätigung und Bekräftigung des mit der Himmelfahrt zum Ausdruck gebrachten Erhöhungsgedankens ist dann vom Sitzen zur Rechten Gottes die Rede. Hat Gott Arme? Natürlich wird mit diesem Wort von Gott keine Bilateralsymmetrie und Zweihändigkeit ausgesagt.

Das Bild vom Sitzen zur Rechten greift auf die Riten zur Königsinthronisation im alten Israel zurück, so wie sie in Psalm 110,1 zum Ausdruck kommen: *„Es spricht Jahwe zu meinem Herrn, setze dich mir zur Rechten, und ich lege dir deine Feinde als Schemel unter die Füße."* Wer zur Rechten des Königs saß, war ihm an Machtfülle nahezu gleich, war sein Handlungsbevollmächtigter oder Statthalter oder Kronprätendent. Wer zur Rechten Gottes saß, wie es der Psalm 110,1 vom Provinzkönig in Israel etwas großspurig oder doch zumindest emphatisch überzogen behauptete, der war sein Bevollmächtigter. Christus zur Rechten Gottes ist also Gottes Statthalter, Gottes Bevollmächtigter für alle Zeit und über alle Zeit hinaus.

Paulus verbindet in einer Art kleinem Glaubensbekenntnis im Römerbrief Sterben, Auferweckung und Sitzen zur Rechten Gottes mit dem soteriologischen Aspekt. Der Erhöhte thront nicht beziehungslos über dem Erdenelend, er tritt für uns Menschen ein: *„Christus Jesus, der gestorben ist und auferweckt wurde, sitzt zur Rechten Gottes und tritt für uns ein."* (Röm 8,34)

Und im Kolosserbrief verbindet Paulus mit dem Sitzen zur Rechten Gottes eine Zielvorgabe für die Existenz eines jeden Christenmenschen: *„Ihr seid mit Christus auferweckt, darum strebt nach dem, was im Himmel ist, wo Christus zur Rechten Gottes sitzt."* (Kol 3,1) Der Epheserbrief (Eph 1,20–23), der wohl nicht von Paulus stammt, weitet diese Zielvorgabe über die Christenheit hinaus auf den ganzen Kosmos aus: *„Er hat sie (Kraft und Stärke) an Christus erwiesen, den er von den Toten auferweckt und im Himmel auf den Platz zu seiner Rechten erhoben hat, hoch über alle Fürsten und Gewalten, Mächte und Herrschaften und über jeden Namen, der nicht nur in dieser Welt, sondern auch in der zukünftigen genannt wird. Alles hat er ihm zu Füßen gelegt..."*

Sieht man einmal von den biblischen Textbezügen ab, die vom Sitzen zur Rechten sprechen, dann hat dieses Bild auch noch einen allgemein anthropologischen Hintergrund. Die Rechte war und ist die bevorzugte Hand; mehr als 80 Prozent der Menschen sind

Rechtshänder; man reicht sich die Rechte („das schöne Händchen"); sie war und ist zumeist die Kampfhand und symbolisiert damit ein machtvolles Eingreifen zur Rettung des Volkes Israel; sie war und ist auch die Schwurhand und symbolisiert damit die Vertragstreue und Gerechtigkeit. Für all dies steht der Auferstandene, der zur Rechten Gottes erhoben ist.

Die Metaphern Erhöhung, Sitzen zur Rechten Gottes, Inthronisation zum Sohn mit Macht wollen zudem die endgültige Einheit des auferstandenen Jesus Christus mit Gott zum Ausdruck bringen. Mit der näheren Bestimmung, dem Sitzen „zur Rechten Gottes, des allmächtigen Vaters", nimmt das Credo auch das Bild des Pantokrators, über das schon nachgedacht wurde, wieder auf und rückt auch den erhöhten Herrn in den Rang des Pantokrators. Wenn man diesen Satz des Credo nicht nur von dem in Psalm 110,1 offenbar angedeuteten Adoptionsakt her versteht, dann formuliert das Credo nochmals, wenn auch nur implizit für den in der Geschichte und aus der Geschichte Auferstandenen so etwas wie eine Wesensaussage, von der Art, wie sie sich theologiegeschichtlich ansonsten auch für den präexistenten Logos finden lässt: *„Eines Wesens mit dem Vater, Gott vom Gott, Licht vom Licht, wahrer Gott vom wahren Gott ..."*

Zwar ist der zum Vater gegangene erhöhte Christus für die Seinen in dieser Welt nicht mehr unmittelbar sinnlich erfahrbar, gleichwohl ist er nicht in eine absolute Weltferne entrückt. Vielmehr tritt er in ein neues, die räumliche und zeitliche Enge seines historischen Wirkens überschreitendes Weltverhältnis. Schierse hatte von einem „Sich-Entziehen in eine neue Nähe" gesprochen.

In den Metaphern von Erhöhung und Sitzen zur Rechten Gottes deuten sich bildhaft ein enträumlichtes und entzeitliches Weltverhältnis, eine bleibende Zeit und Raum übergreifende Gegenwart und ein Heilsuniversalismus an. Der bei Gott und zu Gott erhöhte Christus ist von nun an, wie Nikolaus von Kues sagt, nicht am Rande des Kosmos, sondern im Zentrum aller Wirklichkeit. Dort, so könnte man ergänzen, ist er zu suchen und für die Menschen aller Zeiten zu finden.

## 6.10. Wiederkunft und Gericht

> „... von dort wird er kommen, zu richten die Lebenden und die Toten." (A)
> „... und wird wiederkommen in Herrlichkeit, zu richten die Lebenden und die Toten; seiner Herrschaft wird kein Ende sein." (NK)

Bei diesem Satz des Glaubensbekenntnisses, der zugleich der jeweils letzte des christologischen Teils der beiden Bekenntnisse ist, geht es um die endzeitliche, die Zeit beendende und vollendende Wiederkunft des erhöhten Herrn. Dafür benutzt schon das Neue Testament (z. B. Mt 24,27) den Begriff Parousia, der im Deutschen mit Ankunft und Wiederkunft, aber auch mit Gegenwart und Anwesenheit wiedergegeben werden kann. Das Lateinische „venturus est cum gloria" ist kein blässliches Futur, sondern meint etwas Andrängendes, schon in die Gegenwart Hineinragendes und zugleich etwas Grandioses. Man könnte es vielleicht besser übersetzen mit: „Er ist im Begriff zu kommen in Herrlichkeit. Er ist mit Herrlichkeit im Kommen." So übersetzt spiegelt das Symbolon noch etwas von der Naherwartung der frühen Kirche wider.

Das „... von dort wird er kommen" ist ebenso wenig eine Ortsangabe wie das Sitzen „zur Rechten Gottes". Man wird es wohl eher deuten müssen im Sinne von: ... in Gottes Auftrag, als Gesandter Gottes, in göttlicher Machtvollkommenheit wird er kommen, zu richten die Lebenden und die Toten.

Mit diesem Glaubenssatz wird also nicht nur post factum akzeptiert, was geschichtlich und heilsgeschichtlich der Fall ist, sondern antizipiert, was geschichtlich und heilsgeschichtlich noch erst kommen soll und kommen wird. Damit vollzieht sich im Credo eine Wende der Blickrichtung auf der Zeitachse. Glaube ist demnach nicht nur ein Für-wahr-Halten und Deuten dessen, was geschehen ist, sondern auch ein Erwarten dessen, was geschehen wird, dessen, was noch aussteht. Er hat es also immer mit einem noch unabgegoltenen Überschuss an Erwartungen zu tun.

Für die Formulierung dieses Glaubensbekenntnissatzes „... von dort wird er kommen" gibt es zahlreiche biblische Anhaltspunkte. Die Wiederkunft Jesu Christi ist danach ein herrschaftliches, ein zugleich richtendes und rettendes Kommen.

Wichtige neutestamentliche Belegstellen sind Apg 3,20f.; Phil 3,20; 1 Thess 1,10; 2 Thess 1,7. In Phil 3,20 heißt es beispielhaft: *„Un-*

*sere Heimat aber ist im Himmel. Von dorther erwarten wir auch Jesus Christus, den Herrn, als Retter, der unseren armseligen Leib verwandeln wird in die Gestalt seines verherrlichten Leibes, in der Kraft, mit der er sich alles unterwerfen kann."*

Darin finden sich wie in etlichen anderen Textstellen auch die prototypischen Elemente:

Ausrichtung auf den Himmel als der endgültigen Heimat, Erwartung eines nicht vom Menschen selbstgemachten, sondern von Gott geschenkten Heils, Verwandlung der dürftigen und bedürftigen menschlichen Existenz, umfassende endzeitliche Herrschaft Gottes.

Am ausführlichsten und bilderreichsten handeln die synoptischen Apokalypsen von der Parusie. Hier sind zu nennen Mk 13 und die Parallelstellen in Mt 24 sowie Lk 21. Von der Verfinsterung der Sonne und des Mondes, vom Herabstürzen der Sterne, vom endzeitlichen Schall der Posaune und der Ankunft des Menschensohnes auf den Wolken des Himmels, kurzum vom dramatischen Zusammenbruch des Kosmos ist die Rede.

Diese, dem antiken Weltbild verpflichteten, bildhaften kosmologischen Beimengungen finden sich nicht in diesen Sätzen des Nizänokonstantinopolitanischen und des Apostolischen Glaubensbekenntnisses. Sie konstatieren in Bezug auf die Wiederkunft Jesu Christi nicht ein bestimmtes Wie, sondern das Dass, die zwar noch ausstehende, aber unumstößlich kommende, faktisch werdende Wirklichkeit. Nur insofern ist auch vom Wie die Rede, als dieser Glaubensartikel den wiederkommenden Christus als den Richter versteht. „… von dort wird er kommen, zu richten die Lebenden und die Toten." stellt die Parusie in den Kontext einer endzeitlichen umfassenden Gerechtigkeit, die wiederum hineinreicht auch in die dem menschlichen Zugriff unzugängliche Vergangenheit. Weder die am Ende noch Lebenden noch die dann vielleicht schon längst Toten entgehen der Konfrontation mit dem richtenden und – wie die folgenden Glaubensartikel noch zeigen – auch rettenden Gott.

„Wo nichts ist, hat der Kaiser sein Recht verloren." sagt ein deutsches Sprichwort und meint, auch der mächtigste Mann dieser Welt kann einem Habenichts, einem, dem nichts als das Leben geblieben ist, nichts mehr abpressen. Erst recht kann auch der Mächtigste die Toten für nichts mehr zur Rechenschaft ziehen und haftbar machen. Die im Tod zum Ausdruck kommende absolute Armut macht selbst den Mächtigsten dieser Welt machtlos.

Die absolute Lächerlichkeit eines menschlichen Versuchs, über die Todesgrenze hinweg Rechts- und Machtansprüche geltend zu machen, wird deutlich im Leichengericht am Papst Formosus. Dieser hatte von 891 bis 896 regiert und im Jahre 893 den deutschen König Arnulf gegen die herrschende Spoletanische Partei zu Hilfe gerufen. Sein Nachfolger Stephan VI. (896/97), eine Kreatur der Spoletaner, ließ die Leiche des Formosus nach 9 Monaten exhumieren, sie in Papstgewänder kleiden, verurteilen, verstümmeln und schließlich in den Tiber werfen. Das empörte römische Volk ergriff daraufhin Papst Stephan, warf ihn in den Kerker und erdrosselte ihn schließlich.[48]

Dieses Macht-Ohnmacht-Verhältnis gilt nicht für Gott. Weder durch ein triumphales Leben bis zum Weltende noch durch den Tod entzieht sich irgendjemand seinem Gericht; der lebende oder verstorbene Mörder triumphiert nicht ungestraft über das ermordete Opfer.

Im Blick auf die Kirchengeschichte wird man eine Problematik nicht übersehen dürfen, auf die Ratzinger[49] und andere Theologen aufmerksam gemacht haben. Die erhoffte sehnsuchtsvolle Erwartung, ja Naherwartung des wiederkehrenden Christus hatte ihren Niederschlag im vorletzten Vers der Geheimen Offenbarung, also auch im vorletzten Vers des Neuen Testaments, mit dem Gebetsruf „Maranatha" gefunden. Das heißt: Komm, Herr Jesus! bzw. Unser Herr, komm! (Offb 22,20). Die Wiederkunft war die das leidvolle Diesseits der Verfolgung abkürzende und aus tiefstem Herzen ersehnte Verheißung. Später wird die Wiederkunft uminterpretiert zum „Dies irae" (Tag des Zornes, Tag der Zähren wirst die Welt in Asche kehren etc.).[50] Und dieser Gesang ist vor dem II. Vatikanum Bestandteil eines jeden Requiem. Der Gedanke an die mit Freude erwartete Wiederkunft Christi zum erhofften Vollenden wird ersetzt durch den Gedanken an das hoffnungslose Verenden und den mit Furcht erwarteten „strengen Richter aller Sünder, der du uns so schrecklich drohst".[51]

Die hochnotpeinliche investigative, ja fast schon inquisitorische Befragung, wie sie in menschlichen Rechts- und Unrechtssystemen vorkam und vorkommt und wie sie unter anderem dem „Dies irae" vorschwebt, darf nicht unkritisch auf das persönliche oder Jüngste Gericht übertragen werden. Wenn Gott aber mit den Worten des Augustinus „interior intimo meo", mir innerlicher als ich mir selbst und zugleich „superior summo meo", also höher als das mir höchstmögliche Begreifen und Vorstellen ist, dann mag zwar die gründliche kritische

Selbstbefragung des Menschen in Bezug auf das eigene Denken, Reden und Tun angezeigt sein. Dann aber kann dieser Gott, der mir innerlicher ist als ich mir selbst und der all meine Vorstellungen immens übersteigt auch in moralischer Hinsicht nicht als kleinkarierter Beckmesser und Erbsenzähler, nicht als die Moralisten-Karikatur von einem Menschen gedacht werden. Überlegungen von Sloterdijk, dieser Glaubensartikel vom richtenden Gott führe Menschen zu einer zwanghaften Selbstbeobachtung und Selbstbefragung und damit zielsicher „fast unvermeidlich ins Elend der Selbstverwerfung",[52] wirken eher etwas küchenpsychologisch. Diese Gefahr droht nur dann, wenn man den nicht groß und intim genug zu denkenden, richtend-rettenden und rettend-richtenden Gott aus dem Szenario entfernt und den Menschen auf der Grundlage eines selbst entworfenen und bei Bedarf auch selbst wieder zu verwerfenden Gesetzbuches auch noch in Personalunion zum Ankläger, Verteidiger und Richter seiner selbst erhebt. Selbstbeobachtung und Selbstbefragung, die zielsicher zur Selbstverwerfung führen können, sind weit eher als digital konzipierter gnadenloser informations- und überwachungstechnologischer Kollateralschaden zu denken. Und dann Gnade uns Gott!

Mit dieser im religiösen Bereich nicht selten erfolgten Um-Etikettierung der Wiederkunft des erhöhten Herrn von einem Tag der Freude und Hoffnung zu einem Tag der Furcht und des blanken Entsetzens gerät auch der Gedanke in den Hintergrund, dass es der menschgewordene, der zutiefst menschliche Gott ist, der da richtet. Seine Gerechtigkeit ist seine Barmherzigkeit und seine Barmherzigkeit ist seine Gerechtigkeit. Die Verbindung der Gerechtigkeit mit der Barmherzigkeit nimmt dem existentiellen Ernst menschlicher Entscheidung nichts und gibt der existentiellen Zuversicht alles.

Der Tag der Wiederkunft oder Ankunft Jesu ist der Tag der vollkommenen Offenbarkeit unserer Existenz. Das Meiste unserer selbst ist ja nicht nur den ahnungslosen Anderen verborgen, sondern auch uns selbst. Die Tiefendimension, die Reichweite alles dessen, was wir getan, unterlassen und erduldet haben, wird uns dann aufleuchten und einleuchten. Dann wird klar, dass nicht nur die Dunkelheiten unserer individuellen Existenz zur allgemeinen Verdunkelung der menschlichen Unheilsgeschichte beigetragen haben, sondern auch die lichtvollen Momente unserer Existenz ein essentieller Beitrag zur Vollendung der Heilsgeschichte sind.

Was immer wir tun oder lassen oder (er)dulden, hat eine unfassliche Tiefendimension und eine ungeahnte Reichweite. Und wir zeitigen uns aus durch unser Tun, Lassen und Dulden bis zur endgültigen Definitivität in der kosmischen oder individuellen endzeitlichen Begegnung mit Gott. Wir sind im Gericht nicht nur bis ins Innerste unserer Existenz durchschaut, sondern auch liebevoll angeschaut, und das rechtfertigt bei allem existentiellen Ernst nicht die verzweiflungsvolle Panik, sondern die hoffnungsvolle Erwartung.

Über die im Gericht geltenden Maßstäbe sagt das Credo nichts aus. Man darf aber wohl mit gutem Grund angesichts des Doppelaspekts von Retten und Richten durch den wiederkommenden Herrn auf die große Gerichtsrede in Matthäus (Mt 25,31–46) als Maßstab des Gerichts verweisen; denn hier findet sich an prominenter Stelle, es handelt sich um das letzte Wort Jesu unmittelbar vor Beginn der Leidens- und Auferstehungsgeschichte, genau dieser Doppelaspekt des Rettens und Richtens formal und inhaltlich in der Doppelung der Geschichte wieder.

Die entscheidenden Kriterien des Gerichts sind dabei die Werke der Barmherzigkeit: Hungrigen und Durstigen zu essen und zu trinken zu geben, Fremde und Obdachlose aufzunehmen, Nackte zu bekleiden, Kranke und Gefangene zu besuchen. Diese Werke der Barmherzigkeit sind nicht einfach blanke Sozialarbeit und nichts sonst, vielmehr liegt allem Tun und Lassen am Mitmenschen eine christologische Tiefendimension zu Grunde, die weder den Geretteten noch den Gerichteten bewusst sein muss.

*„Denn ich war hungrig, und ihr habt mir zu essen gegeben; ich war durstig, und ihr habt mir zu trinken gegeben; ich war fremd und obdachlos ... ich war nackt ... ich war krank ... ich war im Gefängnis ... und ihr habt ..."*

Auch dieses Nichtwissen um die christologische Tiefendimension thematisiert die große Gerichtsrede in doppelter Weise, sowohl hinsichtlich des Tuns wie hinsichtlich des Unterlassens: *„Herr, wann haben wir dich hungrig gesehen und dir <nicht> zu essen gegeben, oder durstig und dir <nicht> zu trinken gegeben ...?"* Und beide Gedankenlinien gipfeln schließlich im selben negativ und positiv gewandten Zentralgedanken, der Anwesenheit Gottes im, der Identifizierung Gottes mit dem notleidenden und bedürftigen Menschen: *„Was ihr für einen meiner geringsten Brüder getan habt, das habt ihr mir getan ... Was ihr für einen dieser Geringsten nicht getan habt, das habt ihr auch mir nicht getan."* (Mt 25,40.45)

Der Blick auf den leidenden Mitmenschen ist zugleich der Blick auf den mitleidenden Gott. Der mitleidende Gott ist an der Seite des leidenden Menschen und darum ist dort ein Ort der Gotteserfahrung. Der Einsatz für den bedürftigen Menschen ist zugleich der Einsatz für Gott, und zwar so sehr, dass es umgekehrt keinen Einsatz für Gott und sein Reich gibt, der sich völlig am Mitmenschen vorbei ereignen könnte. So kann man mit Fug und Recht sagen, dass sich die Kriterien der großen Gerichtsrede nochmals fokussieren lassen auf das Doppelgebot der Gottes- und Nächstenliebe (Mt 22,37), auf die Einheit von Gottes- und Nächstenliebe.

Ein Problem, das die Menschen seit der Zeit Jesu bis heute immer wieder beschäftigt hat, ist die Frage nach der Terminierung der Parusie und nach den Vorzeichen, die auf sein baldiges Eintreffen hindeuten. Schon an Jesus ist nach Auskunft der Evangelien diese Frage herangetragen worden. Jesus bedient solche spekulativen Erwartungen nicht mit kryptischen oder orakelnden Andeutungen, sondern fordert mit Nachdruck Wachsamkeit und Bereitschaft für die Parusie: *„Haltet auch ihr euch bereit; denn der Menschensohn kommt zu einer Stunde, in der ihr es nicht erwartet."* (Lk 12,40) *„Doch jenen Tag und jene Stunde kennt niemand, auch nicht die Engel im Himmel, nicht einmal der Sohn, sondern nur der Vater ... Seid also wachsam! Denn ihr wisst nicht, an welchem Tag euer Herr kommt."* (Mt 24,36.42)

Auch wenn hier der sehr vielschichtige exegetische Befund zum Thema Parusie keineswegs angemessen dargestellt, sondern allenfalls angedeutet werden kann, erscheint doch das systematisch-theologische Fazit, das Kehl zieht, einigermaßen nachvollziehbar:

*„Die Einsicht in die radikale Verschiedenheit von Zeit und Ewigkeit, von Geschichte und Vollendung verbietet es, die Parusie in einer einlinigen Verlängerung unseres jetzt gegebenen räumlichen Nebeneinanders und zeitlichen Nacheinanders als das letzte Ereignis auf unserer Zeitlinie und in unserer Erfahrungswelt zu denken, so daß die dann gerade Lebenden es empirisch erleben könnten. So wenig die Welt in der Zeit geschaffen wurde (und darum dieses Geschehen auch nicht empirisch feststellbar ist), sondern mit der Zeit, so wird auch die in der Parusie erhoffte Vollendung der Schöpfung durch Gott nicht in der Zeit, sondern mit ihrem Ende geschehen, so daß es davon kein berechnendes, an bestimmten innergeschichtlichen Zeichen ablesbares Vorherwissen und keine adäquat zutreffende Vorstellung geben kann. Dennoch bedeutet Vollendung der*

*Schöpfung nicht ein restloses Aufgehen von Zeit und Geschichte in der Ewigkeit Gottes, sondern ihr (dreifaches) ‚Aufgehobensein': a) ‚Ende' ihres alles relativierenden Nacheinanders, b) ‚Bewahrung' ihres vor Gott Wertbeständigen im ‚Gedächtnis Gottes' und c) erfüllendes ‚Emporheben' des geschichtlich Fragmentarischen zu seiner vollen Identität durch das endgültige Angenommensein von Gott.*"[53]

Selbst Menschen in der terminalen Phase ihres Lebens, denen die eigene Lebensleistung wie ein nicht mehr änderbares, belangloses Sammelsurium von Bruchstücken erscheinen mag, darf diese trostvolle Perspektive eröffnet werden: Gott, der große Künstler, will und wird zur Erstellung des großen Mosaiks seiner Heilsgeschichte auch auf unsere lebensgeschichtlichen Bruchstücke zurückgreifen und sie angemessen einfügen. Auch durch unsere Bruchstücke erhält dieses Mosaik der Heilsgeschichte Gottes Farbe, Kontur, Tiefe, Schönheit und Ausdruck.

Der richtende Gott richtet nicht hin, er richtet auf, einerseits den daniederliegenden Menschen, andererseits das Reich Gottes. Das Gericht Gottes ist nicht die Hinrichtung des fehlbaren Geschöpfes Mensch, sondern die Aufrichtung des Menschen und der gesamten Schöpfung zu ihrer Vollendung in dem, was die Chiffre Reich Gottes meint.

## 7. Im Fokus: Schuld und Sünde des Menschen
## Schuld – Merkmal des Menschlichen oder überholte Kategorie?

An zwei Stellen, und zwar in beiden Credo-Versionen, ergibt sich unübersehbar direkt und indirekt ein Bezug zur Frage nach Schuld und Sünde des Menschen, nach Gottes Gericht und nach Gottes Vergebungsbereitschaft. In beiden Credo-Versionen heißt es wortgleich an der ersten Stelle im christologischen Teil: Er wird kommen „zu richten die Lebenden und die Toten." Das Gericht setzt eine prinzipielle Schuldfähigkeit des zu richtenden Menschen voraus.

Und an der zweiten Stelle, jeweils im pneumatologischen Teil beider Bekenntnisse, heißt es im Apostolikum: „Ich glaube ... an die Vergebung der Sünden." Und im Nizänokonstantinopolitanum heißt es: „Wir bekennen die eine Taufe zur Vergebung der Sünden". In beiden Bekenntnistexten wird der Mensch als Schuldiger und Sünder identifiziert und Gott bzw. Christus als endzeitlicher Richter mit Vergebungsvollmacht und Vergebungsbereitschaft. Die Frage von Schuld und Sünde des Menschen sowie von Gericht und Vergebung Gottes ist also ein nicht wegzudiskutierender und also zu bedenkender Sachverhalt im Credo. Angesichts der im Nizänokonstantinopolitanum bezeugten Verbindung von Taufe und Sündenvergebung und angesichts der schon in der Antike üblich gewordenen Kindertaufe ergibt sich spätestens mit Augustinus (354–430) weiterhin die Frage, von welcher Schuld oder Sünde die Taufe denn angesichts der Schuldunfähigkeit von kleinen oder kleinsten Kindern entbinden sollte. So stellt sich, auch wenn die Credo-Versionen das nicht als Problem thematisieren, aus deren zeitlichem und theologischem Kontext geradezu zwangsläufig nicht nur die Frage nach der Schuldfähigkeit bzw. Sündhaftigkeit des Menschen, sondern auch die Frage nach der Ur- oder Erbsünde. Diesen verschiedenen und doch miteinander zusammenhängenden Aspekten sei in der hier gebotenen Kürze nachgegangen.

## 7.1. Die Problemanzeige

Ist Schuld ein Merkmal des Menschlichen, ein menschliches Existential oder eine überholte Kategorie? Auf diese Frage kann man nur dann sinnvoll antworten, wenn man zunächst einmal klärt, was Schuld in dieser Fragestellung meinen soll.[1]

Im christlich-theologischen Kontext, um den es hier schwerpunktmäßig geht, ist die folgende Unterscheidung nicht unüblich. Schuld ist demnach:[2]

a) das, was einer dem Anderen schuldet, im Sinne einer noch zu erbringenden Leistung z. B. an Arbeit oder Geld (debitum = das Geschuldete),
b) der durch eine Verfehlung angerichtete z. B. materielle Schaden (noxa = der Schaden),
c) der objektivierbare Verstoß gegen positive Rechtsnormen (delictum = Vergehen, Verstoß, Fehler),
d) das Verfehlen eines normativ vorgegebenen Handlungsziels von unbedingter Gültigkeit (culpa = das Verschuldete),
e) die durch den Verlust der eigenen Identität und Integrität oder das Verfehlen von Idealen und den Missbrauch oder Nichtgebrauch von Talenten entstandene existentielle Schuld (das dem Können entsprechend Gesollte).

Die Frage nach dem Geschuldeten (debitum) ist oft eine primär betriebs- oder volkswirtschaftlich zu klärende Frage, die nicht notwendig eine moralische Dimension haben muss, wohl aber eine solche haben oder bekommen kann. Das kann geschehen durch Verweigerung berechtigter Solidarleistungen, die z. B. als Unterhalts- oder als Steuerzahlungen zu erbringen wären. Nur insoweit soll diese Art von Schuld (debitum) hier berücksichtigt werden, als sie eine culpa involviert.

Die Schuld im Sinne eines angerichteten Schadens (noxa), z. B. als Sachschaden oder als Qualitätsmangel eines Produkts bleibt hier auch außer Betracht, solange damit keine im engeren Sinne moralische Dimension verbunden ist. Es ist versicherungsrechtlich meine Schuld, wenn mir die Vase eines Bekannten versehentlich aus der Hand gefallen und zerschellt ist. Moralisch diskreditiert bin ich dadurch in keiner Weise. Auch der z. B. beim Einparken am Auto des Nachbarn angerichtete Blechschaden ist solange moralisch indifferent, wie ich ihn nicht mutwillig oder im betrunkenen Zustand herbeigeführt oder Fahrerflucht begangen habe.

Auch die Schuld im Sinne der objektiven Verletzung einer positiven Rechtsnorm (delictum) muss keineswegs notwendigerweise eine negative moralische Dimension haben. Wenn ich nachts um drei Uhr eine völlig menschenleere Straße überquere, obwohl die Ampel gerade Rot zeigt, liegt die Verletzung einer positiven Rechtsnorm (Ordnungswidrigkeit) vor, die keinerlei moralische Relevanz besitzt. Ja es kann positive Rechtsnormen geben, die zu missachten mir moralisch geboten ist. Dem hungernden Kriegsgefangenen etwas zu essen zu geben, obwohl das einem Paragraphen über das „Verbot der Feindbegünstigung" widerspricht, kann mir moralisch geboten sein.

Natürlich kennt auch das staatliche und kirchliche Recht nicht nur die formale Verletzung der Rechtsordnung, sondern auch die Einbeziehung des Schuldprinzips im Sinne des Verschuldens (culpa).

*„Das System des staatlichen Strafrechts – im Zivilrecht wird vom Verschulden gesprochen – geht von der Strafbarkeit einer Handlung nicht allein aufgrund der Verletzung der Rechtsordnung aus, sondern auch aufgrund der moralischen Haltung des Täters zur Tat. Schuld ist demnach die Vorwerfbarkeit der Tat und als solche Voraussetzung jeder Strafbarkeit (nulla poena sine culpa = Schuld-Strafrecht) und Grundlage der Strafzumessung (§ 46 Abs. 1 StGB)."*[3]

Für die hier vorliegenden Einlassungen zur Frage, ob Schuld ein menschliches Existential oder eine überholte Kategorie ist, sollen nur die Formen von Schuld in Betracht kommen, die ein normativ vorgegebenes Handlungsziel von unbedingter Gültigkeit (culpa) oder eine existentielle Form von Schuld betreffen, die man vielleicht besser als Sünde begreift. Letztere kann strafrechtlich oder zivilrechtlich u. U. völlig irrelevant, existentiell aber höchst relevant sein. Diese existentielle Form von Schuld kann sich in Handlungen oder auch in Unterlassungen manifestieren, aber auch in bloßen Haltungen, die schon deshalb nicht justiziabel sind, weil ihnen keine äußeren Tatbestände in Form von Handlungen oder Unterlassungen folgen.

Meine grundlegende Vermutung ist, dass es sich bei dem, was ich mit culpa umschrieben habe, um ein menschliches Existential handelt. Und die Begriffe noxa (der Schaden), debitum (das Geschuldete) und delictum (der Verstoß, der Fehler) erst da und vielleicht nur da eine existentielle Relevanz erhalten, wo eine culpa, eine Schuld im eigentlichen Sinne mit ihnen verbunden, in ihnen mitgegeben ist. Diese Schuld kann sich in einer Handlung, einer Unterlassung oder einer Haltung manifestieren, die nicht einmal justiziabel sein muss.

Ein Hund kann, wie jeder Hundehalter weiß, ein Verhalten an den Tag legen, das wir anthropomorph als „schlechtes Gewissen" deuten. Meine begründbare Vermutung ist, dass dieses Verhalten nichts mit Gewissen, sondern nur mit dem Wissen um eine Regelübertretung mit Ahndungsfolge zu tun hat. Dass der Hund seinen Haufen nicht auf den Wohnzimmerteppich des Herrchens platziert, kann ein „Herzensanliegen des Herrchens" sein, eine Gewissensfrage des Hundes ist es dadurch noch lange nicht. Wie die den deplatzierten Hundehaufen meinende Bezeichnung als „corpus delicti" nahelegt, handelt es sich um ein delictum, nicht um eine culpa. Ich behaupte also, dass Schuld (culpa) auf sich zu laden und zu denken und als „mea culpa" denken, auf sich beziehen und sagen zu können, erstlich eine zentrale und exklusive Auszeichnung des ich-bewussten Menschen ist.

Ich bezweifle nicht, dass man Menschen erfolgreich eine Schuld eingeredet hat, die sie nicht hatten und von der sie u. U. nur durch erhebliche therapeutische Bemühungen befreit werden konnten. Ich bezweifle nicht, dass viele Menschen sich selbst eine Schuld zugerechnet haben, die objektiv keine oder nicht die ihre war, nur weil sie skrupulös veranlagt oder durch Lebensumstände so geworden sind. Ich bezweifle nicht, dass man in der Geschichte noxa, debitum und delictum auf perfide Weise als culpa deklariert und Menschen angehängt hat. Aber der Mensch ist nur daher auch für den Missbrauch von Schuldkategorien ansprechbar, weil er prinzipiell auf den Gebrauch von Schuldkategorien hin angelegt ist. Er ist, so erscheint es jedenfalls, ein homo naturaliter moralis.

Ich bezweifle nicht, dass Entschuldung in zahllosen dieser Fälle das Mittel der Wahl ist, um dem Menschen die ihm gebührende Freiheit zurückzugeben. Ich bezweifle aber mit Nachdruck, dass man dem Menschen etwas Gutes tut, wenn man ihm auf dem Weg der soziologischen, der psychologischen und der sozialpädagogischen Entschuldung, wenn man ihm auf dem Weg der neurophysiologischen und neuropsychologischen Entschuldung, oder auf dem Weg der philosophischen Negierung ethischer Kategorien oder durch die Umwertung aller Werte alle Schuld und Schuldfähigkeit zu nehmen versucht. Ich bezweifle nicht nur, dass diese Versuche eines progredienten Unschuldwahns statthaft sind, sondern vor allem, dass ihre Durchführung von dauerhaftem Erfolg gekrönt sein wird. Die in immer neuen Varianten versuchte Totalentschuldung des Menschen wäre, wenn sie denn gelänge, in ihrem Kern identisch mit der Totalentmündigung des Menschen. Wer in angeblich naturbelassener Unschuld durch sein Leben reist, hat stets die Selbstentmündigung mit im Not-Gepäck. Oder anders formuliert: Wer sich im gleißenden Licht purer Unschuld sonnt, produziert den umso tieferen Schlagschatten der Selbstentmündigung.

Es gehört essentiell zum ich-bewussten Menschsein dazu, sagen zu können: „Confiteor Deo omnipotenti et vobis, fratres, …" „Ich bekenne Gott, dem Allmächtigen, und allen Brüdern und Schwestern, dass ich Gutes unterlassen und Böses getan habe …"[4] Oder, wenn man darauf besteht, auf Gott verzichten zu sollen, zumindest sagen zu können: „Confiteor vobis, fratres et sorores … ich bekenne euch, Brüdern und Schwestern …" Das Bekenntnis „mea culpa …" ist im Kern keine Erniedrigung oder Abwertung des Menschseins, sondern dessen Bestätigung. Es öffnet den Horizont von einer Egozentrik hin zu einer Anthropo- oder auch Theozentrik.

### 7.2. Ein Blick auf die Urstandserzählungen

Von Schuld spricht der Jurist, von Sünde und Schuld spricht der Theologe. Wie hängen die Begriffe zusammen? Der evangelische Theologe Wolf Krötke klärt die Beziehung so:

*„Sünde ist der Bruch des Gottesverhältnisses durch den Menschen … Nur insofern ein innerweltliches moralisches Fehlverhalten als Dimension der Abwendung des Menschen von Gott begriffen wird, kann es mit Recht Sünde genannt werden … Sünde ist Schuld, da der Mensch im Missbrauch seiner Freiheit und in eigener Verantwortlichkeit dem Willen Gottes zuwider handelt. Er will selber sein wie Gott. Er pervertiert die Möglichkeiten seiner Geschöpflichkeit. Sünde wird ihm deshalb von Gott als Schuld zugerechnet."*[5]

Schuld im zivil- oder strafrechtlichen Sinne sowie Schuld oder Sünde im religiösen Sinne haben zwar sehr große gemeinsame Schnittmengen, sind aber nicht miteinander identisch.

Von überragender Bedeutsamkeit für die abendländische Geschichte sind im Kontext der Frage nach Schuld bzw. Sünde die

Schöpfungs- bzw. Urstandserzählungen aus Genesis 1 bis 3[6], die freilich nicht zwischen Schuld und Sünde differenzieren, geschweige denn einen profanen und sakralen, oder gar einen zivil- oder strafrechtlichen Kontext gegeneinander abgrenzen. Aber diese Texte sind dennoch höchst relevant; denn sie bezeugen ein Schuldempfinden von anthropologischer Ursprünglichkeit und sind Ausgangspunkte einer Jahrhunderte währenden Wirkungsgeschichte. Die Schuldfähigkeit ist hier schon in ihrer Relation zu Gott wie zum Mitmenschen ganz fraglos als ein menschliches Existential gefasst.

Diese Urstandserzählungen umfassen das Heptameron (Sieben-Tage-Werk), also den priesterschriftlichen Schöpfungshymnus aus dem 6. vorchristlichen Jahrhundert und den jahwistischen Schöpfungsmythos, die „Adam-und-Eva-Erzählung" aus dem 9. vorchristlichen Jahrhundert. Das sind keine negativ konnotierten Degenerationsgeschichten, die im Gegensatz zu positiv konnotierten Aszendenz- und Evolutionsgeschichten stünden. Das ist in beiden Fällen keine minderwertige Naturkunde darüber, wie es zur Welt und zum Menschen gekommen ist, sondern eine hochwertige Urkunde darüber, was es mit der Welt und mit dem Menschen auf sich hat.

Die jüngere der beiden Schöpfungsgeschichten erzählt im Sieben-Tage-Rhythmus hymnisch von der Güte der Schöpfung insgesamt, der Gottebenbildlichkeit des Menschen und der daraus erwachsenden Bestimmung zum treuhänderischen Herrschen über die Schöpfung im Auftrag Gottes und postuliert damit nicht nur implizit eine moralische Zurechnungsfähigkeit des Menschen qua Menschsein. Die Priesterschrift dokumentiert zwar primär die oeconomia naturae[7], die Harmonie alles Geschaffenen, tut das aber nicht ausschließlich, sondern wendet sich in ihrem weiteren Verlauf (Gen 6–9) auch den Verfehlungen des Menschen und dem strafenden Handeln Gottes zu.

Die ältere der beiden Schöpfungsgeschichten, der jahwistische Schöpfungsmythos erzählt mit der Deutungsoffenheit und dem Bedeutungsüberschuss, wie sie für viele Mythologien so typisch sind, vom Werden des Menschen, von seiner Schuldfähigkeit und von der Tatsächlichkeit seiner Schuld. Hier steht die natura lapsa[8], insbesondere der fehlbare und gefallene Mensch im Fokus des Interesses.

Diese beiden Urstandserzählungen sind nach übereinstimmender Meinung der Theologie die in ein mythologisches Sprachgewand gehüllten Reflexionen auf die ursprüngliche Erfahrung der Güte der

Schöpfung (Priesterschrift) und die ebenso ursprüngliche Erfahrung der existentiellen Selbstentfremdung des Menschen (Jahwist). Auf der Ebene der vordergründig erzählten Sachgehalte sind sie nicht miteinander kompatibel, und das kann auch den biblischen Autoren nicht entgangen sein. Aber diese beiden Geschichten sind komplementär zu lesen und zu verstehen und vermitteln so eine besondere Sinntiefe. Im Gegensatz zu dem, was die Bibelkommission noch im Jahr 1909 angedeutet bzw. implizit behauptet hat, stellt die Sündenfallgeschichte aus dem Jahwisten keine historisch fixierbare Einzeltat zweier Menschen dar. Sie erzählt im Modus mythologischer Rede etwas über das Wesen des Menschen, über das, was historisch gesehen niemals war, aber zeitübergreifend immer ist, ein Jahrtausend vor Christus und zwei Jahrtausende nach ihm.[9]

Der Alttestamentler Erich Zenger fasst diese Einsichten zum Textverständnis so zusammen:

*„Wenn es um grundlegende menschliche Verhaltensweisen geht, also um Wesenszüge, die jedem Menschen vor-gegeben sind, insofern er Mensch ist, wählt der altorientalische Erzähler die Form der Urzeit-Erzählungen: Sie erzählen davon, wie der Mensch zu diesem seinem Wesen gleich am Anfang seiner Geschichte und an seinem Ursprung (d. h. eben in der Urgeschichte, jenseits der erfahrbaren Geschichte) gekommen ist. Urzeit-Erzählungen erzählen nichts Einmaliges, sondern Erstmaliges als Allmaliges. Sie erzählen ‚was niemals war und immer ist‘, sie decken auf, ‚was jeder weiß und doch nicht weiß‘, und sie wollen helfen, mit diesem vorgegebenen Wissen und Wesen das Leben zu bestehen. Ihre Helden und Antihelden sind keine historischen Figuren, aber sie sind durch und durch geschichtlich, weil jeder an ihnen teilhat."*[10]

Mythologisch wird das Vergehen des Menschen als das von Gott ausdrücklich untersagte Essen vom Baum in der Mitte des Gartens (Gen 3,3) zum Ausdruck gebracht. Dieser Baum in der Mitte des Gartens, der näher bezeichnet oder differenziert wird als Baum des Lebens und als Baum der Erkenntnis von Gut und Böse (Gen 2,9), steht symbolisch für die allein Jahwe zukommende Daseinsfülle und seine umfassende Verfügungsgewalt. Seine Unsterblichkeit (Baum des Lebens) und sein umfassendes Wissen (Baum der Erkenntnis) unterscheiden den Schöpfer vom sterblichen und unwissenden Geschöpf.

Der Griff nach den Früchten dieses Baumes (Gen 3,6) versinnbildlicht den Ausgriff auf die göttlichen Attribute absoluter Autonomie des Seins (Baum des Lebens) und des Erkennens (Baum der Erkenntnis) und ist damit Symbol der Auflehnung des Geschöpfes gegen den Schöpfer und „Vergötzung der eigenen geschöpflichen Möglichkeiten" im „Widerspruch zu seiner Wesensbestimmung".[11]

Das Ergebnis dieses menschlichen Ausgriffs auf absolute Autonomie ist trotz aller immensen Bemühungen um den Lebenserhalt und den Lebensunterhalt – die Erkenntnis der nackten geschöpflichen Bedürftigkeit (Gen 3,7) und in letzter Konsequenz der Tod, die Rückkehr des Adam, d. h. des Erdlings, zur Adamah, d. h. zum Erdboden, aus dem er stammt. Die Durchsetzung der eigenen Anerkennungs(-sehn-)sucht, die sich im Opfer des Kain und des Abel (Gen 4,3–5) spiegelt, endet mit dem Vergießen menschlichen Blutes (Dam), mit der Ermordung Abels durch Kain (Gen 4,8).

Mit der ersten Frage der Heiligen Schrift: *„Adam, wo bist du?"* (Gen 3,9) vollzieht sich eine Verantwortungszuweisung an den Menschen durch Gott und vor Gott. Die mit der Erkenntnis der eigenen Nacktheit offensichtlich gewordene Schuld versucht der Adam seiner Frau zuzuschieben, dazu noch verbunden mit einem impliziten Vorwurf an Gott: *„Die Frau, die du mir beigesellt hast, sie hat mir von dem Baum gegeben ..."* (Gen 3,12) Hier versucht sich das Geschöpf Mensch, und zwar mit nassforscher Schuldzuweisung an den Schöpfer-Gott selbst, seinerseits zu entschulden.

Und auch Kain wird von Gott befragt: *„Wo ist dein Bruder Abel?"* Er antwortet mit der glatten Lüge: *„Ich weiß es nicht."* Und dann setzt er noch in Form einer Gegenfrage eine Nichtzuständigkeitsbehauptung dazu: *„Bin ich der Hüter meines Bruders?"* (Gen 4,9) In der Frage Gottes an Kain findet sich ebenfalls eine – diesmal den Mitmenschen betreffende – Verantwortungszuweisung an den Menschen durch Gott.

Die Schuldleugnung, die Nichtzuständigkeitsbehauptung und die Schuldzuweisung an andere sind Versuche zur Selbstentschuldung, und sie belegen noch im Modus des Nicht-wahr-haben-Wollens eigener Schuld und in ihrem Nichtgelingen die Unentrinnbarkeit des Menschen aus seiner Schuld.

Die Unentrinnbarkeit aus dem Schuldkontext ist dabei für den Menschen nicht an die Annahme einer Existenz Gottes oder den Glauben an ihn gebunden. Schuld ist nämlich nicht die aus dem Gottesgedanken resultierende frei gewählte Selbstbehinderung der Gottgläubigen.

Wenn der Mensch angesichts des Bösen in der Welt die Möglichkeit eines allgütigen und allmächtigen Gottes verneint, da dieser das Böse weder tun noch zulassen dürfe, so setzt er zugleich den Menschen als das einzige ansonsten verantwortungsfähige Wesen auf die Anklagebank. Aus der Theodizee wird damit zwangsläufig die Anthropodizee. Erfahrungsgemäß aktiviert der Mensch angesichts dieses Angeklagtenstatus individuelle und soziale Selbstentschuldungsmechanismen. Man befände sich noch in der Übergangsphase zur klassenlosen Gesellschaft; es handle sich nur um eine evolutive bzw. sozialdarwinistische Notwendigkeit; das Elend läge nur an noch nicht überwundenen Erkenntnis- bzw. Technologiedefiziten; es handle sich lediglich um antidemokratisch-totalitär bedingte Fehlsteuerungen; man befände sich noch in materialistischen oder monetären Verblendungszusammenhängen; die Defizite seien nur auf gestörte Marktmechanismen zurückzuführen etc. Das immer neue Spiel von berechtigter oder auch unberechtigter Beschuldigung und von zutreffender oder auch unzutreffender Entschuldigung kann nur gespielt werden, wo die Spielregeln allen bekannt und von allen anerkannt sind. Die allgemeine kulturübergreifende Bekanntheit und Anerkanntheit ethischer Spielregeln deutet wohl darauf hin, dass wir es hier mit einem menschlichen Existential zu tun haben.

Aber wo der Mensch selbst nach der Dispensierung jeglichen Gottesbezugs als konsequenter und damit rücksichtsloser Ankläger des Menschen und als letzter unhinterfragbarer, letztinstanzlicher Richter des Menschen und als sein einziger Verteidiger obwaltet, da – Gnade ihm Gott!

Der ebenfalls häufig gemachte Versuch einer umfassenden Umbuchung der individuellen Schuld am Bösen auf soziale und strukturelle Verursachungsmechanismen im Sinne einer sogenannten „strukturellen Sünde" kann schon deshalb nicht gelingen, weil der Mensch nolens volens selbst strukturbildend und -erhaltend wirkt. Allenfalls kann dadurch der Aspekt des Tragischen und Kollektiven bei der Entstehung des Bösen und bei der unausweichlichen Schuldverstrickung des Einzelnen besser in den Blick genommen werden.

## 7.3. Erbsünde oder Ur-Sünde

Mit dem Passus „Wir bekennen die eine Taufe zur Vergebung der Sünden." stellt das Nizänokonstantinopolitanum eine Verbindung von Taufe und Sündenvergebung her, die nicht in sich problematisch ist, sondern es erst im Kontext der Taufe von Neugeborenen und Kleinkindern wird. In diesem Frage-Kontext ist darum auch die problematische Erbsündenlehre von Belang. Aus den Urstandserzählungen ist trotz der priesterschriftlich verbürgten Gutheit der Schöpfung sowie des Menschen und im Ausgang von der jahwistisch bezeugten (Un-)Tat Adams vor allem durch Augustinus eine überindividuell konzipierte Erbsündenlehre erwachsen. Sie sollte die durch die Sünde Adams grundgelegten kollektiven Folgen benennen, die aus der selbstherrlich verfügten menschlichen Autonomie erwachsen, insofern sie widergöttlich alle Theonomie missachtet. Heute wird zumeist nicht von der Erbsünde, sondern von der Ur-Sünde, nach Augustinus „peccatum originale", gesprochen.

Erwin Dirscherl beschreibt sie so: *„In der Entscheidung für Gut und Böse wird die Freiheit auch in ihrer Ambivalenz sichtbar. Die Ursünde besteht in einem Beziehungsabbruch gegenüber Gott und dem anderen Menschen ... Die absolut gesetzte Autonomie, die ihre Bindung an Gott (Theonomie) verleugnet, führt in die tödliche Isolation. Das zeigt auch der Brudermord Kains an Abel ... Doch Gott sucht den Menschen nach der Sünde wieder auf ('Adam, wo bist du?': Gen 3,9) und sorgt sich um ihn. Er bleibt vom Heilswillen Gottes umfangen."*[12]

Selbst das umgangssprachlich gemeinhin missverstandene Kainsmal (Gen 4,15) ist keineswegs als Brandmarkung oder als Diskriminierung zu verstehen, sondern als Schutz durch den lebendigen Gott für den auf mörderische Weise Schuldigen, als Schutz des Mörders vor den „rechtschaffen mordenden Gut- und Bessermenschen". Und im wohl auch priesterschriftlichen Gottesbund mit Noach wird auch das Hinrichten von Menschen durch Menschen mit Bezug auf die Gottesebenbildlichkeit jedes Menschen unter das göttliche Verdikt gestellt: *„Wer Menschenblut vergießt, dessen Blut wird durch Menschen vergossen. Denn: Als Abbild Gottes hat er den Menschen gemacht."* (Gen 9,6) Wie der Ur-Sünder Adam, so verliert auch der Ur-Mörder Kain seine menschliche Würde und Gottesebenbildlichkeit nicht. Keiner der beiden fällt aus Gottes frei geschenktem Heilshandeln heraus.

Papst Pius XII. hatte in seiner Enzyklika *Humani Generis* von 1950 zwar eine „Evolution dem Leibe nach" nicht verworfen, aber doch die universale Erlösungsbedürftigkeit der ganzen Menschheit mit dem evolutionstheoretisch „schwer vermittelbaren" biologischen Monogenismus verbunden, demzufolge alle Menschen von einem ersten Menschenpaar abstammen und von ihm auf dem Weg der Zeugung mit der Ur-Sünde und ihren Folgen kontaminiert werden.[13] Abgesehen davon, dass eine Enzyklika kein unfehlbare Lehre zu sein behauptet, also mit reduziertem Geltungsanspruch einhergeht, muss man auch dies festhalten: Der zentrale Gedanke war bei Pius XII. zweifellos die Behauptung einer universalen Erlösungsbedürftigkeit der Menschheit, nicht aber deren, wie es scheint, relativ ratlos angefügte begründende Herleitung, mit der ein Polygenismus ausgeschlossen und ein Polyphyletismus gar nicht erst in Betracht gezogen wird.[14]

Die „Sünde Adams" besagt, wenn man einmal den von Augustinus postulierten quasi-biologischen Übertragungsvorgang außer Acht lässt, prototypisch dies: Der Mensch, und hier ist zu betonen jeder Mensch, ist prinzipiell zu einer alle Theonomie ausblendenden selbstherrlichen Autonomie fähig und schafft damit nicht nur für sich selbst, sondern für unabsehbar viele Menschen mit ihm und nach ihm eine Realität der Gottes- und damit auch der Selbstentfremdung.

Die Unheilssituation, also die vorgegebene Situiertheit im Unheil, ist nach Karl Rahner und Piet Schoonenberg schon der für jeden Menschen vorfindliche Raum jeglicher seiner Freiheitsentscheidungen und bestimmt diese innerlich mit. Daher bezeichnen sie beide diese vorgegebene, gewissermaßen kontaminierte und kontaminierende Situiertheit als ein menschliches Existential.[15] Es ist dem Einzelsubjekt und seiner Freiheitstat vorgegeben und unhintergehbar, ist insofern ohne individuell eigene Schuld „ererbt" und wird – wenn auch nicht durch die biologische Zeugung, wie Augustinus meinte – in der Menschheitsgeschichte weitergegeben. Aber der Einzelne kann und muss sich dazu im Rahmen seiner freiheitlichen Entscheidungsmöglichkeiten verhalten.

„*Die Universalität und Unüberholbarkeit der Schuldbestimmtheit der Freiheitssituation in der einen Menschheitsgeschichte impliziert eine ursprüngliche, schon am Anfang mitgegebene Schuldbestimmtheit der Menschheitssituation, impliziert eine ‚Erbsünde' … Wir sind die, die unentrinnbar unsere eigene Freiheit subjekthaft in einer Situation voll-*

*ziehen müssen, die durch Schuldobjektivationen mitbestimmt ist, und zwar so, dass diese Mitbestimmtheit zu unserer Situation bleibend und unentrinnbar gehört.*"[16]

Rahner hält aber fest, dass das Wort Erbsünde nur in einem analogen, nicht in einem univoken Verständnis von Sünde redet und wesentlich verschieden ist von dem, was wir mit personaler Schuld und Sünde sowie deren Folgen meinen.[17]

Ist das Faktum der Sünde eine individuell zurechenbare und daher auch zu verantwortende Freiheitstat des Menschen, so ist nach Meinung von Thomas Pröpper die sogenannte Erbsünde die dieser Tat vorausliegende, sie aber beeinflussende und zu ihr geneigt machende „Disposition des Menschen zur Sünde" oder eine Konkretisierung des Themas „Macht der Sünde" und damit keine individuell zuzurechnende Sünde bzw. Schuld. Aus diesem Grunde sieht er in der theologisch ungeklärt weitertradierten herkömmlichen Erbsündenlehre nur eine Belastung für die Verkündigung.[18]

Ein erklärter Gegner der Erbsünden- bzw. Ur-Sündenlehre ist der vormalige Innsbrucker Dogmatiker und nachmalige Paderborner Philosoph Franz Schupp. Er betrachtet die Entstehung dieser Lehre aus ihrer historisch-genetischen Perspektive und identifiziert sie als einen durch den Übersetzungsfehler der Vulgata (Röm 5,12) mitbedingten Mythos. Diese Lehre sei nur der Praxis der Kindertaufe geschuldet, deren Notwendigkeit damit begründet werden sollte, und habe sich dann insbesondere im Kontext des Semimanichäismus und der Prädestinationslehre des späten Augustinus entwickeln können.[19]

Ein anderer Gegner, der Dortmunder Philosoph Karl Schmitz-Moormann, argumentiert evolutionsbiologisch gegen den Monogenismus. Seines Erachtens ist kein Ort in der Hominisation annehmbar, an dem sich etwa durch den Homo habilis, den Homo erectus, den Homo sapiens neanderthalensis bzw. den Homo sapiens sapiens ein solcher Sündenfall mit Straffolge für die gesamte auch noch von diesem einen Sünderpaar abstammende Menschheit ereignet haben könnte.[20] Beide, Schupp wie Schmitz-Moormann, bestreiten keineswegs das Auftreten einer Schuldgeschichte mit dem Beginn oder am Beginn der Menschheitsgeschichte, wohl aber den von Augustinus behaupteten und kirchlich tradierten Modus ihrer unhintergehbaren Weitergabe.

Otto Hermann Pesch, der in seinem „Abschied von der Erbsünde" nur den Abschied „von bestimmten Vorstellungen von der Ursprungssünde und ihrer Übertragung" und „keinen Widerspruch zum eigentlichen Sachgehalt der Lehre des Konzils von Trient" sieht, stellt fest: Die „‚*Nachahmung' der ‚Sünde Adams' kann durchaus so zwingend und ausnahmslos gedacht werden, dass die universale Erlösungsbedürftigkeit der Menschheit lückenlos ist.*"[21]

Pannenberg auf evangelischer Seite verzichtet ebenfalls auf Anleihen beim Monogenismus: „*Die Allgemeinheit der Sünde ist einerseits empirisch aufweisbar in der Begierde und ihren Implikationen ... Andererseits (als Schuld vor Gott) wird sie erkannt im Licht der in Jesus Christus offenbaren Bestimmung des Menschen. Die Gestalt Adams ist nur ihr symbolischer Ausdruck. An die Stelle einer historischen Herleitung der Menschheit von Adam als historischem Ahnherrn im Sinne des Monogenismus tritt der Gesichtspunkt der Einheit der menschlichen Bestimmung, wie sie in Christus offenbar ist und im Adam der Genesissage nur als in ihrem Gegenbild widergespiegelt wird.*"[22] Die Universalität der Schuld und der Erlösungsbedürftigkeit des Menschen ist damit ohne Historisierung Adams und ohne den problematischen Rückgriff auf einen überholten Stand der Biologie darstellbar.

Die Ergreifung einer der Theonomie diametral entgegengesetzten Autonomie durch den Menschen, und zwar nicht nur durch den mythologischen ersten, sondern durch jeden Menschen, schafft also eine auch die anderen Menschen wesenhaft mitbetreffende „Unheilsrealität" und entwickelt eine „Eigendynamik der Unheilsrealität", ja sogar eine Art „Unheilssolidarität' des Sündigens", wie Jürgen Werbick festhält.[23]

In ökumenischer Eintracht sekundiert ihm hier Wolf Krötke, der die sogenannte „Erbsünde" ebenfalls nicht als selbst zu verantwortende Schuld sieht: „*Das Anliegen, das hinter dieser Vorstellung steckt, ist jedoch zu bewahren. Es besteht darin, die Universalität der Sünde, ihren Machtcharakter und ihre den ganzen Menschen betreffende Totalität zum Ausdruck zu bringen.*"[24]

Diese Kategorien sind mühelos in der jüngeren Geschichte zu besichtigen, vom politisch-demagogischen Initiator einer „Unheilsrealität", über die direkten ausführenden Mittäter, bis zu den Mitläufern und den tatenlosen Nicht-Widerständlern, die gemeinsam die „Unheilssolidarität des Sündigens" konstituieren.

Ihr gegenüber bleibt dem Menschen die Möglichkeit einer ausdrücklichen, ebenfalls freien Bezugnahme auf den ihm – ebenso wie

Adam und Kain – bleibend zugesagten Heilswillen Gottes, der sich in der Suche nach Gott und im Kontext des Christentums unter anderem auch im sakramentalen Geschehen (Taufe, Buße, Eucharistie etc.) realisiert.

Die Einwände gegen die Entstehung der Erb- oder Ur-Sünden-Lehre und ihre durch Zeugung erfolgende Weitergabe sind gewichtig. Wenn man sie einmal als stichhaltig voraussetzt, ist aber festzuhalten, dass eigentlich nur die universale Erlösungsbedürftigkeit der Menschheit von Anfang an, also – mythologisch gesprochen – seit der „Sünde des ersten Adam", und die tatsächlich erfolgte Erlösung durch Christus, den zweiten Adam, das ökumenisch bezeugte und ggf. lehramtlich zu schützende Glaubensgut sind und nicht der Modus der Entstehung der Ur-Sünde und ihrer Weitergabe.[25] Wir haben hier eine Adam-Christus-Typologie wie andernorts eine Mose-Christus-Typologie vor uns, die aus sich heraus auch dann, vielleicht sogar nur dann anthropologisch verständlich und ontologisch berechtigt ist, wenn man sie nicht durch einen historischen oder evolutionsbiologischen Zusammenhang über Gebühr aufzuladen und zu fixieren versucht.

Festzuhalten bleibt angesichts des biblischen Befundes, dass dort, wo der Mensch – mythologisch gesprochen der Adam – erstmals in Erscheinung tritt, er zugleich mit der Möglichkeit einer bewusst und freiwillig zu übernehmenden oder schon übernommenen Schuld und mit Selbstentschuldungsmechanismen in Erscheinung tritt, die die Schuld als solche noch einmal implizit bestätigen.

Welchen theologisch-argumentativen Stellenwert hat nun der Mythos von der Ursünde Adams? Als Mythos ist er keine und ersetzt er keine argumentierende Rede. Wir haben es mit Ätiologien zu tun, die grundlegende, existentielle Fragen des zu ihrer Entstehungszeit gegenwärtigen Menschen, u. a. die Frage nach der Herkunft von Leid und Tod, von Verantwortlichkeit und Schuld, zu beantworten versuchen. Sie tun es dadurch, dass sie Gründe oder begründende Anfangsbedingungen in eine unbekannte Vergangenheit, in einen maßgeblich bleibenden Ur-Anfang von Mensch und Welt hinein transponieren. Dieser Ur-Anfang ist nicht als ein prinzipiell überholbarer und mit der Zeit belangloser werdender Beginn von irgendetwas zu verstehen, sondern als der Anfang, auf dem alles bleibend beruht, in dem alles, was ist, bleibend besteht. In diesem Sinne können die Ätiologien nicht als Alternativen zu kausalanalytischen Überlegungen fungieren. Aber sie sind starke Dokumente einer reflexiven anthropologisch-ethischen Nachdenklichkeit und eines das Selbstverständnis prägenden Evidenzerlebnisses eigener Schuldfähigkeit und Schuldhaftigkeit aus dem ersten und zweiten Drittel des Jahrtausends vor Christus.

Der Mythos bebildert einen sachhaltigen Kern, die Frage nämlich, ob das Menschsein von Anfang an und bleibend als mit Schuldfähigkeit oder gar Schuldhaftigkeit verbunden zu denken ist. Und diese Frage bejahen die unterschiedlichen Kritiker wie auch die unterschiedlichen Bewahrer einer Ur-Sünden-Lehre, die dabei allesamt auf diesen jahwistischen Mythos rekurrieren. Ob und, wenn ja, wie dies in der „moralischen Phylogenese" der Hominiden auftretende Merkmal Schuldfähigkeit bzw. Schuldhaftigkeit einen über die individuelle Schuldgeschichte hinausgehenden Niederschlag in der „moralischen Ontogenese" des einzelnen Individuums findet und eine weiterlaufende Unheilsgeschichte konstituiert, nur darüber streiten sie.

Was spräche dagegen, in ökumenischer Eintracht festzuhalten, dass ausnahmslos jeder Mensch evidentermaßen und unentrinnbar in das Gravitationsfeld einer (noch) nicht von ihm selbst verursachten Schuld hineingeboren wird. Diese Schuld wird nicht begründend auf eine mythologische Ursünde und ihre Weitergabe nicht, wie bei Augustinus behauptet, auf eine die menschliche Zeugung diskriminierende Übertragung zurückgeführt. Aber der Mensch trägt im Laufe seines Lebens mit den Freiheitsentscheidungen, die der Gottes- und Nächstenliebe zuwiderlaufen, dazu bei, das alle involvierende Gravitationsfeld der Schuld zu erhalten, ggf. gar zu verstärken. Mit der Taufe aber tritt der von Geburt an erlösungsbedürftige Mensch auch ein in das Gravitationsfeld der Gnade Gottes, die ihn befähigt, dem Gravitationsfeld der Schuld zu widerstehen, sich aus ihm zu lösen. Und in eben diesem Sinne wird die universale Erlösungs- und Vergebungsbedürftigkeit der Menschheit und die Heilsnotwendigkeit der Taufe interpretiert.

Karl Rahner, der einer philosophisch-theologischen Abstraktion gewiss nicht abgeneigt war, lässt aber keinen Zweifel daran, wie Mythos und philosophisch argumentative Rede miteinander verbunden sind, wenn er illusionslos festhält: *„Auch die abstrakteste Metaphysik und Religionsphilosophie muss mit bildhaften Vorstellungen arbeiten, die nichts anderes sind als verkürzte, abgeblasste Mythologeme."*[26]

## 7.4. Schuld – Merkmal des Menschlichen?

Ist es nicht ein impliziter Selbstwiderspruch, dass die Schuld, also das gemeinschafts- und lebenszerstörende Verhalten des Menschen zur Kennkarte des Menschseins erhoben wird? Ist es nicht ein Widerspruch im jüdisch-christlichen Konzept von Anthropologie, dass die Verfehlung des Humanum und die Missachtung des den Menschen erst konstituierenden Gotteswillens, dass die mutwillige Verschleuderung des „donum Dei" zum Definitionsmerkmal des Menschen gemacht wird?

Der Mensch kann definiert werden als der zur Gratwanderung im Guten genötigte und der mit den vielfachen Möglichkeiten eines Absturzes zum Bösen gefährdete, als der zur Gratwanderung befähigte, als der an dieser Gratwanderung scheiternde oder diese Gratwanderung meisternde Hominide. Schuld (culpa) im Vollsinn, also unter Voraussetzung der Einsichtsfähigkeit, ist nur menschenmöglich, ist eine ausschließliche Menschenmöglichkeit. Und damit ist die Schuldfähigkeit ein Konstitutions- und Identitätsmerkmal des Menschlichen. Also definiert nicht die faktisch eingetretene Schuld, sondern die Möglichkeit zur Schuld, also die prinzipielle Schuldfähigkeit den Menschen.

Was aber ist das Böse, was das Gute, an dem sich der Status von Schuld oder Unschuld bemisst? Johannes Gründel formuliert es pointiert so: *„Gut ist, was menschlichem Leben und Zusammenleben in seiner individuellen, sozialen und transzendentalen Dimension dient, was es aufbaut. Böse ist, was dieses Leben und Zusammenleben stört und zerstört. Jesus radikalisiert diesen Ansatz und nimmt ihn in seine eschatologische Botschaft vom Reich Gottes auf."*[27]

Schuld bezeichnet demnach ein Beziehungsverhältnis, ist nur als relationale Größe zu verstehen. Schuldig ist man oder wird man in Bezug auf jemanden, einschließlich sich selbst, oder in Bezug zu etwas. Eine Schuld im Sinne von culpa in Bezug auf den Mitmenschen betrifft nicht nur diesen und den Schuldigen selbst, eine Schuld in Bezug auf sich selbst betrifft nicht nur die eine und selbe Person, die darin zugleich Täter und Opfer ist, sondern involviert in der jüdisch-christlichen Perspektive zugleich Gott. Eine Gott involvierende Schuld nennt die theologische Tradition, wie bereits angemerkt, Sünde.

Zugleich aber definiert die theologische Tradition das Beziehungsverhältnis, das eine Voraussetzung der Möglichkeit von Schuld und Sünde ist, weiter, als es der Unheilskontext der Schuld tut. Sie formuliert ein Beziehungsverhältnis, das einen alle Unheilskontexte potentiell umgreifenden Heilskontext von Gnade und Vergebung konstituiert. In diesem Sinne darf man dann auch wohl 1 Joh 3,20 lesen: „Denn wenn das Herz uns auch verurteilt – Gott ist größer als unser Herz, und er weiß alles."

Ohne die Annahme einer dem Menschen ermöglichten und einer den Menschen ermöglichenden umfassenden Heilsrealität bliebe auch der Begriff der Sünde ortlos, weil ohne ein ihn lokalisierendes Koordinatensystem. Wenn also primär die prinzipielle Schuldfähigkeit und sekundär die faktische Schuld ein menschliches Existential ist, dann ist, folgt man einer christlichen Anthropologie, auch die damit korrespondierende prinzipielle Vergebbarkeit und die, sofern sie von Schuldigen erbeten wird, auch faktisch eintretende Vergebung ein menschliches Existential. Wie die Schuld eine relationale Größe ist, so ist es auch die Vergebung. Andernfalls (und damit schlimmstenfalls) verbliebe der Begriff der Schuld – von Sünde wäre ja unter der expliziten Ausklammerung des Gottesgedankens nicht mehr zu reden – in der Beliebigkeit wechselnder politischer, sozialer, utilitaristischer, konsensualistischer, egozentrierter, sozialutopischer oder anderer ideologischer Koordinatensysteme. Was Schuld ist bzw. genauer, was jeweils als Schuld gelten soll, wäre eine konventions- und konjunkturabhängig auszuhandelnde Vereinbarungssache. Der auch noch den schuldgeschichtlichen umfassende, der heilsgeschichtliche Horizont wäre kaum denkbar.

Der Mensch ist der, der ein sinnstiftendes, besseres und höheres Umfassendes um und über sich erkennen kann, aus dem er sich bewusst und willentlich ausschließt, oder in das er sich bewusst und willentlich einschließt, von dem er sich ab- oder dem er sich zuwendet, dem er misstraut oder dem er sich anvertraut. Dementsprechend konzipiert er sein Leben in einem von aller Theonomie abgrenzenden Sinne autonom oder in einem die Theonomie ausdrücklich einbeziehenden, durch Theonomie moderierten Sinne autonom.

Autonomie ist nicht an sich ein Widerspruch zur Theonomie, wie gelegentlich unterstellt wird. Sie kann allerdings dann eine anthropologische Fehlentwicklung werden, wenn sie einer Egozentrik dienstbar gemacht, von einer Egozentrik gesteuert wird. Autonomie kann dann ein menschliches Qualitätsmerkmal sein, wenn sie von einer Anthropozentrik, von einer am Wohlergehen der Gattung Mensch orientierten Haltung gesteuert wird. Eine Anthropozentrik ist der Bibel keineswegs fremd und auch aus den beiden Schöpfungserzählungen herauszulesen, die den Menschen, wenn schon nicht zur „Krone der Schöpfung", so doch zu einem herausgehobenen Exemplar unter allen Geschöpfen (Priesterschrift) oder zum Mittelpunkt der Schöpfung (Jahwist) erheben. Der Mensch darf im Zentrum des menschlichen Interesses stehen, weil Gott ihn, folgt man der biblischen Tradition, ins Zentrum seines Interesses gerückt hat; aber er darf nicht auf Kosten anderer Menschen und auf Kosten der übrigen Schöpfung im Zentrum stehen. Es ist also keine in sich geschlossene, keine um sich selbst kreisende, sondern stets eine zur Theozentrik hin offene Anthropozentrik zu postulieren.[28] In diesem Sinn wird der Sabbat (Gen 2,2f.), in dem sich die Schöpfung vollendet, zur Chiffre für das über den Menschen hinausgehende, für das jenseits seiner selbst liegende Woraufhin des Menschen und der Menschheit, zum Bild für das vollendete, friedvolle Dasein in Gott.

Eine nicht von der Theozentrik irgendwie moderierte, balancierte, korrigierte und inspirierte Anthropozentrik läuft nämlich Gefahr, zur Egozentrik zu degenerieren.

Ist Schuld ein Merkmal des Menschlichen oder eine überholte Kategorie? Wo der Mensch in die erste Morgendämmerung einer relativen Freiheit und Bewusstheit hinaustritt, da ist er bereits als homo peccator kenntlich. Insofern ist Schuld oder genauer die prinzipielle Schuldfähigkeit für die christliche Anthropologie ein bleibendes Merkmal des Menschlichen, ein menschliches Existential.

Die Schuld ist aber, wie schon gesagt, keine absolute, sondern eine relationale Größe. Das gilt auch für die Sünde. *„Sünde ist ... ein Relationsbegriff; er wird gegenstandslos, wenn sein Bezugspunkt, also die Beziehung zu Gott verlorengeht."*[29] Beide, Schuld wie Sünde, sind also verortet in einem Referenzsystem, in Bezug auf das der Mensch schuldig werden kann und das er zugleich im Sinne der Konstituierung einer Heils- oder Unheilsrealität mit individuellen und sozialen Folgen mitgestaltet. Der homo ist, wie Martin Luther in seiner Römerbriefvorlesung von 1514/15 und in der Rechtfertigungslehre feststellt, angesichts dieses das Unheil nochmals umfassenden Heils ein simul justus et peccator, zugleich ein Gerechter, im Sinne von gerecht Gemachter, und ein Sünder.

Schuldfähigkeit und Schuld sind, theologisch-anthropologisch gesprochen, die mit dem Menschsein überkommene und übernommene und die lebenszeitlich bleibende Kategorie. Zugleich aber sind Schuldfähigkeit und Schuld kritisch einzuholende und heilsgeschichtlich zu überholende Kategorien.

Der Mensch kann sich und muss sich zu seiner Schuld verhalten, und das macht ihn in einem ihn moralisch qualifizierenden Sinn menschlich. Eine nur über die Konstatierung seiner Schuld hinausgehende Größe zeigt er, indem er sein „confiteor" und darin sein „mea culpa" spricht und – eingedenk seines Referenzsystems – Gott, zumindest aber den Mitmenschen um Verzeihung und um Mithilfe zur Überwindung dieser seiner Schuld, respektive Sünde bittet.

Schuldfähigkeit und Schuld sind ein Merkmal des Menschlichen, bis der Mensch individuell wie kollektiv in die letzte Abenddämmerung seiner Freiheit und Bewusstheit hinein entschwindet. Und erst endzeitlich, so hoffen die Christen, wird die Schuld durch Gottes Gnade und Vergebung, durch das „neue Referenzsystem Reich-Gottes" eine endgültig und ein für alle Mal überholte Kategorie.

## 8. Im Fokus: Heilsbedeutsamkeit Jesu Christus als individual- und menschheitsgeschichtlicher Kairos?

Dass der historische Jesus trotz der Dürftigkeit der historischen Quellen, die von ihm Zeugnis geben, ein besonderer Mensch war, wird zumeist sogar von andersgläubigen oder auch nicht-gläubigen Menschen konzediert. Aber, er war eben ein Mensch, ein Kind seiner Zeit, ein Jude unter römischer Besatzung, ein religiöser Mensch, einer von vielen religiös-jüdischen Dissidenten mit etlichen Anhängern etc. Kurzum: Er war eben ein Mensch, und sonst? Gerhard Lohfink bemerkt:

*„Jesus wird heute nur allzu oft zu einem bloßen Propheten gemacht, zu einem begabten Charismatiker, einem radikalen Sozialrevolutionär, einem erfolgreichen Heiler, einem menschenfreundlichen Sozialarbeiter oder gar nur zu einem gescheiten Rabbi. Der wirkliche Anspruch dessen, was sich bei ihm zeigt und ausspricht, bleibt dann ausgeklammert, und die Konsequenz ist zwangsläufig die Behauptung, die frühchristlichen Gemeinden hätten ihn ‚vergöttlicht'."*[1]

### 8.1. Kosmische Bedeutsamkeit?

Die meisten Menschen, auch solche außerhalb der christlichen Kirchen, die sich mit der Gestalt Jesu Christi befassen, sind schon der Meinung, es hier mit einem vorbildlichen Menschen zu tun zu haben. Eine Vorbildfunktion mag er haben, wie für andere Sokrates oder Franz von Assisi, Albert Schweitzer oder Mahatma Gandhi, Mutter Teresa oder Martin Luther King. Wenn ihm aber eine Heilsbedeutung über alle Zeit hinaus zugedacht wird, dann stößt man außerhalb der christlichen Kirchen und manchmal sogar innerhalb derselben auf eine teils erhebliche Skepsis.

Karl-Heinz Menke formuliert diese Skepsis gegenüber den mit der Person des Jesus von Nazareth verbundenen Geltungsansprüchen so: *„Kann man glauben, dass eines unter Milliarden von Menschenleben die Offenbarkeit Gottes und also die Offenbarung des Sinns von allem – kurzum: der Weg, die Wahrheit und das Leben für alle Menschen aller*

*Zeiten – war? Kann man das glauben? Und wenn man das glaubt, gehört man dann nicht zu denen, die aufhören zu denken, wenn sie anfangen zu glauben?"*[2]

Kann also ein einzelner Mensch, der vor 2000 Jahren gelebt hat, heilsbedeutend sein für mich, mehr noch für die jetzt lebende Menschheit oder sogar über alle Zeiten hinweg für die ganze Welt?

Die Christenheit insgesamt stellt das Christusereignis ja nicht nur in einen historischen Kontext, sondern misst ihm sogar kosmologische Dimensionen zu. Die Christus schon im 1. Jahrhundert beigelegten Würdetitel, etwa „Kyrios" und „Pantokrator", die so viel bedeuten wie der „Herr der Welt" und der „Allmächtige" oder der „All(be)herrscher", könnten als Beleg für den kosmischen Größenwahn der Christenheit angesehen werden. Kann man solche Aussagen, insbesondere dann, wenn man weiß, wie wenig die Menschen der Antike von den Dimensionen des Alls wussten und wissen konnten, heute noch tolerieren? Muss man sie nicht im Sinne einer kenntnisdefizitbedingten minderen Zurechnungsfähigkeit ihrer Autoren heute kassieren?

Während seines ganzen Lebens hat der große Philosoph und Mathematiker Blaise Pascal (1623–1662) seine Gedanken über Gott und die Welt in aphoristischer und essayistischer Weise aufgezeichnet. In einem zutiefst erschütternden nächtlichen Erlebnis am 23. November 1654 macht er seine alles in den Schatten stellende Gottes- und Christuserfahrung, die er dann – in seinem berühmten Memorial verschriftlicht – zeitlebens bei sich trägt. Es ist das Jahrhundert von Galileo Galilei, Gottfried Wilhelm Leibniz, Nils Stensen, René Descartes und Isaac Newton. Man hat die ersten brauchbaren Teleskope und seit Antoni van Leeuwenhoek auch die ersten Mikroskope. Und so erfährt man etwas über die ungeahnten räumlichen Dimensionen dieser Welt, über den Makro- und Mikrokosmos. Pascal nimmt das alles hellwach wahr und lässt es einfließen in seine Gedanken (Pensées) über die Religion, über Gott und die Welt. Und so schreibt er:

*„Bedenke ich die kurze Dauer meines Lebens, aufgezehrt von der Ewigkeit vorher und nachher; bedenke ich das bisschen Raum, den ich einnehme, und selbst den, den ich sehe, verschlungen von der unendlichen Weite der Räume, von denen ich nichts weiß und die von mir nichts wissen, dann erschaudere ich und staune, dass ich hier und nicht dort bin; keinen Grund gibt es, weshalb ich gerade hier und nicht dort*

*bin, weshalb jetzt und nicht dann. Wer hat mich hier eingesetzt? Durch wessen Anordnung und Verfügung ist mir dieser Ort und diese Stunde bestimmt worden? ... Das ewige Schweigen dieser unendlichen Räume macht mich schaudern."*[3]

Pascal sieht den Menschen nicht nur zeitlich, sondern auch räumlich von Unendlichkeiten umstellt, und ihn erfasst ein existentieller Schauder. Da ist – in zeitlicher Hinsicht – die Ewigkeit vor und die Ewigkeit nach dem Menschen. Der Mensch mit seinem lächerlichen Bisschen Zeit ist gewissermaßen namenlos eingebettet in die Ewigkeit.

Da ist – in räumlicher Hinsicht – die Unendlichkeit im Großen, die Unendlichkeit der Räume, die der Mensch nur erahnen, nicht einmal sehen, geschweige denn mit den Vorgaben seiner Anschaulichkeit betreten kann. Aber er muss sie annehmen, weil ihm die Fernrohre und die Hubble-Teleskope etc. diese Annahme nahelegen.

Und da ist die Unendlichkeit im Kleinen, die der Mensch gleichermaßen nur erahnen, nicht einmal sehen, geschweige denn mit den Vorgaben seiner Anschaulichkeit betreten kann. Aber auch die muss er annehmen, weil ihm die Mikroskope und Rasterelektronenmikroskope etc. diese Annahme nahelegen. Pascal ahnt all das und fragt nach dem Ort und der Zeit, nach dem Sinn und der Bestimmung des Menschen im All:

*„Denn was ist zum Schluss der Mensch in der Natur? Ein Nichts vor dem Unendlichen, ein All gegenüber dem Nichts, eine Mitte zwischen Nichts und All. Unendlich weit entfernt von dem Begreifen der äußersten Grenzen sind ihm das Ende aller Dinge und ihre Gründe undurchdringlich verborgen, unlösbares Geheimnis. Er ist gleich unfähig das Nichts zu fassen, aus dem er gehoben, wie das Unendliche, das ihn verschlingt ... Alle Dinge entwachsen dem Nichts und ragen bis in das Unendliche. Wer kann diesen erschreckenden Schritt mitgehen? Der Schöpfer dieser Wunder begreift sie; niemand anders vermag es."*[4]

Aber mag auch der Schöpfer dieser Wunder all das begreifen, begreifen wir denn den Schöpfer und begreifen wir uns als seine Geschöpfe? Der große Landsmann von Pascal, Pierre Teilhard de Chardin (1881–1955), er war Jesuit und Paläontologe und in China an der Ausgrabung des Peking-Menschen (Homo erectus pekinensis) beteiligt, hat gegen große Widerstände die zu statisch gedachte Schöpfungstheologie gewissermaßen dynamisiert und evolutionstauglich gemacht. Teilhard de Chardin hat diese Sicht des Menschen, der fassungslos und schaudernd dem „unendlich Großen" und dem „unendlich Kleinen" gegenübersteht, um einen wesentlichen Aspekt erweitert, den Aspekt des „unendlich Komplexen". Und dieses scheinbar „unendlich Komplexe" sieht er im Geist-Gehirn-Komplex realisiert.

Auch jeder Mensch ist eine kleine Unendlichkeit in sich; denn allein in den ca. 1.300 cm$^3$ Hirnmasse, die jeder so mit sich herumträgt, finden sich ca. $10^{12}$ Neuronen. Und jedes Neuron ist nochmals mit ca. $10^5$ anderen Neuronen verbunden ist. Damit sind wir noch ohne Berücksichtigung anderer somatischer Prozesse allein für das Organ Gehirn, mit ca. $10^{17}$ Kombinationsmöglichkeiten, schon in der numerischen Größenordnung der Galaxien. Und während das „unendlich Große" uns mit den Phänomenen der Relativität und das „unendlich Kleine" uns mit den Phänomenen der Quanten konfrontieren[5], tritt durch das „unendlich Komplexe" das Phänomen des Lebens und des Bewusstseins, speziell das des menschlichen Selbstbewusstseins in den Blick.[6] Nach Teilhard de Chardin wird auf evolutivem Wege die tote Geosphäre aufgehoben, d. h. als nur tote beendet, materialiter bewahrt und potentiell hinaufgehoben zur lebenden Biosphäre und diese wird in ähnlicher Weise aufgehoben in der geistigen Noosphäre.

Das bedeutet aber: Den Blick auf den Menschen und genauer noch auf das Christusereignis zu richten, wenn man nach Gottes Wirken an dieser und in dieser Welt fragt, ist nicht schon dadurch absurd oder obsolet, dass man die Winzigkeit des Wesens Mensch im All und die Winzigkeit seiner Lebensspanne gegenüber kosmischen Prozessen vergleichend in Betracht zieht. Der Mensch, jeder Mensch, ist in sich ein Kosmos der Komplexität. Und die Verwunderung, ja das Staunen über das Ausmaß dieser Komplexität ist bei allen unbezweifelbaren Wissensfortschritten im Verlauf der Biologie- und Medizingeschichte nicht kleiner, sondern deutlich größer geworden. Und das, was heutige Wissenschaft unter Bezugnahme auf astrophysikalische, evolutionsbiologische, humanbiologische, neurobiologische Kenntnisse noch weit genauer zu sagen imstande ist, deutet sich doch schon bei Pascal an, wenn er den Menschen und das Denken des Menschen als Vorzugsort und Vollzugsort einer kosmischen Wertschöpfung und Wertbestimmung ausweist: *„Nur ein Schilfrohr, das zerbrechlichste in der Welt, ist der Mensch, aber ein Schilfrohr, das denkt ... Aber, wenn das*

*All ihn vernichten würde, so wäre der Mensch doch edler als das, was ihn zerstört, denn er weiß, dass er stirbt, und er kennt die Übermacht des Weltalls über ihn, das Weltall aber weiß nichts davon.*"[7]

Die Frage, ob und wie das Geschöpf im Blick auf dieses als Schöpfung interpretierte All eine Ahnung vom Schöpfer erhalten könnte, beantwortet Pascal dann eher vorsichtig so: „*Alles Wahrnehmbare zeigt weder völlige Abwesenheit noch eine offenbare Gegenwärtigkeit des Göttlichen, wohl aber die Gegenwart eines Gottes, der sich verbirgt. Alles trägt dieses Merkzeichen.*"[8]

Dieses gleichzeitige Schon-und-noch-Nicht der Gotteserfahrung, dieses Dasein zwischen der Anwesenheit und der Abwesenheit Gottes, zwischen der Sichtbarkeit und der Verborgenheit Gottes ist dem Menschen in einer Art von lebenslänglichem Advent der Nachdenklichkeit zugemutet. Aber er ist auch dank seiner neurophysiologischen Komplexität ein kompetenter Zeichendeuter. Er könnte die scheinbaren Unendlichkeiten im Makro- und Mikrokosmos dieser Schöpfung und in sich selbst als Hinweis auf die Unendlichkeit des Schöpfers deuten.

Mag auch der Mensch als biologischer Kosmos in sich bedeutend sein, so ist doch die Frage, warum unter den abermilliarden Menschen gerade dieser Mensch Jesus von Nazareth darüber hinaus heilsbedeutend sein soll. Aber selbst und gerade an der weihnachtlichen Krippe, im Angesicht dieses Neugeborenen, wird dem Menschen der Zweifel an der Heilsbedeutsamkeit Jesu und der durch ihn vermittelten Gotteserfahrung nicht erspart. „*Und das soll euch als Zeichen dienen: Ihr werdet ein Kind finden, das, in Windeln gewickelt, in einer Krippe liegt*" (Lk 2,12). Ein zweifelhaftes Zeichen und doch ein verstehbares Zeichen, eines mit Hand und Fuß, mit Sinn und Verstand, ein menschlicher Wink des Himmels, ein Himmelszeichen von Menschlichkeit.

Es wird dem Menschen mit dem christlichen Glauben zugemutet, gegen den Augenschein seiner kosmischen Bedeutungslosigkeit anzunehmen, dass sich der unendliche Gott in die erbärmliche menschliche Endlichkeit eines Wickelkindes hineinbegeben hat, dass sich Gott in die banalen Verhältnisse unseres Menschendaseins verwickeln lässt, und dass sich Menschen im Blick auf ihn in Sachen Menschlichkeit entwickeln können.

Aber in diesem Glauben hat der in den Unendlichkeiten verlorene Mensch endlich seinen Ort in diesem Kosmos, nämlich an der Seite Gottes, weil der unendliche Gott den endlichen Menschen seiner Gegenwart würdigt, weil der unendliche Gott den endlichen Menschen unendlich wichtig nimmt, weil der unendliche Gott sich endlich menschlich erfahrbar macht.

Da vollzieht sich in Hegelscher Diktion gedacht in der Verendlichung des Unendlichen die Verunendlichung des Endlichen. Da kommen – in der Mitte von Mikro- und Makrokosmos – Gott und Mensch zusammen.

## 8.2. Geschichtliche Bedeutsamkeit?

Und selbst wenn man nach dem gerade Gesagten die Erde und den Menschen als Bestimmungsort eines kommunikativen Geschehens zwischen Gott und Mensch nicht per se ausschließt, ja ausschließen kann, oder wenn man wie die Menschen der Antike annähme, diese Erde sei der Mittelpunkt der Welt, wäre doch zu fragen: Ist nicht die regionale und temporale Abseitigkeit von Geburt und Kindheit, ja auch noch von Wirken und Sterben Jesu unbestreitbar und ein sicheres Indiz für seine weltgeschichtliche Bedeutungslosigkeit? Und ist nicht die kirchlich behauptete nicht mehr nur regionale, sondern globale und universale, nicht mehr nur temporale, sondern äternale Bedeutung Jesu reichlich überzogen, ja blanke Bedeutsamkeitshochstapelei? Kann etwas zeitlich und räumlich so Abseitiges von derart zentraler Bedeutung sein? Und weiter: Wie kann der offenbare Widerspruch von geschichtlicher Einmaligkeit des Lebens Jesu und eschatologischer Endgültigkeit Jesu Christi miteinander in Verbindung gebracht werden? Kann eine Zeit von Bedeutung sein für alle Zeit? Kann ein Mensch der Vergangenheit von Bedeutung sein für mich heute und für die ganze vergangene, gegenwärtige und zukünftige Menschheit?

### a. Der Kairos im menschlichen Leben

Zur Behandlung dieser Frage und zur allgemeinen Kennzeichnung dessen, was der Begriff Kairos meint, müssen wir zunächst etwas über die Zeit nachdenken. Das antike Griechenland hatte für den einen deutschen Begriff Zeit zwei miteinander kontrastierende und einander ergänzende Begriffe, den Begriff Chronos und den Begriff Kairos.

Mit Chronos bezeichnete man die wie gleichförmig fließend erscheinende und zu messende Zeit. Chronos meint also die uns geläufige quantitative Dimension der Zeit. Man schaut etwa auf den Zeitbedarf, um einen Autoreifen zu wechseln, tausend Meter zu laufen oder ein Fenster zu putzen. Wie viel Zeit also braucht man, um etwas Bestimmtes zu tun? Diese Zeitvorstellung ist in Wissenschaft, Technik, Wirtschaft, Sport etc. dominierend.

Neben dem Chronos-Zeitbegriff kannten die Griechen aber auch den Kairos. Darunter verstanden Dichter, Künstler, Naturforscher und Philosophen der griechischen Antike, z. B. Hesiod und Pindar, Georgias, die Pythagoräer und Platon zunächst eine durch die Gunst der Natur oder einer Gottheit ausgezeichnete Stelle im Raum, später dann auch eine besonders ausgezeichnete Stelle in der Zeit. Aristoteles, der mehr auf den Zeitaspekt achtet, sieht im Kairos das Gute in der Kategorie der Zeit, also die für eine bestimmte Tat, ein bestimmtes Ereignis gute und rechte Zeit. Man könnte den Raum und Zeitaspekt zusammenfassend sagen: Der Kairos ist also ein besonders ausgezeichneter Raum-Zeit-Punkt. Das kann der passende Anfangs(zeit)punkt für ein Unternehmen sein, das kann sein glückhafter Kulminations- oder sein vollendender Schluss(zeit)punkt sein. Dahinter steht die Annahme, dass es so etwas wie eine absolute Gleichheit und Gleichförmigkeit der Zeiten und auch der Räume nicht gibt. Denn es ist nicht jeder Raum-Zeit-Punkt durch die dem Kairos eigentümliche Ereignis-, Entscheidungs- oder Handlungsdichte gekennzeichnet; der Kairos ist also nicht beliebig verfügbar.[9]

Es gibt eine bildhafte Darstellung des Kairos aus der griechischen Antike. Sie fand sich am Heiligtum des Zeus und der Hera in Olympia. Sie zeigt einen nackten jungen Mann, der auf Zehenspitzen und mit Flügeln an den Füßen dahin läuft. Er trägt ein spitzes Messer in der Hand. Eine Haarlocke fällt ihm in die Stirn, aber sein Hinterkopf ist kahl. Ein antikes griechisches Epigramm erläutert in fiktivem Dialog zwischen Betrachter und Bild diese merkwürdige Gestalt: *„Wer bist du? – Ich bin Kairos, der alles bezwingt! – Warum läufst du auf den Zehenspitzen? – Ich, der Kairos, laufe unablässig. – Warum hast du Flügel am Fuß? – Ich fliege wie der Wind. – Warum trägst du in der Hand ein spitzes Messer? – Um die Menschen daran zu erinnern, dass ich spitzer bin als die Spitze. – Warum fällt dir eine Haarlocke in die Stirn? – Damit mich ergreifen kann, wer mir begegnet. – Warum bist du am Hin-*

*terkopf kahl? – Wenn ich mit fliegendem Fuß erst einmal vorbeigeglitten bin, wird mich keiner von hinten erwischen, so sehr er sich auch müht. – Und wozu schuf dich der Künstler? – Euch Wanderern zur Belehrung.*"[10]

Was soll diese merkwürdige Belehrung? Sie weist auf die schon genannte zeitlich separierte und limitierte unwiederbringliche Ereignis-, Entscheidungs- und Handlungsqualität des Kairos hin. Bei diesem örtlichen und zeitlichen Punkt geht es nicht um einen Zufall (griechisch: týchä, lateinisch: fortuna), sondern um eine Krisis, eine Situation, in die nach griechischem Denken das Schicksal (griechisch: moíra) den Menschen hineinnötigt und in der es ihm eine oft lebenswichtige Entscheidung abnötigt. Mit dem Begriff Kairós wird also nach der qualitativen Dimension eines Punktes in Raum und Zeit gefragt, nach dem, wozu er gut ist, was sich in ihm qualitativ ereignet. Die Qualität einer Zeit lässt sich nicht wie die Quantität einer Zeit mit der Uhr messen, sondern eher in den Kategorien der existentiell bewegenden inneren oder äußeren Erfahrung.

### b. Die individuelle und soziale Dimension des Kairos

Es gibt besonders gefüllte, bedeutsame Augenblicke im Leben eines jeden Menschen, wo er etwas einsieht, etwas tut, ihm etwas widerfährt oder begegnet, was das ganze weitere Leben positiv oder negativ bestimmt, oder durch das er selbst sein ganzes weiteres Leben positiv oder negativ bestimmt. Einer Kairologie geht es darum, die Zeichen der Zeit zu erkennen, zu erfassen, was an der Zeit ist, im Lauf der Zeit die Recht-Zeitigkeit zu ergreifen sowie an Ort und Stelle zu gestalten.

Wenn ich einmal mit dem Psalmbeter (90,10) annehme: *„Unser Leben währt siebzig Jahre, und wenn es hoch kommt, sind es achtzig."*, dann stehen einem Menschen bei 24 Stunden täglich und 365 Tagen jährlich und achtzig Jahren Lebenszeit genau 700.800 Stunden zur Verfügung. Aber diese Stunden sind nicht homogen, sind einander nicht alle ebenbürtig, gleichwertig und gleich-gültig. Sie werden auch durch unsere Erinnerung mit ganz unterschiedlichen Dignitäten versehen.

Es kann sich in einer bestimmten Stunde und an einem bestimmten Ort die Umkehr- oder Berufungssituation ereignen, von der aus dann der ganze weitere Lebensweg geprägt wird. Man denke etwa an das Damaskus-Erlebnis, das Saulus, den fundamentalistisch-engstirnigen Kämpfer gegen die junge Kirche, zum Paulus, dem in vieler Hinsicht weitherzigen Weltmissionar für die junge Kirche, werden ließ. Man denke an den Bekehrungsmoment des Augustinus, den er selbst so eindringlich beschrieben hat. Es kann sich in diesem einen raumzeitlich bemessenen Lebensabschnitt die Begegnung mit dem Lebenspartner, der große Lottogewinn oder eine lebensrettende Wende des persönlichen Geschicks ereignen. Es kann sich im Negativen der Verkehrsunfall ereignen, der zur Querschnittslähmung führt, oder die „unverzeihliche" Tat, und beides kann Konsequenzen haben, die in alle Lebensdimensionen hineinreichen. Es kann sich in einem Raum-Zeit-Moment die entscheidende wissenschaftliche Einsicht ereignen, der dann ein ganzes Leben dienstbar gemacht wird. Kairos und Chronos begegnen uns zumeist als miteinander verschränkt. Das Schreiben eines wissenschaftlichen Artikels hat ganz sicher auch einen bestimmten quantitativen Zeitbedarf, folgt also einer Chronologie. Aber erst, wenn darin ein Moment ist, in dem dem Autor etwas qualitativ Neues wie ein Gedankenblitz einleuchtet oder aufleuchtet, eine wesentliche Formulierung einfällt oder auffällt, ein zentraler Gedanke eingeht oder aufgeht, wird der Schritt vom Quantitativen zum Qualitativen getan, vom Chronos zum Kairos, von der Chronologie zur Kairologie. Diese besonderen Augenblicke der Lebensgeschichte sind vielleicht nicht länger als das Warten auf den Autobus oder der Besuch beim Frisör und könnten rein quantitativ, also von ihrer Länge her betrachtet, ebenso belanglos erscheinen wie diese.

Und doch ist diese eine hier und jetzt platzierte Stunde unter den 700.800 Stunden der Kairos eines Menschenlebens. Dieser Kairos ist der entscheidende und kritische Augenblick, der alles Folgende im Positiven wie Negativen bestimmen kann. In ihm verdichtet sich das Leben und erhält seine bleibende Form im Positiven wie Negativen. Von ihm her bekommt das Leben Unverwechselbarkeit und Einmaligkeit und Endgültigkeit. Man denke an Maximilian Kolbe und den Moment im Konzentrationslager, in dem er sich entschied, für den Familienvater in den Hungerbunker und damit in seinen sicheren Tod zu gehen. Er schenkte dem Einen Leben und ließ den Anderen zum Heiligen werden.

Im Laufe eines Lebens gibt es wohl nicht nur einen Kairos, sondern mehrere oder sogar viele. Für alle aber gilt: Der jeweilige Kairos kann genutzt oder nutzlos vertan werden; in ihm kann das Leben unwiederholbar, unumkehrbar, unkorrigierbar verloren oder gewonnen, in die Bedeutsamkeit oder in die Belanglosigkeit überführt werden. Was immer im Kairos oder in den Kairoi geschieht, es bleibt; denn dort geschieht eine Weichenstellung für die Bahn unseres Lebens, an deren Ende wir uns ausgezeitigt haben bis zur Definitivität unseres Gewordenseins.

Die kairologische Erfahrung der individuellen Lebensgeschichte kann analog auch auf die Weltgeschichte übertragen werden; denn auch hier gibt es im Positiven wie Negativen qualitativ verdichtete Momente. Man denke etwa an den Prager Fenstersturz, mit dem – historische Richtigkeit einmal unterstellt – der Dreißigjährige Krieg begann. Man denke an die Ermordung des österreichisch-ungarischen Thronfolgers Franz Ferdinand in Sarajewo, die letztlich den Ersten Weltkrieg auslöste. Das Ermächtigungsgesetz, das der Willkür, der Mord- und Kriegstreiberei Hitlers Tür und Tor öffnete, war ein solcher verstrichener und vertaner Kairos im deutschen Parlamentarismus.

Der Abwurf der ersten Atombomben 1945 auf Hiroshima und Nagasaki war ganz sicher in negativer und später vielleicht auch in positiver Hinsicht ein solcher Zeiten wendender Moment, in dem die Menschheit erstmals in das selbst geschaffene suizidale Inferno geschaut hat, zurückschreckte und nach neuen Wegen der Konfliktregelung suchte.

Der Fall der Berliner Mauer 1989 war vielleicht ein solcher Kairos, in dem ein Machtblock, der die militärische Potenz zur Auslöschung der Menschheit und weiter Bereiche der Biosphäre hatte und die Welt damit jahrzehntelang in Angst und Schrecken gehalten hatte, ohne einen Schuss in sich zusammenfiel. Nur ein winziger Raum-Zeit-Moment in der beispiellosen Unheilsgeschichte des 20. Jahrhunderts stieß das Tor auf, durch das der Leichnam einer der grässlichsten Formen des Totalitarismus mit mehr als 20 Millionen systembedingten Toten zu Grabe getragen werden konnte. Für den Geschichtsphilosophen ist möglicherweise jeder derartige Wendepunkt der Geschichte ein Kairos.

Ähnlich wie in den Beispielen angedeutet, kann der Kairos unter wirtschaftlichen, wissenschaftlichen, politischen, militärischen und vielen anderen Gesichtspunkten qualitativ konkretisiert werden. Und immer bleiben der individualgeschichtliche sowie der sozial- und weltgeschichtliche Kairos einander in wechselseitiger Abhängigkeit zugeordnet.

## 8.3. Der Kairos in theologischer Sicht

Der Kairos in einer allgemeinen theologischen Sicht involviert die Frage nach der Existenz Gottes und der Möglichkeit, ihn in der konkreten Raum-Zeit des Menschen zu erkennen und zu erfahren. In einer christlich theologischen Hinsicht ist der Kairos durch die zur Entscheidung auffordernde Präsenz und Verkündigung Jesu gegeben. *„Er verkündete das Evangelium Gottes und sprach: Die Zeit ist erfüllt, das Reich Gottes ist nahe. Kehrt um und glaubt an das Evangelium."* (Mk 1,15) In Jesus verleiblicht sich die Rettung und Heil stiftende Erfahrung der Nähe Gottes, vergegenwärtigt sich die Ziel und Sinn gebende Gottesbegegnung. Insofern ist hier vom Kairos in doppelter Hinsicht zu sprechen, nämlich vom Kairos oder von den Kairoi im individuellen Leben Jesu und von dem Kairos, den das Leben Jesu Christi als Ganzes für den einzelnen Menschen oder die ganze Menschheit darstellt.

### a. Der Kairos im Leben Jesu

Ginge es bei der Beurteilung Jesu Christi nur um die quantitative chronologische Dimension von Zeit, dann müsste man vielleicht sagen: Sein Leben entschwindet mehr und mehr in den Tiefen der Geschichte und wird überspült vom Schwemmgut immer neuer für bedeutsam gehaltener historischer Daten und Fakten, die das Meer der Zeit heranführt. Und man könnte meinen, Leben und Bedeutung Jesu Christi unterlägen damit zwangsläufig einer schleichenden Entwertung und Marginalisierung. Aber es gibt eben auch im Leben Jesu die kairologische Dimension oder genauer die kairologischen Dimensionen. Sie ermöglichen meines Erachtens die Vermittlung von Regionalität seiner Lebensdaten einerseits und Globalität oder Universalität seiner Bedeutung andererseits, die Vermittlung von Temporalität und Äternität in der Person Jesu Christi.

Hier im systematisch-theologischen Kontext muss es genügen, nur kurz an das von der alt- und neutestamentlichen Exegese deutlich herausgestellte Phänomen zu erinnern.[11] Dass es sich hierbei nicht um einen nur von späteren Jahrhunderten und von außen angesonnenen Aspekt handelt, wird daran sichtbar, dass auch die Bibel, die der griechischen Kairos-Vorstellung noch näher stand als wir, an zahlreichen Stellen des Alten wie Neuen Testaments in solchen kairologischen Zusammenhängen denkt. Sie spricht immer wieder von solchen qualitativ besonders gefüllten Zeiten, von Zeiten der Umkehr, Zeiten der Heimsuchung, Zeiten der Erkenntnis, Zeiten der Gnade (Jes 49,8), Zeiten, den Herrn zu suchen (Hos 10,12), Zeiten des Schweigens Gottes und Zeiten des Wortes Gottes. Gott ist es, der die Zeiten festsetzt: *„Alles hat seine Stunde. Für jedes Geschehen unter dem Himmel gibt es eine bestimmte Zeit. Eine Zeit zum Gebären und eine Zeit zum Sterben ... Gott hat das alles zu seiner Zeit auf vollkommene Weise getan. Überdies hat er die Ewigkeit in alles hineingelegt."* (Koh 3,1–11) Kohelet legt damit den Gedanken nahe, dass das Ewige in das Zeitliche, dass der Ewige in die Zeit hineinwirkt, sich in der Zeit auswirkt. Dieser Gedanke knüpft an das an, was ja bereits unter dem Stichwort „strenge Gegenwart" im schöpfungstheologischen Kontext genauer analysiert wurde.

Im Leben Jesu selbst gibt es den Kairos, der immer wieder auch durch den Topos von „seiner Stunde" (hôra) markiert ist, die Stunde des Beginns seiner öffentlichen Wirksamkeit beim Weinwunder von Kana oder bei der Taufe im Jordan, auf dem Berg der Verklärung, in der Stunde seiner Auslieferung (z. B. im Ölberggebet) und seines Todes. Es gibt also im Leben Jesu zahlreiche Raum-Zeit-Punkte der besonders intensiven Begegnung mit Gott, den immer wieder in Erscheinung tretenden individuell lebensgeschichtlichen Kairos Jesu. Diese Zeiten werden jeweils nicht – wie bei den Griechen – als von einem anonymen Schicksal, sondern als vom lebendigen Gott verfügte oder verhängte Zeiten angesehen. In solchen Stunden kann der Mensch das von Gott angebotene Heil selbst ergreifen oder verwerfen und anderen vermitteln oder verstellen. Im Blick auf das Vorbild des Lebens Jesu ist der Christ aufgerufen, die Gunst der Heil und Sinn vermittelnden „Ortszeit", sprich den ihm von Gott zugewiesenen Kairos zu erkennen und zu nutzen.

## b. Das Leben Jesu als Kairos

Über die einzelnen biographischen Fakten hinaus wird auch das ganze Leben Jesu Christi als Kairos verstanden. Es gibt also nicht nur im Leben Jesu den Kairos, sondern das Leben Jesu selbst ist der Kairos schlechthin. Es ist für den Einzelnen und die ganze Menschheit zu interpretieren als der Kairos, der die Weltgeschichte, die als Unheilsgeschichte in uns und um uns wirksam ist, in Heilsgeschichte transformieren soll und kann. In diesem Sinne schreibt Paulus in seinem Galaterbrief: *„Als aber die Zeit erfüllt war* (wörtlich übersetzt: *Als die Fülle der Zeit gekommen war ...*), *sandte Gott seinen Sohn, geboren von einer Frau und dem Gesetz unterstellt, damit er die freikaufe, die unter dem Gesetz stehen, und damit wir die Sohnschaft erlangen."* (Gal 4,4) Und im deuteropaulinischen Epheserbrief heißt es: *„Er (Gott) hat beschlossen, die Fülle der Zeiten heraufzuführen, in Christus alles zu vereinen, alles, was im Himmel und auf Erden ist."* (Eph 1,10) Das Leben Jesu als Ganzes ist als überindividueller weltgeschichtlicher Kairos zu verstehen. Karl Rahner hat immer wieder betont, dass Gott in Jesus Christus nicht nur irgendetwas über sich, sondern sich selbst als er selbst mitgeteilt hat.[12] Danach ist nichts mehr im Verhältnis von Gott und Mensch wie vorher. Die Zeit mit Ewigkeit verbindenden, die Zeit auf Ewigkeit hin öffnenden theologisch markanten Begriffe dieses Kairos sind Inkarnation, Tod und Auferstehung.

Paul Tillich schreibt: *„Kairos in seinem einzigartigen und universalen Sinn ist für den christlichen Glauben das Erscheinen Jesu als des Christus."*[13] Für ihn enthält die Idee des Kairos *„das Hereinbrechen der Ewigkeit in die Zeit, den unbedingten Entscheidungs- und Schicksalscharakter dieses geschichtlichen Augenblicks, aber sie enthält zugleich das Bewusstsein, dass es keinen Zustand der Ewigkeit in der Zeit geben kann, dass das Ewige wesensmäßig das in die Zeit Hereinbrechende, aber nie das in der Zeit Fixierbare ist."*[14]

Die frühen Christen haben das bald realisiert und die römische Zeitzählung „ab urbe condita" (von der Gründung Roms an gerechnet) aufgegeben und Jesus Christus selbst zum Zeitmaßstab gemacht. Und so wurde die Zeit eingeteilt in die Zeit vor und nach Christi Geburt. Damit wird nicht mehr Christus an der Zeit, sondern die Zeit an Christus gemessen; er ist nicht nur in der christlich orientierten Welt maßgebend und zeitsetzend.

Gewiss war auch Jesus Christus ein Kind seiner Zeit, andernfalls wäre von Inkarnation gar nicht ernsthaft zu reden. Aber er war nicht nur ein Kind seiner Zeit. Die Christen, die zahlreiche alttestamentliche Verheißungen in kühner Übertragung auf Jesus als erfüllt angesehen haben, griffen auf das Wort „Immanuel" (Gott ist mit uns) zurück und übertrugen es auf Jesus Christus. Sie sahen in der Niederkunft eines Menschen die Heraufkunft Gottes in unserer Welt und erahnten im hilf- und rettungslosen Kind den helfenden Retter-Gott. Das neugeborene Kind, weit eher und naturgemäß ein Ratsucher, bezeichneten sie mit den Worten des Jesaja als *„Wunderbarer Ratgeber"*, den schwachen Menschen als *„Starker Gott"*, das Kind der Zeit als *„Vater der Ewigkeit"*, den vom Unfrieden der Zeit gebeutelten Untertanen *„Fürst des Friedens"* (Jes 9,1ff.). Es ist wohl eine Stärke und zugleich Schwäche des christlichen Glaubens, macht ihn greifbar und angreifbar, dass er eine Heilsverheißung auf konkrete Geschichte bezieht, also historisch biographisch erdet und nicht vage auf eine beliebiges mythologisches Ungefähr verweisen lässt.

Das Leben Jesu in seiner und trotz seiner räumlichen und zeitlichen Abseitigkeit und scheinbaren Belanglosigkeit ist nach christlicher Vorstellung ein solcher Kairos für die Weltgeschichte, der Punkt, an dem das Ewige in das Zeitliche hereinbricht, es durchdringt, ohne zeithaft zu werden und in der Haft der Zeit zu verbleiben.

Und je nach Stellung zu diesem Kairos wird Geschichte zur Heils- oder Unheilsgeschichte transformiert. Von diesem durchschnittlich und belanglos erscheinenden Lebenszeitraum Jesu geht etwas aus, das seither und bis heute von unabsehbarer Bedeutung und Wirkung ist. Der Mensch kann sich von der Qualität des Kairos, von der ungeahnten existentiellen Tiefe der zeitlichen und räumlichen Gegenwart anrühren und betreffen lassen. Er kann im Blick auf Gestalt und Anspruch der Person Jesu Christi lernen, seine eigene Lebensgeschichte und darüber hinaus diese Weltgeschichte als von Gott verfügte Sinn- und Heilsgeschichte neu zu deuten.

In diesem kairologischen Zeitraum- und Raumzeitverständnis kann die scheinbar nur zeitbedingte regionale Bedeutungslosigkeit als zeitbedingende universale Bedeutsamkeit Jesu Christi kenntlich werden. Der zeitlich wie räumlich kontingente Lebens- und Wirkungsraum Jesu kann in dieser Interpretation der Unheils- in Heilsgeschichte transformierende Kairos, der Zeit übergreifende und Zeit wendende, der zeitbedingte und Zeit bedingende Bezugspunkt aller menschlichen Geschichte sein.

## 8.4. Verbindung von persönlichem und christologischem Kairos

Wie im Leben Jesu selber gibt es auch in unserem Leben den Kairos oder vielleicht die vielen Kairoi. Nicht jede Gegenwart unseres individuellen Lebens wird zum Kairos, aber der Kairos ist immer in der Gegenwart. Der religiös, aber noch nicht spezifisch christlich interpretierte Kairos ist die Erfahrung der Gegenwart Gottes, sein persönlich und raumzeitlich erfahrenes und je neu erfahrbares Heil und Sinn stiftendes Nahesein. Es mag sein, dass diese Erfahrung religiösen Menschen und unter ihnen vielleicht auch Christen ohne ausdrücklichen Rekurs auf Christus zuteilwird. Aber der Kairos ist nicht das individuell zu verkostende Wohlfühlstündchen im Kreise von einigen Gleichgesinnten. Er kann und darf nicht aufs bloß Private hin enggeführt werden, sondern muss, wenn er und solange er wirklich Erfahrung der Gegenwart Gotte zu sein vorgibt, in doppelter Weise offen sein.

Es bedarf einerseits der Offenheit für die Tiefendimension des individuell-biographischen Augenblicks, der im Hier und Jetzt die Gegenwart Gottes raumzeitlich erfahrbar macht. Aber diese Erfahrung erscheint nicht wenigen Menschen äonenweit entfernt vom Dort und Damals des Lebens Jesu, und dieses erscheint darum so wenig (heils-)bedeutsam für das eigene Leben. Das Leben Jesu Christi als Kairos schlechthin wird dann leider chronologisch ins Vielerlei und damit letztlich ins Einerlei der Geschichte abgeschoben. Aber genau durch dieses Leben Jesu Christi oder im Kairos Christus ist doch von Gott her schon etwas zum Heil des Menschen und der Menschen verfügt, das bleibende Bedeutung hat. Freilich muss das zum Heil Verfügte in der individuellen Lebensgeschichte vom einzelnen noch ergriffen werden; denn er ist weder von Anfang an determiniert, noch beginnt die Heilsgeschichte mit ihm beim Nullpunkt.

Es bedarf darum des weiteren und andererseits der Offenheit für die Tiefendimension des weltgeschichtlichen Augenblicks, der im Dort und Damals Jesu Christi raumzeitlich die Gegenwart Gottes eröffnet hat. Das Hier und Jetzt des individualgeschichtlichen Kairos ist mit dem Dort und Damals des christologischen Kairos zu verbinden. Im

Dort und Damals ist das jederzeitlich bzw. überzeitlich Gegenwärtige wahrzunehmen; es kann nicht, wenn es wirklich um die Begegnung mit dem überzeitlichen ewigen Gott geht, chronologisch vergleichgültigt und in einer ständig wachsenden Vergangenheit entsorgt werden. Es ist kairologisch als Einmaliges, Bleibendes und auch jetzt Betreffendes zu begreifen, oder es ist nichts begriffen. Die individuelle Lebens- und Heilsgeschichte des Menschen mit ihrem je neuen und unverwechselbaren Kairos ist unbeschadet ihrer Freiheit eingebettet in die umfassende Heilsgeschichte, die im Kairos Christus die Zeit übergreifend eröffnet worden ist.

Sinn und Heil sind implizit wie explizit im individuellen Leben angefragt und im Kairos Christus dem Einzelnen wie dem Ganzen zugesagt, müssen aber individuell und existentiell eingeholt werden.

Die Formulierungen von vor und nach Christus realisieren zwar das (Zeit)Maßgebende der Person Jesu Christi, verbleiben aber offenbar noch in einer chronologischen Dimension.

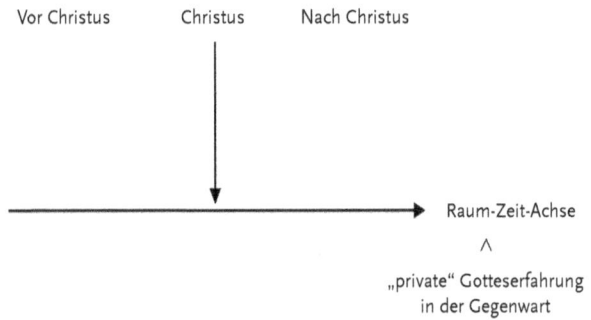

**Abb. 5**

Wenn sich in Christus mit den Worten Tillichs das Hereinbrechen des Ewigen in die Zeit ereignet, dann sind die Formulierung wie „vor Christus" und „nach Christus" noch immer unangemessen chronologisch. Das Ewige ist doch zu jedem Punkt auf der Raum-Zeit-Achse äquidistant.[15] Einzig das in der Zeit einmalig sich ereignende und zugleich über die Zeit hinausweisende und insofern an keine fixe Zeit gebundene „mit Christus" erscheint dann angemessen kairologisch. In den individualgeschichtlichen Kairoi wird der universalgeschichtliche Kairos Christus zum mitgehenden Ereignis, zur Zeit übergreifenden Erfahrung. In den vielen individuell lebensgeschichtlichen Kairoi wird der eine alles entscheidende heilsgeschichtliche Kairos Christus erahnbar, erschließbar und erfahrbar.

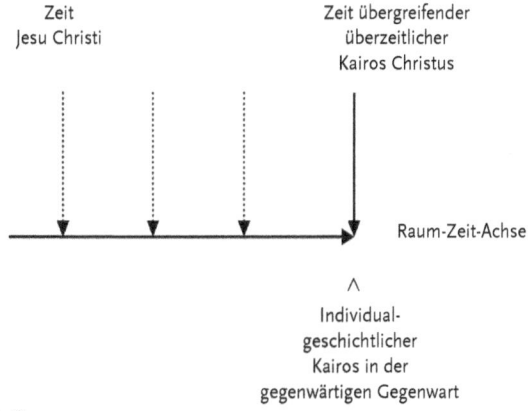

**Abb. 6**

Dieses Ineinanderverflochtensein und Aufeinanderbezogensein von Individualgeschichte und (über-)individueller Heilsgeschichte hat Paul Gerhardt (1653)[16] in eines der eindrucksvollsten weihnachtlichen Lieder hinein verdichtet, in das in evangelischen wie katholischen Kirchen gesungene „Ich steh an deiner Krippe hier". Die evangelischen Christen mit ihrem längeren musikalischen Atem singen gleich neun Strophen. Schließlich war der Dichter Paul Gerhardt (1607–1676) ja auch einer von ihnen. Wir Katholiken halten nur vier Strophen lang mit. Und die lohnt es, im Kontext des bisher zur Christologie Gesagten intensiv zu bedenken und zu meditieren. Paul Gerhardt schrieb dies Lied in schwerer Zeit 1653; der Dreißigjährige Krieg, der in der ersten Hälfte seines Lebens tobte, war fünf Jahre zuvor beendet und hatte ein verwüstetes Land hinterlassen. Paul Gerhardt war damals Aushilfsprediger bzw. Pfarrer an St. Nikolai in Berlin und die dortigen Kantoren vertonten viele seiner rund 130 andachtsvollen Gedichte.

*„Ich steh an deiner Krippe hier,*
*o Jesu, du mein Leben.*
*Ich komme, bring und schenke dir,*
*was du mir hast gegeben.*

197

> *Nimm hin, es ist mein Geist und Sinn*
> *Herz, Seel und Mut, nimm alles hin*
> *und lass dir's wohl gefallen."*

Im Krippenkind sieht er mehr als nur ein armseliges Menschenkind aus ferner Zeit. Er besingt es nicht als irgendein, sondern als sein Leben, seinen Lebensspender, seine Lebenshoffnung. Eine windelweiche Überinterpretation der Bedeutung eines Wickelkindes? Man muss schon mit den Augen des Glaubens hinsehen, um im augenfälligen Arme-Leute-Kind den menschgewordenen Gott wahrnehmen zu können. Und eben diesem will er alles übereignen. Alles, was immer er aus dankerfülltem Herzen schenken kann, ist nur klägliche dürftige Rückerstattung dessen, was er zuvor geschenkt erhalten hat. *„Ich komme, bring und schenke dir, was du mir hast gegeben."* Auch wir sind zuvor beschenkte und nur so verschenkende.

> *„Da ich noch nicht geboren war,*
> *da bist du mir geboren*
> *und hast mich dir zu eigen gar,*
> *eh ich dich kannt erkoren.*
> *Eh ich durch deine Hand gemacht.*
> *Da hast du schon bei dir bedacht,*
> *wie du mein wolltest werden."*

Diese 2. Strophe hat es besonders in sich. Der, den wir mit Paul Gerhardts Worten besingen, ist vor uns und für uns. Als Menschenkind der vergangenen Zeit war er schon vor uns und zugleich für uns. Als Herr der zukünftigen Zeit, als erhöhter Herr über die Zeit ist er vor uns und für uns. Wir sind nicht belanglos beliebige Variablen von Erbanlage und Sozialisation. Wir sind „Erkorene" und Erwählte Gottes, noch bevor wir da sind. Er hat in seinem Erbarmen unser Heil und Leben schon im Blick, noch bevor wir mit all unserem erbarmungswürdigen und erbärmlichen Unheil in diese Welt und dieses Leben treten. Noch bevor ich geworden bin, denkt er an mich. Paul Gerhardt besingt einen Schöpfer, der ganz vom Geschöpf her und auf das Geschöpf hin denkt. Nicht wie ich sein, sondern wie er mein werden kann, nicht wie ich ihm, sondern wie er mir dienstbar, mir erfahrbar werden kann, das hat er von Ewigkeit her bedacht.

Gottes Zuvorkommen, Gottes Entgegenkommen und Gottes Zusammenkommen mit dem je heutigen individuellen Menschenleben wird da besungen. Vor unserem menschlichen Kommen ereignet sich Gottes Zuvor- und Entgegenkommen, vor der menschlichen Niederkunft und Ankunft bei Gott, Gottes Niederkunft und Ankunft beim Menschen. Bevor der Mensch Gott erkennen und bekennen kann, ist er schon gekannt und anerkannt durch Gott. Bevor dem Menschen das Leben geschenkt wird, wartet das Geschenk des Lebens schon auf ihn.

*„Ich lag in tiefster Todesnacht,*
*du warest meine Sonne,*
*sie Sonne, die mir zugebracht*
*Licht, Leben, Freud und Wonne.*
*O Sonne, die das werte Licht*
*des Glaubens in mir zugericht',*
*wie schön sind deine Strahlen."*

Auch der größte Strahlemann und Sonnyboy liegt über kurz oder lang in Todesnacht. Das ist die menschliche Situation. Auch wenn noch heller Lebenstag herrscht, der Schatten des Todes wird lang und länger, bis alles in der Nacht des Todes liegt. Wo der Tod das zukünftige Ziel von allem ist, da ist er schon gegenwärtig die geheime Mitte von allem. Gegen die Todesnacht stellt Paul Gerhardt Christus als die Sonne des Lebens. Das kann er nur im Wissen um Auferstehung sagen, im Wissen darum, dass der liturgisch an Weihnachten gefeierte neugeborene Erdenbürger der erstgeborene Himmelsbürger ist, der, der auch uns die Neugeburt aus dem Tod zum Leben ermöglicht. Weihnachten liegt kurz nach der Wintersonnenwende. Da endet die Expansion der Nacht, da hat sie ihren Zenit überschritten. Von da an beginnt das Licht seinen Siegeszug, von da an expandiert der Tag. Der heidnische Mitraskult feierte an diesem kosmischen Wendepunkt den „sol invictus", die unbesiegbare Sonne. Und genau auf diesen Tag verlegten die Christen des 4. Jahrhunderts in kühner Provokation den Geburtstag Christi, der für sie der eigentliche Sonnenaufgang, der entscheidende Lichtblick war. Alles Leben auf dieser Erde hängt energetisch am Tropf der Sonne; sie ist der universale Energiespender für alles Leben. Und eben das ist Christus für Menschheit und Welt. Und den Hoffnungsfunken unseres Lebens, den erhalten wir mit dem Brennglas des Glaubens nur von dieser universalen Sonne.

*„Ich sehe dich mit Freuden an*
*und kann mich nicht satt sehen;*
*und da ich nun nichts weiter kann,*
*bleib ich anbetend stehen.*
*O dass mein Sinn ein Abgrund wär*
*und meine Seel ein weites Meer,*
*dass ich dich möchte fassen."*

Gott wird Mensch; wir fassen es nicht. Unser Fassen und Erfassen scheitert an der Unfasslichkeit Gottes. Aber er fasst und umfasst uns in seiner Menschlichkeit. Und in der tiefsten Anbetung des menschgewordenen Gottes vollzieht sich die höchste Menschwerdung des Menschen. Wer sich anrühren und berühren lässt vom menschlichen Gott, der wird nicht nur rührselig Weihnachten feiern, sondern sich auch rühren für die Menschlichkeit des Menschen.

Erst in der Koinzidenz meines Hier und Heute mit dem Dort und Damals Jesu Christi, in der Koinzidenz von individualgeschichtlichem Kairos in der gegenwärtigen Gegenwart und dem Zeit übergreifenden bzw. überzeitlichen Kairos Christus wird die heillose Zeit im dreifachen Hegelschen Sinn aufgehoben, nämlich beendet, bewahrt und hinaufgehoben. Erst in diesem Zusammenklang von individuellem und christologischem Kairos wird die heillose Zeit aufgehoben in zeitloses Heil.

## 9. Der Glaube an den Heiligen Geist und sein Wirken

Dieser dritte, pneumatologische Teil des Credo wirkt auf manche Betrachter wie eine lose Aneinanderreihung unverbundener Glaubenssätze über Geist, Kirche, Heilige, Sündenvergebung, Auferstehung und ewiges Leben. In Wirklichkeit aber haben alle Aussagen eine tiefe innere Verbindung eben durch den Heiligen Geist. Die letzte Konsequenz aus dem Wirken des Heiligen Geistes ist das Leben, das „ewige Leben" und „das Leben der kommenden Welt."

Schneider sieht in diesem ersten Satz über den Heiligen Geist „*gewissermaßen die Überschrift, die durch die folgenden Sätze entfaltet und konkretisiert wird ... Was Glaube an den Geist Gottes und sein Wirken konkret bedeutet, das sagen alle Sätze des dritten Artikels, denn sie alle zusammen bilden das christliche Bekenntnis zum Heiligen Geist.*"[1] Mir scheint, man wird über diese konkreten Sätze des Apostolischen Glaubensbekenntnisses noch hinausgehen müssen, so wie es das Nizänokonstantinopolitanum getan hat; und auch damit ist nicht alles gesagt; denn die Geschichte ist auf Zukunft hin offen und Gottes Geist in ihr wirksam.

Was dieser dritte, dem Wirken des Heiligen Geistes gewidmete Teil des Credo in sich birgt, möchte ich mit dem Bild vom Wanderer am Meer verdeutlichen. Am Meer, insbesondere an der Nordsee, gibt es eine sich ständig wandelnde Grenze zwischen Wasser und Land, ein Wattenmeer und am Strand einen Spülsaum. Dort schwemmt das Meer oft nach Jahren, Jahrzehnten oder gar Jahrhunderten das an, was in ihm steckt: Organisches, Anorganisches, Altes, Neues, Lebendes mit dem Tod in sich und Totes mit neuem Leben überwachsen. Es legt frei, was einmal bedeutend war, wie die Archäologie des Wattenmeeres zeigt. Und es begräbt in wenigen Augenblicken, was sich ewig zu sein dünkte. Es überflutet, was festes Land war, und macht es zum Meer, und wo Meer war, spült es Land an, das sich bebauen, bewohnen und beleben lässt.

Und das Meer nimmt mit der höheren Flut das wieder mit, was es einmal herangebracht hat, Totes, was sich ihm nicht widersetzt, Lebendes, das zu schwach ist zur Selbstbehauptung. Als armseliger Sammler am Spülsaum lernt der Mensch, welche ungeheuren Räume,

Kräfte und Zeiten, welch unglaubliche Formenvielfalt und welch vielzählige Formeneinfalt das Meer in sich birgt.

So unabsehbar, unprognostizierbar, unberechenbar wie das Meer erscheint mir das Wirken des Geistes Gottes in der Geschichte. Und das Credo gibt nur einige wenige Momente der unglaublichen Möglichkeiten und Wirklichkeiten des Heiligen Geistes wieder, wenn es im Weiteren „die heilige katholische Kirche, Gemeinschaft der Heiligen, Vergebung der Sünden, Auferstehung der Toten und das ewige Leben" ausdrücklich benennt.

Der Mensch in seiner konkreten Geschichte steht an diesem Meer des Geistes, genauer am Spülsaum des Geistes, sammelt, benutzt und gestaltet das, was ihm dort angespült wird. Und dann gibt es ein Zusammenwirken zwischen dem, was der Geist als Möglichkeiten anspült, und dem, was der Mensch als neue Wirklichkeit daraus formt. So entstanden und vergingen kirchliche Ämter je zu ihrer Zeit; man denke etwa an den Ostiarier und den Subdiakon. Es wuchsen und starben bestimmte kirchliche Strukturen mit der Zeit; man denke etwa an die Peregrinatio pro Christo der iroschottischen Mönche, an das Eigen- und Staatskirchenwesen. Es entstanden und verschwanden Orden; man denke etwa an die Antoniter oder das fast allgemeine Ordenssterben heute. Es blühten und welkten theologische Paradigmen in ihren Jahrzehnten oder Jahrhunderten; man denke etwa an die Neuscholastik oder den Historismus.

Das Meer des Geistes setzt unerwartete neue Möglichkeiten aus sich heraus und spült sie an das andere seiner selbst, ans feste Land unserer menschlichen Gestaltungsmöglichkeiten. So ist der Mensch nicht nur der, an dem durch das Wirken des Heiligen Geistes etwas geschieht, sondern auch der, durch den oder mittels dessen der Heilige Geist wirkt. Und der Mensch hat dabei durchaus nicht nur einen passiven, sondern einen aktiven und konstruktiven Part zu spielen. Und das Wirken des Geistes ist mit dem, was die Glaubensbekenntnisse davon festhalten, bei weitem nicht erschöpft.

## 9.1. Biblische Hinweise zum Heiligen Geist

Vom Geist, vom Geist Gottes oder Gottesgeist, auch vom Heiligen Geist, ist nicht erst im Neuen, sondern auch schon im Alten Testament die Rede. Hunderte von Stellen in der Bibel verweisen auf den Geist, auf den Geist Gottes oder den Heiligen Geist.

Ein kurzer nur stichpunktartiger Blick in die Heilige Schrift zu den Begriffen Geist, Gottes Geist und Heiliger Geist vermittelt folgenden Befund: Schon auf der ersten Seite der Bibel spricht die priesterschriftliche Schöpfungserzählung vom Geist Gottes, der als schöpferische Potenz über den Wassern oder besser über dem Urchaos schwebte (Gen 1,2). Im Buch der Weisheit ist die Rede vom heiligen Geist, von seiner Menschenfreundlichkeit und inneren Bindungskraft (Weish 1,5–7), von der Leben spendenden Kraft des Geistes (Weish 2,3) und von der Einwohnung des Geistes in allem, was ist (Weish 12,1). Der Geist wird näherhin auch testamentsübergreifend als Geist der Weisheit beschrieben (Dtn 34,9/Weish 1,6/Jes 11,2/Eph 1,17).

Jesaja spricht von der verwandelnden Kraft des Geistes aus der Höhe, die die Wüste zum Garten macht (Jes 32,15ff.) und von einer das ganze Volk umfassenden Geistausgießung (Jes 44,1ff.), die in anderer Weise ebenfalls bei Joel (Joël 3,1–5) thematisiert wird. Damit wird das ganze Volk Gottes als geistbegabt und prophetisch charakterisiert.

Bei Ezechiel (Ez 36,24–28) finden sich als mit dem Wirken des Geistes verbundene Kennzeichen eine neue Menschlichkeit, Gesetzestreue und Erfüllung der Verheißung des Landes und der besonderen Nähe Gottes: *„Ich schenke euch ein neues Herz und lege einen neuen Geist in Euch. Ich nehme das Herz von Stein aus eurer Brust und gebe euch ein Herz von Fleisch. Ich lege meinen Geist in euch und bewirke, dass ihr meinen Gesetzen folgt und auf meine Gebote achtet und sie erfüllt. Dann werdet ihr in dem Land wohnen, das ich euren Vätern gab. Ihr werdet mein Volk sein, und ich werde euer Gott sein."*

Bei der Durchsicht dieser und anderer Stellen deutet sich an: Die Vorstellung von einem bis in die konkrete Geschichte hinein wirksamen Geist Gottes ist im Alten Testament ubiquitär. Und überdies scheint es, dass der Geist des alttestamentarisch bezeugten Gottes Jahwe offenbar der Geist des neutestamentarisch bezeugten Gottes Jesu ist. Zumindest aber gibt es unübersehbare Verbindungen und Übereinstimmungen. Dass wir nicht einen Geist des Alten Testaments gegen den Geist des Neuen Testaments ausspielen dürfen, erhellt auch schon daraus, dass sich das Neue Testament beim Thema Geist in zahlreichen Zitaten und gedanklichen Anspielungen auf das Alte Testament bezieht. Es ist allerdings nicht davon auszugehen, dass das Neue Testament dabei den jeweiligen Begriffsgehalt des Alten immer voll übernimmt; es agiert vielmehr kreativ, also geistvoll, mit dem vorfindlichen Textmaterial.

Im gesamten Leben Jesu, so wie es uns in den Evangelien geschildert wird, findet sich durchgängig wie ein Cantus firmus die Bezugnahme auf den Heiligen Geist. Schon die Empfängnis Jesu in Maria wird mit ihm verbunden: *„Der Heilige Geist wird über dich kommen und die Kraft des Höchsten wird dich überschatten."* (Lk 1,35) Diese und ähnliche Formulierungen sind es, die später ins Dogmatische gewendet in beide Glaubensbekenntnisse eingehen, ins Apostolikum als „empfangen durch den Heiligen Geist, geboren von der Jungfrau Maria" sowie ins Nizänokonstantinopolitanum als „hat Fleisch angenommen durch den Heiligen Geist von der Jungfrau Maria und ist Mensch geworden."

Bei der Taufe im Jordan (Mk 1,10//Mt 3,16//Lk 3,22), die den Übergang vom Leben in der Verborgenheit zu dem des Verkündigers des Gottesreiches markiert, tritt Gottes Geist in Erscheinung, und zwar symbolisiert in der Taube (Mt 3,16). Die Taube, die auch alttestamentlich schon eine Rolle spielt, verbindet für den Menschen der Antike Himmel und Erde, vermittelt also zwischen den zwei getrennt erscheinenden Sphären Gottes und des Menschen.[2]

Bei der sich jeweils anschließenden Erzählung von der Versuchung in der Wüste (Mt 4,1//Mk 1,12//Lk 4,1) spielt der Geist ebenfalls eine Rolle, gewissermaßen als Widerstandskraft gegen den Versucher.

Bei seinem ersten öffentlichen Auftreten in Nazareth (Lk 4,18f.) findet sich einer der vielen das Alte und das Neue Testament verbindenden Brückentexte über den Heiligen Geist. Dabei greift Jesus das berühmte Jesaja-Wort (Jes 61,1f.) auf und bezieht es kühn auf sich: *„Der Geist des Herrn ruht auf mir; denn der Herr hat mich gesalbt. Er hat mich gesandt, damit ich den Armen eine gute Nachricht bringe; damit ich den Gefangenen die Entlassung verkünde und den Blinden das Augenlicht; damit ich die Zerschlagenen in Freiheit setze und ein Gna-*

*denjahr des Herrn ausrufe.*" Deutlich wird, dass der Geist des Herrn nicht einfach die Begründungsmuster für emphatische Gefühligkeit und quietistischen Selbstgenuss liefert, sondern ein zum Widerstand gegen das Böse, ein zur Verkündigung und zur Tat der Menschlichkeit antreibender Geist ist.

Bei Johannes ist der Heilige Geist näher bestimmt als der Geist der Wahrheit (Joh 14,17/15,26/16,13/1 Joh 4,6), und es findet sich die Zusage des Heiligen Geistes als Beistand für die Wahrheitsfindung (Joh 16,4ff.). Bei Johannes findet sich auch die quasi-definitorische Formulierung „Gott ist Geist." (Joh 4,24) Und insofern dieser Geist, wie Paulus es mehrfach festhält, zur Liebe bewegt (z. B. Gal 5,22), ja selber der „Geist der Liebe" ist, schließt sich auch die andere quasi-definitorische Äußerung gut an „Gott ist Liebe" (1 Joh 4,16).

Und bei den Synoptikern wirkt der Heilige Geist sich als Beistand vor den Tribunalen der Christus- und Christengegner aus: „*Denn nicht ihr werdet dann reden, sondern der Heilige Geist.*" (Mk 13,11//Mt 10,20)

Die Auferweckung geschieht nach vielfachem Textbeleg im Corpus Paulinum in der Kraft des Heiligen Geistes, der überdies auch die Jünger Jesu in gleicher oder ähnlicher Weise aus dem Tod zum Leben führen wird: „*Wenn der Geist dessen in euch wohnt, der Jesus von den Toten auferweckt hat, dann wird er, der Christus von den Toten auferweckt hat, auch euren sterblichen Leib lebendig machen, durch seinen Geist, der in euch wohnt.*" (Röm 8,11)

Und der Auferstandene verbindet mit der Spendung des Geistes die Beauftragung für seine Jünger: „*Wie mich der Vater gesandt hat, so sende ich euch. Nachdem er das gesagt hatte, hauchte er sie an und sprach zu ihnen: Empfangt den Heiligen Geist! Wem ihr die Sünden vergebt, dem sind sie vergeben; wem ihr die Vergebung verweigert, dem ist sie verweigert.*" (Joh 20,21f.) Und im letzten Satz des Matthäus-Evangeliums, also an höchst exponierter Stelle (Mt 28,19), steht im Missionsauftrag die trinitarische Taufformel, die den Heiligen Geist im selben Atemzug benennt wie den Vater und den Sohn, die ihn also implizit mit Gott identifiziert.

Ein besonders bekannter Bezugstext ist der vom Pfingstwunder in der Apostelgeschichte (Apg 2,1–13) mit den zum Teil auch schon im Alten Testament bekannten Bildern von Feuerzungen, Sturmesbrausen, Bekennermut, Sprachenwunder etc.

Im Corpus Paulinum wimmelt es geradezu von Bezugnahmen auf den Geist Gottes, den Heiligen Geist. Im ersten Korintherbrief (1 Kor 12,1 – 14,40) ist in umfänglichster Weise von den Geistesgaben und dem Leben der Christen aus dem Geiste Gottes die Rede. Die vielen Begabungen und Gnadengaben werden auf den einen göttlichen Geist zurückgeführt, der alles in allen bewirkt. Hier taucht dann auch schon das Bild vom Leib auf, der die vom Geist gewirkte organismische Einheit der Kirche symbolisieren soll.

Bei Paulus (2 Kor 3,17) heißt es den Kyrios und das Pneuma geradezu identifizierend: *„Der Herr ist der Geist, und wo der Geist des Herrn wirkt, da ist Freiheit."* Etwa fünfzig Mal findet sich in den Paulusbriefen die trinitarische Formel mit der Nennung Gottes, Jesu Christi und des Heiligen Geistes. Und in der Eröffnungsliturgie der Heiligen Messe greift der Priester auf eine dieser paulinischen Formulierungen zurück, wenn er sagt: *„Die Gnade unseres Herrn Jesus Christus, die Liebe Gottes des Vaters und die Gemeinschaft des Heiligen Geistes sei mit euch."*

Ich kann und will hier nicht die Hausaufgaben für die Exegeten machen, aber zumindest dies wird aus den kurzen, sehr fragmentarischen und dürftigen Hinweisen deutlich: Wir haben es beim Heiligen Geist nicht mit einem nur alttestamentarischen Relikt, nicht mit einer nur neutestamentlichen Neuschöpfung und schon gar nicht mit einem nur hellenistisch verfremdeten und erst im späteren kirchengeschichtlichen Verlauf aus windigen Spekulationen hergeleiteten Theologenkonstrukt zu tun.

Allgemein lässt sich sagen: Geist wird seit den Abfassungszeiten der Heiligen Schriften des Alten und Neuen Testaments und bis in den heutigen Sprachgebrauch hinein mit Leben assoziiert, wird dem bloßen Buchstaben des Gesetzes entgegengestellt, wird mit besonderer Intelligibilität, mit musischer, künstlerischer und sozialer Begabung, mit visionärer oder prophetischer Kraft, mit einem spezifischen Tugendspektrum und mit einer nicht selten unsichtbaren, aber oft geradezu rauschhaften Dynamik verbunden.

## 9.2. Dogmengeschichtliche Hinweise zum Heiligen Geist

„Ich glaube an den Heiligen Geist ..." (A)
„Wir glauben an den Heiligen Geist ..." (NK)

Wo das Apostolikum kurz und bündig formuliert: „Ich glaube an den Heiligen Geist.", da holt das Nizänokonstantinopolitanum über sein „Wir glauben an den Heiligen Geist" weit hinausgehend mit zusätzlichen theologischen Erklärungen aus, die ähnlich den antiarianischen Artikeln im christologischen Teil den damaligen theologischen Zeit- und Streitfragen geschuldet waren. Die Bekenntnisaussagen über den Heiligen Geist, durch die theologiegeschichtlich die Trinität erst endgültig formuliert ist, machen den wesentlichen Unterschied zwischen dem Bekenntnis von Nizäa im Jahre 325, dem Nizänum, und dem Nizänokonstantinopolitanum aus dem Jahre 381. Ein kleiner aus den beiden biblischen Sprachen und der jahrhundertelang einzigen kirchlichen Sprache stammender Hinweis gibt einen ersten Verständnishinweis zum Heiligen Geist: Im Hebräischen ist das Wort für Geist, nämlich Ruach, weiblich; im Griechischen heißt es Pneuma und ist neutral; im Lateinischen heißt es spiritus und ist wie im Deutschen männlich. Der Heilige Geist ist wie Gott und als Gott jenseits aller geschlechtlichen Differenzierung, die er aber in sich umfasst und übersteigt. Das ist wohl unisono die Meinung aller systematisch nachdenkenden Theologen.

Ikonographisch ist der Heilige Geist eine Herausforderung und dementsprechend gibt es zahlreiche Symbole und Beschreibungen für den Geist Gottes, den Heiligen Geist. Die Taube, der Wind als lebenspendender Atem, als sanfter Hauch oder als gewaltiger Sturm, die Feuerzungen etc. sind nur einige der bildlichen und literarischen Beschreibungsmodi. So steht der Geist für die großen geistlichen und sozialen Aufbrüche weiter Teile der Kirche, man denke etwa an die Armutsbewegungen des 12. und 13. Jahrhunderts oder die krankenpflegenden Orden, die zu hunderten im 19. Jahrhundert entstanden. Aber der Geist steht auch für die ganz individuellen, ganz subjektiven Erweckungs- und Berufungserlebnisse von Einzelnen, die sich dadurch ermächtigt fühlten, und zwar nicht selten gegen dominante theologische Mehrheitsmeinungen und kirchliche Gepflogenheiten, das vom Glauben zu leben, was sie davon verstanden hatten. Dass sich die individuellen Erweckungs- und Berufungserlebnisse nicht selten auch zu großen sozialen und spirituellen Bewegungen weiterentwickelt haben, zeigt die Kirchengeschichte in jedem Jahrhundert.

Diejenigen, die bereits die Gottheit Jesu Christi bestritten hatten, haben auch gedanklich die Spur gelegt, die zur Bestreitung der Gottheit des Heiligen Geistes geführt hat. Es darf wohl mit guten Gründen angenommen werden, dass etliche Gegner einer göttlichen Hypostase in Jesus Christus und im Heiligen Geist von der ehrlichen Sorge bewegt waren, solche Überlegungen und Festlegungen führten wieder zurück zu einem verkappten Polytheismus, wie er zumeist aus Unkenntnis und auch unberechtigterweise gelegentlich von Muslimen oder auch Juden den Christen gegenüber erhoben wird.

Gerhard Ludwig Müller sieht auch die Bestreiter der Gottheit Jesu Christi und der Gottheit des Heiligen Geistes als Angehörige einer „theologischen Fraktion", nämlich der der Arianer.

*„Die Leugnung der Gottheit des Geistes war die Folge der Leugnung der Gottheit des Logos. Die radikalen Arianer lehrten konsequent auch die Geschöpflichkeit des Geistes (Eustatios von Sebaste; Eunomius; Eleusios von Kyzikos; Marathonios)."*[3]

Die theologischen Gegner der Gottheit des Geistes, später Pneumatomachen genannt, und die Tritheisten werden wohl erstmals um 260 in einem Brieffragment, das an Bischof Dionysius von Alexandrien gerichtet war, von offizieller Seite und mit theologischen Gründen zurechtgewiesen. Dabei war gegen die Annahme einer Geschöpflichkeit des Pneuma einerseits und gegen die Aufspaltung der Dreifaltigkeit in drei disparate Gottheiten andererseits zu argumentieren.[4]

Es entstanden ausgehend vom Arianismus im weiteren theologiegeschichtlichen Verlauf auch subordinatianistische Modelle, nach denen der Sohn und der Geist als untergeordnete, von Gott, dem Vater, geschaffene Wesen angesehen wurden. Ein wenig trugen die theologisch streng betrachtet semiarianischen Synoden von Sirmium und Ankyra (358) aber dann doch zur Klärung der Gottheit des Geistes bei.

Auch nach der Festlegung auf die christologische Formulierung des „homoousios" in Nizäa, die eine Klärung des Verhältnisses von Vater und Sohn herbeiführte, war noch immer die Position des Heiligen Geistes unklar. Vor allem durch die theologische Klärungsarbeit der drei Kappadokier-Bischöfe – Basilius, Erzbischof von Caesarea und Metropolit von Kappadokien, Gregor von Nazianz und Gregor von Nyssa – kam es auf dem Konzil von Konstantinopel (381) zur Formel von dem einen Wesen (Ousia) und den drei Personen (Hypóstasis). Damit war schließlich auch der Heilige Geist nicht mehr subordinatianistisch misszuverstehen.

Basilius berief sich auf die trinitarische Taufformel, wie sie in Mt 28,19 vorliegt, und auf damals schon übliche Gebetsformeln: „Ehre sei dem Vater durch den Sohn im Heiligen Geist." bzw. „Ehre sei dem Vater mit dem Sohn und mit dem Heiligen Geist." Und Athanasius schrieb in diesem Sinne sehr pointiert: *„Der Geist ist demnach von den Geschöpfen verschieden; es ist erwiesen, dass er vielmehr dem Sohne eigen und Gott nicht fremd ist ... In ihm also verherrlicht der Logos die Schöpfung, indem er sie durch Vergöttlichung und Annahme an Kindes Statt dem Vater zuführt. Was aber die Schöpfung dem Logos verbindet, kann selbst nicht zu den Geschöpfen gehören ... Der Geist gehört also nicht zu den Geschöpfen, sondern ist der Gottheit des Vaters eigen, und durch ihn vergöttlicht auch der Logos die Geschöpfe. Der aber, durch den die Schöpfung vergöttlicht wird, kann selbst nicht außer der Gottheit des Vaters sein ... Wer aus der Trinität etwas wegnimmt und bloß im Namen des Vaters oder bloß im Namen des Sohnes oder ohne den Geist im Vater und Sohn getauft wird, empfängt nichts, sondern geht, ebenso wie auch der, der zu geben scheint, leer aus und bleibt unvollendet, da die Vollendung in der Trinität beruht. In gleicher Weise hat derjenige, der den Sohn vom Vater trennt oder den Geist zu den Geschöpfen erniedrigt, weder den Sohn noch den Vater, sondern ist gottlos, schlechter als ein Ungläubiger und alles eher denn ein Christ."*[5]

Den Abschluss findet die pneumatologische Dogmenbildung eigentlich schon kurz nach dem Konzil von Konstantinopel auf der Synode von Rom (382) im sogenannten Tomus Damasi, dessen Anathematismen außer vom Heiligen Geist auch von der Trinität und vom Erlösungswerk Jesu Christi handeln.[6] Im selben Jahr datiert auch der Synodalbrief von Konstantinopel, der sich an die Bischöfe des Westens richtet und die bis dato erfolgte Klärung zur trinitarischen, christologischen und pneumatologischen Dogmenbildung zusammenfasst.

Bei all dem und trotz der vergleichsweise frühen theologischen Klärung aber fragt man sich, wie es in der Kirche nur dahin hat kommen können, dass der Heilige Geist bei vielen Theologen zu einer derart „blässlich-intellektualistischen Unperson" und bei vielen Charismatikern zu einem derart „bodenhaftungslos-freischwebenden

Schwarmgeist" verkommen konnte. Und dabei gehören die Hymnen an den Heiligen Geist und auf den Heiligen Geist mit zum Schönsten und Kraftvollsten, was geistliche Sprach- und Tonkunst zuwege gebracht hat. Man denke nur an das „Veni Creator Spiritus", das Hrabanus Maurus um 900 zugeschrieben und um 1000 in Kempten vertont worden ist. Oder man denke an das „Veni Sancte Spiritus", das um 1200 von Stephan Langton, dem Erzbischof von Canterbury, verfasst und etwa zur selben Zeit in Paris vertont worden ist.[7] Dieser Stephan Langton ist übrigens, was bestens zu diesem Geisthymnus passt, ein Mitverfasser der freiheitlichen Magna Charta Libertatum von 1215 in England.

Woher also kommt in die Lehre vom Heiligen Geist diese Geistleere, Geistvergessenheit und Geistlosigkeit?[8] Und wenn gilt, was uns das „Veni Creator Spiritus" von Hrabanus Maurus sagt, dass der Heilige Geist uns Kenntnis von Gott dem Vater und von seinem Sohn geben kann und mit diesen zusammen als der eine Gott geglaubt wird,[9] dann ahnt man, in welche Abgründe und Abwegigkeiten diese Geistvergessenheit und Geistlosigkeit führen könnte.

Fragt man nach den mehr ins Definitorische gehenden Beschreibungen des Heiligen Geistes in den einschlägigen Credo-Interpretationen, dann ergibt sich Folgendes:

Küng betont: *„Der Heilige Geist ist Gottes Geist ... Auch im Neuen Testament ist der Heilige Geist niemand anderer als Gott selbst! Gott selbst, sofern er nämlich den Menschen und der Welt nahe ist, ja, innerlich wird als die ergreifende, aber nicht greifbare Macht, als die lebenschaffende, aber auch richtende Kraft, als die schenkende, aber nicht verfügbare Gnade ... Auf keinen Fall also darf der Heilige Geist als ein Drittes, als Ding zwischen Gott und den Menschen, verstanden werden. Nein, mit Geist ist die persönliche Nähe Gottes selber zu den Menschen gemeint, so wenig abzutrennen von Gott wie der Sonnenstrahl von der Sonne ... Gott ist uns Menschen nahe im Geist: gegenwärtig im Geist, durch den Geist, ja als Geist."*[10]

Ratzinger stellt fest, dass der Begriff Heiliger Geist im Symbolum zunächst kein Gegenstand für innertrinitarische Spekulationen ist, sondern als Gabe Gottes an die Geschichte und in der Geschichte verstanden worden ist.[11] Gleichwohl verweist die Dreigliedrigkeit des Symbolums schon implizit auf das trinitarische Gottesbild. Als Problem aber sieht Ratzinger, dass es gerade in Bezug auf den Heiligen

Geist im weiteren Verlauf der Theologiegeschichte zu einer Diastase zwischen einer zeitlos ontologisch-metaphysisch und einer geschichtsphilosophisch ausgerichteten Theologie gekommen ist, die kaum noch miteinander zu vermitteln sind.[12]

Durch die Geschichtstheologie des Zisterzienser-Abtes Joachim von Fiore (geb. um 1135 in Celino/Kalabrien, † 1202 nahe Turin) entstand ein theologisch problematisches Denkschema. Er nahm eine hermeneutische Entsprechung zwischen Altem Testament und Neuem Testament an und gelangte zu einer Geschichtstheologie, die die Zeit des Vaters (Altes Testament), von der des Sohnes (Neues Testament) und der des Heiligen Geistes, der Zeit nach dem Neuen Testament, unterschied. Diese Auffassung wurde auf dem IV. Laterankonzil wegen tritheistischer Tendenzen verurteilt.[13]

Varianten dieses Denkschemas interpretierten die Credo-Aussagen zu Gott, dem Vater, als Voraussetzung und Vorlauf zur Geschichte und die Aussagen zu Gott, dem Sohn, als Wirken in der konkreten Geschichte. Die Aussagen zu Gott, dem Heiligen Geist, wurden dann als Fortsetzung zur und Vollendung der Geschichte Jesu verstanden. Das Problem dieser Entwürfe ist die Annahme einer historisierenden phasischen Zuständigkeit der innertrinitarischen Personen zu bestimmten Abschnitten der Geschichte, wie wenn nicht der eine und einzige Gott in ihr insgesamt und ununterbrochen am Werke wäre, sondern sich – arbeitsteilig nach göttlichen Personen gegliedert – nur um bestimmte Abschnitte der Geschichte kümmerte.

Der Schriftbefund hatte bereits angedeutet, dass der Heilige Geist der Geist Gottes, aber auch der Geist Jesu Christi, also zugleich der Geist des Vaters und des Sohnes ist. Im 7. Jahrhundert entstand aus der Frage nach dem Hervorgang des Heiligen Geistes ein Problem, das sich später, im Jahr 1054, zwischen dem Osten und Westen der Christenheit kirchentrennend auswirken sollte und bis heute nicht wirklich geklärt ist. Die Westkirche formuliert, und zwar seit dem IV. Laterankonzil von 1215 auch in dogmatisierter Weise, über den Heiligen Geist: „der vom Vater und vom Sohne ausgeht" (filioque). Sie lehnte sich dabei an Überlegungen an, die sich in Ansätzen schon seit dem 2. und 3. Jahrhundert bei Tertullian, danach dann bei Athanasius, Basilius, Ambrosius und genauer ausgeführt bei Augustinus (354–430) finden. Diesen Überlegungen zufolge ist der Heilige Geist das personifizierte Liebesgeschehen zwischen Gott dem Vater und

Gott dem Sohn, an dem und an dessen Weitergabe also beide Anteil haben. Der Geist ist also nicht „nur" der von Gott Vater durch seinen Sohn Jesus Christus, sondern der von beiden an die Welt weitergegebene Heilige Geist.

Die Ostkirche lehnte fast einhellig das „filioque" als einen unstatthaften Eingriff in das Nizänokonstantinopolitanum ab und blieb ihrerseits bei dem Gedanken, der Heilige Geist gehe vom Vater durch den Sohn aus, wobei in der Zeugung des Sohnes die Hauchung des Geistes mitgegeben ist.

Es ist nicht zu sehen, warum diese Formulierungsdifferenzen notwendigerweise die Qualität, kirchentrennend zu sein, haben und behalten sollten. Zugleich ist leider auch nicht zu sehen, dass eine inzwischen möglich gewordene wechselseitige Tolerierung und Akzeptanz der jeweils anderen Formulierung oder die Einigung auf eine beiden gemeinsame Formulierung eine Kirchen einende Qualität bekommen könnte; denn eine fast tausendjährige Trennung und Eigenständigkeit der Kirchen und deren jeweils spezifische historische Entwicklung haben auch jenseits von Glaubensformulierungen Differenzen oder Diskrepanzen entstehen und wachsen lassen, die mit überwunden oder gemeinsam weiter gestaltet werden müssten.

Schneider charakterisiert diesen Konflikt und gibt zugleich eine Anregung zur Konfliktregelung, wenn er äußert: „*Der Osten will die von der Hl. Schrift so stark betonte ‚Monarchie' des Vaters wahren (nur Er, der Vater, heißt bekanntlich ‚ho theos'!) und das freie und umfassende Wirken des Geistes betonen. Der Westen erinnert zu Recht daran, wie sehr die Schrift das Geistbekenntnis mit dem Christusbekenntnis zusammenbindet … Vorausgesetzt, dass Ost- und Westkirchen sich jeweils die ‚Orthodoxie' ihres Geistbekenntnisses zugestehen (wozu in der Sache aller Anlass besteht!), können wir sowohl mit wie ohne ‚filioque' ein gemeinsames Bekenntnis zum Heiligen Geist ablegen.*"[14]

Schneider ordnet die Lehre vom Heiligen Geist der Gnadenlehre zu, greift die klassisch-theologische Formulierung vom Heiligen Geist als der ungeschaffenen Gnade auf und verweist auf die durch ihn im Menschen bewirkte geschaffene Gnade. Und in Verbindung mit dem fast wie ein Definitionsversuch anmutenden johanneischen Satz „Gott ist Liebe" fasst er seine Aussagen zum Heiligen Geist, indem er auf diese ‚Gottesdefinition' abstellt, so zusammen: „*Der Heilige Geist ist Gott als Gabe, Gott selbst in der Weise des Sich-Schenkens, er selbst als die*

*Liebe. Er bleibt ganz er selbst und ist doch ganz bei uns ... Gott gibt uns seinen Geist, er schenkt sich uns als Geist, meint also: Er tritt zu uns in die eigentliche, wesentliche personale Beziehung, die Gemeinschaft der Liebe."*[15]

Während bei Küng und den meisten anderen Theologen eher der Weg vom Bewusstsein und von der menschlichen Selbsterfahrung des Geistes zu einem annähernden Verständnis des Heiligen Geistes beschritten wird, versucht Pannenberg unter Verweis auch auf Teilhard de Chardin eher den umgekehrten Weg, indem er den Geist voraussetzt und den menschlichen Geist als eine sich auch evolutiv weitende Partizipation an diesem konzipiert:

*„Alles Lebendige lebt durch Teilhabe an einer es übersteigenden Wirklichkeit, die sich durch ihre Offenheit nach vorn einer abschließenden Fixierung entzieht ... Geist wäre dabei nicht vom Bewusstsein und von der Subjektivität des Selbstbewusstseins her zu verstehen, sondern umgekehrt erschiene das Bewusstsein als Ausdruck einer besonderen Stufe der Teilhabe eines Lebewesens an der geistigen Wirklichkeit, die in der Selbsttranszendenz alles Lebendigen wirksam ist."*[16]

Aber natürlich denkt er diesen Gedanken über das Wesen des Geistes mit seinem menschlichen Bewusstsein und von der Subjektivität des Selbstbewusstseins her, und es ist fraglich, ob er damit den anthropomorphen Engführungen bei der allgemeinen Bestimmung eines Geistbegriffs prinzipiell entkommen kann. Hilfreich kann es allerdings sein, sich deutlich zu machen, dass Geist nicht nur das ist, was sich davon im menschlichen Selbstbewusstsein realisiert und dass der Menschengeist keineswegs die unüberbietbare Aufgipfelung des Geistigen in der Welt ist.

Wenn auch die Aussagen zum Heiligen Geist gegen den Widerstand der Pneumatomachen als letzte den Weg ins Nizänokonstantinopolitanum gefunden haben, so scheinen sie doch heute zumindest bei den Vertretern der „Pluralistischen Religionstheologie"[17] nach Meinung der deutschen Bischöfe eine den Inkarnationsgedanken gefährdende Konjunktur zu haben. *„Viele Vertreter der ‚Pluralistischen Religionstheologie' betonen, dass Gott sich selbst offenbart – dies aber nicht in einem einzigen geschichtlichen Ereignis! Vielmehr dehnen sie das Ereignis der Inkarnation aus auf die gesamte Geschichte. Das Zauberwort ihrer ‚neuen Inkarnationslehre' heißt ‚Geist-Christologie'. Sie identifizieren den einen und einzigen Gott des jüdisch-christlichen*

*Monotheismus mit dem Geist, der sich in jedem Geschöpf ‚inkarnieren' kann, ohne mit einem Geschöpf oder mit der Summe aller Geschöpfe identisch zu sein. Unter dieser Voraussetzung ist Jesus wie alle anderen religiösen Genies eine wirkungsgeschichtlich besonders bemerkenswerte, aber keineswegs die einzige Inkarnation des göttlichen Geistes. Folgerichtig erklären die meisten Autoren der ‚Pluralistischen Religionstheologie' die trinitarische Unterscheidung von drei göttlichen Personen im Sinne des Modalismus als die drei biblisch bezeugten Weisen der Erscheinung des Gottes, der letztlich nur eines ist: nämlich Geist."*[18]

Ähnliches konstatiert auch Karl-Heinz Menke: *„Hick und Schmidt-Leukel sprechen von dem Gott, der als Geistwesen allem Seienden immanent sein kann ... Der Kern und die Mitte des christlichen Glaubens liegt in der hypostatischen (personalen) Union des Menschen Jesus mit dem innertrinitarischen Logos. Wenn diese Mitte aufgegeben wird, ist das Grunddogma der Pluralistischen Religionstheologie, dass alle mit dem Wort ‚Offenbarung' versehenen Geltungsansprüche gleich gültig sind, die logische Konsequenz ... Es geht vielmehr um die Entscheidung der grundsätzlichen Frage, ob die Selbstoffenbarung Gottes in Raum und Zeit sachlich etwas ganz anderes ist als das, was die genannten Vertreter der Pluralistischen Religionstheologie das graduell mehr oder weniger intensive Erscheinen der transzendenten Wirklichkeit nennen."*[19]

Unabhängig davon, dass Gott allem Seienden immanent sein kann und das im Heiligen Geist auch realisiert, ist aber doch die absolute Singularität des Christus-Ereignisses, Gott als Mensch in einem geografisch konkreten Raum und in einer historisch konkreten Zeit, als Alleinstellungsmerkmal und Kenngröße des Christentums festzuhalten. Das, was mit den Begriffen Inkarnation und Trinität christlich zur Sprache kommt, kann nicht zur besseren interreligiösen Einpassbarkeit abgeschliffen werden zu einer allgemein erschwinglichen „transzendenten Wirklichkeit" oder einer ebensolchen „Offenbarung". Hier würde die interreligiös gleiche Gültigkeit der Offenbarungsbegriffe zum Preis der Gleichgültigkeit des spezifisch christlichen Offenbarungsbegriffes, d. h. der einzigartigen und unwiderruflichen Selbstoffenbarung Gottes in Jesus Christus erkauft. Hier wäre, wenn die Bedenken gegen die Pluralistische Religionstheologie vollumfänglich zutreffend sein sollten, was hier nicht zu prüfen ist, die unbestreitbare geographisch-historisch-empirische

Anstößigkeit des Inkarnationsgedankens in einen unscharfen, irgendwie wabernden Begriff von „Offenbarung" oder ins „Pneumatologisch-Nebulöse" hinein entsorgt. Damit wäre letztlich weder der Trinitätslehre, noch der Christologie, noch der Pneumatologie theologisch ein guter Dienst getan.

### 9.3. Die Göttlichkeit des Geistes

> „... der Herr ist und lebendig macht, der aus dem Vater und dem Sohn hervorgeht, der mit dem Vater und dem Sohn angebetet und verherrlicht wird, der gesprochen hat durch die Propheten ..." (nur NK)

Während das Apostolikum den Heiligen Geist wie etwas ganz Selbstverständliches, nicht Erläuterungsbedürftiges zur Sprache und ins Bekenntnis bringt, wird – und das wohl aus theologiegeschichtlicher Notwendigkeit in der Auseinandersetzung mit den Pneumatomachen und Arianern, die die Göttlichkeit nicht nur des Logos, sondern auch des Heiligen Geistes bestritten – das Nizänokonstantinopolitanum ausdrücklicher.

Es fügt die Bezeichnung „Herr" ein, die sich auch schon im christologischen Teil des Glaubensbekenntnisses für den Sohn findet. Damit wird für den Heiligen Geist eine Ebenbürtigkeit, eine Wesensgleichheitsaussage mit dem Sohn postuliert, und was immer in Bezug auf den Sohn durch den Hoheitstitel „Herr" zum Ausdruck gebracht worden ist, das ist damit in gleicher Weise auch für den Heiligen Geist zutreffend.[20]

Das Nizänokonstantinopolitanum sieht im Heiligen Geist den, „der lebendig macht", und ordnet ihn damit als Lebensspender dem Schöpfungshandeln Gottes des Vaters zu. Der Heilige Geist wird auch damit als der eine und einzige Gott identifiziert. Er ist kein Geschöpf, wie in diversen theologischen Sondermeinungen des Subordinatianismus behauptet, sondern selber wesensgleich mit dem Schöpfer.

Die in der römisch-katholischen Liturgie übliche Version des Nizänokonstantinopolitanum hält am filioque fest, aber gewiss nicht mehr im Sinne einer Abgrenzung gegen das orthodoxe Bekenntnis. Es kennzeichnet den Heiligen Geist durch seinen Hervorgang aus dem Vater und dem Sohn zumindest implizit ein weiteres Mal als göttlich und verbindet damit auch seine gleiche Anbetungs- und Verherrlichungswürdigkeit.

Dass dieser göttliche Geist, der aus dem Vater und dem Sohn spricht, auch schon durch die alttestamentlichen Propheten zu Worte gekommen ist, kennzeichnet die Heilsgeschichte als ein das Alte und das Neue Testament, sowie als ein das Judentum und das Christentum verbindendes Kontinuum. Durch die Propheten des alten Bundes aber spricht auch schon der Heilige Geist. Dadurch wird deutlich, dass dieser Geist keine aberrante tritheistische Zutat des neuen Bundes oder nur eine Theologenspekulation, wie wohl einige der Pneumatomachen unterstellten, sondern dass er essentieller Inhalt eines christlich legitim und konsequent weitergedachter Monotheismus ist.

Als Spender des göttlichen Lebens taucht der Heilige Geist auch schon im christologischen Teil beider Glaubensbekenntnisse auf und verbindet jeweils deren christologischen mit dem pneumatologischen Teil. Im Nizänokonstantinopolitanum heißt es, wie bereits genauer bedacht: *„Er hat Fleisch angenommen durch den Heiligen Geist von der Jungfrau Maria und ist Mensch geworden."* Und das Apostolikum formuliert knapper: *„… empfangen durch den Heiligen Geist, geboren aus der Jungfrau Maria …"*

Müller erstellt im Anschluss an diese Aussagen des Nizänokonstantinopolitanum folgende Zusammenfassung zur Frage nach dem Heiligen Geist: *„Der Heilige Geist ist Herr und Spender des göttlichen Lebens. Er ist Herr, weil er Gott ist in personaler Unterscheidung von Vater und Sohn und in göttlicher Koinonia mit ihnen. Er erscheint in seinem Heilswirken insbesondere als die Lebensgabe und als der Spender des göttlichen Lebens, das uns in Jesus Christus, dem Sohn des Vaters, eschatologisch und geschichtlich geschenkt worden ist und das in der Kirche wirksam bleibt bis zur Wiederkunft Christi."*[21]

Der letzte Hinweis über den Heiligen Geist verweist dabei schon auf den in beiden Bekenntnissen nächsten Glaubensartikel über die Kirche als eine Wirkung eben dieses Geistes.

## 9.4. Die Kirche und ihre Attribute

> *„... die heilige katholische Kirche ..."* (A)
> *„... und die eine, heilige, katholische und apostolische Kirche."* (NK)

Zu Beginn dieses Artikels darf noch einmal daran erinnert werden, dass im lateinischen Text „credo ecclesiam" und nicht „credo in ecclesiam" steht und also schon sprachlich ein Unterschied signalisiert wird zwischen dem Glauben an Gott, den Vater, den Sohn und den Heiligen Geist, also zwischen credo ecclesiam und credo in Deum, in Jesum Christum, in Spiritum Sanctum. Vielleicht ist der Unterschied im Deutschen sprachlich so darzustellen, dass man sagt: Ich bekenne mich zur Kirche als einer Glaubensgemeinschaft, aber ich glaube an Gott. Was wir von der Kirche glauben, ist eine nachgeordnete Erläuterung und Spezifizierung dessen, was wir vom Heiligen Geist und seinem Wirken glauben, und kein diesem gleichrangiger Glaubensartikel.

Vor diesem Hintergrund stellt sich die Frage, ob nicht gerade die Heilige Schrift etwas aussagt über die Kirche, ob es so etwas wie ein Gründungsdatum, eine Gründungsurkunde und eine Grundverfassung gibt.

Alfred Loisy (1857–1940), als Modernist verketzert und 1908 exkommuniziert, hatte zu Beginn des vorigen Jahrhunderts (1902/04) die merkwürdige Zwischenposition der Kirche pointiert so ausgedrückt: „Jesus verkündigte die Königsherrschaft Gottes, gekommen ist die Kirche."[22]

Kirche als Institution wird gewissermaßen in den Raum der enttäuschten Naherwartung auf eine schon sehr bald hereinbrechende Gottesherrschaft hineingeboren. Sie ist auch und erst recht nicht im Gottesstaat identisch mit dem Inhalt der Gottesherrschaft. Eine eindeutige und zweifelsfreie Kirchengründungsabsicht Jesu geben die Texte des Neuen Testaments nicht her.

Man hat aber in den biblischen Texten so etwas wie ein mehr oder weniger ausdrückliches Gründungsdatum für die Kirche festmachen wollen. Einerseits wurde dabei auf die Umgestaltung des Pascha-Mahls zum Abendmahl, zur Eucharistiefeier am Gründonnerstag hingewiesen. „Tut dies zu meinem Gedächtnis." Die Eucharistie ist schließlich nach dem Ausweis des II. Vatikanum „culmen et fons" von Gemeinschaft, Quelle und Gipfel auch der Kirchengemeinschaft. Und die Anwesenheit der zwölf Apostel im Abendmahlssaal wurde ergänzend dazu und ganz in diesem Sinne wie die Etablierung eines neuen Zwölf-Stämme-Volkes, eines neuen Gottesvolkes mit Christus in der Mitte und als Gründungsakt für die Kirche interpretiert.

Andererseits wurden auch die diversen Aussendungen und Missionsaufträge, die sich im Neuen Testament finden, insbesondere der in Mt 28,19 als so etwas ähnliches wie eine ‚Kirchengründungsakte' gedeutet: *„Mir ist alle Macht gegeben im Himmel und auf der Erde. Darum geht zu allen Völkern, und macht alle Menschen zu meinen Jüngern; tauft sie auf den Namen des Vaters und des Sohnes und des Heiligen Geistes, und lehrt sie, alles zu befolgen, was ich euch geboten habe. Seid gewiss, ich bin bei euch alle Tage bis zum Ende der Welt."*

Und schließlich wurde die Herabsendung des Heiligen Geistes an Pfingsten als Geburtsstunde der Kirche gedeutet. Denn von jetzt an treten die Jünger mit der Botschaft Jesu in aller Öffentlichkeit auf, verkünden sie in fremden Sprachen und über den Völkerapostel Paulus bis an die Grenzen der damals bekannten Welt.

Ein eindeutiges und unumstrittenes Gründungsdatum der Kirche lässt sich neutestamentlich jedenfalls nicht ausmachen, eher so etwas wie ein mit mehreren Schritten vollzogener Prozess dahin. Darum spricht Küng nicht von einer Kirchengründung, seines Erachtens „passiert Kirche als ‚Ereignis', ein Ereignis unter dem Einfluß des Geistes Gottes."[23] Dass „Kirche passiert", klingt allerdings sehr nach Schicksal, das ohne eigenes Zutun über eine Gruppe von Menschen kommt. Demgegenüber wäre wohl auch festzuhalten, dass Kirche sich macht, und auch hier unter dem Einfluss des Heiligen Geistes. Aber nicht alles, was sie macht und wie sie sich macht, ist nur vom Geist Gottes gemacht, sondern auch geschichtlich bedingtes und begrenztes Menschenwerk.

Das Nizäno-Konstantinopolitanum kennt vier Attribute für die Kirche: „Ich glaube an die eine, heilige, katholische und apostolische Kirche." Im Apostolikum ist aber nur von zwei Attributen die Rede, von der Heiligkeit und der Katholizität der Kirche. Diese Attribute könnten wie selbstherrliche kirchliche Anmaßungen wirken und bedürfen einer Erläuterung.

## a. Heiligkeit und Katholizität der Kirche

Dekretiert oder propagiert hier eine Kirche selbstdarstellerisch ihre eigene Heiligkeit und ihre eigene Universalität? Ist nicht gerade die eigene, selbstbezügliche Klassifizierung als heilig blanke Überheblichkeit und insoweit der Ausweis eines Fehlens dieser behaupteten Heiligkeit, der Nachweis von Scheinheiligkeit? Und ist nicht gerade die Behauptung, die im Attribut „katholisch" steckt – das kommt vom Griechischen „kat hólon kósmon" und bedeutet schließlich so viel wie allumfassend –, ist nicht gerade diese Behauptung eigener Universalität blanke Hochstapelei?

Der Begriff Heiligkeit wird missverstanden, wenn er im Bedeutungskontext von Heiligsprechungen und Heiliggesprochenen angesiedelt wird. Glaube an die heilige Kirche bedeutet nicht Glaube an die heiliggesprochene oder heiligzusprechende Kirche.

Der Begriff heilig meint einerseits das Abgesondert- und das Herausgenommensein aus der übrigen Welt, die deshalb als profan, als vor dem fanum, als vor dem heiligen Bezirk liegende Wirklichkeit angesehen wird. Das Profane ist somit das Gegenteil zum Sakralen, das seinerseits Räume, Zeiten und Handlungen in den Kontext des Göttlichen stellt. Diese Vorstellung von heilig und sakral als aus dem Profanum ausgesondert passt auch gut zum griechischen Namen der Kirche, zu „ekklesía", was ja soviel bedeutet wie die Herausgerufene.

Der Begriff heilig meint andererseits und eng verbunden mit der erstgenannten Bedeutung, dass diese Kirche nicht durch eigene Vollkommenheit, sondern durch Gottes zuvorkommende Gnade Anteil hat am Heil und dass sie im göttlichen Auftrag Anteil gibt am Heil. Indem sie das tut und in dem Maße, als sie das tut, heiligt sie sich. Indem sie das Heil von Gott empfängt und es im Auftrag Gottes an die Menschen weiterreicht, wird sie zur heiligenden und heiligen Kirche.

Weil und insofern sie immer wieder hinter diesem doppelten Auftrag zur Heiligung zurückbleibt, profane Interessen den sakralen vorzieht, sich damit selbst profaniert, anstatt sich zu heiligen, haben kritische Theologen zu Recht festgestellt, dass die z. B. im Epheserbrief (Eph 5,25.27) Braut Christi genannte Kirche zur „casta meretrix" zur „keuschen" oder gar „heiligen Hure" geworden sei. Anstatt ihrem Bräutigam Christus die Treue zu halten und im Heil zu bleiben, verkauft sie sich an wirtschaftliche, politische und militärische Interessen der jeweiligen Gegenwart. Die in zahllosen kirchlichen Dokumenten so genannte „heilige Mutter Kirche" hält zwar den im Neuen Testament gegebenen weiblichen Aspekt für die Kirche aufrecht, tut das allerdings unter Umgehung der Problematik ihrer zeitweiligen, aber nicht seltenen historischen Selbstverfehlungen.

Der einzelne Christ in dieser Kirche ist nach Luther ein „simul iustus et peccator", ein zugleich Gerechter und Sünder, die Kirche selber aber sieht er in polemischer Absicht als „Hure Babylon" und nicht mehr in der positiv-negativen Ambivalenz des „simul iustus et peccator".

„*Es ist bemerkenswert, dass Luther das ‚simul iustus et peccator', das er für den einzelnen Gerechtfertigten so stark herausstellt, für die Kirche nicht durchhält. Die wahre Kirche ist für ihn keine Kirche der Sünder, sondern der Heiligen. Deshalb ist die Kirche auch den wahrhaften Gliedern wie dem Haupte nach unsichtbar oder, wie der spätere Luther bevorzugt sagt, verborgen (WA 18, 652). Sie hat kein irdisches Haupt, und Christus hat niemand zum Stellvertreter: ‚sondern allein Christus im Himmel ist hier das Haupt und regiert allein' (WA 6, 297). Für Luther gibt es viele getaufte Ungläubige, die äußerlich ‚in der Kirche', aber nicht ‚von der Kirche' sind (WA 5, 430, 41, 521). Die Kirche sei zwar nicht ohne Ort und Leib, dennoch seien Leib und Ort nicht die Kirche, noch gehörten sie zu ihr (WA 7, 720). Luther hält die Institutionen und Zeremonien im Grunde für bedeutungslos und glaubt, daß mit der Predigt des Wortes Gottes die notwendige äußere Gestalt ‚von selbst' wächst (WA 38, 237).*"[24]

Der Begriff Katholizität ist nicht minder problematisch wie der der Heiligkeit; denn schließlich war zum Abfassungszeitpunkt dieses Symbolums großzügig geschätzt weit mehr als die Hälfte dieser Welt noch terra incognita. Sich allumfassend zu gerieren, ohne auch nur eine annähernde Ahnung von dem zu haben, was diese kleine Erde, geschweige denn, was das All umfasst, mag einem wie eine wahnhafte Allmachtsvorstellung erscheinen. Der Zusatz katholisch war und ist wohl weniger eine qualifizierende Omnipräsenzaussage der Institution Kirche als vielmehr ein Hinweis auf die umfassende Reichweite des Heilsangebotes Gottes und auf den sich daraus ergebenden umfassenden Auftragshorizont, in den eben diese in vielerlei Hinsicht defizitäre Gemeinschaft von Glaubenden als Heilsbote hineingestellt ist.

Katholisch ist damit ein Attribut gegen die konfessionalistischen Engführungen dieser oder jener sich besser oder gar allein richtig dünkenden Christengemeinschaften. Es ist ein Attribut, das über die damalige wie heutige Christenheit hinaus auf alle Menschen zielt, denen die Kirche das umfassende Heilsangebot Gottes offerieren darf und soll. Und in dem Maße, wie die Kirche das allumfassende Heilsangebot Gottes in Wort und Tat präsent macht, in dem Maße wird sie selber mehr und mehr katholisch. Die Bezeichnung katholisch ist demnach nicht der Auftrag zur konfessionellen Horizonteinengung des Christlichen, sondern der Auftrag zur Erweiterung seines jeweils aktuellen Horizonts.

Vergleicht man den jeweiligen Wortlaut des Apostolikum bei Katholiken und Protestanten, so divergieren die Texte nur in einem einzigen Wort.[25] In den Kirchen der Reformation lautet der die Kirche betreffende Credo-Satz: „Ich glaube an den Heiligen Geist, die heilige christliche Kirche". Auch der Protestant Pannenberg merkt kritisch an: *„Man muss es bedauern, daß in den protestantischen Bekenntnisschriften des 16. Jahrhunderts dieses Prädikat der Kirche in den Übersetzungen des apostolischen und des nizänischen Bekenntnisses verdrängt und durch die Bezeichnung ‚christliche Kirche' ersetzt worden ist ... Der Sache nach bedarf die Kirche als Maßstab ihres Selbstverständnisses jedoch heute mindestens in gleichem Maße wie in irgendwelchen früheren Zeitaltern über die ökumenische Einheit der Christen hinaus des universalen Ausblicks auf das Ganze der Menschheit, der der Versöhnungswille Gottes gilt. Nur als katholische, universale Kirche kann die christliche Kirche auch apostolisch sein ..."*[26]

Wenn Katholiken in ökumenischen oder evangelischen Gottesdiensten glauben, diesen die Christlichkeit der Kirche betreffenden Satz des Credo nicht mitbeten zu können, dann sind sie auch nicht wirklich katholisch. Und wenn Protestanten sich dem Satz „Ich glaube an den Heiligen Geist, die heilige katholische Kirche" in ökumenischen oder katholischen Gottesdiensten glauben verweigern zu sollen, dann sind sie auch nicht wirklich christlich. Denn die christliche Heilsbotschaft ist universal, d. h. griechisch gesprochen, katholisch. Und das meint eben keine konfessionalistische Kleinstaaterei, sondern einen sogar über die konkrete Ökumene hinausgehenden universalen Auftrag.

Man liegt wohl nicht falsch, wenn man annimmt, dass die Attribute der Kirche, Heiligkeit und Katholizität, damals zur Abfassungszeit wie auch heute nicht tauglich sind als beruhigende Beschreibung eines erreichten Zustands oder als berechtigte Qualitätsbehauptung. Weit eher sind sie die Angabe eines im Geiste und Auftrage Jesu Christi erstellten und um Einheit bemühten Entwicklungsprogramms der Kirchen und die Formulierung eines das allumfassende Ziel des Heils in Gott vorgebenden dauernden Auftrags Jesu Christi an seine Kirchen.

### b. Einheit und Apostolizität der Kirche

Das Nizänokonstantinopolitanum kennt über das Apostolikum hinausgehend neben der Heiligkeit und Katholizität auch noch die Einheit und Apostolizität als Merkmale der Kirche. Aber es ist unübersehbar, dass es hunderte sich auf Jesus Christus berufende Gemeinschaften gibt, die sich, einander dabei wechselseitig überbietend und selbst anpreisend, Kirche nennen, aber den Aspekt der Einheit dieser Kirche damit auf eklatante Weise konterkarieren.

Die im Credo postulierte Einheit der Kirche ist und bleibt eine sogar zunehmend dringlicher werdende Aufgabe, denn sie ist nicht in das Belieben der Kirchen gestellt, sondern eine biblisch bestens belegte radikale Verpflichtung von Jesus Christus her. Und diese Aufgabe wird nicht dadurch einer Lösung näher gebracht, dass man die eigene Kirche für die einzige und allein selig machende hält und den anderen Kirchen oder kirchlichen Gemeinschaften eine Buße wegen der Verletzung der Einheit nahelegt und darüber hinaus eine Rückkehrökumene empfiehlt.

Karl Rahner und Heinrich Fries haben, nachdem es jahrzehntelange und durchaus nicht nur erfolglose ökumenische Gespräche zwischen der evangelischen und der katholischen Kirche gegeben hatte, schon vor Jahrzehnten das retardierende Moment auf dem Weg zur Einheit eher in den verantwortlichen Amtsträgern beiderseits als in den zu bewältigenden Lehrschwierigkeiten gesehen.[27] Ihre innovative Vorstellung war, mit der Einheit nicht erst zu warten, bis alle, auch die marginalen Lehrunterschiede in ökumenischen Gesprächen beseitigt worden sind, und dann erst die auch organisatorische Einheit zu suchen, denn das hieße auf den St. Nimmerleinstag zu warten, sondern genau umgekehrt vorzugehen. Es sollten die im Apostolikum und im Nizänokonstantinopolitanum bereits gegebenen und die in den weiteren theologischen Einigungsgesprächen bisher schon erzielten Gemeinsamkeiten als Basis einer jetzt zu vollziehenden kirchlich-organisatorischen Einheit genutzt werden. Und im hilfreichen Gravitationsfeld dieser kirchlich-organisatorischen Einheit sollte dann die weitere Benennung und Klärung theologisch strittiger Fragen erfolgen, um so fortschreitend die Einheit zu vertiefen, zu intensivieren und zu vollenden. Und sie sehen das zumeist als Einheitshindernis betrachtete Amt des Papstes, wenn es ohne die auf katholischer Seite unnötigen und in ökumenischer Hinsicht hinderlichen Überzeichnungen des Unfehlbarkeitsdogmas von 1870[28] ausgeübt wird, sogar als Katalysator zur Einheitsfindung an. Ihr diesbezüglicher ökumenischer Handlungsvorschlag lautet:

„*Alle Teilkirchen erkennen Sinn und Recht des Petrusdienstes des römischen Papstes als konkreten Garanten der Einheit der Kirche in Wahrheit und Liebe an.*"[29] Damit erhielte diese neue Kircheneinheit ein die immer wieder gefährdete Einheit suchendes und wahrendes Organ. Zugleich aber wären die Einschärfungen des Unfehlbarkeitsdogmas, die sich seit dessen Verkündung als auch für die katholische Kirche unnötig erwiesen haben, im Kontext der neuen ökumenischen Einheit zurückzunehmen. „*Der Papst seinerseits verpflichtet sich ausdrücklich, die damit vereinbarte Eigenständigkeit der Teilkirchen anzuerkennen und zu respektieren. Er erklärt (jure humano), daß er von seiner obersten, ihm vom Ersten Vatikanum her nach katholischen Prinzipien zustehenden Lehrautorität (ex cathedra) in einer Weise Gebrauch machen werde, die juristisch oder sachlich einem allgemeinen Konzil der ganzen Kirche entspricht ...*"[30]

Eine solche das Papstamt neu akzentuierende Rücknahme primatialer Vollmachten im Dienste und zum Zwecke einer Wiedergewinnung der kirchlichen Einheit sieht auch Joseph Ratzinger/Papst Benedikt XVI. in Bezug auf die Orthodoxen Kirchen als möglich an: „*Wer auf dem Boden der katholischen Theologie steht, kann gewiss nicht einfach die Primatslehre als null und nichtig erklären ... Aber er kann andererseits unmöglich die Primatsgestalt des 19. und 20. Jahrhunderts für die einzig mögliche und allen Christen notwendige ansehen ... Rom muss vom Osten nicht mehr an Primatslehre fordern, als auch im ersten Jahrtausend formuliert und gelebt wurde. Wenn Patriarch Athenagoras am 25.7.1967 beim Besuch des Papstes in Phanar diesen als Nachfolger Petri, als den ersten an Ehre unter uns, den Vorsitzer der Liebe, benannte, findet sich im Mund dieses großen Kirchenführers der wesentliche Gehalt der Primatsaussagen des ersten Jahrtausends, und mehr muss Rom nicht verlangen. Die Einigung könnte hier auf der Basis geschehen, daß einerseits der Osten darauf verzichtet, die wesentliche Entwicklung des zweiten Jahrtausends als häretisch zu bekämpfen und die katholische Kirche in der Gestalt als rechtmäßig und rechtgläubig akzeptiert, die sie in dieser Entwicklung gefunden hat, während umgekehrt der Westen die Kirche des Ostens in der Gestalt, die sie sich bewahrt hat, als rechtgläubig und rechtmäßig anerkennt.*"[31]

Was hier in Bezug auf das Papstamt als theologisch machbar im ökumenischen Miteinander von orthodoxer und katholischer Kirche eingestuft wird, muss auch für das Miteinander zwischen evangelischer und katholischer Kirche gelten können. Die hier von Rahner, Fries und Ratzinger betriebene „Abrüstung" des Papstamtes, wie es im 19. und 20. Jahrhundert geworden ist, könnte zu einer Zurüstung für den ökumenischen Vereinigungsprozess und der Papst selbst zu dessen Katalysator werden. Das Glaubensbekenntnis stellt nicht nur fest, was idealiter der Glaube der Kirche ist, sondern auch, worin realiter die Aufgabe besteht, diesen Glauben der Kirche nicht nur theologisch-theoretisch wahrzunehmen, sondern lebens- und kirchenpraktisch wahr zu machen.

Das vierte Attribut, die Apostolizität der Kirche, verweist auf die im Wesenskern beibehaltene und zugleich entwickelte Identität und Kohärenz heutiger kirchlicher Lehre mit der Lehre der Apostel. Wenn auch im katholisch-kirchlichen Sprachgebrauch die Bischöfe als Nachfolger der Apostel bezeichnet wurden und werden, so ist doch die Apostolizität der Kirche nicht allein an das Amt der Bischöfe gebunden.

Die Apostolizität der Kirche ist nicht identisch mit der Amts-Hierarchie; ohnehin ist der Begriff Hierarchie kein biblischer Terminus, aber das diskreditiert ihn damit noch nicht; schließlich sind zahllose im kirchlichen Leben wesentliche Begriffe und Funktionen nicht biblisch grundgelegt. Seinem laizistischen und ökumenischen Anliegen entsprechend betont Küng weniger das Amt als vielmehr den Dienst in der Kirche, sieht in der Apostolischen Nachfolge (successio apostolica) kein Privileg für wenige, sondern einen Auftrag für alle und konstatiert, dass alle unter dem Wort und niemand – gar noch mit absoluter Interpretationshoheit – über dem Wort der Schrift steht.[32]

Eine wechselseitige Anerkennung der Ämter in den getrennten Kirchen hält er für geboten, und die noch bestehenden Lehrunterschiede rechtfertigen seines Erachtens ein weiteres Bestehen der Kirchenspaltung nicht mehr.[33] Mit dieser Position bekommt Kirche anstelle des Institutionellen den Charakter des Prozessualen. Ämter und Strukturen werden damit so deutlich relativiert, dass eine Annäherung an den lutherischen Begriff der verborgenen Kirche deutlich wird, die konkrete Organisationsform der Kirche aber in den Hintergrund rückt oder gar abgewertet wird. Allerdings lehnt Küng – genauso wie eine Reklamation der Apostolizität nur für Bischöfe – die Unterscheidung zwischen einer heiligen Kirche und ihren unheiligen Mitgliedern ab. Denn diese hat kirchengeschichtlich nicht selten zu der doppelten Buchführung einer unbußfertig-selbstgerechten Amtskirche und ihren zur schuldbewussten Bußfertigkeit erzogenen Mitgliedern geführt.

Eine solche prozessuale Kirche, wie Küng sie propagiert, könnte dann vielleicht auch die geradezu eklatante Unvollständigkeit des Credos in ekklesialer Hinsicht erklären: Schließlich enthält das Apostolikum kein Wort zu den Sakramenten mit Ausnahme der Vergebung der Sünden, die das Nizänokonstantinopolitanum nur mit der Taufe verbindet. Sakramente von zentraler Bedeutung, wie z. B. die Eucharistie, finden keine Erwähnung. Das Credo enthält auch kein Wort zu den Ämtern und Diensten, nicht einmal zum Amt des Papstes und zu seinem päpstlichen Primat.

Man könnte daraus schließen: Kirche handelt in der Geschichte unter der Wirkung des Heiligen Geistes in der Kraft der ihr zugewiesenen apostolischen Autorität und ist damit nicht das bloße Exekutivorgan für das, was Gott in Jesus Christus schon immer und für alle Zeiten dekretiert hat. Sie ist stattdessen die Institution, die in der essentiellen Rückbindung an die Botschaft Jesu und der Apostel eine konkrete geschichtliche Handlungs- und Organisationsfreiheit hat und sich daher nicht (wie z. B. bei der Frauenordination geschehen) auf einen unausgesprochenen Willen Jesu, der ihr den Handlungsspielraum angeblich beschränkt, herausreden darf.[34]

Zu diesem Gedanken passt auch die Überlegung von der Kirche als Grundsakrament[35], aus dem sich die übrigen Sakramente herleiten. Das geschieht nicht in purer Beliebigkeit und ohne Bezug zur Verkündigung Jesu und zur heiligen Schrift. Aber die stringente Herleitung der Sakramente aus den klassischen Formulierungen, z. B. die Sakramente vermittelten, was sie im Zeichen bezeichnen, ist kaum möglich. Und auch mit den drei Kriterien 1. Einsetzung durch Jesus Christus,

2. äußeres Zeichen und 3. darin vermittelte Gnade ließ sich eine zwingende Herleitung der Sakramente nicht wirklich realisieren. Die vermittelte Gnade ist ohnehin ein nicht operationalisierbares, höchst unscharfes Kriterium. Die Einsetzung durch Jesus Christus ist z. B. beim Sakrament der Krankensalbung sicher nicht und bei anderen Sakramenten, z. B. bei der Weihe, nur sehr bedingt nachweisbar. Gerade der Ausgangspunkt von diesen drei Kriterien hat Luther übrigens zur Zweizahl der Sakramente, Taufe und Konfirmation mit Abendmahl, geführt.

Das äußere Zeichen findet sich umgekehrt auch bei anderen Handlungen Jesu, die nicht in den Rang eines Sakramentes erhoben worden sind, von denen man aber gleichwohl eine Einsetzung durch Jesus Christus behaupten könnte. Man denke etwa an die Fußwaschung, die von Jesus als äußeres Zeichen eingesetzt und ausdrücklich in Verbindung gebracht wird mit dem Anteilhaben an Jesus Christus bzw. Gott. Könnte sie nicht mit größerer Deutlichkeit als ein Sakrament erscheinen denn manche anderen Sakramenten?

Da kann es eine Hilfe sein, die Kirche als das eine Grundsakrament der Heilsvermittlung zu verstehen und ihrer auf das Evangelium verpflichteten Autorität die Anzahl und die Ausgestaltung der konkreten einzelnen Sakramente anzuvertrauen, wohl wissend, dass sie im Verlauf der Geschichte unterschiedliche Formen gehabt haben, noch haben werden und sogar haben müssen, wenn man von der „salus animarum"[36], vom Seelenheil der jeweiligen Christen in ihrer Zeit her denkt. Die Kirche hat wie die Apostel, die ihre Zwölfzahl nach dem Weggang des Judas Iskariot mit Matthias wieder ergänzen (Apg 1,21–26) und die das neue Amt des Diakons (Apg 6,1–6) einführen, von Gott die hoheitliche Vollmacht, den Problemen der jeweiligen Zeit angemessen für sich selbst die Verfassung zu wählen, die Ämter zu kreieren und zu modifizieren sowie die Heilshandlungen auszugestalten, die dem an Christus orientierten Heil und der persönlichen Heiligung der ihr jeweils anvertrauten Menschen am besten dienen. Das nimmt dem Begriff der Apostolizität den Verdacht des bloß musealen bewahrenden und vermittelt ihm den Aspekt einer vom Geist gewirkten Prozessualität, die Dynamik einer sich in Kontinuität entwickelnden Identität.

Zusammenfassend kann man durchaus mit Wolfhart Pannenberg festhalten:

*"Die vier klassischen ‚Attribute' der Kirche – ihre Heiligkeit, Einheit, Katholizität und Apostolizität – sind nicht Eigenschaften einer in ihrem Wesen bereits vollendeten, bestehenden Institution, sondern Kriterien einer missionarischen Bewegung, in der die Kirche ihr Wesen zu realisieren strebt, das ihre Bestimmung ist."*[37]

## 9.5. Heilsgemeinschaft und Sündenvergebung

*„… Gemeinschaft der Heiligen, Vergebung der Sünden …"* (A)
*„Wir bekennen die eine Taufe zur Vergebung der Sünden."* (NK)

Betrachtet man die beiden Glaubensbekenntnisse unter sakramententheologischem Aspekt, so werden von den katholischerseits sieben Sakramenten, natürlich ohne sie als solche zu klassifizieren, nur zwei, nämlich Taufe und Sündenvergebung, und von den evangelischerseits zwei Sakramenten nur eines, nämlich die Taufe, andeutungsweise erwähnt. Dabei ist das, was die Heilsgemeinschaft und die Sündenvergebung miteinander verbindet, in der Taufe zu sehen.

In beiden Bekenntnisversionen ist, ohne Hinweis auf das spezielle Bußsakrament, die Vergebung der Sünden thematisiert, aber doch unterschiedlich kontextualisiert. Im Apostolikum wird die Vergebung der Sünden textlich wie inhaltlich an die Gemeinschaft der Heiligen herangerückt, im Nizänokonstantinopolitanum hingegen an die Taufe. Was auf den ersten Blick wie ein möglicherweise sogar gravierender Unterschied wahrgenommen wird, erweist sich auf den zweiten Blick als durchaus kohärent, ja fast kongruent. Schließlich wird die Gemeinschaft der Heiligen theologisch konstituiert und rituell operationalisiert in der Taufe, und die Taufe ist seit den Anfängen der Kirche bis heute auch das Instrument der Sündenvergebung. Die Gemeinschaft der Heiligen entsteht in der Taufe als der Hineinnahme in die Heilsgemeinschaft mit Gott und sie lebt von der Vergebung der Sünden, der Vergebung, die Gott uns schenkt und die wir einander in sozialekklesialer Hinsicht gewähren.

Neben dem, was zur Kirche und ihrer Heiligkeit gesagt ist, findet die Gemeinschaft der Heiligen im Nizänokonstantinopolitanum keine Erwähnung, vielleicht deshalb, weil dort bereits die „Gemeinschaft der Heiligen" mit Kirche identifiziert wird. Aus der Betonung der „einen

Taufe zur Vergebung der Sünden" wurde in der frühen Kirche auch die Einmaligkeit der Sündenvergebung abgeleitet, mit der Folge, dass die Taufe möglichst nahe an das Lebensende herangerückt wurde, um dann, weil man „das Schlimmste hinter sich" hat, gerechtfertigt ins Jenseits treten zu können. In der nachapostolischen Zeit wurde auch das Bußsakrament als postbaptismal nur einmalig zu spendendes Sakrament verstanden, eine Sichtweise, die zwar zur Abfassungszeit der Glaubensbekenntnisse noch immer, aber nicht mehr allgemein vertreten wurde. Die Taufe war insofern beides, der individuelle Eintritt in die Heilsgemeinschaft des Einzelnen mit Gott sowie in die von ihm konstituierte Heilsgemeinschaft der Kirche und zugleich das Instrument der Sündenvergebung. Und umgekehrt vermittelte die später von der Taufe abgekoppelte und mehrfach zu empfangende Sündenvergebung die Reintegration in die durch die Taufe grundgelegte Heilsgemeinschaft mit Gott und seiner Kirche.

Beim Stichwort „Gemeinschaft der Heiligen" geht in unserem heutigen Denkhorizont die Assoziation zuerst in Richtung auf die durch ein formales kirchenrechtliches Verfahren heiliggesprochenen Heiligen. Das ist sinnvoll, soweit es uns historisch, geographisch und lebenspraktisch den Horizont weitet für die ungeheure Vielfalt an beispielhaften biographischen Entwürfen und Lebensmodellen, die unter der Überschrift „Gemeinschaft der Heiligen" zu erwarten und zu fassen ist. Das ist aber zugleich auch wiederum nicht sinnvoll, weil es das Spektrum des Möglichen in Sachen Heiligkeit zugleich auch einengt auf Biographien, die einer formalisierten Kirchenrechtsprozedur ausgesetzt und vor ihr für gut befunden worden sind. Die Gemeinschaft der Heiligen ist ein neutestamentlicher Begriff, der weit über spätere Kirchenrechtskategorien hinausgeht.

Immerhin, auch wenn man in der Klasse der heiliggesprochenen Heiligen z. B. unter dem Namen Benedikt nachforscht, so stößt man auf den frommen „Penner" Benedikt Josef Labre im Rom des 18. Jahrhunderts und den großen Ordensstifter Benedikt von Nursia im 5./6. Jahrhundert und den strengen karolingischen Klosterreformer Benedikt von Aniane, den wohl eigentlichen Verfasser der Benediktsregel im 8./9. Jahrhundert. Wenn man unter Teresa nachforscht, dann stößt man auf Theresia Gerhardinger, die Gründerin der Armen Schulschwestern im 19. Jahrhundert, eine Pionierin der Frauenbildung, oder auf Teresa von Ávila, die grandiose Ordensreformerin und Klostergründerin der Karmeliten im 16. Jahrhundert, oder auf Teresa Benedicta a Cruce, mit bürgerlichem Namen Edith Stein, die jüdisch-deutsche Philosophin und Ordensfrau, die die Nazis in Auschwitz ermordet haben. Wenn man unter dem Namen Thomas nachforscht, dann stößt man auf Thomas Morus, den auf Veranlassung Heinrichs VIII. ermordeten Lordkanzler im England des 16. Jahrhunderts, den tapferen Verteidiger der Gewissensfreiheit. Dann stößt man auf Thomas von Aquin, den genialen Philosophen und Dominikaner-Theologen im 13. Jahrhundert. Dann stößt man auf den zweifelnden Apostel Thomas im 1. oder den Mystiker Thomas von Kempen im 15. Jahrhundert. Das Spiel ließe sich, erst recht, wenn man zu den Heiliggesprochenen noch die Seliggesprochenen hinzunimmt, zu fast jedem Namen nahezu beliebig ausweiten. Mögen die erwähnten Namen auch alle gleich klingen, die damit auf- oder angerufenen Personen sind keine genormte Serienfertigung und keine gestanzte Dutzendware für immer gleiche Verwendungszwecke, die Biografien sind so bunt wie das Leben selbst, denn sie orientieren sich an dem, der das Leben selbst ist, an Gott und seiner unerschöpflichen Fülle. Und das garantiert eine unfassbare Vielfalt; denn Gott ruft einen jeden Menschen einzeln in seinem Lebenskontext und einen jeden anders.

Aus der Biologie kennt man die ökologische Nische, in der eine Art leben und sich entfalten kann. Jede Art hat ihre ganz spezifische ökologische Nische, in die sie eingepasst ist. Anderswo tut sie sich schwer. So etwas gibt es für Christen nicht, sie sollten sich überall „einnischen" und einmischen, überall den Glauben leben und entfalten. Wo immer sie sind, kann eine auch sakral gestaltete Nische gelebten, lebens- und liebenswerten Glaubens entstehen. Heilige passen nicht nur in einen Kontext, sondern in jeden. Heilige sind echte Originale, so einmalig und individuell wie ein Fingerabdruck. Sie haben an ihrem Ort und zu ihrer Zeit verstanden und gelebt, dass jeder Tag ein neuer Versuch Gottes mit dem Menschen ist. Heiligkeit heißt ja nicht, perfekt zu sein, sondern das Christsein mit Gott immer neu zu versuchen, tagtäglich, lebenslänglich. Und eine lateinische Spruchweisheit zielt in die gleiche Richtung: „Homo bonus semper tiro. Ein guter Mensch bleibt immer ein Anfänger."

Mit dem am 1. November gefeierten Fest Allerheiligen, einem zwar mehrfach im Kirchenjahr verlegten, aber bereits im 4. Jahrhundert, d. h. zur Abfassungszeit der Glaubensbekenntnisse bezeugten

Fest, wird deutlich, dass es nicht primär um die posthum heiliggesprochenen Heiligen geht, sondern um alle Menschen, die das Heilsangebot Gottes annehmen wollen. Auch wenn es die Verehrung von Heiligen, zumeist war wohl an die frühchristlichen Martyrer gedacht, schon seit dem 1. Jahrhundert gibt, die erste kirchenrechtlich formale Heiligsprechung ist erst fast ein Jahrtausend später die des Heiligen Bischofs Ulrich von Augsburg im 10. Jahrhundert.

Das, was Gemeinschaft der Heiligen meint, findet sich schon vielfach im neutestamentlichen Sprachgebrauch (Röm 1,7; 1 Kor 1,2; 2 Kor 1,1; Eph 1,1; Phil 1,1; Kol 1,2 etc.) und bezeichnet lebende, nicht tote Menschen, eine konkrete Heilsgemeinschaft vor Ort in Rom, Korinth, Philippi und andernorts. Die Heiligen in diesem biblischen und an keinem Kirchenrecht bemessenen Sinne sind es, die mitten in den Bewährungsproben des Menschen zum wirklichen und wirksamen Christenmenschen und vielleicht irgendwann posthum zum heiliggesprochenen Heiligen stehen. Diese einzig wichtige „Karriere", nämlich die vom Menschen zum Heiligen, kann, selbst wenn sie nach menschlichem Ermessen steil bergab geht, dennoch beim Höchsten, bei Gott ankommen; denn es kann, und auch das ist gut neutestamentlich, wer bei Menschen und nach menschlichem Ermessen unten durch ist, bei Gott sehr wohl obenauf sein.

Aber diese lebenden, z. B. in den paulinischen Grußadressen angesprochenen Heiligen stehen über die Heilszeichen in Verbindung mit den Martyrern und mit den anderen zu Gott heimgekehrten ehemaligen Mitgliedern der Gemeinschaft. Nach traditioneller kirchlicher Lehre beginnend bei Augustinus im 5. Jahrhundert, über Alanus ab Insulis im 12. Jahrhundert, bis hin zu *Lumen Gentium* im II. Vatikanum und zum Katechismus der katholischen Kirche[38] am Ende des 20. Jahrhunderts umfasst daher die Gemeinschaft der Heiligen – wenn auch mit diversen begrifflichen Varianten – erstens die „ecclesia militans", die streitende Kirche in den Wirrnissen und Kämpfen der Zeit, zweitens die „ecclesia patiens" oder „ecclesia poenitens", die leidende oder büßende Kirche, und drittens die „ecclesia triumphans", die in Gottes Vollendung triumphierende Kirche, meint also eine Diesseits und Jenseits, eine Zeit und Ewigkeit verbindende, interzessorisch wirksame Heilsgemeinschaft.

Man kann als Mensch einen defizitorientierten Blick auf die Menschen werfen, die mit uns unterwegs sind und waren, diese Gemeinschaft nach allen Regeln der Kunst schlechtmachen oder schlechtreden, und damit sich und anderen zielsicher den Aspekt des Heils und der Heiligung unterschlagen. Diese Blickverengung wirkt todsicher frustrierend und nur wie eine üble, sich selbst erfüllende Prophezeiung mehr. Man kann aber auch einen ressourcenorientierten Blick auf die Menschen werfen, die mit uns unterwegs sind oder waren, und auf die Gemeinschaft mit ihnen. Man kann das Positive an ihnen in den Blick rücken, ohne das Negative an ihnen übersehen oder gar wegreden zu wollen. Und damit könnte man sich, andere und die Gemeinschaft mit ihnen zielsicher zum Besseren motivieren. Wenn man den anderen nicht nur als Mängelwesen von seiner Sollseite, sondern als Talentwesen von seiner Habenseite aus, also als von Gott begnadeten Menschen zu sehen versucht, dann bekommt man das eigene Christsein und das Christentum insgesamt selbst in der alltäglichen und durchschnittlichen Gestalt wieder in seiner hoffnungsvollen und heilshaften Zielgestalt in den Blick. Dann kann man mit Fug und Recht von einer Gemeinschaft der Heiligen reden. Der Glaube daran, dass diese defizitäre, Kirche genannte Gemeinschaft von Gott zum Heil bestimmt ist, lässt das Heiligende in ihr wirklich und wirksam werden.

Die Frage, ob wir als Menschen und Christen Vorbilder brauchen, wurde in der Kirchengeschichte nicht selten mit Hinweis auf die Heiligen, genauer die heiliggesprochenen Heiligen beantwortet. Die Antwort ist aber anders bzw. umfassender zu geben: Menschen und Christen, als zuvor durch Gottes Gnade zum Heil erwählte Menschen, brauchen einander als Ermutigung und befähigen einander wechselseitig in der Vorbildfunktion. Die Heilige Schrift traut uns Menschen das jedenfalls wechselseitig zu: *„Ihr seid von Gott geliebt, seid seine auserwählten Heiligen. Darum bekleidet euch mit aufrichtigem Erbarmen, mit Güte, Demut, Milde, Geduld."* (Kol 3,12) So ist die Gemeinschaft der Heiligen auch das ergänzende und korrigierende Gegenbild zum sich selbst vervollkommnenden Solitär.

Jeder Mensch ist zum Heil und zur Heiligkeit berufen vom heiligen und heiligenden Gott. Jeder hat das Potenzial zum einzigartigen unwiederholbaren Vorbild, denn er ist das einzigartige unwiederholbare Abbild Gottes in dieser Welt. Das sagen uns schon die ersten Verse der Bibel. *„Dann sprach Gott: Lasst uns Menschen machen, als unser Abbild uns ähnlich … Gott schuf also den Menschen als sein Ab-*

*bild; als Abbild Gottes schuf er ihn. Als Mann und Frau schuf er sie."* (Gen 1,26f.) Der heilige Gott, der Gott des Heils will uns Menschen als heilende und geheiligte schon jetzt mitten im Unheil der Welt, und er will uns als Heilige im vollendeten Heil bei sich. Heilige sind das göttliche Veredlungsprodukt des Menschen, sind das mit Gottes Gnade Menschenmögliche schlechthin. Wo Menschen mit Gottes Hilfe das Menschenmögliche aus sich machen und machen lassen, da sind sie Heilige. Und als Heilige sind sie Vorbilder, Vorbilder weil Abbilder des heiligen und heiligenden Gottes, Heilige schon jetzt mitten im Unheil dieser Welt und Heilige schon bald im Heil der Welt, die kommt.

### 9.6. Auferstehung und ewiges Leben

> *"... Auferstehung der Toten und das ewige Leben."* (A)
> *"Wir erwarten die Auferstehung der Toten und das Leben der kommenden Welt."* (NK)

Der Unterschied zwischen den beiden Symbola bezüglich dieses Glaubenssatzes betrifft nicht nur die Ich-Form des Apostolikum und die Wir-Form des Nizänokonstantinopolitanum. Dass beide sinnvolle und notwendige Ausdrucksformen des einen und selben Glaubens sind, wurde schon bedacht. Vielleicht darf man gegenüber dem „Ich glaube" des Apostolikum das „Wir erwarten" des Nizänokonstantinopolitanum als vergemeinschaftetes und zugleich intensiviertes und besonders drängendes Glauben lesen, das mit der ja zur Abfassungszeit nur wenige Jahre zurückliegenden Verfolgungssituation und der versuchten erneuten Zurückdrängung des Christentums unter Kaiser Julian Apostata (360–363) zusammengelesen werden könnte.

„Wir erwarten das Leben der kommenden Welt" oder vielleicht noch mehr und anspruchsvoller „Wir gestalten das Leben der kommenden Welt" war auch einmal ein Projekt des weitestgehend gescheiterten Marxismus-Leninismus. Ganz ohne Zweifel ist aber dieser Glaubensartikel auch nach dem Wegfall einer solchen säkularen Konkurrenz nicht endgültig aus der Krise heraus, sondern nur in eine andere, neue Krise hineingekommen. Daran anknüpfend hält Sloterdijk auch die Vorstellung für falsch, *„wonach der Mensch im Tod seine Seele* *ohne Abzüge an Gott zurückgibt. Vielmehr hat es den Anschein, als habe der Mensch, in dem Maße, wie er ‚kreativ' wird, die Kompetenz erworben, etwas von seiner intelligenten Seele in der Welt zurückzulassen. Zwar gibt er im Tod ‚sich selbst' zurück, jedoch hat er nicht selten zugleich ein ‚Werk' geschaffen, das auf der Weltseite aufbewahrt wird und dort zum Ausgangspunkt weiterer Schöpfungen und erneuerbarer Vermächtnisse werden kann.*"[39]

Damit bietet er die (ur)altbekannte Hoffnungsversion vom Fortleben in den eigenen Werken an. Das haltbarere Artificium überlebt und überstrahlt auch den Artifex maximus. Aber Sloterdijk geht diesbezüglich noch einen Schritt weiter. Nach der vom Homo faber selbst hervorgerufenen Götterdämmerung folgt die nach klassischer Metaphysik damit konjugierte Seelendämmerung des Menschen, die er durch Tiefenpsychologie, Psychoanalyse und Neuro-Kognitionswissenschaften ins Werk gesetzt sieht. Die künstlichen Lichter haben das ewige Licht der Seele längst überblendet. Nach Sloterdijk folgt auf die einer Götterdämmerung gleichende Vermenschlichung Gottes, die als Seelendämmerung zu lesende Vermaschinung des Menschen: „*Wollte Gott nach christlicher Grundlehre Mensch werden, dürfte sich jemand wundern, daß der Mensch seiner noblen Herkunft gewiß zweite Maschine werden will? Die Konsequenzen des immer rascheren Abfließens von Menschenreflexion in Maschinenreflexion sind unabsehbar ... Wir leben nicht mehr bloß inmitten der ersten analogia entis, Gott-Mensch, sondern mit der zweiten, Mensch-höhere Maschine.*"[40]

Aus dem Bekenntnis zum „ewigen Leben" oder zum „Leben der kommenden Welt" wird damit ein Bekenntnis zum „Leben der künstlichen Welt", die als Welt von Künstlicher Intelligenz und Robotik in letzter Instanz nicht mehr die menschliche ist und den Menschen in seiner Endlichkeit überwindet und hinter sich lässt. Die Eschatologie christlicher Provenienz geht von jetzt an – auf künstliche Intelligenz und Robotik gestützt – über in die Heilsverheißungen der Transhumanisten, so diese säkulare Endzeitprophetie. Und mit der Propagierung der durch Gehirn-Computer-Schnittstellen ausgezeichneten Cyborgs feiert die Losung des ersten, noch in eher biologischen Kategorien denkenden Transhumanisten, Friedrich Nietzsche, bis heute, wenn auch auf neue Weise, fröhliche Urständ: „*Ich lehre euch den Übermenschen. Der Mensch ist etwas, das überwunden werden soll. Was habt ihr getan, ihn zu überwinden? Alle Wesen bisher schufen etwas über sich hinaus ... Was ist der Affe für den Menschen? Ein Gelächter oder eine schmerzliche Scham. Und eben das soll der Mensch für den Übermenschen sein: ein Gelächter oder eine schmerzliche Scham.*"[41]

Eine säkulare Vorstellung von „Auferstehung der Toten" kann auch gelegentlich im Gewand biologischer Science-Fiction oder gar biologischer Allmachtsphantasien auftreten.

Die Theologie spricht im Glaubensbekenntnis vom Leben, besonders vom ewigen Leben, vom Leben der zukünftigen Welt. Sie redet von Hoffnungen über den Tod hinaus. Die Biologie spricht auch vom Leben, vom Leben vor dem Tod, vom verlängerten und optimierbaren Leben. Und man kann den Eindruck haben, wo Theologen beim Thema Leben von Hoffnungen sprechen, sprechen Biologen von Fakten und liefern dazu mehrere denkbare Szenarien.

Die Molekulargenetik spielt uns mit der Extrapolation von schon heute realisierten Fertigkeiten eine Zukunftsmusik vor, einerseits von der „Wiederbelebung ausgestorbener Arten", also im Prinzip auch ausgestorbener Menschenarten,[42] und andererseits mit der Eindämmung oder gar der Abschaffung des Alterns die Zukunftsmusik des „Für immer jung"[43]. Dabei darf durchaus bezweifelt werden, ob es der Traum der Menschheit ist oder sein sollte, durchgehend ein schildkrötenähnliches Methusalem-Alter zu erreichen. Selbst wenn man im menschlichen Genom Orte identifizieren kann, die als Zeitmarker fungieren, und selbst wenn man diese molekulargenetische Uhr verstellen könnte, was wäre gewonnen?

Ein anderes Forschungsdesign hat den Kreislauf alter und junger Mäuse miteinander verbunden und dann eine erhebliche Verjüngung auch der Gehirne der alten Mäuse festgestellt. Altern sei keine bloße Verschleißerscheinung, keine biologische Materialermüdung wird dort verlautbart und das Blutplasma der jungen Mäuse als Jungbrunnen identifiziert. Bestimmte Substanzen im Plasma aus jungem Blut weckten die adulten Stammzellen aus dem Alterungsschlummer und diese teilten sich erneut und ersetzten dann bereits ausgefallene Zellen im Gehirn, in der Leber, im Herzen, im Muskel etc. der alten Individuen.

Aber was wäre gewonnen, wenn es sich bestimmte Menschen, zumeist wohl die reichen und die einflussreichen, leisten könnten, stets die hinreichende verjüngende Plasmamenge zu ordern und sich transfundieren zu lassen? Wir hätten die Gesellschaft noch weiter als jetzt gespalten in steinreiche und steinalte einerseits und kurzlebige, weil finanziell kurzatmige andererseits. Und woher käme die Frischblut- bzw. Frischplasmazufuhr?

Und wohin führte es, wenn, sagen wir, die Mehrheit der Bevölkerung 200 Jahre alt werden könnte? Hätten wir dann nicht die perfektionierte Gerontokratie? Die, denen es biologisch ans altgewordene Leder geht, die halten sich jung und schadlos durch Zugriff auf das junge Leben. Was uns hier als „Für immer jung" offeriert wird, wäre nur ein Nachschlag auf dieses endliche alternde Leben. Es wäre nur eine biologische Umschuldung zu Lasten anderer, genauer des jeweils noch jungen Lebens, aber keine biologische Entschuldung. Und es wäre sozial gesehen nur ein Nachschlag für den Geldadel heute, der in den Genuss dieser wissenschaftlich zweifelhaften Wohltaten käme. Wenn die Menschen sehr viel länger und zahlreicher auf dieser Erde lebten, dann würden Überalterung, Überbevölkerung, Ressourcenverbrauch, Sozialgefälle und Verteilungskämpfe zu alptraumartigen Horrorszenarien führen. Dagegen wäre alles Bisherige ein Sandkastenscherz.

Seit einigen Jahren ist ein als Genschere nutzbarer Mechanismus bekannt, der das Erbgut scannen und bestimmte Sequenzen gezielt entfernen und durch neue ersetzen kann.[44] Inzwischen ist das System so perfektioniert, dass man ziemlich zielsicher auch im menschlichen Erbgut Sequenzen finden kann, auf denen z. B. Veranlagungen zu Krankheiten codiert sind. Die will man nun eliminieren und durch neue, bessere Erbanlagen ersetzen, um so Schritt für Schritt das menschliche Erbgut zu perfektionieren. Das wird erhebliche medizinische Möglichkeiten erschließen, Milliardensummen bewegen und gewaltige soziale Folgen nach sich ziehen. Manche fabulieren schon von der Abschaffung aller Erbkrankheiten und gar der Abschaffung des Todes – eine kindlich wirkende Allmachtsphantasie.

Aber gesetzt den Fall, man könnte einige von den Tausenden bisher bekannter Erbkrankheiten oder Krankheitsdispositionen heilen, wäre das nicht doch eine größere Wohltat für das Leben durch die Biologie als das nur von Lebenshoffnungen geschwängerte Reden der Theologie? Wenn auch beide Disziplinen von Leben reden, so liegt hier doch leider nur eine Äquivokation vor. Die jeweiligen Inhalte der beiden durch Theologie und Biologie verwendeten Begriffe von Leben sind in so hohem Maße different, dass sie nicht als Alternativen gegeneinander ausgespielt werden können. Ein Theologe muss sich nicht – den Eingriff in Keimbahnzellen beim jetzigen biotechnologischen Kenntnisstand einmal ausgeschlossen – gegen jedwede die conditio humana verbessernde biologische Maßnahme verwahren.

Gleichwohl wird auch der verantwortungsvolle Biologe angesichts der durch seine Disziplin möglich gewordenen Verbesserung von Lebensbedingungen fragen: Wissen wir, die wir nicht einmal das Wetter für einen Monat voraussagen können, wissen wir denn angesichts permanent sich ändernder natürlicher und sozialer Bedingungen, welche von den neu eingebauten Genen in der Welt von morgen noch ein Vorteil sind und wer das festlegen sollte, was da von Vorteil ist? Die Biologie allein kann nicht die Reiseroute der gesellschaftlichen Entwicklung festlegen, sie kann auch selbst nicht nach einer Marke segeln, die sie an den Bug des eigenen Schiffes genagelt hat, und sie kann schon gar nicht die Gesellschaft zur Einhaltung dieser Route nötigen.

Eines ist sicher und darauf muss die Theologie hinweisen: Die Gesellschaft und mit ihr eine kritisch konstruktive Theologie hat nicht nur ein Mitspracherecht, sie hat auch eine Mitsprachepflicht bei der Festlegung von biologisch möglich gewordenen Entwicklungszielen. Und auch wenn Biologen und Mediziner mit neuen gentechnologischen Methoden präzis und gezielt Gene in unsere Pflanzen, Tiere und Menschen einbauen könnten, die die pflanzliche Photosynthese, die tierischen Milch- und Fleischleistungen und die menschliche Gesundheit und Lebenserwartung signifikant erhöhen, mit jedem Stück dieses neuen Erbgutes würde auch der Tod mit eingebaut.

Und den Milliarden Toten, die vor diesen angeblich so glücklichen Zeiten verstorben sind, ist nicht mehr zu helfen. Sie sind der archäologisch zu erschließende Friedhof der Vormoderne, die Müllkippe der Evolution, die Fortschrittsfossilien, an denen man paläontologisch die biologischen Zeitläufte rekonstruieren und die man dann bestenfalls in musealen Auswahlexemplaren rekonstruktiv für ein wiederum zeitlich befristetes Dasein reanimieren könnte.

Und hier kommt der theologische Begriff von Leben ins Spiel: Auferstehung der Toten meint nämlich auch die Rettung der Vergangenen, die Rettung derer, die durch keine der gegenwärtigen biomedizinischen Wohltaten mehr erreicht werden können.[45] Der reflektierte Glaube an die Auferstehung der Toten denkt größer vom Leben. Auferstehung ist nicht das mit Herrschaft und Unterwerfung verbundene Absaugen von Lebenskraft der Jungen durch die Alten, nicht der klägliche, selbst wiederum nur befristete Nachschlag auf ein befristetes Leben.

Und selbst wenn wir unser Leben auf die Länge von 200 Jahren ausdehnen könnten, wäre dann dieses Leben so, dass wir es, selbst wenn es mit allen diesseitigen Reichtümern gesegnet wäre, ewig so weiterleben möchten? Gibt es nicht doch so etwas wie eine Lebenssattheit, ja sogar einen Lebensüberdruss angesichts dieses Lebens und eine bleibende Lebenssehnsucht nach vollendetem Leben?

Der reflektierte Glaube an die Auferstehung der Toten denkt auch gerechter vom Leben; denn er will nicht die gegebenen Ungerechtigkeiten perpetuieren. Der Tod deckt nicht ein für alle Mal den gleichmacherischen Rasen über das Grab des Mörders und seines unschuldigen Opfers und besiegelt nicht endgültig die Ungerechtigkeit dieser Welt. Die Auferstehung der Toten ist zugleich die Ermöglichung einer endgültigen, vollendeten Gerechtigkeit, also eines nicht auf die Reichen und Einflussreichen beschränkten Lebens und die Ermöglichung eines anderen, eines ein für alle Mal entfristeten, eines nicht durch Defizienz angekränkelten Lebens.

Wenn die Theologie von Leben über den Tod hinaus spricht, dann meint sie ein durch Raum und Zeit nicht limitiertes Leben. Raum und Zeit sind Eigenschaften der Materie und die ist, wie in Kapitel 10 dargelegt wird, zur Wahrung der Identität und Kontinuität über den Tod hinaus nicht von Belang. Wir wechseln die Materie ja schon jetzt in jeder Sekunde und bewahren dennoch, obwohl wir vom Stoffwechsel her nie mehr dieselben sind, unsere Identität und Kontinuität oder eine kontinuierliche Identität. Nichts, was je existent und wahr gewesen ist, wird dadurch, dass es lange zurückliegt zu einem Nicht-Gewesenen und Nicht-Wahren. Es bleibt als Wirkliches und Wahres aufgehoben im absoluten Geist Gottes, der sich als Weg, Wahrheit und Leben schon im anthropologischen Horizont zu erkennen gibt. In Raum und Zeit gilt der Energieerhaltungssatz der Materie. Es wird immer nur eine Energieform in eine andere transformiert. Aber jede Form von Materie ist schon immer informational aufgeladen, gewissermaßen „geistimprägniert". Leben selbst ist ein erkenntnisgewinnender Prozess, in dem Information, also Geistiges über materielle Transformationsprozesse extrahiert, akkumuliert und optimiert wird. Durch Zeit und Raum hindurch und über Zeit und Raum hinaus gilt der Geisterhaltungssatz. Die Seele ist die theologische Chiffre für diese In-Formation über das unverwechselbare individuelle Dasein und Sosein der Person vor Gott, die Chiffre für eine Gottunmittelbarkeit eines jeden Menschen. All unser geschichtlich gewordenes Dasein und Sosein wird im Sein Gottes im dreifachen Hegelschen Sinn aufgehoben. Es wird aufgehoben im Sinne von beendet, im Sinne von bewahrt, im Sinne von hinaufgehoben. Das Leben bei Gott ist keine Rückkehr in dies Leben, kein armseliger Nachschlag auf die Ration Leben, die wir hier erleben und erleiden, verkosten und verlieren. Das Leben bei Gott ist beispiellos und unvergleichlich. *„Was kein Auge gesehen und kein Ohr gehört hat, was in keines Menschen Herz gedrungen ist, das hat Gott denen bereitet, die ihn lieben."* (1 Kor 2,9)

Christen, die an die im Credo bezeugte „Auferstehung der Toten" glauben, können die Osterperspektive weder den hoppelnden Hasen einer harmlosen Frühlingsfolklore noch den KI-gestützten und biotechnologischen Weltverbesserern überlassen. Sie sollten das todsichere Beenden als Vollenden und den Untergang des alten als Aufgang eines neuen Lebens denken lernen.

Die vielleicht großartigste Definition von Ewigkeit hat zum Ausgang der Antike Boethius unter Verschränkung mit dem Begriff Leben formuliert: *„Aeternitas est interminabilis vitae tota simul et perfecta possessio."*[46] *„Ewigkeit ist vollständiger und zugleich vollkommener Besitz unbegrenzten Lebens."* Ewigkeit ist demnach kein veränderungsloses Eingefrorensein beim absoluten Nullpunkt, Ewigkeit ist Leben, ist Besitz unbegrenzten Lebens. Und dieses Leben ist vollständig und vollkommen. Es steht im Blick auf das, was unter Zeitbedingungen Zukunft heißt, nichts an Fülle mehr aus; es ist im Blick auf das, was unter Zeitbedingungen Vergangenheit heißt, nichts mehr nachzutragen. Das Leben im Modus der Endlichkeit ist ein für alle Mal entgrenzt. Im Tod des Menschen vollzieht sich die Verunendlichung des Endlichen, sprich des Menschen. Sie ist ermöglicht und realisiert durch die Verendlichung des Unendlichen, sprich Gottes in Christus, der durch seine Auferstehung das raum-zeitlich begrenzte menschliche Leben in den Horizont seines die Raum-Zeit umgreifenden Lebens hinein entgrenzt.

Die Auferstehung der Toten meint unbefristetes, vollendetes, meint alle und allumfassendes Leben in Fülle. An Ostern feiern Christen die Apotheose, das endgültige Offenbarwerden, den Inbegriff des Lebens, der Gerechtigkeit und der Liebe. Das glauben Christen – weniger nicht!

## 10. Im Fokus: Auferstehung
## Auferstehung im Tod als Auferstehung am Jüngsten Tag

Sowohl das Apostolikum wie auch das Nizänokonstantinopolitanum sprechen zweimal von Auferstehung, von der Auferstehung Jesu Christi am dritten Tag nach seinem Tod und von der allgemeinen Auferstehung der Toten. Zumindest in Bezug auf die Toten im Allgemeinen würde man eher den Begriff Auferweckung erwarten, da er nach unserem heutigen Sprachempfinden stärker das rettende, Leben stiftende Eingreifen Gottes denn ein Geschehen oder Tun aus eigener Macht bezeichnet. Über die Auferstehung Jesu Christi wurde bereits nachgedacht; über die Auferstehung im Allgemeinen mit ihrer speziellen auch naturwissenschaftsgenerierten Problematik muss das hier noch geschehen.

### 10.1. Schillernde Begriffe

Selbst bei Menschen, die der Theologie fernstehen, erhält man auf die Frage, welche Begriffe ihnen zum Thema Tod und Auferstehung einfallen, ein ziemlich vollständiges Sortiment dessen, was Theologen früherer Jahrzehnte und Jahrhunderte meinten sagen zu können oder zu sollen. Verlässlich kommen als katechetische Restbestände Begriffe wie Trennung des Leibes von der Seele, Verfall des Leibes, göttliches Gericht, Himmel, Fegfeuer, Hölle zur Sprache. Die Integration dieser Begriffe zu einem auch intellektuell reputationsfähigen System fällt dann schon schwerer. Über die genannten Begriffe hinaus wäre auch noch von der vom Leib getrennten Seele, vom Zwischenzustand für die Seele, vom persönlichen Gericht und vom allgemeinen Weltgericht, vom Todestag und vom Jüngsten Tag, vom Ende individueller Zeit und vom Ende aller Zeit und schließlich von der Auferstehung im Tod bzw. der Auferstehung am Jüngsten Tag zu sprechen, was den zu glaubenden Sachverhalt nicht einfacher macht.

Es gibt hier offenbar ein Miteinander, Gegeneinander und Durcheinander von zwei divergierenden Traditionssträngen, die die christliche Theologie entscheidend geprägt haben: der griechisch-platonischen Vorstellung von Unsterblichkeit der Seele und deren Freiwerden im

Tode und der hebräisch-biblischen Vorstellung von Auferstehung des ganzen Menschen am Ende der Zeit. Athen und Jerusalem haben das mitformuliert, was Rom zu glauben vorlegt.

Überdies haben wir es noch mit theologisch relevanten naturwissenschaftlichen Überlegungen zum Problem der Zeit zu tun. Folgt man den derzeit als zutreffend angesehenen naturwissenschaftlichen Überlegungen, dann ist von einer untrennbaren Verbindung, von einer grundlegenden Interdependenz von Materie, Raum und Zeit auszugehen. Unsere mesokosmische Vorstellung legt uns nahe, die Materie sei, wie ein Glas Eingemachtes auf einer bestimmten Längs- oder Querreihe im Kellerregal, in Raum und Zeit eingeordnet und diese existierten ebenso wie das Kellerregal, auch wenn nichts drinsteht. Demgegenüber werden Raum und Zeit von der heutigen Naturwissenschaft aber als Eigenschaften der Materie angesehen, so dass davon auszugehen ist, dass der Raum wie die Zeit mit der Materie beginnen. Raum und Zeit sind eindeutig nicht die auch ohne Materie denkbaren Behältnisse für materielle Entitäten. Das ist eine keineswegs neue, aber leider oft noch immer nicht bis zur Theologie durchgedrungene Erkenntnis.[1] Weder Raum noch Zeit sind vor der Materie oder ohne Materie denkbar, auch wenn unser mesokosmisches Anschauungsvermögen uns ständig andere Annahmen nahelegt. Jedwede Verzeitlichung und jedwede Verräumlichung etwa des Begriffs Seele bedeutet demnach implizit immer Materialisierung.[2]

Wie aber kann man, um verantwortlich von Auferstehung zu sprechen, den naturwissenschaftlichen Einsichten und den theologischen Erfordernissen zugleich gerecht werden? Dazu ist es nötig, exemplarisch einige der zentralen theologiegeschichtlich entstandenen Vorstellungsmodelle von Auferstehung kritisch zu sichten.

## 10.2. Das Vorstellungsmodell von Auferstehung am Jüngsten Tag

Wenn man diese oben genannten, in den theologischen Denkmodellen immer wieder auftauchenden Begriffe in schon klassisch zu nennender Weise einander zuordnet, ergibt sich das folgende Bild (s. folgende Seite):

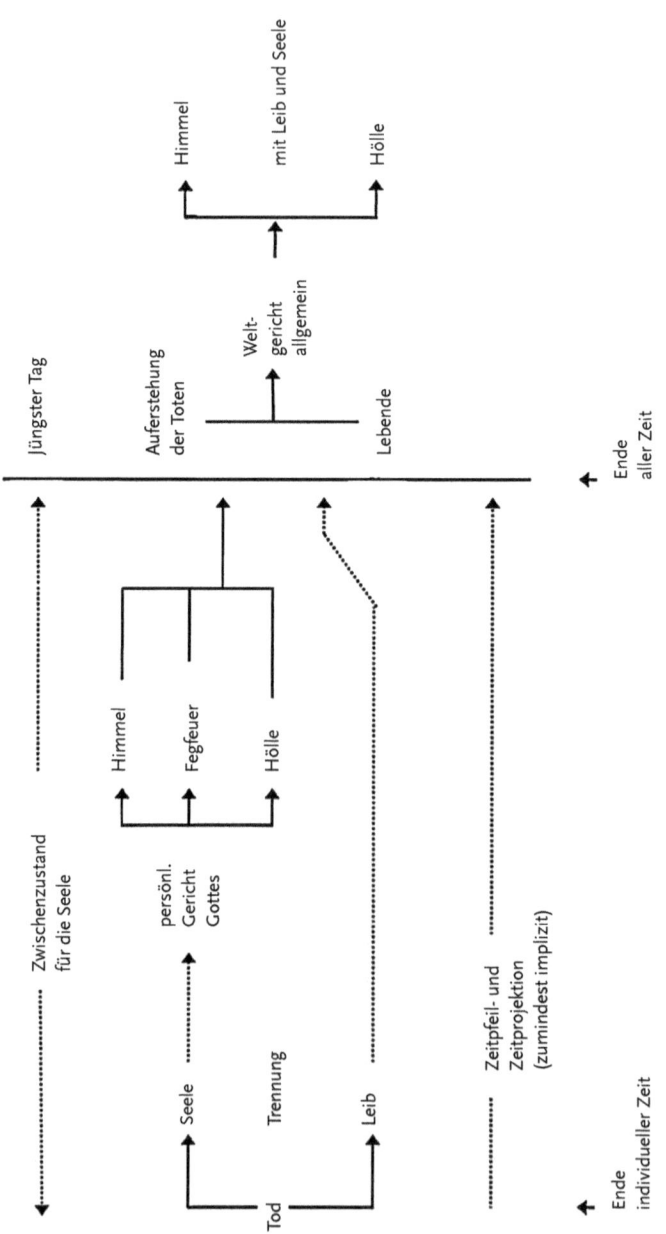

Abb. 7

Nach dem oben bildlich skizzierten Vorstellungsmodell trennen sich im Tod Leib und Seele. Während der verwesende Leib unter den Bedingungen der Zeit einem katabolischen Stoffwechsel unterworfen bleibt, erfolgt das persönliche Gericht Gottes an der vom Leib getrennten Seele. Günstigstenfalls gelangt diese im Himmel zur Anschauung Gottes, ungünstigerenfalls zur Läuterung ins Fegfeuer, schlimmstenfalls in die Gottferne der Hölle. Erst am Jüngsten Tag, dem vom Todestag verschiedenen letzten Tag, vollzieht sich dann die Auferstehung von den Toten mit Leib und Seele.

Dieses Denkmodell findet sich auch in offiziellen kirchlichen Schriften, etwa im Katechismus der Katholischen Kirche, wo es etwa heißt: *„Im Tod, bei der Trennung der Seele vom Leib, fällt der Leib des Menschen der Verwesung anheim, während seine Seele Gott entgegengeht und darauf wartet, dass sie einst mit ihrem verherrlichten Leib wiedervereint wird. In seiner Allmacht wird Gott unserem Leib dann endgültig das unvergängliche Leben geben, indem er ihn kraft der Auferstehung Jesu wieder mit unserer Seele vereint."*[3] *„Bei diesem ‚Aufbrechen' (Phil 1,23), beim Tod, wird die Seele vom Leib getrennt. Sie wird am Tag der Auferstehung der Toten wieder mit ihrem Leib vereint werden."*[4]

Damit erhält die Seele, nach ihrer Trennung vom und vor ihrer Wiedervereinigung mit dem zeithaft bleibenden Leib, insofern sie ja auf ihre Refusionierung mit ihm wartet, eine unübersehbare Zeitcharakteristik. Das gilt auch dann, wenn der mit der Seele wiedervereinigte Leib hernach als verklärter Leib zeitlos gedacht werden kann; denn zuvor eben bis zu dieser Wiedervereinigung war er zeithaften Prozessen unterworfen. Diese Ausdrucksweise ist keineswegs der unhintergehbare Restbestand einer sich um Zeitunabhängigkeit bemühenden Sprache. Der von Herbert Vorgrimler stammende Vorwurf, die Seele werde zwischen Tod und Auferstehung am Jüngsten Tag zu einem „Krüppelwesen"[5] gemacht, ist auch insofern nicht von der Hand zu weisen, als dies Modell den einen Menschen in zwei Parallelexistenzen zerlegt.

In geradezu klassischer Weise lässt sich eines der Probleme dieses Denkmodells auch in den Überlegungen von Hermann Volk studieren. Der damalige Münsteraner Dogmatiker und spätere Mainzer Kardinal sah sich in den fünfziger Jahren zur Rettung der theologischen Relevanz der Totenauferstehung am Jüngsten Tag genötigt: *„Man könnte befürchten, die Auferstehung von den Toten könne eigentlich doch nicht mehr viel bedeuten, weil die Seelen der Gerechten schon vor* *der Wiederkunft Christi und schon vor der Auferstehung des Fleisches der Anschauung Gottes und damit der ewigen Seligkeit teilhaftig werden ... Wiederherstellung der menschlichen Natur ist ein wesentliches Element der Erlösung. Wiederherstellung ist darum auch für die Seligkeit nicht gleichgültig. Auferstehung von den Toten ist auch eine Steigerung der Seligkeit. Das widerspricht nicht der Seligkeit, weil Seligkeit in ihrer abschließenden Form nicht ... nur in dem Verhältnis zu Gott, nicht nur in der Anschauung Gottes liegt, sondern auch Vollendung der Natur ist.*"[6]

Dies Modell operiert mit zwei qualitativ unterschiedlichen Seligkeiten, nämlich einer unvollkommenen vor der gnadenhaften Wiederherstellung der Leib-Seele-Einheit und einer vollkommenen danach. Daraus ergäbe sich ja schließlich eine zunächst rein seelische quasileiblose Anschauung Gottes zweiter Klasse und hernach als Konsequenz der Vollendung der menschlichen Natur die Anschauung Gottes erster Klasse. Das Dasein der Heiligen und ihrer vollendeten Teilhabe an Gottes Lebensfülle wäre bis zum Jüngsten Tag nachdrücklich als noch immer defiziente Daseinsweise zu deklarieren.

Diese Sichtweise führt zwangsläufig auch eine posthume Chronologie ein, projiziert also Zeit ins Jenseits der Todesgrenze. Natürlich ist für den wahrnehmungsdiesseitigen Verwesungsprozess der Leiche eine Chronologie angemessen, wie alle Obduktionen und Exhumierungen es ja auch stillschweigend voraussetzen. Eine Chronologie für die wahrnehmungsjenseitige Dimension des Toten hingegen ist nicht nur nicht zwingend, sondern sogar höchst problematisch. Denn damit wird Zeit zumindest unausgesprochen und implizit ins Jenseits und auf eine anima separata projiziert.

Diese Problematik wird nicht selten auch in der neueren universitären Theologie übersehen. So versucht Hattrup, nicht nur die „*Möglichkeit*", sondern sogar die „*Notwendigkeit*"[7] der Lehre vom Zwischenzustand zwischen persönlichem Tod und allgemeinem Ende der Geschichte neu zu begründen und einsehbar zu machen. Er schreibt dazu: „*Der Zwischenzustand ist der präzise Ausdruck dieser Differenz des Endlichen und Unendlichen, in die hinein der eine und ganze Mensch gestellt ist. Der Zwischenzustand ist der Interpret des unendlichen für das endliche Leben, der hermeneutische Bote der Ewigkeit in der Zeit.*"[8]

Damit ist der Zwischenzustand keineswegs präzisiert, sondern allenfalls eine klare Verhältnisbestimmung von Zwischenzustand zu Zeit und Ewigkeit vermieden. Auch bei Hattrup müssen zweierlei unterschiedlich qualifizierte Seligkeiten angenommen werden, nämlich die minder qualifizierte Seligkeit zwischen Tod und Auferstehung und die vollkommene Seligkeit nach der Auferstehung am Jüngsten Tage. Auch hier findet sich der Kaschierungsversuch mit der Seligkeitszunahme: *„Die intensive Zunahme der Gottesschau nach der Auferstehung der Toten"*[9] erinnert ein wenig zu sehr an das Anpassen einer neuen besseren Brille auf Seiten des Subjekts oder eine Größensteigerung auf Seiten des Objekts der Anschauung. Beides vermag wohl kaum zu überzeugen.

Schon in der Kirche der Antike wurde versucht, den Zwischenzustand mit der posthumen Läuterung zu füllen und *„als vermittelndes metaphysisches Glied zwischen dem platonischen Gedanken der Unsterblichkeit der Seele und der Auferstehung"*[10] zu begreifen. Er wurde damit aber nur zu einem für das jeweilige noch dazu als Zeit missverstandene Läuterungsstrafmaß nicht individuell kompatibel dimensionierbaren Platzhalter. Und selbst wenn man die ja definitiv mit längerer Läuterungszeit versehen früher Verstorbenen mit geringerer Intensität und die später Verstorbenen mit größerer Intensität läuterte, um durch den Faktor Zeitdauer mal Strafgewicht eine individuelle Gerechtigkeit zu gewährleisten, es wäre theologisch nichts gewonnen. Das Problem ist diese chronologische Parallelführung dessen, was zeitbehaftet ist und bleibt, des Leibes nämlich, und dessen, was mit Zeit, sofern diese wirklich nur als Eigenschaft der Materie existiert, nicht zusammenzudenken ist, der immateriellen Seele nämlich. Der problematischen chronologischen Parallelführung ist in diesem Gedankenmodell nicht zu entkommen, weil sowohl der Tag des Todes, denn da „wird die Seele vom Leib getrennt", als auch der Jüngste Tag, denn der ist der letzte in der Abfolge aller Tage und zumindest von einer Seite chronologisch bestimmt, weil also Todestag und Jüngster Tag die Zeitsignatur tragen.[11]

Ratzinger ordnet sich diesem Denkmodell zu. Seine Antwort auf die Frage, in welchem Verhältnis der zeitlich-material verfasste Leib oder Körper zum nichtzeitlich-nichtmaterialen Auferstehungsleib steht, ist aber logisch wie biologisch kaum nachvollziehbar, wenn er äußert, dass *„Auferstehung an den Reliquien des alten Erdenleibs nicht vorbeigeht, soweit sie noch eindeutig als solche vorhanden sind."*[12] Auch in Bezug zur anima separata, ohne die dies Denkmodell nicht auskommt, ist seine Position unklar: *„Wo die ‚Gemeinschaft der Heiligen' geglaubt wird, ist die Idee der Anima separata (der ‚losgetrennten Seele', von der die Schultheologie spricht) im letzten überholt."* [13]

Zur Vermeidung einer Zeitprojektion auf die anima separata einerseits und zur Überbrückung der den Zwischenzustand generierenden Distanz zwischen Todestag und Jüngstem Tag andererseits wurde als dritte Größe ein nicht mehr so recht Zeitliches und ein noch nicht so recht Ewiges eingeführt: „*Die im Tod erreichte Ewigkeit ist nicht zu verstehen als das nunc stans Gottes (aeternitas), sondern als endgültig gewordene Geschichte (aevitas).*"[14]

## 10.3. Die Ganztod-Hypothese

Paul Althaus hatte bereits vor Jahrzehnten auf die Schwächen dieses eschatologischen Vorstellungsmodells hingewiesen und festgestellt, dass diese aus einer problematischen „*Synthese zwischen der aus dem Judentum kommenden zentralen neutestamentlichen Hoffnung der Auferstehung des ganzen Menschen aus vollem Todeszustande und dem griechischen in das Spätjudentum und das NT z. T. hineinwirkenden Gedanken einer leiblosen Lebendigkeit der Seele nach dem Tode*"[15] resultierten. Mit Recht monierte er: „*erst am Jüngsten Tage bekommen die Seelen ihren Leib, in der Auferstehung der Toten, und damit wird ihre Seligkeit oder Unseligkeit erst voll ... Dabei verliert die Auferstehung ihren Ganzheits-Charakter. Sie gilt nur noch dem Leibe, nicht mehr dem ganzen Menschen. Es wird verkannt, daß wir ein Jenseits des Todes allein durch die Auferweckung haben.*"[16]

Wie aber ist der „Ganzheits-Charakter" der Auferstehung mit Leib und Seele zu wahren, und zugleich das Zwischenzustandsproblem sowie die Etablierung einer anima-separata-Zeit zu vermeiden?

Der Antwortversuch auf diese Fragen, der innerhalb der evangelischen Theologie nahezu einhellig unternommen wurde, bemüht die Ganztod-Hypothese, die Vorstellung von der totalen Vernichtung des Menschen. Damit geht die Leib-Seele-Einheit Mensch als ganze und total unter; es bleibt also auch keine unsterbliche Seele. Der Gedanke an eine unsterbliche Seele wird als Marginalisierung des Auferstehungsglaubens deklariert und dementsprechend die als Neuschöpfung zu verstehende ausschließliche Auferstehung des Leibes proklamiert.

Eberhard Jüngel kombiniert die Ganztod-Hypothese mit dem Gedanken von einer Auferstehung im Tod. Wenn der Leib stirbt, so sieht er keineswegs das Kontinuität wahrende bleibende Element in der unsterblichen Seele des Menschen gegeben.[17] Eine solche Annahme, die er offenbar mit einer gewissermaßen naturwüchsig gegebenen und auch von Gott her nicht mehr zu widerrufenden Unsterblichkeit der Seele verwechselt, dünkt ihn überheblich und anmaßend gegenüber Gott. Aber an dieser Stelle karikiert er gewissermaßen die Vorstellung von der unsterblichen Seele, um sie besser kritisieren zu können. Und im Gegenzug wäre zu fragen, ob er nicht aus Furcht vor einer Hypertrophierung menschlicher Selbstmächtigkeit ins andere Extrem, nämlich in die totale Negierung menschlicher Selbstmächtigkeit, ja in die restlose Annihilierung verfällt. Mit seiner Position steht er aber nicht allein, sondern schwimmt im Hauptstrom evangelischer Theologie mit:

*„Für die evangelische Theologie des 20. Jahrhunderts steht weithin das Bekenntnis zur Auferstehung der Toten, in ausschließendem Gegensatze ... zur Vorstellung der Unsterblichkeit der Seele. Dem entspricht ein Verständnis des Todes als Tod des ganzen Menschen und nicht als Trennung der Seele vom Leib, so dass die Auferstehung als Neuschöpfung und nicht als Verbindung der Seele mit einer neuen Leiblichkeit verstanden werden muß."*[18]

Wenn man diese gedankliche Vorstellung akzeptiert, hat man zwar zunächst gewisse Probleme ausgegrenzt. Das Problem der anima separata, ihres Zwischenzustandes und des Grades ihrer Beseligung stellt sich nicht mehr, denn ein Zwischen mag es zwar nach dem Untergang des zeitlichen und vor dem Aufgang des ewigen Lebens geben, nicht aber für den nach Jüngel angeblich in die „radikale Verhältnislosigkeit"[19] gefallenen Toten. Prima facie ergibt sich also gegenüber dem zuvor besprochenen Modell eine gewisse gedankliche Eleganz, wenn man den Gedanken an die unsterbliche Seele entsorgt. Eine ganz andere Problematik aber hat man sich gerade damit neu besorgt. Wenn Auferstehung nur als Neuschöpfung gedacht werden kann, dann stellt sich – und zwar unabhängig davon, ob an eine Auferstehung als Neuschöpfung im Tod oder am Jüngsten Tag gedacht ist – die zentrale Frage, wie es denn mit der Identität und der Kontinuität des im Tod so ganz und gar annihilierten und in der Auferstehungsneuschöpfung so ganz und gar rekreierten Geschöpfes Mensch bestellt ist?

Der von Ratzinger erhobene Einwand gegen eine Position wie die Jüngels und vieler anderer evangelischer Theologen erscheint durchaus stichhaltig. *„Auferweckung ist dann eine Neuschaffung und der Auf-*

*erweckte kann der gleiche, aber nicht derselbe sein wie der Gestorbene, der folglich mit dem Tod als dieser Mensch definitiv endet."*[20]

Dass Gott den Menschen im Tod, durch den Tod hindurch, über den Tod hinaus liebt, ist letzter Grund menschlicher Hoffnung; aber er liebt doch ein Etwas, einen Jemand, auch wenn er ihn selbst erschaffen hat. Die konsequent gedachte Ganztod-Hypothese gibt dieses Etwas, diesen Jemand total auf und bedarf der totalen Neuschöpfung. Und damit gibt sie – ein hoher Preis ihrer Problembeseitigung – die Identität und Kontinuität des individuellen Geschöpfes Mensch definitiv auf. Die unsterbliche Seele, was immer sie für theologische Probleme einträgt, dies eine trägt sie aus: Sie ist zumindest die Chiffre für Kontinuität und Identität des von Gott in einer die Todesgrenzen sprengenden Maßlosigkeit geliebten Menschen.

Ungeklärt bleibt ferner die Frage nach dem Auferstehungsleib, der ja etwas anderes sein muss als der irdische Leib. Keiner der beiden „Leiber", weder der prämortale noch der postmortale Leib, ist also der Träger von Identität und Kontinuität. So bleibt also wieder der Blick auf die Seele, genauer, wenn denn die lebenszeitliche Seele im Tod ganz und gar untergegangen ist, der Blick auf die zwei Seelen, die prä- und die postmortale Seele. Haben wir hier zwei Original- oder eine Original- und eine Faksimile-Seele zu gewärtigen respektive zu befürchten?

In naturwissenschaftlicher Hinsicht klammert die Ganztod-Hypothese die thermodynamische Perspektive aus; denn das, was materieller Leib war, geht ja nicht in eine absolute Beziehungslosigkeit über, sondern wird in die Stoffwechselwege und Körper von anderen lebenden Menschen implementiert und partizipiert an deren Beziehungen.

Und in dogmatischer Hinsicht klammert die Ganztod-Hypothese die Konstitution *Benedictus Deus* von 1336 aus, die von der selig machenden Schau Gottes zwischen Todestag und Jüngstem Tag handelt und zum schon präreformatorischen und eigentlich nicht zum nach Belieben abzuwerfenden Dogmenbestand gehört.[21]

Zu sagen, auch wenn der Stichwort gebende Gewährsmann Karl Barth ist, „Auferstehung sei geradezu ‚eine Umschreibung des Wortes Gott'"[22], kann nicht zufrieden stellen, weil es nichts als eine reductio in mysterium primum ist und keine theologische Entfaltung, um die es ja angesichts der Auferstehungsbehauptung gerade gehen müsste. Die Frage, ob der Mensch aufersteht, mag abhängen von der Frage, ob da ein Gott ist. Die Klärung der Frage, ob und wie eine Auferstehung zu denken ist, kann aber nicht dadurch umgangen werden, dass auf Gott verwiesen wird, der eben ein Gott des Lebens sei. Dieser Verweis gibt keine Antwort, sondern wirft die Frage implizit neu auf, ohne sie auch nur irgendwie zu präzisieren.

## 10.4. Das Vorstellungsmodell von Auferstehung im Tode

Viele Theologen, so unterschiedlich sie auch sonst – manche gar in Kombination mit der Ganztod-Hypothese – argumentieren, kommen doch in der Vorstellung von einer Auferstehung im Tode überein. Bei diesem Konzept werden persönliches Gericht, Weltgericht, Jüngster Tag, Fegfeuer als die heilende Begegnung und die läuternde Konfrontation mit Gott interpretiert[23] und mit der Auferstehung zu einem Ereigniskomplex im Tode zusammengezogen. Die sich im Tod ereignende Begegnung mit Gott ist Gericht, ist Läuterung, ist Transfer in das vollendende und vollendete Leben. Der Versuch einer natürlich nur angenäherten Skizze dieses Gedankens könnte etwa so aussehen:

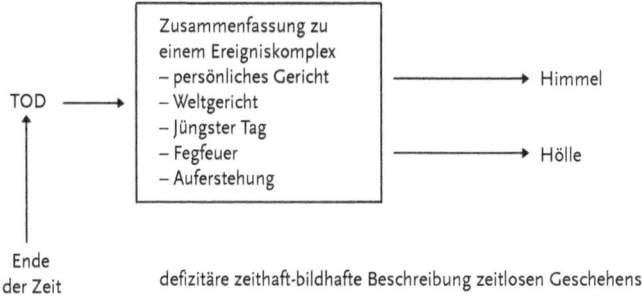

**Abb. 8**

Hans Urs von Balthasar interpretiert die eschatologischen Bilder in pointierter Personalisierung auf Gott hin, denn der ist „*als Gewonnener Himmel, als Verlorener Hölle, als Prüfender Gericht, als Reinigender Fegfeuer. Er ist Der, woran das Endliche stirbt und wodurch es zu Ihm, in Ihm aufersteht.*"[24]

Auch wenn er dem Gedanken der Auferstehung im Tod nachdrücklich anhängt, glaubt Greshake dennoch einen Zwischenzustand aufrechterhalten zu sollen: „*Da aber jeder einzelne Mensch essentiell mit dem Ganzen der Wirklichkeit vernetzt ist und weil Menschsein und erst recht Christsein sich unabdingbar in der Communio mit den anderen vollzieht, muss der eine und ganze Mensch, der im Tod zum Leben erweckt wird, noch auf die Vollendung aller, die erst am Ende der Zeit gegeben sein kann, warten. Beide Konzeptionen, die von der Seligkeit einer leiblosen Seele wie die von der Vollendung des ganzen Menschen im Tod, kennen also ein Noch-nicht dieser Vollendung, ein Warten auf die universale Auferstehung.*"[25]

Hier wird dem Gedanken, dass Zeit eine Eigenschaft der Materie ist, nicht hinreichend Rechnung getragen, und damit steckt der Begriff Seele, sobald man ihn ins Wartezimmer der endgültigen Vollendung setzt, in der Materialisierungsfalle. Darum muss dringend eine Unterscheidung getroffen werden zwischen Zeitdiesseitigkeit und Zeitjenseitigkeit. Im klaren Bewusstsein der Problematik dieser Ausdrucksweise, aber angesichts der Notwendigkeit, etwas Zeitloses in die zwangsläufig zeithafte und Zeitworte verwendende Sprache zu bringen, soll hier der Begriff einer zeitjenseitigen Koinzidenz als defizitäre Andeutung des Gemeinten eingeführt werden. Selbst der Begriff Koinzidenz, insofern er implizit noch eine Zeitsignatur trägt, ist falsch und, insofern er das totale Zugleich der Zeitjenseitigkeit ausdrückt, vielleicht tautologisch.

Der Begriff einer zeitjenseitigen Koinzidenz soll helfen, die Theologumena persönliches Gericht und Weltgericht als ein einziges Ereignis zu denken. Dahinter steht die Annahme, dass beide Begriffe ausschließlich zeitseitig betrachtet, also in der Hinterbliebenen-Perspektive äonenweit getrennt erscheinen und sich daher wie zwei distinkte Ereignisse ausnehmen. Jedenfalls käme die problematische Projektion von Zeit ins Jenseits, die chronologische Parallelität von Seele in der Anschauung Gottes und Leib bzw. Leichnam im Verwesungsprozess nicht vor. Dann aber ist zu klären, wie diese zeitjenseitige Koinzidenz von individuellem Ende und persönlichem Gericht, von kollektiv-menschlichem oder gar kosmischem Ende und Weltgericht angesichts der unüberwindbaren Zeitimprägnierung unseres Denkens vorstellbar ist? Auch hierzu sei eine Skizze vorgelegt, die einem bereits bei Thomas von Aquin angedeuteten Gedanken folgt:[26]

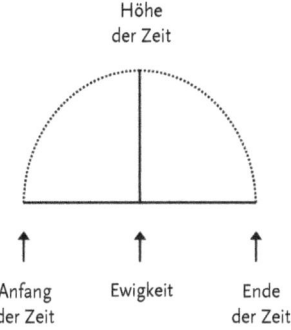

**Abb. 9**

Die als beliebig zahlreich vorzustellenden Punkte auf der Peripherie des Halbkreises symbolisieren Zeitpunkte der Kosmos-, der Evolutions-, der Kultur- und auch der menschlichen Lebensgeschichte. So entfernt sie auch untereinander sein mögen, sie befinden sich allesamt in einer Äquidistanz zum Mittelpunkt, und der nun figuriert als Ewigkeit. Die Äquidistanz aller Peripheriepunkte zum Mittelpunkt ist das Symbol dafür, dass alle Zeitpunkte, welche individuell-lebenszeitlichen oder gar kosmischen Zeiträume auf der Zeitperipherie auch zwischen ihnen liegen mögen, der Ewigkeit gleich nahe sind. Noch pointierter formuliert: Alle Zeitpunkte sind „gleichzeitig" im Entbundenwerden aus der Zeit hin zur Ewigkeit. Sie verschmelzen zu einem nicht mehr zeithaften Moment, d. h. sie werden oder sie wären gleichzeitig, wenn von Zeit, die ja nicht mehr existiert, noch geredet werden dürfte. Lohfink formuliert das etwas missverständlich so: „*Indem ein Mensch stirbt und eben dadurch die Zeit hinter sich läßt, gelangt er an einen ‚Punkt', an dem die gesamte übrige Geschichte ‚gleichzeitig' mit ihm an ihr Ende kommt, mag sie auch ‚inzwischen' in der Dimension irdischer Zeit noch unendlich weite Wegstrecken zurückgelegt haben.*"[27]

Daraus ist natürlich nicht zu folgern, der Einzelne brächte wegen seiner tiefen lebensgeschichtlichen Verflochtenheit in diese Welt und Geschichte bei seinem Tod die ganze übrige Welt und Geschichte gewissermaßen abschließend mit vor Gott. Damit wäre nämlich in völliger Selbstüberhebung das einzelne menschliche Individuum zum Träger der Einheit der Welt hochstilisiert. Aber damit würde irgendein Individuum horrend über- und die über den Tod des Einzelnen zeitseitig weiterlaufende Geschichte zur leeren Belanglosigkeit abqualifiziert.[28]

Brunner hatte diesen Gedanken bereits in den zwanziger Jahren des vorigen Jahrhunderts nahegelegt: *„Auf Erden gibt es ein Vorher und ein Nachher und einen Zeitabstand, der Jahrhunderte oder gar Jahrtausende umfaßt. Aber ‚auf der anderen Seite', in der Welt der Auferstehung, in der Ewigkeit gibt es diese auseinandergezogene Zeit, diese Zeit der Vergänglichkeit nicht. Das Todesdatum ist für jeden ein verschiedenes; denn der Todestag gehört zu dieser Welt. Unser Auferstehungstag ist für alle derselbe und ist doch vom Todestag durch kein Intervall von Jahrhunderten getrennt – denn es gibt diese Zeitintervalle nur hier, nicht aber dort, in der Gegenwart Gottes, wo ‚tausend Jahre sind wie ein Tag'."*[29]

Die Annahme einer Auferstehung im Tod vermeidet im Gegensatz zur Ganztod-Hypothese den Kontinuitäts- und Identitätsverlust des Sterbenden, gleichwohl enthält auch sie eine unübersehbare Restproblematik. Wenn nämlich Auferstehung im Tode geschieht und den ganzen Menschen meint, was ist dann mit dem unübersehbar vorhandenen Leichnam? Anstatt sich mit den einschlägig relevanten naturwissenschaftlichen Überlegungen auseinanderzusetzen, bieten einige Autoren, wohl im gedanklichen Gefolge von Hans-Eduard Hengstenberg,[30] noch immer und immer wieder den Gedanken der Leib-Körper-Differenzierung an. Leider entsteht immer wieder der Eindruck, es hier nicht mit einer terminologischen Präzisierung, sondern mit einer terminologischen Nebelkerze zu tun zu haben.

Wenn die menschliche Ganzheit als leib-seelische gedacht wird und als Ganze vollendet werden soll, was ist dann mit der kruden Materialität? Diese wird, so scheint es, stillschweigend aus dem Leib in den Körper verlagert und gedanklich eingeäschert. Dabei soll Glauben gemacht werden, die auf die Vollendung zugehende menschliche Ganzheit sei mit dem materielos gemachten und gedachten Leib und der per se materielos gedachten Seele gerettet, ohne noch den thermodynamisch nötigen materiellen Tribut zollen zu müssen.

Man gewinnt den Eindruck, es solle angesichts unübersehbarer prä- und postmortaler Verfallserscheinungen die Heilsbestimmtheit des ganzen Menschen dadurch gerettet werden, dass man mit drei anstatt mit zwei Begriffen arbeitet, nämlich mit Körper, Leib und Seele. Dabei wird die Körperlichkeit als *„physizistisch"* gebrandmarkt,[31] die dann übrig bleibende Leib-Seele-Einheit des Menschen als seine Ganzheit begriffen und Leib durch diese an Ununterscheidbarkeit grenzende Seelennähe derart spiritualisiert, dass seiner Heilsbestimmung sein

Materie-Sein jedenfalls kaum noch im Wege steht. Nur der Körper ist es, der da zerfällt und der naturwissenschaftlichen Betrachtung anheimfällt. Nur er verrichtet seine thermodynamische Notdurft, Leib und Seele ziehen sich sauber aus der Affäre.

Im Begriff Leib soll dann aber doch noch die individuelle Geschichte und der Weltbezug des Verstorbenen hinübergerettet und ergänzend oder korrigierend zu einer bloß griechischen Vorstellung von einer ungeschichtlichen und unsterblichen Seele ins Feld geführt werden. So heißt es bei Greshake: „*Der Christ hofft, daß im Tod Auferstehung geschieht ... Auferstehung des Leibes heißt nicht Auferstehung des Körpers oder des Leichnams, Auferstehung bedeutet vielmehr, daß im Tod der ganze Mensch mit seiner konkreten Welt und Geschichte von Gott neue Zukunft erhält ... Was im Tod des einzelnen, der in der Geschichte konkrete Gestalt gefunden hat, in Gott eingeborgen wird, ist ein Weltbezug.*"[32]

Aber was soll das sein, der ganze Mensch, wenn der Körper nicht dazugehört? Was soll das sein, der Weltbezug, wenn der menschliche Körper als der elementarste und sinnenfälligste Ausdruck des Weltbezugs, als geradezu „inkarnierter Weltbezug" nicht dazugehört? Der Körper wird wie der Schwanz der Eidechse abgeworfen und soll, zumeist wird das nicht einmal reflektiert, den thermodynamischen Ansprüchen Genüge tun. Mit dem wertvollen „Rest" der Eidechse, der eigentlich und sozusagen das Ganze ist, sprich mit der Leib-Seele-Einheit Mensch, die man – obgleich körperlos – als Ganzheit deklariert, glaubt man dann den ganzen Menschen der heilsgeschichtlichen Rettung zugeführt zu haben? Es fällt nicht schwer, sich – nach dem Modell der kostengünstig entkommenen Eidechse – vorzustellen, wie der Schwanz – sofern noch vonnöten – hernach regeneriert wird.

Die Leib-Dimension einerseits weitestgehend zu entmaterialisieren und körperfrei aller naturwissenschaftlich formulierbaren Zeitfragen zu entheben, und andererseits in dieser Leib-Dimension gleichwohl die Zeit, Geschichte und Welt des Menschen vor Gott versammelt wissen zu wollen, ist keine intellektuell redliche, sondern doppelte Buchführung. Wenn damit der Körper heilsgeschichtlich gesehen scheinbar rückstandsfrei entsorgt werden soll, ist in Kenntnis anderer ökologischer Zusammenhänge warnend darauf hinzuweisen, dass alles, und zwar oft als schwer zu bewältigende Altlast, irgendwo wieder auftaucht.

Für diese heilsfähig gemachte Leib-Dimension konstruieren Greshake und Lohfink schließlich noch unter Reaktivierung des mittelalterlichen Begriffs „aevum" die mit diesem identifizierte „*verklärte Zeit*".[33] Zeit passt zum Körper, nicht aber zum derart konzipierten und überzeitlich dimensionierten Leib. Diese „verklärte Zeit" wird damit sozusagen auf den zuvor entmaterialisierten „Leib geschneidert". Vielleicht ist angesichts dieser unnötigerweise eingeführten weiteren transempirischen Wirklichkeit wirklich das Ockhamsche Rasiermesser angebracht.

Vorgrimler bietet eine andere theologische Variante von Auferstehung im Tod. Er hält fest am Gedanken einer grundsätzlichen Bezogenheit der Seele auf Materie. Da für die Seele posthum aber nicht mehr die raumzeitlich verfasste Materie aus alten Erdentagen wesentlich sein kann, folgert er: Gott bietet „*in seiner göttlichen Dimension*" der Seele neue Materie aus „*nichtverweslichem Stoff*" an, „*in der sie sich formgebend auswirken kann*". Zugleich muss er dabei eine „*völlige Andersartigkeit des unverweslichen Leibes gegenüber dem vergänglichen Erdenleib*" postulieren.[34] Diesen Leib glaubt er als Auferstehungsleib ansehen und damit eine auch leibliche Auferstehung im Tode annehmen zu dürfen. Letztlich führt er damit nur einen neuen Begriff von Materialität ein, der stark im Verdacht steht, eine bloße Äquivokation zu sein. Man wird den Verdacht kaum los: Weil Materie zum Ganzen des Menschen hinzugehört, als raum-zeitlich verfasste aber nicht zur Raum und Zeit transzendierenden Vollendung des Menschen passt, wird eine passende Materie hinzuerfunden. Die Frage nach Verbleib und Vollendung der ursprünglichen und verweslichen Materialität fällt dabei wie der abgenagte Vorspeisenknochen unter den Tisch und spielt beim sich anschließenden Menü des himmlischen Hochzeitsmahls keine Rolle mehr; mit anderen Worten: der neue Materiebegriff hat mit dem alten nichts mehr gemein, und die Frage nach der Vollendung der ursprünglichen Materialität bleibt weiterhin ungeklärt.

Wolfhart Pannenberg spricht von einem „eigentümlichen Ineinander von Zeit und Ewigkeit", mit dem sich so etwas wie eine Auferstehung im Tode denken lässt: „*Die Zukunft der Endvollendung ist in verborgener Weise schon Gegenwart … sie ist als Künftige verborgenerweise schon Gegenwart*"[35], nämlich in der Ewigkeit Gottes. In dem Sinne deutet er auch die einschlägigen johanneischen Stellen wie „*Die Stunde kommt und ist jetzt schon da, wo die Toten die Stimme des Sohnes Gottes hören werden, und die, welche sie hören, werden leben.*" (Joh 5,25) Des Weiteren führt er Kol 3,3f. an und konstatiert: „*Auch hier wieder die apokalyptische Verschränkung von geschichtlicher Zukunft und verborgener Gegenwart in der Ewigkeit Gottes … dann hätte man die Ewigkeit und damit auch Gott als zeitlos gedacht, und dann hätte das, was in der Zeit geschieht oder nicht geschieht, keine Bedeutung für die Ewigkeit, weil dann in der Ewigkeit alles schon feststünde, was in der Zeit noch zukünftig ist.*"[36] Pannenberg sieht darin durchaus die Prädestinationsfalle, versucht sie auch zu umgehen, aber entschärft sie letztlich nicht.

Die 1950 definierte Lehre von der Leib und Seele betreffenden Aufnahme Marias in den Himmel[37] kann vielleicht argumentativ dafür ins Feld geführt werden, dass ein Mensch, zeitseitig betrachtet, auch vor dem Jüngsten Tag mit Leib und Seele bei Gott vollendet ist. Die Annahme einer Auferstehung im Tod spart sich die Projektion von Zeit auf die anima separata und ins Jenseits. Aber sie hat auch, und das sind ihre theologischen Folgekosten, keine Verwendungsmöglichkeit für den materiellen Körper, der aus der Hinterbliebenen-Perspektive erkennbar übrig bleibt. Er ist nicht zuletzt auch deshalb theologisch gesehen schwer zu entsorgen, weil die Seele seiner am Jüngsten Tag nicht bedarf, da sie im Tode bereits mit einem besseren Leib ausgestattet wurde. Rahner, der diesen neuen Materiebezug der Seele im Tode zu denken versucht, spricht davon, die Seele werde nicht akosmisch, sondern allkosmisch, d. h. sie, die schon immer zum Ganzen der Welt hin offen sei,[38] trete in einen neuen umfassenden Bezug zur Gesamtwelt.

## 10.5. Der Gestaltbegriff – Vermittlung von Identität und Transformation?

Die vielleicht analytisch gründlichste, umfänglichste und auch inhaltlich wichtigste Arbeit zum Thema Auferstehung hat in letzter Zeit Matthias Remenyi vorgelegt.[39] Er versucht die bohrende Frage nach der Vermittlung von Identität und Transformation angesichts der prä- und postmortalen Existenz des Menschen unter Rückgriff auf den etwas in Vergessenheit geratenen Gestaltbegriff zu lösen. Den Gestaltbegriff verortet er auch biblisch (1 Kor 15) mit dem paulinischen Soma-Begriff.

*„Ich glaube, dass der Begriff der Gestalt in der Lage ist, das zu leisten. Leibliche Auferstehung wäre solcherart zu verstehen als die von Gott wunderbar herbeigeführte, radikale Verwandlung der geschichtlich so*

*und nicht anders gewordenen, leibseelisch realisierten, einen und einzigartigen Lebensgestalt einer menschlichen Person im Augenblick des Todes in die Gestalt eschatologischer Herrlichkeit. Biographische Brüche, Vorläufigkeiten, Fragmentarisches und Schuldhaftes an unserer irdischen Lebensgestalt werden – so steht im Glauben zu hoffen – als geschichtliche Gewordenheiten auch eschatologisch nicht einfach verschwinden, wohl aber geheilt, verwandelt und ins Ganze der Christusbeziehung hinein vollendet werden. Transformation der personalen und leibseelischen Gestalt im Moment des Todes meint in diesem Sinne Gestaltwandel, nicht Gestaltwechsel. Das ist wichtig, weil das Identitätsmoment daran hängt. Das Subjekt wird anders, aber nicht ein anderes. Es wäre prä- wie postmortal dieselbe ganzmenschliche Gestalt, die hier und jetzt funktional ausgerichtet an den Seins- und Lebensbedingungen unserer irdischen Existenzweise ist, die aber am ontologischen Nullpunkt des Todes durch ein wunderbares Handeln Gottes ganz und gar transformiert werden wird, um dort und dann jenes eschatologische Leben bei – in, durch, vor und mit – Gott führen zu können, das ihr ausersehen ist.*"[40]

Remenyi möchte mit dem Gestaltbegriff ähnlich wie Paulus mit dem Soma-Begriff, an den er anknüpft, einen dritten Weg kreieren und zwischen der Skylla eines Auferstehungsphysizismus und der Charybdis eines Auferstehungsspiritualismus hindurchsegeln.[41] Und er meint, dass „*mit Hilfe des Gestaltbegriffs eine ... Miteinbeziehung irdischer Materialität in das eschatologische Verwandlungsgeschehen gedacht werden*"[42] kann. Freilich soll es sich dann um eine Materie handeln, „*die so tiefgreifend transformiert werden wird, dass sie ihre dreidimensionale und massehaltige Prägung, wie sie uns unter den gegebenen Bedingungen phänomenal zugänglich ist, gänzlich verloren haben wird. Daher kann der im Grab zurückbleibende Leichnam dieses Konzept einer gestalthaften Auferstehung im Tode auch in keiner Weise ins Unrecht setzen.*"[43]

Dieser Materiebegriff lebt, so scheint es, nur noch von der Äquivokation und hat mit der Materie, wie wir sie kennen, nichts mehr gemein. Und war das nicht auch schon, in etwas blumigerer Art formuliert, scholastisch wie neuscholastisch unter dem Begriff des verklärten Leibes oder der neuen gewandelten Materialität bei Vorgrimler verhandelt worden?

Gewiss, in diesem Modell ist das Problem der Anima separata umgangen oder – großzügig betrachtet – gelöst. Aber was ist damit und um welchen Preis gewonnen? Der im Grab verbliebene Körper oder Leichnam ist dann noch immer nicht ins Heil einbezogen, wenn sich unabhängig von ihm die gestalthafte Auferstehung im Tod bereits ereignet hat. Wir haben statt wie im zuvor besprochenen Modell Körper, Leib und Seele, nun Körper, Gestalt und Seele. Verschwindet die dogmatisch und dogmengeschichtlich kaum zu übersehende und kaum zu übergehende Seele nun in der oder hinter der Gestalt, die der einzige Träger von Identität wie Kontinuität und zugleich das Medium der Transformation ist? Könnte es sein, dass mit dem Schwenk auf den Gestaltbegriff sowohl der Körper bzw. Leib als auch die Seele aus dem Blickfeld geraten, weil der Blick auf das Eine als Physizismus und der auf das Andere als Spiritualismus gebrandmarkt ist?

Remenyi traut oder mutet dem Gestaltbegriff noch mehr als nur die Plausibilisierung der menschlichen Auferstehung zu: *„Nun ist der entscheidende Vorteil des Gestaltbegriffs, dass er nicht nur auf den Menschen applizierbar ist, sondern auch auf nichtmenschliche Lebewesen und auch auf anorganische Entitäten. Damit steht eine kosmische Eschatologie zumindest in Reichweite, weil ein einheitliches Bild sowohl für die personale wie auch für die kosmische Eschatologie gefunden ist. Im Durchgang durch den Tod wird nicht nur der Mensch, sondern jedes Lebewesen – jede organische Lebensgestalt – und vielleicht auch jegliche Seinsgestalt transformiert, verwandelt und verklärt werden."*[44]

Auch wenn man das Ockhamsche Rasiermesser nicht zum endgültigen Scharfrichter ernennen soll, darf und muss man doch fragen, ob, wenn man die Gleichung mit zwei Unbekannten, nämlich die mit Leib und Seele, nicht gelöst hat, die Aufstellung einer Gleichung mit drei Unbekannten, nämlich Körper, Gestalt und Seele, oder ob der Schwenk auf nur noch Eines, nämlich die Gestalt, unter Ausblendung der vorherigen zwei Größen, nämlich Leib und Seele, so ohne Weiteres als Lösung angesehen werden können?

Die Arbeit von Remenyi bringt die lange nicht mehr gesehenen und formulierten Stärken des scholastischen Hylemorphismus zur Sprache und ist in der geistesgeschichtlichen Präsentation sowie der gedanklichen Analyse bisheriger Auferstehungsvorstellungen und ihrer Grenzen exzellent. Aber die von ihm selbst vorgeschlagene eigene Lösung ist meines Erachtens (noch) nicht überzeugend. Er sieht sympathisch selbstkritisch durchaus die begriffslogische Not, wenn er vom *„Gestaltbegriff als personaleschatologischer Hilfsbegriff"*[45] spricht. Aber er versucht die Not dieses zu unscharfen, eher metaphorischen Gestaltbegriffs nicht nur personaleschatologisch, sondern auch kosmoeschatologisch als Tugend der Ausbalancierung von Identität und Transformation zu präsentieren. Die Wahl des Gestaltbegriffs erfolgt aber bei ihm nicht anstelle oder gar zur Vermeidung einer gründlichen Analyse anderer philosophischer Modelle, sondern nach dem ihm hinreichend erscheinenden Aufweis von deren Unzulänglichkeit. Und so kommt er zu dem Schluss:

„*Vielleicht ist aber gerade diese begriffslogische Schwäche des Gestaltbegriffs auch seine entscheidende Stärke: dass er die zentralen Marker personaleschatologischer Theoriebildung – Identität und Transformation – auszubalancieren in der Lage ist, dabei aber die Geheimnishaftigkeit und rationale Unzulänglichkeit, die an diesem Punkt letztlich bleibt, wahrt.*"[46]

Der Gestaltbegriff scheint mir, bei aller mit ihm und mit seiner (Wieder-)Einführung aufgewendeten Intelligibilität und bei aller offengelegten Selbstkritik, doch nicht des theologischen Rätsels Lösung sein zu können.

## 10.6. Versuch einer Problemlösung

Ich schlage angesichts der dargestellten Problematik eine grundsätzliche Perspektiven-Trennung vor und unterscheide 1. die Hinterbliebenen-Perspektive, die in einer ihr selbst und ihren Objekten essentiellen Zeitverhaftetheit, um nicht zu sagen Zeit-Haft verbleibt, und 2. die Perspektive, die im Versuch der Negation dieser Zeithaftigkeit eine wenigstens als Hypothese aufscheinende und als Hypothese annehmbare Existenz in Zeitlosigkeit denkt. Die hier vorzustellende Position greift einerseits den Gedanken einer Auferstehung im Tod auf und vermeidet die Zweiklassenanschauung Gottes sowie eine durch die posthume Zeitprojektion gegebene implizite Rematerialisierung der Seele, um den naturwissenschaftlichen Anregungen gerecht zu werden. Andererseits versucht sie den Gedanken der Identität und Kontinuität und den der rettenden Vollendung des ganzen Menschen, also auch des Körpers, genauer der Materie, die einmal den Leib oder Körper ausmachte, zu bewahren.

Bei Rahner[47] werden, zeitseitig betrachtet ist das richtig, Auferstehung und Gericht als diachrone Einzelereignisse und die Einzelgerichte in ihrer (die Diachronie nicht sprengenden?) Summe als allgemeines Gericht angesehen. Aber das ist nur die Hinterbliebenen-Perspektive.

In dieser bleibt postmortal der materielle Körper oder Leichnam zeitweilig präsent. Er unterliegt einem katabolischen Stoffwechsel, dessen Produkte sehr wohl wie schon zu Lebzeiten und ohne Annahme kannibalischer Phantasien auch in den anabolisch-katabolischen Stoffwechsel anderer Pflanzen, Tiere und Menschen gelangen. Die stets nur zeitweilige Materie des Körpers hat keine über die sonstige Materie hinausgehende Relevanz für die Auferstehung, d. h., Besitzansprüche und Zuordnungsversuche sind absurd.

Bei durchaus materieller Konnotation des Wortbestandteils Leib hat die christliche Theologie die Leib-Seele-Einheit stets ganz einmütig und nachdrücklich verteidigt und betont. Von daher wäre die Annahme nicht nachvollziehbar, die im Tod zu Gott gelangende Seele sei – griechischem Denken entsprechend – etwas absolut Geschichtsloses oder Ungeschichtliches und nur der Leib sei Träger von Geschichte. Gewiss hat der Begriff Seele, wie ihn die christliche Theologie verwendet, auch griechische Ahnen, führt aber seit zwei Jahrtausenden ein Eigenleben, das weit mehr ist als die Rekapitulation seiner Ursprünge.

Angesichts dieser zeitlebens gegebenen, ja als Einheit aufzufassenden engen Verbundenheit mit dem Leib kann die Seele nicht als ein sich vom gestorbenen Menschen nach griechischem Denkmuster sozusagen geschichtsfrei ablösender Rest aufgefasst werden. Die Vorstellung von einer geschichtslosen Seele wäre der eigentliche, christlichem Glauben zuwiderlaufende Dualismus, nicht aber ein Begriff von Seele, die einen Anfang hat und in der konkrete Geschichte bewahrt und aufgehoben ist. Auch neuere kirchenamtliche Verlautbarungen, auch wenn sie in der Regel eine Zwischenzeit voraussetzen, sehen im Begriff der Seele das nicht geschichtslos zu denkende kontinuitäts- und identitätswahrende Element.[48] Um also die Geschichtlichkeit des einen Menschen zu bewahren, bedarf es, selbst wenn man von der gänzlichen Hinfälligkeit der körperlichen Materialität ausgeht, keines körperfrei konzipierten Leibes. Denn wenn die zeitlebens währende Leib-Seele-Einheit wirklich und im Letzten ernst gemeint war, dann ist die Seele der todüberdauernde Repräsentant des Menschen einschließlich seiner unverwechselbaren – von Greshake und Lohfink kurioserweise dem Leib als einem von Körper und Seele verschiedenen Dritten zugeordneten – Geschichtlichkeit.

Dass die Identität des Menschen in der Auferstehung mit dem Menschen zu Lebzeiten durch die die Materie formende Seele hinreichend gewährleistet sei, hatte vor ca. 700 Jahren bereits Durandus de S. Porciano (1275–1334) vertreten. Wenn das richtig ist, und eine lehramtliche Beanstandung liegt nicht vor, dann müsste das auch für die Wahrung seiner individuellen und konkreten Geschichtlichkeit gelten können. Auch beim frühen Ratzinger findet sich dieser Gedanke: *„Tatsächlich wird man (auch abseits dieser Materie-Form-Theorie) sagen dürfen, daß im allgemeinen Strom des Werdens grundsätzlich die Einheit der leibgestaltenden Seele entscheidend ist und hinlänglich auch die Leibeseinheit verbürgt."*[49] Auf die Einführung eines irgendwie spiritualistisch anmutenden Leib-Begriffs als dritter geschichtsbewahrender Größe wird also verzichtet und unter Rückgriff auf eine alte theologische Tradition dem Begriff der Seele das zugetraut, was der Begriff der Materialität angesichts heutiger Kenntnisse von Stoffwechselprozessen sicher nicht leisten kann, nämlich die Herstellung und Bewahrung einer Kontinuität und Identität zwischen dem zu Lebzeiten in raum-zeitlicher Materialität existierenden und befangenen sowie dem diese Endlichkeit im Tod überwindenden Menschen.

Ein Bild könnte das Gemeinte verdeutlichen: Seele ist wie die immaterielle Matrize, in die sich die materielle Patrize, also alles das, was wir die Geschichtlichkeit des Menschen nennen, Zeit übergreifend und bleibend einprägt. Was immer in unserer zeitlich-material-leiblich verfassten unverwechselbaren Geschichte geschah, bliebe über allen Zerfall dieser leiblichen Existenzweise hinaus in dem, was wir Seele nennen, im dreifachen Sinne aufgehoben, d. h. der Endlichkeit enthoben, über sie hinaufgehoben und in der Unendlichkeit Gottes bewahrt. Erst wenn die konkrete unverwechselbare Geschichte der Seele anvertraut ist, unterliegt sie nicht mehr der sich mehr oder weniger schnell vollziehenden unwiderruflichen Entwertung und Zerstörung im posthumen Zerfall des Leibes. Ein solches geschichtsbewahrendes Verständnis von Seele erfüllt in angemessener Weise das legitime und wichtige Anliegen bleibenden Weltbezugs. Eine solche das geschichtliche Gewordensein bergende und aufhebende Funktionszuschreibung für die Seele ermöglicht eine verantwortliche Rede vom Leben über den Tod hinaus, ohne zur doppelten oder gar dreifachen Buchführung von Körper, Leib und Seele eine zweifelhafte Zuflucht nehmen zu müssen.

Damit ist allerdings die Frage noch nicht beantwortet, was mit der körperlichen Materie, mit dem Leichnam geschieht, wenn eine Auferstehung im Tod angenommen und als Auferstehung des ganzen Menschen interpretiert wird. Schon zu Lebzeiten kann von keiner materiellen Identität des menschlichen Leibes die Rede sein, da er einem ständigen Stoffwechsel unterliegt, der je nach chemischer Substanz eine unterschiedliche Prozessdauer aufweist. Postmortal durchläuft der menschliche Körper wie andere organische Materie auch einen chemisch beschreibbaren Abbauprozess. Was immer hier konstatierbar ist, verbleibt eindeutig im Horizont der Hinterbliebenen-Perspektive, die genau das beschreibt, was schon zu Lebzeiten nur zeitweise den menschlichen Leib ausmachte. Auch wenn der Leichnam der letzte Ausdruck menschlicher Materialität ist, ist er doch deswegen keineswegs der bleibende materielle Ausdruck. Selbst die Produkte des nur noch katabolischen Stoffwechsels eines Leichnams können schließlich in den anabolisch-katabolischen Stoffwechsel nicht nur eines anderen Lebewesens, sondern auch eines anderen Menschen implementiert werden. Die stets transitorische Materialität, derer sich der achtzigjährige Greis sterbend entledigt, hat keine andere und größere Bedeutung als die Materialität, derer er sich als fünfzigjähriger oder zwanzigjähriger Mann lebend und in diversen Stoffwechselwegen entledigt hat und die womöglich längst materieller Bestandteil eines anderen Menschen ist.

Die Vollendung der immer nur zeitweiligen menschlichen Materialität wäre zeitseitig erst in dem Punkt anzunehmen, den die Hinterbliebenen-Perspektive als den Jüngsten Tag bezeichnet. Diese Vorstellung ergibt sich als notwendige Konsequenz der naturwissenschaftlichen Einsicht, dass Raum und Zeit Eigenschaften der Materie sind. Die Vollendung des durch seine geschichtsbewahrende Seele repräsentierten ganzen Menschen im Tod kann als unabhängig von der zu allen Lebens- und Sterbenszeiten immer nur zeitweiligen menschlichen Materialität angenommen werden. Gleichwohl ergibt sich keine Diastase zwischen individuellem Tod und Jüngstem Tag.

Hier ist nochmals an Abbildung 9 zu erinnern, der zufolge sich alle Punkte auf der Zeitperipherie in Äquidistanz zu dem befinden, was wir Ewigkeit nennen. Daraus ergibt sich Folgendes: Die Materie insgesamt, auch die, die den menschlichen Körper prä- und postmortal ausgemacht hat und ausmacht, wird am zeitseitig Jüngsten Tag vollendet. Der ganze Mensch, dessen Geschichtsbezug sich eben in der Seele manifestiert und der erst in ihr die bleibende zeitübergreifende (individual)geschichtliche Einmaligkeit erhält, wird vollendet an seinem zeitseitigen Todestag. Die nur auf den ersten und zeitseitigen Blick irritierende Diastase zwischen der Vollendung des ganzen Menschen in seinem Tod an seinem Todestag und der Vollendung seiner zuletzt vorliegenden Materialität am Jüngsten Tag ist nur ein Artefakt der zeithaften Hinterbliebenen-Perspektive. Die kirchenoffiziellen Dokumente, in denen sich implizit oder explizit die so genannte Zwischenzeit findet, zielen in ihrer Sinnspitze nicht auf die Etablierung einer jenseitigen Raum-Zeit, was ja zugleich Materialisierung bedeutete, sondern auf die Unmittelbarkeit der Gottesschau von Angesicht zu Angesicht.[50] Die aber wird in diesen Überlegungen ausdrücklich bestätigt und unter Einbeziehung naturwissenschaftlicher Kenntnisse neu begründet. Beide, die Vollendung des ganzen Menschen und die Vollendung seiner zeitweiligen und aller, ihm nie leibeigen gewesenen fremden Materialität, koinzidieren, wenn man diesen Begriff in seiner bereits dargelegten Vorläufigkeit noch gebrauchen darf, zeitjenseitig. Der Versuch einer Überwindung dieser Hinterbliebenen-Perspektive interpretiert die zeitdiesseitige Diachronie nicht – es wäre auch ein Widerspruch in sich – als eine zeitjenseitige Synchronie, sondern als zeitlose Identität von individuellem und Jüngstem Gericht und als zeitlose Identität von Vollendung durch Auferstehung des ganzen Menschen (an seinem zeitseitigen Todestag) und Vollendung ehemals und übergangsweise leibeigener und jeglicher Materialität (am zeitseitigen Jüngsten Tag).

Die – gar noch zum Rechtgläubigkeitskriterium erhobene – Alternative, Auferstehung entweder im Tod oder am Jüngsten Tag annehmen zu müssen, ist überholt.[51] Die Auferstehung im Tod ist die Auferstehung am Jüngsten Tag.

Für die Bereiche außerhalb der durchgezogenen Linie wird das Fehlen jeglicher Zeittextur, für die Bereiche innerhalb aber die Durchgängigkeit einer Zeittextur (gestrichelte Linien) angenommen. Ewigkeit ist in dieser Darstellung nicht der beginnlose Prolog und der endlose Epilog zur Zeit und damit selbst in ihrer Kontinuität unterbrochen. Vielmehr ist alle Zeit unterfangen wie auch beginnend und beendend

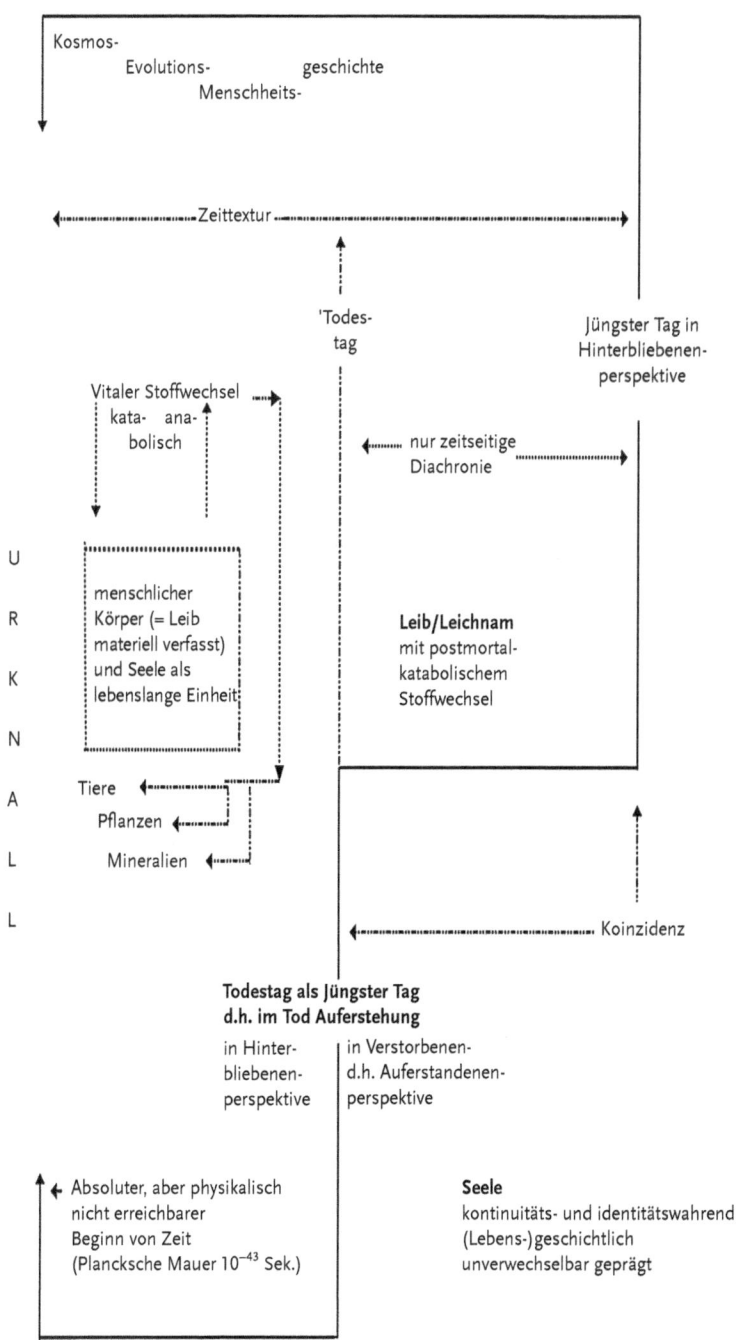

Abb. 10

umfangen von Ewigkeit. Die Auferstehung im Tod ist nicht alternativ zur, sondern identisch mit der Auferstehung des ganzen Menschen am Jüngsten Tage. Dabei wird die durch materielles Dasein zeitweilig geprägte menschliche Geschichte ewigkeitsfähig in dreifachem Sinn aufgehoben in der Seele. Die Seele ist das immaterielle, das lebensgeschichtlich kontinuitäts- und identitätswahrende, das todüberdauernd kontinuitäts- und identitätswahrende, das gottgeschenkte und gottzugewandte bleibende Sein des Menschen. In ihr, durch sie perzipiert der Mensch zu seinem Heil das Sein Gottes und partizipiert der Mensch todüberdauernd zum Leben berufen am Sein Gottes.

## Nachwort zum Dank

Ich habe zu danken meinem zugleich tiefgläubigen wie glaubenskritischen Vater und meiner trotz allem aus heiterer Glaubenszuversicht lebenden Mutter für die tiefe existentielle Beheimatung. Beiden war der Glaube Lebenshilfe im Leben und Lebenshilfe im Sterben.

Ich habe zu danken meiner engeren und weiteren Familie und der Heimatgemeinde, die zu keiner Zeit zweifelsfrei waren und dennoch zweifellos überzeugende Beispiele gelebten Glaubens zeitigten.

Ich habe meinen Freunden und Freundinnen aus den Gemeinden, in denen ich tätig war und bin, sowie den Kollegen aus den theologischen und biologischen Studien zu danken für manche Weitung des Horizonts.

Insbesondere danke ich den Freunden meines Weihejahrgangs im „Borkumer Kreis" für ihre unspektakuläre Seelsorge am Seelsorger.

Ich habe meinen Studenten, denen, die jünger und auch denen, die älter sind als ich, dafür zu danken, dass sie mich mit ihren Fragen in manche konstruktive Nachdenklichkeit versetzt haben.

Glaube und Zweifel sind nach einem schönen Wort von Martin Buber „Milchbrüder". Sie haben unterschiedliche Eltern, gedeihen aber, weil sie mal an dieser, mal an jener Brust derselben Amme trinken. Und so hilft denn der Eine dem Anderen mit Glauben zum Zweifel an der selbstzerstörerischen Verzweiflung und der Andere dem Einen zum Zweifel an der borniertenSelbstgefälligkeit seines Glaubens. Sie können einander helfen, sich zu einem besseren Glauben hindurch zu zweifeln und zu einem besseren Zweifel hindurch zu glauben. So finden wir, wie ich hoffe, miteinander aus der heillosen Zeit ins zeitlose Heil.

# Abkürzungen

**CIC** Codex iuris canonici. Auctoritate Joannis Pauli PP. II promulgatus. Codex des Kanonischen Rechts. Lateinisch- deutsche Ausgabe. Bischöfe Deutschlands, Österreichs, der Schweiz, Bischöfe von Bozen-Brixen, Luxemburg, Lüttich, Metz und Straßburg (Hrsg.), Kevelaer 2. Aufl. 1984

**DH** Denzinger, H./Hünermann, P. (Hrsg.): Enchiridion symbolorum definitionum et declarationum de rebus fidei et morum. Kompendium der Glaubensbekenntnisse und kirchlichen Lehrentscheidungen. Lateinisch – Deutsch. Freiburg 45. Aufl. 2017

**HthTL** Rahner, K. (Hrsg.): Herders Theologisches Taschenlexikon. Bd. 1–8. Freiburg 1973

**KKK** Katechismus der Katholischen Kirche. München 1993

**LThK** Höfer, J./Rahner, K.: Lexikon für Theologie und Kirche. Bd. 1–10. Freiburg 2. Aufl. 1957–1965, Registerband 1967

**LThK** Kasper, W. (Hrsg.): Lexikon für Theologie und Kirche. Bd. 1–11. Freiburg 3. Aufl. 1993–2001

**RGG** Galling, K. (Hrsg.): Religion in Geschichte und Gegenwart. Handwörterbuch für Theologie und Religionswissenschaft. Bd. 1–6. Tübingen 3. Aufl. 1957–1962, Registerband 1965

**RGG** Betz, H. D./Browning, D. S./Janowski, B./Jüngel, E. (Hrsg.): Religion in Geschichte und Gegenwart. Handwörterbuch für Theologie und Religionswissenschaft. Bd. 1–8. Tübingen 4. Aufl. 1998–2005, Registerband 2007

# Literaturverzeichnis

## A

Ahlbrecht, A.: Zwischenzustand. In: LThK 2. Aufl. Bd. 10, Sp. 1442
Ahlheim, K.-H. (Hrsg.): Meyers Taschenlexikon Biologie. 3 Bde., Mannheim 1983
Althaus, P.: Auferstehung, VI. Dogmatisch. In: RGG 3. Aufl. Bd. 1, Sp. 697
Amery, C.: Das Ende der Vorsehung. Die gnadenlosen Folgen des Christentums. Reinbek 1972
A. Augustinus: Confessiones – Bekenntnisse, (Hrsg.) Bernhart, J. München 4. Aufl. 1980
Anderwald, A.: Zur Vernünftigkeit des Glaubens. Überlegungen zum Dialog zwischen (Fundamental-)Theologie und Naturwissenschaften. Opole 2017

## B

Backhaus, K.: Glaubensbekenntnis, II. Biblisch, 3. Neues Testament. In: LThK 3. Aufl. Bd. 4, Sp. 702
Backhaus, K.: Licht vom Licht. Die Präexistenz Christi im Hebräerbrief. In: Laufen, R.: Gottes ewiger Sohn. Die Präexistenz Christi. Paderborn/München/Wien/Zürich 1997
Bader, D. (Hrsg.): Kain und Abel. Rivalität und Brudermord in der Geschichte der Menschen. München 1983
Balthasar, H. U. von: Verbum caro. Skizzen zur Theologie, Bd. 1, Einsiedeln 1960
Barth, K.: Die Auferstehung der Toten. Eine akademische Vorlesung über 1 Kor 15. Zürich 1924
Barth, K.: Die kirchliche Dogmatik IV/3, I. Hälfte. Zürich 1959
Baumgartner, H. M. (Hrsg.): Zeitbegriffe und Zeiterfahrung. Freiburg/München 1994
Benediktiner der Erzabtei Beuron (Hrsg): Das vollständige Römische Meßbuch. Lateinisch und deutsch. Freiburg 1961
Berger, K.: Jesus. München 2004
Betz, H. D./Browning, D. S./Janowski, B./Jüngel, E. (Hrsg.): Religion in Geschichte und Gegenwart. Handwörterbuch für Theologie und Religionswissenschaft. Bd. 1–8. Tübingen 4. Aufl. 1998–2005
Bischöfe Deutschlands und Österreichs und des Bischof von Bozen-Brixen (Hrsg.): Gotteslob – Katholisches Gebet- und Gesangbuch. Stuttgart 2013

Blaser, J.-P.: Die Zeit in der Physik. In: Gumin, H./Meier, H. (Hrsg.): Die Zeit. Dauer und Augenblick. München 1992
Blavat, K.: Auferstehung im Labor. In: Süddeutsche Zeitung Nr. 257, 7./8. XI. 2015, S. 38f.
Boff, L.: Kleine Trinitätslehre. Düsseldorf 1990
Brandscheidt, R.: Sündenfall. In: LThK 3. Aufl. Bd. 9, Sp. 1132f.
Brunner, E.: Das Ewige als Zukunft und Gegenwart. München 1967
Buch, A. J./Fries, H. (Hrsg): Die Frage nach Gott als Frage nach dem Menschen. Düsseldorf 1981
Bultmann, R.: Kerygma und Mythos I. Hamburg 1948
Bürkle, H.: Schuld. III. Religionsgeschichtlich. In: LThK 3. Aufl. Bd. 9, Sp. 278f.

## C

Clayton, P.: Panentheismus, Zum Begriff und naturwissenschaftlich. In: Betz, H. D./Browning, D. S./Janowski, B./Jüngel, E. (Hrsg.): Religion in Geschichte und Gegenwart. Handwörterbuch für Theologie und Religionswissenschaft. Tübingen 4. Aufl. 1998–2005
Cullmann, O.: Christus und die Zeit. Die urchristliche Zeit- und Geschichtsauffassung. Zürich 3. Aufl. 1962

## D

Denzinger, H./Hünermann, P. (Hrsg.): Enchiridion symbolorum definitionum et declarationum de rebus fidei et morum. Kompendium der Glaubensbekenntnisse und kirchlichen Lehrentscheidungen. Lateinisch – Deutsch. Freiburg 45. Aufl. 2017
Deutsche Bischöfe (Hrsg.): Der Glaube an den dreieinen Gott. Eine Handreichung der Glaubenskommission der Deutschen Bischofskonferenz zur Trinitätstheologie. Nr. 83 Bonn 2006
Dirscherl, E.: Erbsünde. In: Beinert, W./Stubenrauch, B. (Hrsg.): Neues Lexikon der katholischen Dogmatik. Freiburg 2012
Dünzel, F.: Kleine Geschichte des trinitarischen Dogmas in der Alten Kirche. Freiburg 2006

## E

Eicher, P.: Neues Handbuch theologischer Grundbegriffe. München 1991/2005
Eisler, R. (Hrsg.): Historisches Wörterbuch der Philosophie. Bd. 4; 4. Aufl. 1976
Essen, G.: „Da ist keiner, der nicht sündigt, nicht einer …" Analyse und Kritik gegenwärtiger Erbsündentheologien und ihr Beitrag für das seit Paulus gestellte Problem. In: Pröpper, T.: Theologische Anthropologie. Bd. II. Freiburg 2011

Evangelisches Gesangbuch (Ausgabe für die Evangelische Kirche im Rheinland, die Evangelische Kirche von Westfalen, die Lippische Landeskirche, in Gemeinschaft mit der Evangelisch-reformierten Kirche in Bayern und Nordwestdeutschland, im Gebrauch auch in den evangelischen Kirchen im Großherzogtum Luxemburg) Gütersloh/Bielefeld/Neukirchen-Vluyn 1996

**F**

Fahr, H.: Zeit in Natur und Universum. In: Baumgartner, H. M. (Hrsg.): Zeitbegriffe und Zeiterfahrung. Freiburg/München 1994
Franzen, A.: Kleine Kirchengeschichte. Freiburg 1968
Fried, J.: Kein Tod auf Golgatha – Auf der Suche nach dem überlebenden Jesus. München 2019

**G**

Gigon, O. (Hrsg.): Markus Tullius Cicero, Gespräche in Tusculum
Gnilka, J.: Jesus Christus. I. Neues Testament. In: LThK 3. Aufl. Bd. 5, Sp. 804–815
Gotteslob – Katholisches Gebet und Gesangbuch. Hrsg. von den (Erz-)Bischöfen Deutschlands und Österreichs und dem Bischof von Bozen-Brixen Stuttgart 2013
Greshake, G./Lohfink, G.: Naherwartung, Auferstehung, Unsterblichkeit. Freiburg 1975
Greshake, G.: Stärker als der Tod. Mainz 4. Aufl. 1979
Greshake, G.: Gott in allen Dingen finden: Schöpfung und Gotteserfahrung. Freiburg 1986
Greshake, G.: Der dreieine Gott. Eine trinitarische Theologie. Freiburg 2. Aufl. 1997
Greshake, G.: Person, theologiegeschichtlich und systematisch-theologisch. In: LThK 3. Aufl. Bd. 8, Sp. 48ff.
Greshake, G.; Zwischenzustand. In: LThK 3. Aufl. Bd. 10, Sp. 1530
Groh, D.: Schöpfung im Widerspruch. Deutungen der Natur und des Menschen von der Genesis bis zu Reformation. Frankfurt 2003
Groß, W. (Hrsg.): Frauenordination. Stand der Diskussion in der katholischen Kirche. München 1996
Gründel, J.: Kairos II. Theologisch-ethisch. In: LThK 3. Aufl. Bd. 5, Sp. 1130f.
Gründel, J.: Sünde. V. Theologisch-ethisch. In: LThK 3. Aufl. Bd. 9, Sp. 1128–1130
Gumin, H./Meier, H. (Hrsg.): Die Zeit. Dauer und Augenblick. München 3. Aufl. 1992

## H

Hattrup, D.: Eschatologie. Paderborn 1992
Hawking, St.: Eine kurze Geschichte der Zeit. Die Suche nach der Urkraft des Universums. Hamburg 1992
Hawking, St.: Einsteins Traum. Expeditionen an die Grenzen. Reinbek 1993
Hawking, St.: Kurze Antworten auf große Fragen. Stuttgart 10. Aufl. 2018
Hemminger, H./Hemminger, W.: Jenseits der Weltbilder. Naturwissenschaft, Evolution, Schöpfung. Stuttgart 1991
Hengstenberg, H.-E.: Der Leib und die letzten Dinge. Regensburg 1955
Hick, John: The Myth of God Incarnate. London 1977
Hirschberger, J.: Geschichte der Philosophie. Bd. I. Altertum und Mittelalter. Freiburg 14. Aufl. 1976/1991
Hoping, H.: Einführung in die Christologie. Darmstadt 2. Aufl. 2010
Hünermann, P.: Jesus Christus Gottes Wort in der Zeit. Eine systematische Christologie. Münster 2. Aufl. 1997

## I

Illies, C.: Schuld, Subjekt und Sittengesetz – eine philosophische Annäherung. In: Lüke, U./Souvignier, G.: Schuld – überholte Kategorie oder menschliches Existential? Freiburg 2015, S. 32–62
Iserloh, E./Lortz, J.: Kleine Reformationsgeschichte. Freiburg 1971

## J

Jahn, I./Löther, R./Senglaub, K.: Geschichte der Biologie. Theorien, Methoden, Institutionen, Kurzbiographien. Jena 1985
Jüngel, E.: Gott als Geheimnis der Welt. Zur Begründung der Theologie des Gekreuzigten im Streit zwischen Theismus und Atheismus. Tübingen 3. Aufl. 1978
Jüngel, E.: Tod, Gütersloh 5. Aufl. 1993

## K

Kälin, J. (Hrsg.): Die Problematik von Raum und Zeit. Freiburg/München 1964
Kasper, W.: Jesus der Christus. Mainz 1974
Kasper, W.: Dogma/Dogmenentwicklung. In: Eicher, P.: Neues Handbuch theologischer Grundbegriffe. Bd. 1. München 1991
Katechismus der Katholischen Kirche. München/Wien/Leipzig/Freiburg/Linz 1993
Kehl, M.: Parusie. II. Systematisch-theologisch. In: LThK 3. Aufl. Bd. 7, Sp. 1404f.
Kerkhoff, M.: Kairos. In: Eisler, R. (Hrsg.): Historisches Wörterbuch der Philosophie. Bd. 4; 4. Aufl. 1976, Sp. 667f.

Keilbach, W.: Religion und Religionen. Gedanken zu ihrer Grundlegung. München/Paderborn/Wien 1976
Kern, W./Pottmeyer, H. J./Seckler, M. (Hrsg.): Handbuch der Fundamentaltheologie, Bd. 4. Freiburg 1988
Kessler, H.: Sucht den Lebenden nicht bei den Toten. Die Auferstehung Jesu Christi. Leipzig 1989
Koltermann, R.: Grundzüge der modernen Naturphilosophie. Ein kritischer Gesamtentwurf. Frankfurt 1994
Koltermann, R. (Hrsg.): Universum, Mensch, Gott. Der Mensch vor den Fragen der Zeit. Graz/Wien/Köln 1997
Krötke, W.: Sünde/Schuld und Vergebung. I. Begrifflichkeit. In: RGG 4. Aufl. Bd. 7, Sp. 1867f.
Krötke, W.: Sünde/Schuld und Vergebung. VII. Dogmatisch. In: RGG 4. Aufl. Bd. 7, Sp. 1887–1891
Küng, H.: Credo. Das Apostolische Glaubensbekenntnis – Zeitgenossen erklärt. München 3. Aufl. 1993

L

Laufen, R.: Gottes ewiger Sohn. Die Präexistenz Christi. Paderborn/München/Wien/Zürich 1997
Lehmann, K.: Auferweckt am dritten Tag nach der Schrift. Früheste Christologie, Bekenntnisbildung und Schriftauslegung im Lichte von 1 Kor 15,3–5. Freiburg 2. Aufl. 1969
Lehmen, A.: Lehrbuch der Philosophie auf aristotelisch-scholastischer Grundlage. 2. Abt.: Theodicee. Freiburg 1901
Lohfink, G.: Zur Möglichkeit christlicher Naherwartung. In: Greshake, G./ Lohfink, G.: Naherwartung, Auferstehung, Unsterblichkeit. Freiburg 1975, S. 38–81
Lohfink, G.: Jesus von Nazaret. Was er wollte, wer er war. Freiburg 2011
Loisy, A.: Evangelium und Kirche. München 1904
Lortz, J./Iserloh, E.: Kleine Reformationsgeschichte. Freiburg 1971
Lubac, de H.: Credo. Gestalt und Lebendigkeit unseres Glaubensbekenntnisses. Einsiedeln 1975
Lübbe, H.: Religion nach der Aufklärung. Graz/Wien/Köln 1986
Lüdicke, K.: Schuld VII. Rechtlich VIII. Kirchenrechtlich. In: LThK 3. Aufl. Bd. 9, Sp. 282f.
Ludwig, G.: Raum und Zeit als Probleme der Naturwissenschaften, in: Kälin, J. (Hrsg.): Die Problematik von Raum und Zeit. Freiburg/München 1964
Lüke, U.: Bio-Theologie. Zeit, Evolution, Hominisation. Paderborn/München/Wien/Zürich 2. Aufl. 2001
Lüke, U.: Evolution und Offenbarung – zwei Wege ins Offene Gottes? In: Lü-

ke, U./Souvignier, G. (Hrsg.): Evolution der Offenbarung – Offenbarung der Evolution. Freiburg 2012, S. 27–50

Lüke, U.: Das Säugetier von Gottes Gnaden. Evolution, Bewusstsein, Freiheit. Freiburg 3. Aufl. 2016

Lüke, U.: Jesu Männlichkeit oder Jesu Menschlichkeit? Humanwissenschaftliche und theologische Anfragen an das nur Männern vorbehaltene Priesteramt". In: Theologische Quartalschrift Tübingen 3. Heft 2018, S. 183–199

Lüscher, E.: Zusammenfassende Bemerkungen zur physikalischen Zeitdefinition. In: Gumin, H./Meier, H. (Hrsg.): Die Zeit. Dauer und Augenblick. München 3. Aufl. 1992

# M

Mackensen, L.: Ursprung der Wörter. Etymologische Wörterbuch der deutschen Sprache. München 1985

Menke, K.-H.: Jesus ist Gott der Sohn. Denkformen und Brennpunkte der Christologie. Regensburg 2008

Moltmann, J.: Gott in der Schöpfung. Ökologische Schöpfungslehre. München 3. Aufl. 1987

Mouroux, J.: Eine Theologie der Zeit. Freiburg 1965

Mußner, F.: Der nicht erkannte Kairos. In: Biblica 40. Rom 1959

Müller, G. L.: Katholische Dogmatik. Für Studium und Praxis der Theologie. Freiburg 6. Aufl. 2005

# N

Neubacher, E.: Sünde I. Religionswissenschaftlich. In: LThK 3. Aufl. Bd. 9, Sp. 1118

Nietzsche, F.: Also sprach Zarathustra. Ein Buch für alle und keinen. Vollständige Ausgabe nach dem Text der Ausgabe Leipzig 1891. München o. J.

Nikolajczyk, P.: Umgeben von unendlicher Liebe. Iserlohn 3. Aufl. 2019

Nikolaus von Kues: De non aliud. In: Gabriel, L. (Hrsg.) Philosophisch-theologische Schriften, Lateinisch-Deutsch Bd. II. Wien 1966

Nikolaus von Kues: De docta ignorantia. In: Gabriel, L. (Hrsg.): Philosophisch-theologische Schriften, Lateinisch-Deutsch, Bd. 1 Wien 1964

Nikolaus von Kues: Idiota de mente Cap. XIII/Der Laie über den Geist n. 146–147, in Philosophisch-theologische Werke Band 2. Hamburg 2002

# O

Ott, L.: Grundriss der Dogmatik. Freiburg8. Aul. 1970

# P

Pannenberg, W.: Das Glaubensbekenntnis ausgelegt und verantwortet vor den Fragen der Gegenwart. Hamburg 1972/1990

Pannenberg, W.: Anthropologie in theologischer Perspektive. Göttingen 1983
Pascal, B.: Pensées. Über die Religion und über einige andere Gegenstände. Heidelberg 8. Aufl. 1978, übertragen und herausgegeben von Ewald Wasmuth.
Pesch, O. H.: Katholische Dogmatik aus ökumenischer Erfahrung. Bd. 1/2 Die Geschichte des Menschen mit Gott.
Philberth, B.: Der Dreieine. Anfang und Sein. Die Struktur der Schöpfung. Stein am Rhein 3. Aufl. 1974
Piétri, C. und L. (Hrsg.): Die Geschichte des Christentums, Bd. 2. Das Entstehen der einen Christenheit. Freiburg 1996
Pöppel, E.: Grenzen des Bewusstseins. Über Wirklichkeit und Welterfahrung. Stuttgart 1985
Pröpper, T.: Theologische Anthropologie. Bd. II. Freiburg 2011

R

Radke, H.: Schuld. III. Rechtlich. In: RGG 4. Aufl. Bd. 7, Sp. 1021
Rahner, K.: Auferstehung Jesu. In: Rahner, K./Darlapp, A. (Hrsg.): Sacramentum Mundi – Theologisches Lexikon für die Praxis Bd. 1. Freiburg 1967
Rahner, K.: Dogmatische Bemerkungen zur Jungfrauengeburt. In: Frank, K. S./Kilian, R.: Zum Thema Jungfrauengeburt. Stuttgart 1970
Rahner, K. (Hrsg.): Herders Theologisches Taschenlexikon. Bd. 1–8. Freiburg 1973
Rahner, K.: Beiträge zur Christologie. Leipzig 1974
Rahner, K.: Theologie aus Erfahrung des Geistes. Schriften zur Theologie, Bd. 12. Zürich/Einsiedeln/Köln 1975
Rahner, K.: Grundkurs des Glaubens. Einführung in den Begriff des Christentums. Freiburg 1976
Rahner, K./Fries, H.: Einigung der Kirchen – reale Möglichkeit. Freiburg 1983
Rahner, K.: Gott und Offenbarung. Schriften zur Theologie, Bd. 13. Zürich/Einsiedeln/Köln 1987
Rahner, K.: Wissenschaft und christlicher Glaube. Schriften zur Theologie Bd. 15. Zürich u. a.: 1983
Ratzinger, J.: Art. Auferstehungsleib. In: LThK 2. Aufl. Bd. 1, Sp. 1053
Ratzinger, J.: Theologische Prinzipienlehre. Bausteine zur Fundamentaltheologie. München 1982
Ratzinger, J.: Einführung in das Christentum. München 1985
Ratzinger, J.: Auf Christus schauen. Einübung in Glaube, Hoffnung, Liebe. Freiburg 1989/2006
Ratzinger, J.: Kleine katholische Dogmatik. Bd. IX. Regensburg 6. Aufl. 1990

Ratzinger, J./Benedikt XVI.: Jesus von Nazareth. Bd. 1 Von der Taufe im Jordan bis zur Verklärung. Freiburg 2007; Bd. 2 Vom Einzug in Jerusalem bis zur Auferstehung. Freiburg 2011; Bd. 3 Prolog – Die Kindheitsgeschichten. Freiburg 2012

Remenyi, M.: Auferstehung denken. Anwege, Grenzen und Modelle personaleschatologischer Theoriebildung. Freiburg Basel/Wien 2016

Ricken, F.: Philosophie der Antike. Grundkurs Philosophie Bd. 6 Stuttgart/Berlin/Köln 2. Aufl. 1993

## S

Sander, H.-J.: Natur und Schöpfung – Die Realität im Prozeß. A. N. Whiteheads Philosophie als Paradigma einer Fundamentaltheologie kreativer Existenz. Frankfurt/Bern/New York/Paris 1991

Sattler, D.: Nicaeno-Konstantinopolitanisches Glaubensbekenntnis. In: LThK 3. Aufl. Bd. 7, Sp. 798f.

Schatz, K.: Allgemeine Konzilien – Brennpunkte der Kirchengeschichte. Paderborn 2. Aufl. 2008

Scheffczyk, L.: Evolution und Schöpfung. In: Spaemann, R./Löw, R./Koslowski, P. (Hrsg.): Evolutionismus und Christentum. Weinheim 1986

Schmidt-Leukel, P.: Gott ohne Grenzen. Eine christliche und pluralistische Theologie der Religionen. Gütersloh 2005

Schmitz-Moormann, K.: Schöpfung und Evolution. Neue Ansätze zum Dialog zwischen Naturwissenschaften und Theologie. Düsseldorf 1992

Schmöle, K.: Läuterung nach dem Tode und pneumatische Auferstehung bei Klemens von Alexandrien. Münster 1974

Schneider, T.: Was wir glauben. Eine Auslegung des Apostolischen Glaubensbekenntnis. Düsseldorf 3. Aufl. 1988

Scholtissek, K.: Könnt ihr die Zeichen der Zeit deuten? Christologie und Kairologie im lukanischen Doppelwerk. In: Theologie und Glaube. 85, 1995

Schuh, H.: Wie alles begann. In: ‚Die Zeit' Nr. 1, 30. XII. 1995, 23

Schupp, F.: Schöpfung und Sünde. Von der Verheißung einer wahren und gerechten Welt, vom Versagen der Menschen und vom Widerstand gegen die Zerstörung. Düsseldorf 1990

Seckler, M.: Fundamentaltheologie: Aufgaben und Aufbau, Begriff und Namen. In: Kern, W./Pottmeyer, H. J./Seckler, M. (Hrsg.): Handbuch der Fundamentaltheologie, Bd. 4. Freiburg 1988

Sloterdijk, P.: Nach Gott. Berlin 2018

Söding, T.: Trinität. Biblisch-theologisch. In: LThK 3. Aufl. Bd. 10, Sp. 241

Spaemann, R./Löw, R./Koslowski, P. (Hrsg.): Evolutionismus und Christentum. Weinheim 1986

Splett, J.: Gottesbeweis Mitmenschlichkeit. Zur rationalen Begründung von

Religion. In: Buch, A. J./Fries/H. (Hrsg): Die Frage nach Gott als Frage nach dem Menschen. Düsseldorf 1981

Splett, Jörg: Freiheits-Erfahrung. Vergegenwärtigungen christlicher Anthropo-Theologie. Frankfurt 1986

Stimpfle, A.: Pilatus. In: LThK 3. Aufl. Bd. 8, Sp. 296ff.

Stubenrauch, B.: Dreifaltigkeit. Regensburg 2002

**T**

Teilhard de Chardin, P.: Die Schau in die Vergangenheit. Studienausgabe Olten 1965

Teilhard de Chardin, P.: Die Entstehung des Menschen. München Sonderausgabe 1969

Tertullian: Adversus Praxeam zitiert nach Fontes Christiani 34

Theunissen, Michael: Negative Theologie der Zeit. Frankfurt 1991

Thomas v. Aquin: Summa contra gentiles 2, 3 (Hrsg.) Albert, K./Engelhardt, P., Darmstadt 2. Aufl. 2005

Thomas v. Aquin: Summa theologiae – Summe der Theologie. (Hrsg.) Bernhart, J. Leipzig 1934

Thomas v. Aquin: De potentia 7, 5 ad 14

Tiefensee, E.: Pantheismus. In: LThK 3. Aufl. Bd. 7, Sp. 1318f.

Tillich, P.: Kairos. Gesammelte Werke Bd. 6, 1963

**V**

Verweyen, H.: Botschaft eines Toten? Regensburg 1997

Verweyen, H.: Gottes letztes Wort. Grundriss der Fundamentaltheologie. Regensburg 4. Aufl. 2002

Vogel, G./Angermann, H. (Hrsg.): dtv-Atlas zur Biologie. 3 Bde. München 1984

Volk, H.: Das christliche Verständnis des Todes. Münster 1957

Vorgrimler, H.: Der Tod im Denken und Leben des Christen. Düsseldorf 1978

Vorgrimler, H.: Wir werden auferstehen. Freiburg 1981

Vorgrimler, H.: Geschichte der Hölle. München 1993

**W**

Waldenfels, H.: Glaubensbekenntnis, I. Religionsgeschichtlich. In: LThK 3. Aufl. Bd. 4, Sp. 699f.

Weinberg, S.: Die ersten drei Minuten. Der Ursprung des Universums. München 10. Aufl. 1991

Weizsäcker, von C. F.: Zeit und Wissen. München 1993

Werbick, J.: Kirche. Ein ekklesiologischer Entwurf für Studium und Praxis. Freiburg 1994

Werbick, J.: Sünde. IV. Systematisch-theologisch. In: LThK 3. Aufl. Bd. 9, Sp. 1126–1128

Werbick, J.: Trinität. II. Theologie- und dogmengeschichtlich. In: LThK 3. Aufl. Bd. 10, Sp. 242–246

Wolfes, M.: Panentheismus. Religionsphilosophisch. In: RGG 4. Aufl. Bd. 6, Sp. 849

## Z

Zenger, E.: Aspekte biblischer Schöpfungstheologie. In: Koltermann, R. (Hrsg.): Universum, Mensch, Gott. Der Mensch vor den Fragen der Zeit. Graz/Wien/Köln 1997

Zenger, E.: „Das Blut deines Bruders schreit zu mir". Gestalt und Aussageabsicht der Erzählung von Kain und Abel. In: Bader, D. (Hrsg.): Kain und Abel. Rivalität und Brudermord in der Geschichte der Menschen. München 1983

# Anmerkungen

## 1. Vorbemerkungen

[1] Sloterdijk, P.: Nach Gott. S. 20.
[2] Vgl. ebd. S. 24 u. 29.
[3] Näheres in Lüke, U.: Das Säugetier von Gottes Gnaden.
[4] Vgl. das schon erwähnte Werk von Sloterdijk, P.: Nach Gott.
[5] Menke, K.-H.: Jesus ist Gott der Sohn. S. 24.

## 2. Zur Einführung

[1] Vgl. die Synopse beider Fassungen und ihre jeweilige Übersetzung ins Deutsche: Denzinger, H./Hünermann, P.: Kompendium der Glaubensbekenntnisse und kirchlichen Lehrentscheidungen. Freiburg 45. Aufl. 2017, Nr. 150 (im Folgenden abgekürzt DH).
[2] Gotteslob – Katholisches Gebet- und Gesangbuch. Stuttgart 2013. Für das Apostolikum: Nr. 3/4 S. 36. Für das Nizänokonstantinopolitanum: Nr. 586/2, S. 657f.
[3] Vgl. Waldenfels, H.: Glaubensbekenntnis, I. Religionsgeschichtlich. In: LThK 3. Aufl. Bd. 4, Sp. 699f.
[4] Rahner, K.: Grundkurs des Glaubens. S. 431f.
[5] Vgl. auch de Lubac, H.: Credo. Gestalt und Lebendigkeit unseres Glaubensbekenntnisses. S. 276.
[6] Vgl. Backhaus, K.: Glaubensbekenntnis, II. Biblisch, 3. Neues Testament. In: LThK 3. Aufl. Bd. 4, Sp. 702.
[7] Vgl. Schneider, T.: Was wir glauben. Eine Auslegung des Apostolischen Glaubensbekenntnis. S. 47f.
[8] Vgl. Sattler, D.: Nicaeno-Konstantinopolitanisches Glaubensbekenntnis. In: LThK 3. Aufl. Bd. 7, Sp. 798f.
[9] Vgl. DH 42–45.
[10] Vgl. DH 1500.
[11] Vgl. Mackensen, L.: Ursprung der Wörter. Etymologische Wörterbuch der deutschen Sprache.
[12] A. Augustinus: Ep. 120 (ad consentium) 3 zitiert nach Seckler, M.: Fundamentaltheologie: Aufgaben und Aufbau, Begriff und Namen. In: Handbuch der Fundamentaltheologie, Bd. 4, S. 450.
[13] Schneider, T.: Was wir glauben. S. 22.
[14] Näheres zum Verhältnis von (natur)wissenschaftlicher Rationalität und gläubiger Vernunft vgl. Lüke, U.: Evolution und Offenbarung – zwei Wege ins Offene Gottes? In: Lüke, U./Souvignier, G. (Hrsg.): Evolution der Offenbarung – Offenbarung der Evolution. S. 27–50 sowie Anderwald, A.: Zur Vernünftigkeit des Glaubens. Überlegungen zur Dialog zwischen (Fundamental-)Theologie und Naturwissenschaften. S. 11–49.
[15] Küng, H.: Credo. Das Apostolische Glaubensbekenntnis – Zeitgenossen erklärt. S. 22.
[16] Splett, J.: Gottesbeweis Mitmenschlichkeit. Zur rationalen Begründung von Reli-

gion. In: Buch, A. J./Fries/H. (Hrsg): Die Frage nach Gott als Frage nach dem Menschen. S. 58f. Ähnliches biographisch-pastoraltheologisch gewendet in Nikolajczyk, P.: Umgeben von unendlicher Liebe.

## 3. Der Glaube an Gott den Vater

[1] Das nachgestellte (A) verweist darauf, dass es sich um die Formulierung aus dem Apostolikum, das nachgestellte (NK), dass es sich um die entsprechende Formulierung aus dem Nizänokonstantinopolitanum handelt.

[2] Thomas v. Aquin: Summa contra gentiles 2, 3.

[3] Thomas v. Aquin: Summa theologiae I q. 3 introd.

[4] Thomas v. Aquin: De potentia 7, 5 ad 14.

[5] DH 806.

[6] Hawking, St.: Einsteins Traum. Expeditionen an die Grenzen. S. 8f.

[7] Gleichzeitig kokettierte er aber (durchaus absatzfördernd für seine Schriften) mit der Spannung zwischen seiner Mitgliedschaft in der Päpstlichen Akademie der Wissenschaft und seinen eher atheistischen Grundüberzeugungen. Zugleich kokettierte z. B. Papst Benedikt XVI. – vielleicht zum Zweck der Kaschierung des „Galilei-Komplexes" der Kirche – mit der immer wieder auch photographisch dokumentierten Nähe zu gerade diesem Physiker.

[8] Beide Zitate in Hawking, St.: Kurze Antworten auf große Fragen. S. 52f. und S. 64.

[9] Hawking, St.: Eine kurze Geschichte der Zeit. Die Suche nach der Urkraft des Universums. S. 25f.

[10] Ebd. S. 27.

[11] Zur näheren Analyse des Zusammenhangs von Schöpfung und Zufall vgl. Lüke, U.: Das Säugetier von Gottes Gnaden. S. 107–144.

[12] Hawking, St.: Eine kurze Geschichte der Zeit. S. 217.

[13] Gigon, O. (Hrsg.): Markus Tullius Cicero, Gespräche in Tusculum S. 35.

[14] Lehmen, A.: Lehrbuch der Philosophie auf aristotelisch-scholastischer Grundlage. 2. Abt.: Theodicee. S. 606.

[15] Hirschberger, J.: Geschichte der Philosophie. Bd. I. Altertum und Mittelalter. S. 222.

[16] Vgl. Ricken, F.: Philosophie der Antike. Grundkurs Philosophie Bd. 6, S. 26.

[17] Vgl. Nikolaus von Kues: De non aliud, Propositio VI u. VII, S. 557.

[18] Ratzinger, J.: Auf Christus schauen. Einübung in Glaube, Hoffnung, Liebe. S. 20f.

[19] DH 125 und 150.

[20] Schneider, T.: Was wir glauben. S. 110f.

[21] Jahn, I./Löther, R./Senglaub, K.: Geschichte der Biologie. Theorien, Methoden, Institutionen, Kurzbiographien. S. 692.

[22] Sloterdijk, P.: Nach Gott. S. 14.

[23] Vgl. De docta ignorantia I Cap. IV. 16–19.

[24] Schneider, T.: Was wir glauben. S. 126f.

[25] An dieser Stelle ist Carl Amery mit seinem Buch „Das Ende der Vorsehung. Die gnadenlosen Folgen des Christentums" (Reinbek 1972) entschieden zu widersprechen; denn er hatte mit seinem seit 1972 immer wieder neu aufgelegten Werk eine

eindeutige Schuldzuschreibung an das Christentum und sein Gottesbild für die zahlreichen naturwissenschaftlich-technisch verursachten ökologischen Desaster versucht. Dabei hatte er genau diese biblisch fundierte Rechenschaftspflichtigkeit des Menschen unterschlagen.

[26] Vgl. Zenger, E.: Aspekte biblischer Schöpfungstheologie. S. 91.
[27] Sander, H.-J.: Natur und Schöpfung – Die Realität im Prozeß. A. N. Whiteheads Philosophie als Paradigma einer Fundamentaltheologie kreativer Existenz. S. 232ff.
[28] Moltmann, J.: Gott in der Schöpfung. Ökologische Schöpfungslehre. S. 20.
[29] Ebd. S. 45.
[30] Thomas v. Aquin: Summa contra gentiles 2, 3.
[31] Lübbe, H.: Religion nach der Aufklärung. S. 136.
[32] Koltermann, R.: Grundzüge der modernen Naturphilosophie. Ein kritischer Gesamtentwurf. S. 188.
[33] Ebd. S. 189.

## 4. Im Fokus: Schöpfung

[1] Hawking, S.: Kurze Antworten auf große Fragen. S. 53f.
[2] Vgl. z. B. Weinberg, S.: Die ersten drei Minuten. Der Ursprung des Universums. S. 154.
[3] Vgl. z. B. Schuh, H.: Wie alles begann. In: ‚Die Zeit' Nr. 1, 30. XII. 1995, S. 23.
[4] Scheffczyk, L.: Evolution und Schöpfung. In: Spaemann, R./Löw, R./Koslowski, P. (Hrsg.): Evolutionismus und Christentum. S. 57ff.
[5] Rahner, K.: Wissenschaft und christlicher Glaube. Schriften zur Theologie Bd. 15, S. 26.
[6] Pöppel, E.: Grenzen des Bewusstseins. Über Wirklichkeit und Welterfahrung. S. 42.
[7] Vgl. z. B. Ahlheim, K.-H. (Hrsg.): Meyers Taschenlexikon Biologie. Bd. 3, S. 300. Kurzer Überblick auch in Vogel, G./Angermann, H. (Hrsg.): dtv-Atlas zur Biologie. Bd. 2, S. 364ff.
[8] Vgl. Lüscher, E.: Zusammenfassende Bemerkungen zur physikalischen Zeitdefinition. In: Gumin, H./Meier, H. (Hrsg.): Die Zeit. Dauer und Augenblick. S. 365.
[9] Mouroux, J.: Eine Theologie der Zeit. S. 52.
[10] Theunissen, M.: Negative Theologie der Zeit. S. 60.
[11] Splett, J.: Freiheits-Erfahrung. Vergegenwärtigungen christlicher Anthropo-Theologie. S. 12f.
[12] A. Augustinus: Confessiones – Bekenntnisse. S. 628f.
[13] Splett, J.: Freiheits-Erfahrung. S. 84f.
[14] Tiefensee, E.: Pantheismus. In: LThK 3. Aufl. Bd. 7, Sp. 1318.
[15] Ablehnende Äußerungen gegen den Pantheismus, die diesen teils mit Anathem belegen, finden sich im DH 2901 (Syllabus), DH 3023–3025 (Dei filius/Vatikanum I) sowie DH 3201–3219, verfasst 1887 gegen den Ordensgründer, Theologen und Philosophen Antonio Rosmini-Serbati (1797–1855), der hier posthum der Häresie bezichtigt und dennoch 2007 seliggesprochen worden ist.
[16] Tiefensee, E.: Pantheismus. In: LThK 3. Aufl. Bd. 7, Sp. 1319.

[17] Näheres zu den Möglichkeiten und Grenzen der Leistungsfähigkeit des Naturalismus siehe Lüke, U.: Das Säugetier von Gottes Gnaden. Evolution, Bewusstsein, Freiheit. Freiburg 3. Aufl. 2016, S. 28–63.

[18] Clayton, P.: Panentheismus, Zum Begriff und naturwissenschaftlich. In: RGG 4. Aufl. Bd. 6, Sp. 848f.

[19] Wolfes, M.: Panentheismus. Religionsphilosophisch. In: RGG 4. Aufl. Bd. 6, Sp. 849.

[20] von Weizsäcker, C. F.: Zeit und Wissen. München 1993, S. 585.

## 5. Die trinitarische Struktur der Glaubensbekenntnisse

[1] Greshake, G.: Der dreieine Gott. Eine trinitarische Theologie. Freiburg 1997, S. 14 Stellenbeleg dort.

[2] Vgl. Tertullian: Adversus Praxeam 2,4 zitiert nach Fontes Christiani 34, S. 106.

[3] „Qui tres unum sunt, non unus." Tertullian: Adversus Praxeam 25,1 zitiert nach Fontes Christiani 34, S. 224.

[4] Söding, T.: Trinität. Biblisch-theologisch. In: LThK 3. Aufl. Bd. 10, Sp. 241

[5] Ebd.

[6] Werbick, J.: Trinität. Theologie und dogmengeschichtlich. In: LThK 3. Aufl. Bd. 10, Sp. 243.

[7] DH 806 „*Inter creatorem et creaturam non potest tanta similitudo notari, quin inter eos maior sit dissimilitudo notanda.*"

[8] Kasper, W.: Dogma/Dogmenentwicklung. In: Eicher, P.: Neues Handbuch theologischer Grundbegriffe. Bd. 1, S. 302.

[9] Ebd.

[10] Ebd.

[11] Vgl. Rahner, K.: Gott und Offenbarung. S. 129–147.

[12] Kasper, W.: Jesus der Christus. S. 219.

[13] Werbick, J.: Trinität. Theologie- und dogmengeschichtlich. In: LThK 3. Aufl. Bd. 10, Sp. 246.

[14] Rahner, K.: Schriften zur Theologie, Bd. 13, S. 146.

[15] DH 1331.

[16] Vgl. DH 470, 490f., 530.

[17] Kasper, W.: Jesus der Christus. S. 203.

[18] Stubenrauch, B.: Dreifaltigkeit. Regensburg 2002.

[19] Vgl. DH 302.

[20] A. Augustinus: Confessiones – Bekenntnisse, Buch I, S. 26f.

[21] Nikolaus von Kues: De docta ignorantia I, Kap. I In Philosophisch-theologische Werke Bd. 1, S. 8f.

[22] Philberth, B.: Der Dreieine. Anfang und Sein. Die Struktur der Schöpfung. S. 1ff.

[23] Greshake, G.: Der dreieine Gott. S. 266.

[24] Boff, L.: Kleine Trinitätslehre. S. 28f.

[25] Vgl. ebd. S. 15.

[26] Greshake, G.: Person, theologiegeschichtlich und systematisch-theologisch. In: LThK 3. Aufl. Bd. 8, Sp. 48ff.

[27] Nikolaus von Kues: Idiota de mente Cap. XIII/Der Laie über den Geist n. 146–147, S. 111.

## 6. Der Glaube an Jesus Christus, den Sohn Gottes, den Herrn

[1] Pannenberg, W.: Das Glaubensbekenntnis ausgelegt und verantwortet vor den Fragen der Gegenwart. S. 52.

[2] Rahner, K.: Beiträge zur Christologie. S. 128f.

[3] Sloterdijk, P.: Ist die Welt bejahbar? Über den Wandel der Grundstimmung in der Religiosität der Moderne mit überwiegender Rücksicht auf Martin Luther. In: ders.: Nach Gott. S. 56.

[4] Vgl. Berger, K.: Jesus. S. 51f. Er traut dem für stark erachteten Realitäts- und Historizitätsgehalt.

[5] Vgl. Gnilka, J.: Jesus Christus. I. Neues Testament. In: LThK 3. Aufl. Bd. 5, Sp. 813.

[6] Vgl. Lohfink, G.: Jesus von Nazaret. Was er wollte, wer er war. S. 447ff.

[7] Verweyen, H.: Gottes letztes Wort. Grundriss der Fundamentaltheologie. S. 344.

[8] Verweyen, H.: Botschaft eines Toten? S. 60.

[9] Vgl. Pannenberg, W.: Das Glaubensbekenntnis. S. 69ff.

[10] Küng, H.: Credo. S. 84.

[11] Backhaus, K.: „Licht vom Licht". Die Präexistenz Christi im Hebräerbrief. S. 114.

[12] Pannenberg, W.: Das Glaubensbekenntnis. S. 71.

[13] Die wechselvollen und höchst differenzierten Einzelheiten dieser Auseinandersetzung können hier nicht nachgezeichnet werden. Vgl. dazu Dünzel, F.: Kleine Geschichte des trinitarischen Dogmas in der Alten Kirche. Ferner Piétri, C. und L. (Hrsg.): Die Geschichte des Christentums Bd. 2. Das Entstehen der einen Christenheit. S. 271–662, insbesondere die Beiträge von Christoph Markschies und Charles Piétri.

[14] Hünermann, P.: Jesus Christus Gottes Wort in der Zeit. Eine systematische Christologie. S. 145.

[15] Ebd. S. 145.

[16] Sloterdijk, P.: Nach Gott. S. 182. Der Beitrag, mit dem Sloterdijk die „genealogische Ungereimtheit" in der Biographie Jesu erläutert, trägt den bezeichnenden Titel „Der Bastard Gottes: Die Jesus-Zäsur." Ebd. S. 176–209.

[17] Menke, K.-H.: Jesus ist Gott der Sohn. S. 519. Ähnlich aus exegetischer Perspektive Berger, K.: Jesus. S. 53ff.

[18] Dieser im Wesentlichen unsinnige Streit hat nicht nur in grauer Vorzeit, sondern auch im Fall von Uta Ranke-Heinemann noch 1987 zum Entzug der kirchlichen Lehrerlaubnis geführt.

[19] Ratzinger, J.: Einführung in das Christentum. S. 225.

[20] Ebd. S. 225.

[21] Rahner, K.: Dogmatische Bemerkungen zur Jungfrauengeburt. S. 140.

[22] Schneider, T.: Was wir glauben. S. 247.

[23] Unitatis redintegratio 11. DH 4192.

[24] Ratzinger, J.: Einführung in das Christentum. S. 228.

[25] Menke, K.-H.: Jesus ist Gott der Sohn. S. 26.

[26] Tabelle verändert nach Rudolf Laufen: Gottes ewiger Sohn. Die Präexistenz Christi. S. 12.
[27] Vgl. Stimpfle, A.: Pilatus. In: LThK 3. Aufl. Bd. 8, Sp. 296ff.
[28] Ebd. Sp. 297.
[29] Vgl. Kap. 8 dieses Buches.
[30] Jüngel, E.: Gott als Geheimnis der Welt. S. 98.
[31] Ebd. S. 100.
[32] Vgl. Schneider, T.: Was wir glauben. S. 270.
[33] Vgl. Küng, H.: Credo. S. 132f.
[34] Vgl. DH 125f. und DH 150.
[35] Schneider, T.: Was wir glauben. S. 279.
[36] Barth, K.: Die Auferstehung der Toten. Eine akademische Vorlesung über 1 Kor 15. S. 62 u. 65.
[37] Barth, K.: Die kirchliche Dogmatik IV/3, I. Hälfte, S. 47.
[38] Rahner, K.: Auferstehung Jesu. In: Sacramentum Mundi I, S. 420.
[39] Bultmann, R.: Kerygma und Mythos I. S. 46f.
[40] Kessler, H.: Sucht den Lebenden nicht bei den Toten. Die Auferstehung Jesu Christi. S. 187.
[41] Vgl. Fried, J.: Kein Tod auf Golgatha – Auf der Suche nach dem überlebenden Jesus.
[42] Lehmann, K.: Auferweckt am dritten Tag nach der Schrift. Früheste Christologie, Bekenntnisbildung und Schriftauslegung im Lichte von 1 Kor 15,3–5. S. 344f.
[43] Pannenberg, W.: Das Glaubensbekenntnis. S. 122f.
[44] Lehmann, K.: Auferweckt am dritten Tag nach der Schrift. S. 344.
[45] Schneider, T.: Was wir glauben. S. 297.
[46] Ratzinger, J.: Einführung in das Christentum. S. 258.
[47] Ebd. S. 260.
[48] Vgl. Franzen, A.: Kleine Kirchengeschichte. S. 165.
[49] Ratzinger, J.: Einführung ins Christentum. S. 271.
[50] Vgl. Das vollständige Römische Meßbuch. Lateinisch und deutsch. Hrsg.: Benediktiner der Erzabtei Beuron. S. (200f.).
[51] So der Text eines weit verbreiteten Liedes aus den kirchlichen Gesangbüchern. Text und Melodie stammen aus Münster (Verspoell) 1810.
[52] Vgl. Sloterdijk, P.: Nach Gott. S. 47.
[53] Kehl, M.: Parusie. II. Systematisch-theologisch. In: LThK 3. Aufl. Bd. 7, Sp. 1405.

### 7. Im Fokus: Schuld und Sünde des Menschen

[1] Auch in den östlichen Religionen, auf die ich in diesem Kontext nicht weiter eingehen kann, finden sich, auch wenn das personale Verständnis nicht im Vordergrund steht, Kategorien wie Schuld und Sünde. Letztere ist „ein Verstoß gegen das gesellschafts- und weltordnende Gesetz des Dharma (Hinduismus) bzw. gegen seine ewige, universale Ordnung (Buddhismus)." Neubacher, E.: Sünde I. Religionswissenschaftlich. In: LThK 3. Aufl. Bd. 9, Sp. 1118. Schuld im Hinduismus, Buddhismus und Taoismus ist grob gesprochen ein gegen das eigene Karma gerichtetes Fehlverhalten mit der Folge

des Rückschlags bei den methodischen Bemühungen auf dem Weg ins Nirvana oder als Verlust der ungeteilten Einheit mit der Gottheit etc. Bürkle, H.: Schuld. III. Religionsgeschichtlich. In: LThK 3. Aufl. Bd. 9, Sp. 278f.

[2] Hier folge ich einer Anregung von Josef Schuster: Schuld. In: LThK 3. Aufl. Bd. 9, Sp. 276.

[3] Lüdicke, K.: Schuld VII. Rechtlich VIII. Kirchenrechtlich. In: LThK 3. Aufl. Bd. 9, Sp. 282f. Ebenso Radke, H.: Schuld. III. Rechtlich. In: RGG 4. Aufl. Bd. 7, Sp. 1021.

[4] Vgl. Gotteslob. Katholisches Gebet- und Gesangbuch. Nr. 582/4.

[5] Krötke, W.: Sünde/Schuld und Vergebung. I. Begrifflichkeit. In: RGG 4. Aufl. Bd. 7, Sp. 1867f.

[6] Vgl. Pröpper, T.: Theologische Anthropologie. Bd. II. S. 932ff.

[7] Vgl. Groh, D.: Schöpfung im Widerspruch. Deutungen der Natur und des Menschen von der Genesis bis zu Reformation. S. 15ff.

[8] Ebd.

[9] Näheres vgl. Lüke, U.: Das Säugetier von Gottes Gnaden. Evolution, Bewusstsein, Freiheit. S. 64–92.

[10] Zenger, E.: „Das Blut deines Bruders schreit zu mir". Gestalt und Aussageabsicht der Erzählung von Kain und Abel. In: Bader, D. (Hrsg.): Kain und Abel. Rivalität und Brudermord in der Geschichte der Menschen. München 1983, S. 11.

[11] Brandscheidt, R.: Sündenfall. In: LThK 3. Aufl. Bd. 9, Sp. 1132f.

[12] Dirscherl, E.: Erbsünde. In: Beinert, W./Stubenrauch, B. (Hrsg.): Neues Lexikon der katholischen Dogmatik. Freiburg 2012, S. 172.

[13] Vgl. DH 3896f.

[14] Vgl. DH 3897.

[15] Vgl. die kritische Darstellung bei Essen, G.: „Da ist keiner, der nicht sündigt, nicht einer ..." Analyse und Kritik gegenwärtiger Erbsündentheologien und ihr Beitrag für das seit Paulus gestellte Problem. In: Pröpper, T.: Theologische Anthropologie. Bd. II. S. 1118–1124.

[16] Rahner, K.: Grundkurs des Glaubens. S. 116f.

[17] Ebd. S. 118.

[18] Pröpper, T.: Theologische Anthropologie. Bd. II. S. 1089ff.

[19] Schupp, F.: Schöpfung und Sünde. S. 285–289.

[20] Schmitz-Moormann, K.: Schöpfung und Evolution. Neue Ansätze zum Dialog zwischen Naturwissenschaften und Theologie. S. 131.

[21] Pesch, O. H.: Katholische Dogmatik aus ökumenischer Erfahrung. Bd. 1/2 Die Geschichte des Menschen mit Gott. S. 52.

[22] Pannenberg, W.: Anthropologie in theologischer Perspektive. S. 134f.

[23] Werbick, J.: Sünde. IV. Systematisch-theologisch. In: LThK3. Aufl. Bd. 9, Sp. 1127f.

[24] Krötke, W.: Sünde/Schuld und Vergebung. VII. Dogmatisch. In: RGG 4. Aufl. Bd. 7, Sp. 1888.

[25] Vgl. auch Lüke, U.: Bio-Theologie. Zeit, Evolution, Hominisation. S. 176–182.

[26] Rahner, K.: Grundkurs des Glaubens. S. 120.

[27] Gründel, J.: Sünde. V. Theologisch-ethisch. In: LThK3. Aufl. Bd. 9, Sp. 1128f.

[28] Vgl. Lüke, U.: Das Säugetier von Gottes Gnaden. S. 89ff. u. 129ff.
[29] Pröpper, T.: Theologische Anthropologie. Bd. II, S. 792.

## 8. Im Fokus: Heilsbedeutsamkeit Jesu

[1] Lohfink, G.: Jesus von Nazareth. Was erwollte, wer er war. S. 9.
[2] Menke, K.-H.: Jesus ist Gott der Sohn. S. 24.
[3] Pascal, B.: Pensées. Über die Religion und über einige andere Gegenstände. Fragmente 205f.
[4] Pascal, B.: Pensées; Fragment 72 a. a. O.
[5] Vgl. Teilhard de Chardin, P.: Die Schau in die Vergangenheit. S. 320ff.; ders.: Die Entstehung des Menschen. S. 23.
[6] Teilhard de Chardin, P.: Die Schau in die Vergangenheit. S. 325–327.
[7] Pascal: Pensées; Fragment 347 a. a. O.
[8] Pascal: Pensées; Fragment 556 a. a. O.
[9] Vgl. Kerkhoff, M.: Kairos. In: Eisler, R. (Hrsg.): Historisches Wörterbuch der Philosophie. Bd. 4; 4. Aufl. Sp. 667f.
[10] Gründel, J.: Kairos II. Theologisch-ethisch. In: LThK 3. Aufl. Bd. 5, Sp. 1130.
[11] Vgl. dazu Cullmann, O.: Christus und die Zeit. Mußner, F.: Der nicht erkannte Kairos. Scholtissek, K.: Könnt ihr die Zeichen der Zeit deuten? Christologie und Kairologie im lukanischen Doppelwerk.
[12] Rahner, K.: Selbstmitteilung Gottes. HThTL Bd. 7, S. 35ff.
[13] Tillich, P.: Kairos. S. 24.
[14] Ebd. S. 35.
[15] Näheres vgl. Lüke, U.: Bio-Theologie. Zeit, Evolution, Hominisation. S. 69–91.
[16] Vgl. Evangelisches Gesangbuch. Nr. 37. Vgl. Gotteslob. Katholisches Gebet und Gesangbuch. Nr. 256.

## 9. Der Glaube an den Heiligen Geist und sein Wirken

[1] Schneider, T.: Was wir glauben. S. 329.
[2] Küng (Credo. S. 166f.) denkt über das Geistsymbol der Taube nach, leitet es vielleicht zu Recht vom Botenvogel der altorientalischen Liebesgöttin ab und deutet es dann als „Symbol für das Mütterlich-Weibliche, Lebensspendende, für Liebe und Friede, die weibliche Dimension in Gott ..." Dazu ist, auch wenn die Taube lange zum Friedenssymbol geworden ist, nur soviel zu sagen: Der Mann hat offenbar nie Tauben gezüchtet, sonst wüsste er um deren Grausamkeiten, die – bei fehlender Ausweichmöglichkeit – bis zum Tod des Artgenossen gehen kann. Darüber, dass er das Weibliche und Frieden zu Synonymen zu machen geneigt ist, will ich nicht öffentlich räsonieren.
[3] Müller, G. L.: Katholische Dogmatik. Für Studium und Praxis der Theologie. S. 406.
[4] DH 112–115.
[5] Ep. Serap. I 25.30 zitiert nach Müller, G. L.: Katholische Dogmatik. S. 407f.
[6] DH 152–177. Die Artikel zum Heiligen Geist finden sich in DH 168–177.
[7] Vgl. Gotteslob. Katholisches Gebet- und Gesangbuch. Nr. 341 und 343 Fast möchte

man sagen: Machen sie sich ein Geschenk für den Rest ihres Lebens: Lernen sie die Texte auswendig, auf Latein natürlich!

[8] Ausführlich beschreibt Schneider diese Sprach- und Geistlosigkeit in Bezug auf den Heiligen Geist. Schneider, T.: Was wir glauben. S. 323ff.

[9] Vgl. Letzte Strophe von „Veni creator Spiritus" im Gotteslob Nr. 341: „Per te sciamus da patrem, noscamus atque filium, te utriusque spiritum credamus omni tempore."

[10] Küng, H.: Credo. S. 166f.

[11] Ratzinger, J.: Einführung in das Christentum. S. 275.

[12] Ebd. S. 260.

[13] Vgl. Speer, A.: Joachim von Fiore. In: LThK3. Aufl. Bd. 5, Sp. 853f.

[14] Schneider, T.: Was wir glauben. S. 352f.

[15] Ebd. S. 366.

[16] Pannenberg, W.: Das Glaubensbekenntnis. S. 143.

[17] Hick, J.: The Myth of God Incarnate. London 1977. Schmidt-Leukel, P.: Gott ohne Grenzen. Eine christliche und pluralistische Theologie der Religionen. Gütersloh 2005.

[18] Die deutschen Bischöfe (Hrsg.): Der Glaube an den dreieinen Gott. Eine Handreichung der Glaubenskommission der Deutschen Bischofskonferenz zur Trinitätstheologie. Nr. 83 Bonn 2006, S. 37.

[19] Menke, K.-H.: Jesus ist Gott der Sohn. S. 444f.

[20] Vgl. Kap. 6.2. dieses Buches.

[21] Müller, G. L.: Katholische Dogmatik für Studium und Praxis der Theologie. S. 413.

[22] Loisy, A.: Evangelium und Kirche. S. 113.

[23] Küng, H.: Credo. S. 170.

[24] Lortz, J./Iserloh, E.: Kleine Reformationsgeschichte. S. 98f.

[25] Vgl. Evangelisches Gesangbuch. S. 1646 und vgl. Gotteslob – Katholisches Gebet und Gesangbuch. S. 36.

[26] Pannenberg, W.: Das Glaubensbekenntnis. S. 154.

[27] Rahner, K./Fries, H.: Einigung der Kirchen – reale Möglichkeit. S. 19.

[28] Vgl. DH 3050–3075 Pastor aeternus, speziell DH 3074.

[29] Rahner, K./Fries, H.: Einigung der Kirchen. S. 70.

[30] Ebd. S. 98.

[31] Ratzinger, J.: Theologische Prinzipienlehre. Bausteine zur Fundamentaltheologie. S. 209 Zum Zeitpunkt der Veröffentlichung dieser Überlegungen ist Ratzinger Vorsitzender der Römischen Glaubenskongregation.

[32] Vgl. Küng, H.: Credo. S. 179ff.

[33] Vgl. ebd. 181f.

[34] Zur Frauenordination und zum verqueren, letztlich allein durch Tradition bestimmten Ausschluss derselben vgl. Groß, W. (Hrsg.): Frauenordination. Stand der Diskussion in der katholischen Kirche. Zur biologischen Unhaltbarkeit des Arguments von der „natürlichen Ähnlichkeit" (similitudo naturalis), die zwischen dem Stifter des Altarssakraments, nämlich dem Mann Jesus Christus und dem darum auch nur als Mann vorstellbareren Vorsteher bei der Eucharistie obwalten müsse,

siehe Lüke, U.: Jesu Männlichkeit oder Jesu Menschlichkeit? Humanwissenschaftliche und theologische Anfragen an das nur Männern vorbehaltene Priesteramt".

[35] Vgl. Werbick, J.: Kirche. Ein ekklesiologischer Entwurf für Studium und Praxis. S. 407ff., der dabei besonders auf das Konzilsdokument Lumen gentium rekurriert.

[36] Im letzten Canon des Codex iuris canonici (CIC 1752), also an äußerst prominente Stelle, wird in diesem Sinne verfügt, dass das Heil der Seelen stets oberstes Gesetz in der Kirche zu sein habe. „… prae occulis habita salute animarum, quae in ecclesia suprema semper lex esse debet."

[37] Pannenberg, W.: Das Glaubensbekenntnis. S. 155.

[38] Lumen gentium Nr. 49 u. 50 in DH 4169 u. 4170 und Katechismus der Katholischen Kirche. München 1993, Nr. 954 u. 962. Hier wird von den „drei Ständen der Kirche" gesprochen.

[39] Sloterdijk, P.: Götterdämmerung. In: ders.: Nach Gott. S. 25.

[40] Ebd. S. 29.

[41] Nietzsche, F.: Also sprach Zarathustra. Ein Buch für alle und keinen. S. 11f.

[42] Blavat, K.: Auferstehung im Labor. In: Süddeutsche Zeitung Nr. 257, 7./8. XI. 2015, S. 38f.

[43] So lautete die Überschrift auf der Frontseite der Zeit just vor Ostern 2017. Darunter: „Wissenschaftler arbeiten am größten Traum der Menschheit: Das Altern zu stoppen. Diesem Ziel sind sie schon verblüffend nahe." Der Zeit-Artikel bietet schließlich noch die vollmundige Überschrift „Sieg der Jugend". Die Zeit 12. IV. 2017.

[44] Es handelt sich um das 2012 von Jennifer Doudna und Emmanuelle Charpentier bei Bakterien entdeckte Crispr/Cas9-System. Der Biologe, Craig Venter, hat das Erbgut von einem Bakterium komplett nachgebaut, 3 Millionen Basenpaare neu synthetisiert. Dann hat er dem Bakterium einer anderen, verwandten Art das Erbgut entzogen, ohne das Zellplasma zu zerstören, und das künstlich nachgebaute Erbgut dort eingefügt. Und das eingebrachte künstliche Erbgut von Bakterium A vollbrachte mit dem Plasma von Bakterium B alles, was biologisch Leben ist: Stoffwechsel, Zellteilung, Vermehrung etc. Craig Venter gab diesem neu zusammengestellten Lebewesen seinen Namen und sprach von creation, also von Schöpfung. Er sieht sich als Schöpfer neuen Lebens. Und der Entdecker der DNS, der alte Nobelpreisträger Francis Crick, spricht seit Jahren davon, dass man die Schöpfung selbst in die Hand nehmen müsse; denn der Mensch könne das inzwischen besser als der Gott, dem er den Krieg erklärt, an den manche überflüssigerweise noch glaubten. Näheres vgl. Lüke, U.: Das Säugetier von Gottes Gnaden. S. 145–173.

[45] Vgl. Kap. 6.7. und 6.10 dieser Arbeit mit der prinzipiellen kausalen Unerreichbarkeit dessen, was vergangen ist.

[46] Boethius, A. M. T. S.: De consolatione philosophiae V, 6. Pl 63 858.

## 10. Im Fokus: Auferstehung

[1] Vgl. Ludwig, G.: Raum und Zeit als Probleme der Naturwissenschaften. S. 7ff., 46ff.; vgl. auch Fahr, H.: Zeit in Natur und Universum. S. 11ff.

[2] Vgl. z. B. Hemminger, H./Hemminger, W.: Jenseits der Weltbilder. Naturwissenschaft, Evolution, Schöpfung. 38f.

[3] KKK Art. 997, S. 286.
[4] KKK Art. 1005, S. 288.
[5] Vorgrimler, H.: Wir werden auferstehen. S. 94.
[6] Volk, H.: Das christliche Verständnis des Todes. S. 109f.
[7] Hattrup, D.: Eschatologie. S. 334.
[8] Ebd. S. 338.
[9] Ebd. S. 345f.
[10] Schmöle, K.: Läuterung nach dem Tode und pneumatische Auferstehung bei Klemens von Alexandrien. S. 135.
[11] Vgl. KKK, Nr. 1001, S. 287.
[12] Ratzinger, J.: Art. Auferstehungsleib. In: LThK 2. Aufl. Bd. 1, Sp. 1053.
[13] Ratzinger, J.: Einführung in das Christentum. S. 293.
[14] Ahlbrecht, A.: Zwischenzustand. In: LThK 2. Aufl. Bd. 10, Sp. 1442.
[15] Althaus, P.: Auferstehung, VI. Dogmatisch. RGG 3. Aufl. Bd. 1, Sp. 697.
[16] Ebd.
[17] Vgl. z. B. Jüngel, E.: Tod. 152f.
[18] Schwöbel, C.: Auferstehung, Dogmatisch, RGG 4. Aufl. Bd. 1, Sp. 920.
[19] Jüngel, E.: Tod. S. 145.
[20] Ratzinger, J.: Kleine katholische Dogmatik. Bd. IX. S. 217.
[21] Vgl. DH 1000.
[22] Vgl. RGG 4. Aufl. Bd. 1, Sp. 919 oder LThK 3. Aufl. Bd. 1, Sp. 1203.
[23] Vgl. auch Greshake, G.: Stärker als der Tod. S. 76f. u. 90ff.
[24] Balthasar, H. U. von: Verbum Caro. Skizzen zur Theologie, Bd. 1, S. 282.
[25] Greshake, G.; Zwischenzustand. In: LThK 3. Aufl. Bd. 10, Sp. 1530.
[26] Vgl. Thomas v. Aquin, Summa theologiae I q. 57 a. 3.
[27] Lohfink, G.: Zur Möglichkeit christlicher Naherwartung. S. 72.
[28] Äußerungen von Greshake und Lohfink, die dies nahelegen könnten, kritisiert z. B. Vorgrimler, H.: Der Tod im Denken und Leben des Christen. S. 120ff.
[29] Brunner, E.: Das Ewige als Zukunft und Gegenwart. S. 167.
[30] Vgl. Hengstenberg, H.-E.: Der Leib und die letzten Dinge.
[31] Vgl. Greshake, G/Lohfink, G.: Naherwartung, Auferstehung, Unsterblichkeit. S. 116.
[32] Greshake, G.: Stärker als der Tod. S. 70f.
[33] Greshake, G./Lohfink, G.: Naherwartung, Auferstehung, Unsterblichkeit. S. 66f.
[34] Vorgrimler, H.: Wir werden auferstehen. S. 95.
[35] Pannenberg, W.: Das Glaubensbekenntnis. S. 180.
[36] Ebd. S. 180f.
[37] Vgl. DH 3903.
[38] Vgl. Rahner, K.: Der Leib in der Heilsordnung. In: Schriften zur Theologie, Bd. 12. S. 426f.
[39] Remenyi, M.: Auferstehung denken. Anwege, Grenzen und Modelle personaleschatologischer Theoriebildung.
[40] Ebd. S. 617.

[41] Ebd. S. 631.
[42] Ebd. S. 625.
[43] Ebd. S. 626.
[44] Ebd. S. 626f.
[45] Ebd. S. 630. Noch strenger wird er gegenüber seinem eigenen Gestaltbegriff auf S. 633, wo er ihm aber doch zubilligt, etwas „*von der heuristischen Kraft und dem Sinnüberschuss metaphorischer Rede*" zu in sich zu bewahren. Und dem kann man durchaus zustimmen.
[46] Ebd. S. 634.
[47] Rahner, K.: Theologie aus Erfahrung des Geistes. Schriften Bd. 12, S. 456.
[48] Vgl. Schreiben der Glaubenskongregation „Recentiores episcoporum synodi", DH 4653.
[49] Ratzinger, J.: Auferstehungsleib. In: LThK 2. Aufl. Bd. 1, Sp. 1053.
[50] Vgl. DH 1000.
[51] Vgl. zur Veranschaulichung Abb. 10.